Karl Friedrich von Baden

Annette Borchardt-Wenzel

Karl Friedrich von Baden

Mensch und Legende

Casimir Katz Verlag

Die Deutsche Bibliothek – CIP-Einheitsaufnahme

Borchardt-Wenzel, Annette:
Karl Friedrich von Baden.
Mensch und Legende/Annette Borchardt-Wenzel
Gernsbach: Katz, 2006
ISBN 3-938047-14-3

Satz: Aalexx Druck GmbH, Großburgwedel
Umschlaggestaltung: Jörg Schumacher, Casimir Katz Verlag,
unter Verwendung eines Gemäldes von Ph. H. Kißling,

Druck: Aalexx Druck GmbH, Großburgwedel
ISBN 3-938047-14-3

Inhalt

Vorwort 7
Die badischen Markgrafschaften im 18. Jahrhundert 10
Sinn und Wahnsinn 13
Unter Vormundschaft 43
Zwischen Pflicht und Auflehnung 56
Markgraf und Markgräfin 80
Einsichten und Rücksichten 97
Mit Maß und Vernunft 111
Ein schwieriges Erbe 127
Generationenkonflikte 160
Begegnungen und Abschiede 177
In tiefer Trauer 198
Die Frau zur Linken 214
Bewegte Zeiten 229
Schicksalsjahre 252
Der Kurfürst 273
Arm und ohnmächtig 289
Napoleons Tochter 309
Der alte Großherzog 330
Die Nachfahren 363
Literatur 369
Personenregister 379
Ortsregister 386
Stammtafel 390
Bildnachweis 392

Vorwort

Warum Karl Friedrich von Baden? Als ich dem Markgrafen, Kurfürsten und ersten Großherzog bei der Beschäftigung mit der badischen Geschichte die ersten Male begegnete, war ich nicht sonderlich an ihm interessiert. „Deutschlands besten Fürsten" nannte ihn Johann Gottfried Herder, der sonst nicht viel für den erblichen Absolutismus übrig hatte – und die Historiker des 19. Jahrhunderts stimmten in sein Loblied ein. Auch im demokratischen 20. Jahrhundert, das sich mit „großen Männern" schwer tat, bekam das Bild von Karl Friedrich kaum Kratzer: Er blieb der markante Vertreter der Aufklärung, der unter beschränkten Möglichkeiten Vorbildliches leistete und dem badischen „Musterländle" den Boden bereitete. Anlässlich der Ausstellung „Carl Friedrich und seine Zeit" im Neuen Schloss Baden-Baden 1981 schrieb Siegfried Fiedler über den Markgrafen: „Nirgendwo ist auch nur der kleinste Makel zu entdecken, es sei denn, man würde hierzu übermäßige Milde und Nachsicht zählen. Nie hat er seine unantastbare Herrschaftsstellung zu irgendeinem willkürlichen Machtspruch missbraucht, nie etwas unternommen, das seine Bauern und Bürger hätten fürchten müssen. Es war das Zeitalter der Aufklärung, in dem Carl Friedrich aufwuchs und das seinem Geist gemäße Aufbauwerk schuf ..." Karl Friedrich, der schon zu seinen Lebzeiten eine Legende wurde – er kam so makellos, so fromm und tugendsam daher, dass ich den Eindruck hatte, es zwar mit einem fortschrittlichen und menschenfreundlichen Fürsten, aber auch mit einem ziemlichen Langweiler zu tun zu haben. Viel spannender als die Person Karl Friedrichs fand ich die Gesellschaft und die Zeit, in der er lebte, denn es war eine Zeit großer Veränderungen in politischer, geistiger und sozialer Hinsicht.

Mein Eindruck von Karl Friedrich änderte sich, als ich für das Buch „Die Frauen am badischen Hof. Gefährtinnen der Großherzöge zwischen Liebe, Pflicht und Intrigen" recherchierte. Im Spiegel seiner Frauen entdeckte ich einen Karl Friedrich, der keineswegs perfekt in jeder Hinsicht war. Da war plötzlich ein Mann mit Ecken und Kanten, mit Schwächen und Stärken, einer, der Schläge austeilte und Schläge einstecken musste. Mein Interesse an „Deutschlands bestem Fürsten" war geweckt, und so sagte ich gerne zu, als der Verleger Dr. Casimir Katz mich fragte, ob ich eine Biographie Karl Friedrichs schreiben wolle.

Wie „Die Frauen am badischen Hof" entstand das Buch über Karl Friedrich auf der Grundlage fundierter Darstellungen und gedruckter Quellen. Doch es ist kein wissenschaftliches Buch. Es wurde nicht geschrieben, um die Forschung voranzubringen, sondern um einem breiten Publikum die faszinierende Gestalt des ersten badischen Großherzogs und sein Wirken in einer bewegten Zeit nahe zu bringen. Es handelt sich nicht um eine politische Biographie – im Mittelpunkt steht vielmehr der Mensch Karl Friedrich und seine Entwicklung vom schüchternen Jungen zum deutschen Vorzeige-Fürsten und schließlich zum hilflosen Greis. Es sollte ein leicht lesbares Buch werden, eines, mit dem man es sich auch nach einem harten Arbeitstag noch auf dem Sofa gemütlich machen kann. Statt Geschichte im kritischen Diskurs von Vergangenheit und Gegenwart zu entwickeln, wollte ich Geschichte erzählen. So bin ich mit Jahreszahlen, Namen und Örtlichkeiten möglichst sparsam umgegangen. Auch habe ich mir hin und wieder Freiheiten genommen, die für einen wissenschaftlich arbeitenden Autor nicht in Frage kämen. Bisweilen schreibe ich den historischen Personen Gedanken oder Gefühle zu, die sich aus den Quellen nicht mit Sicherheit erschließen lassen, mir jedoch folgerichtig erscheinen. Soweit Personen wörtlich zitiert werden, sind die Aussagen den Quellen bzw. Darstellungen entnommen, sprachlich habe ich sie allerdings vorsichtig modernisiert.

Geschichte macht Spaß und soll Spaß machen. Dieser Gedanke liegt dieser Karl-Friedrich-Biographie zugrunde. Wenn der eine oder die andere sich durch sie anregen ließe, sich intensiver mit der Geschichte Badens zu beschäftigen, würde mich das sehr freuen. Da sich das Buch an ein breites Publikum richtet, wurde auf Anmerkungen verzichtet, jedoch befindet sich ein Verzeichnis der verwendeten Literatur am Ende des Buches.

Die badischen Markgrafschaften im 18. Jahrhundert

Ein typischer Duodezfürst war der badische Markgraf Karl Friedrich, als er im Jahr 1746 für volljährig erklärt wurde und die Herrschaft antrat. „Duodezfürst“: Mit dieser Bezeichnung nach dem kleinsten Buchformat belächelten die Literaten einst die Herren der zahlreichen deutschen Miniatur-Ländchen, zu denen auch Karl Friedrichs Markgrafschaft gehörte.

Baden im 18. Jahrhundert: Das war keineswegs mit dem badischen Teil des heutigen Landes Baden-Württemberg identisch. Der deutsche Südwesten glich in den jungen Jahren Karl Friedrichs einem Fleckerlteppich, zersplittert in zahlreiche geistliche und weltliche Herrschaften. Erst Kaiser Napoleon schuf im frühen 19. Jahrhundert den Staat, der bis zum Ende des Zweiten Weltkrieges unter der Bezeichnung „Baden“ auf den Landkarten zu finden war. Die 1771 wiedervereinigten badischen Markgrafschaften bildeten nur einen Bruchteil, wenn auch den Kern des späteren Großherzogtums: Durch Napoleons Gnade konnte Karl Friedrich, der erste Großherzog, sein Territorium und die Zahl seiner Untertanen verfünffachen. Im Jahr 1815, als beim Wiener Kongress Badens Grenzen bestätigt wurden, nahm das Großherzogtum unter den 38 deutschen Staaten den siebten Platz ein; etwa eine Million Menschen lebten damals in Baden.

Doch als er im Jahr 1746 die Regierung antrat, war Karl Friedrich noch nicht einmal Herr über die kompletten badischen Kernlande. Denn das kleine, nur etwa 3.500 Quadratkilometer große Baden war seit über 200 Jahren geteilt, zerfiel in die katholische Markgrafschaft Baden-Baden und in das lutherische Baden-Durlach. „Markgrafen von Baden“ nannten sich sowohl die katholischen als auch die evangelischen Herren. Karl Friedrich gehörte der evangelischen Linie des Hauses an. In Baden-Durlach, seinem Erbe, lebten in der Mitte des 18. Jahrhunderts nicht ganz 90.000 Menschen. Dabei war sein Gebiet keineswegs in sich geschlossen, sondern auf mehrere Flecken entlang dem Oberrhein verteilt, durchschnitten von weltlichen und geistlichen Fürstentümern, von Reichsstädten, Grafschaften und österreichischen Erblanden sowie nicht zuletzt von baden-badischem Gebiet. Das größte zusammenhängende Stück war das Stammland mit der Residenzstadt Karlsruhe. Wer letztere durch das Ettlinger Tor verließ, musste allerdings nur ein paar Schritte gehen, um auf baden-badisches Territorium zu gelangen.

Wie es zu den merkwürdigen territorialen Verhältnissen gekommen war? Markgraf Christoph I. von Baden hatte seine Ländereien im Jahr 1515 unter seinen drei weltlichen Söhnen Bernhard, Ernst und Philipp aufgeteilt. Dabei erhielt Philipp I. die eigentliche badische Markgrafschaft, zu der noch Anteile an der Grafschaft Eberstein und der Herrschaft Geroldseck geschlagen wurden. Bernhard III. erbte die links des Rheins zu Baden gehörenden sponheimischen und luxemburgischen Gebiete, während Ernst in den „Oberen Gebieten" zum Zuge kam: Hachberg mit Emmendingen, Rötteln, Sausenberg und Badenweiler wurden ihm zugesprochen.

Die Dreiteilung war nicht von langer Dauer. Philipp I. starb 1533, ohne Söhne zu hinterlassen – und seine Brüder teilten im Jahr 1535 die badischen Gebiete erneut. Jetzt wurde das Kernland entlang der Alb zerschnitten: Markgraf Bernhard, der Begründer der Baden-Badener Linie, nahm den Teil der Markgrafschaft, zu der die Ämter Rastatt, Kuppenheim, Baden, Ettlingen, Steinbach, Bühl, Groschweier, Stollhofen und Schwarzach sowie die Herrschaft Staufenberg und Anteile an den Herrschaften Lahr, Mahlberg, Geroldseck und Eberstein gehörten. Markgraf Ernst, der Ahnherr der Baden-Durlacher, erhielt zu seinen oberländischen Herrschaften nun auch den zwischen Alb und Neckar gelegenen Teil der Markgrafschaft, zu dem unter anderem Durlach, Graben, Mühlburg, Pforzheim, Stein und Staffort zählten. Außerdem übernahm die „Markgrafschaft Pforzheimer Teils" die Schirmherrschaft über das Kloster Gottesaue.

Ursprünglicher Sitz der Herren von Baden-Durlach war Pforzheim gewesen, doch im Jahr 1565 hatte Markgraf Karl II., der im Volksmund „Karle mit der Tasch" genannt wurde, seine Residenz nach Durlach verlegt. Markgraf Karl Wilhelm, der Großvater Karl Friedrichs, gründete schließlich 1715 Karlsruhe, die neue Residenzstadt im Hardtwald.

Im Gebiet der katholischen Markgrafen lag (Hohen-)Baden, das „Alte Schloss." Diese Burg hatte dem Land seinen Namen gegeben. Sie war im 12. Jahrhundert an Markgraf Hermann II. aus dem Hause Zähringen gelangt, der sich nach ihr benannte. Zu Füßen der Burg lag die Stadt Baden (heute: Baden-Baden). Ende des 15. Jahrhunderts verlegte Markgraf Christoph I. seine Residenz in das „Neue Schloss" in Baden-Baden. Markgraf Ludwig Wilhelm, der kaiserliche Feldherr, der aufgrund seiner kriegerischen Erfolge gegen die Osmanen den Übernamen „Türkenlouis" erhielt, zog dann in die Rheinebene: In Rastatt ließ er das erste Residenzschloss in Deutschland bauen, das sich am Vorbild von Versailles orientierte.

So waren, grob skizziert, die Verhältnisse in den badischen Markgrafschaften zu der Zeit, in der diese Biographie ihren Anfang nimmt. In den nachfolgenden Kapiteln wird die Zuordnung der Personen zum evangelischen beziehungsweise katholischen Familienzweig durch die Ergänzung Baden-Durlach bzw. Baden-Baden erleichtert. Soweit Quellen zitiert werden, wird allerdings keine Änderung vorgenommen. Die Stadt Baden-Baden wurde zu Karl Friedrichs Zeiten nur als „Baden" bezeichnet. Um hier Verwirrungen zu vermeiden, wird – wiederum ausgenommen bei wörtlichen Zitaten – der heutige Stadtname „Baden-Baden" verwendet.

Sinn und Wahnsinn

Die rätselhafte Krankheit der Erbprinzessin

Karl Friedrich war vollkommen verstört. Niemand wollte – oder konnte – ihm sagen, was mit seiner Mutter, der Erbprinzessin von Baden-Durlach, los war. Der kleine Junge ahnte, dass sie ganz furchtbar krank sein musste. Denn sein Großvater, der alte Markgraf Karl Wilhelm, war aus seinem Schloss herübergeeilt in das Gebäude am Zirkel, wo das Erbprinzenpaar wohnte. Er war – was Karl Friedrich besonders verblüffte – in Begleitung der Markgräfin Magdalene Wilhelmine gekommen, die eigens aus Durlach in die neue Residenzstadt Karlsruhe gefahren war. Da die Markgräfin konsequent jedes Zusammentreffen mit ihrem Gemahl mied, das nicht den Staatsinteressen diente, war die seltene Einigkeit des hohen Paares Besorgnis erregend. Aber niemand hielt es für nötig, den dreijährigen Prinzen aufzuklären. Alle Welt schien zu glauben, dass Kinder in diesem zarten Alter weder über Verstand noch über Gefühle verfügten. Dabei war Karl Friedrich ein besonders empfindsames Kerlchen. In seinem Kleidchen hätte man den schmächtigen Jungen für ein Mädchen halten können.

Wenn die Mutter nun stürbe? Viele Frauen starben bei der Niederkunft. Zwar war Karl Friedrichs Brüderchen schon vor zwei Monaten auf die Welt gekommen, aber vielleicht starben manche Frauen ja erst später? Schon Karl Friedrichs Geburt hätte die Erbprinzessin Anna Charlotte Amalie beinahe das Leben gekostet. Am Nachmittag des 21. November 1728 hatten bei der Prinzessin heftige Wehen eingesetzt; doch die Frucht wollte den Mutterschoß nicht verlassen. Stundenlang wand sich die junge Frau in Krämpfen. Trotz ihrer schier unerträglichen Schmerzen aber wollte die Prinzessin partout keine andere Hilfe als die der Hebamme akzeptieren. Anna Charlotte hatte einen starken Willen – kreischend und stöhnend verwahrte sie sich gegen jeden männlichen Beistand. Der Arzt saß, zur Untätigkeit verdammt, im Vorzimmer. Angeblich hielt ihn die Hebamme durch falsche Berichte über den Zustand der Gebärenden hin. Man war allgemein der Überzeugung, dass die Erbprinzessin samt ihrem Kind gestorben wäre, wenn nicht die Schwiegermutter in letzter Minute eingegriffen hätte. Markgräfin Magdalene Wilhelmine, die so sittenstreng war wie eine Frau nur sein konnte, beabsichtigte nicht, weiblicher Schamhaftigkeit das Leben des ersehnten Enkels zu opfern. Sie befahl, dass der Arzt unverzüglich hereinzuholen sei. Und so wurde Karl Friedrich am 22. November 1728, nachdem seine Mutter gut 24 Stunden in den Wehen gelegen hatte, entbunden.

Die Erbprinzessin war von diesem Tage an noch eigensinniger als zuvor. Immer wieder hatte sie merkwürdige Anwandlungen, die über die üblichen Launen vornehmer Damen weit hinausgingen. Und dann war die junge Frau wieder in der Hoffnung. Auch bei ihrer zweiten Geburt litt Anna Charlotte wie ein Tier. Und wieder bangte die hohe Verwandtschaft stundenlang um das Leben der jungen Frau und ihres Babys, bis Karl Friedrichs Brüderchen, Prinz Wilhelm Ludwig, am 14. Januar 1732 endlich das Licht der Welt erblickte.

Karl Friedrich dürfte all die haarsträubenden Details des fürstlichen Kindbetts gekannt haben. Die Geburt eines Prinzen war schließlich keine Privatsache – und bei Anna Charlotte waren die Begleitumstände besonders pikant. Es ist anzunehmen, dass die Dienstboten die Ereignisse immer wieder in allen blutigen Einzelheiten durchhechelten – und dass sie ihre Stimmen auch dann nicht senkten, wenn sich Anna Charlottes Erstgeborener in der Nähe herumdrückte. Das 18. Jahrhundert kannte keine Rücksicht auf sensible Kinderseelen.

Die Leute klatschten darüber, dass die Erbprinzessin seit ihrer zweiten Niederkunft von allen guten Geistern verlassen sei. Wenn sie von den jüngsten Exzessen ihrer Herrin erzählten –

Anna Charlotte hatte ihre Hofdamen geohrfeigt und auch ihren Almosenier nicht verschont –, dann grinsten die Lakaien und die Mägde schadenfroh. Schließlich hatten viele von ihnen selbst schon schmerzhaft die Schlagfertigkeit der Prinzessin zur Kenntnis nehmen müssen. Aber alle waren sich einig darüber, dass die Fürstin zu weit ging in ihren zornigen Ausfällen. Vollkommen unentschuldbar war es jedenfalls, dass Anna Charlotte bei ihren Wutanfällen neuerdings sogar über ihren Gemahl herfiel, den allseits beliebten Erbprinzen Friedrich. Sie könnte wirklich nicht ganz richtig im Kopf sein. Und dann – aber das flüsterten die Dienstboten nur – dann würde die hohe Frau ja neuerdings so gotteslästerlich fluchen, dass es ein Christenmensch mit der Angst bekommen musste. Oh ja, es würde noch ein böses Ende nehmen mit der Erbprinzessin.

Der kleine Karl Friedrich verstand sicher nicht alles, was er hörte. Aber das Geschwätz flößte ihm Furcht ein. Sein Instinkt sagte ihm, dass etwas Schreckliches im Gange war. Ob sie wohl Fieber hatte, die Mutter? Würde er sie verlieren, diese hübsche, diese rätselhafte Frau? Wie es bei Fürstenkindern im Kleinkindalter üblich war, hatte Karl Friedrich seine Mutter nur selten zu Gesicht bekommen. Aber die wenigen gemeinsamen Stunden waren ihm unvergesslich. Bisweilen hatte Anna Charlotte ihren Erstgeborenen mit Liebkosungen überschüttet. Dann hatte sie ihn wieder grob von sich gestoßen, zurück in die Arme seiner Amme und zurück zu den Dienstboten, die dem kleinen Prinzen mit einer Mischung aus Mitleid, Zuneigung und widerwilligem Respekt begegneten.

Anna Charlotte Amalie aus dem Hause Oranien war 17 Jahre alt gewesen, als ihr Bruder sie im Jahr 1727 mit Friedrich, dem Erbprinzen von Baden-Durlach, verheiratet hatte. Anna Charlottes Vater, Johann Wilhelm Friso, der Statthalter der niederländischen Provinz Friesland, war schon 1711 gestorben; ihre Mutter Marie Luise, eine geborene Prinzessin von Hessen-Kassel, kam aus der Sorge um ihr Töchterlein nicht heraus. Entsetzlich launenhaft war die junge Frau – und ihre Reizbarkeit ließ kaum vermuten, dass sie in ihrer neuen Heimat glücklich werden würde. Trotzdem hatte Marie Luise von Nassau-Oranien und Diez gehofft, dass das Eheleben einen dämpfenden Einfluss auf ihr heißblütiges Kind haben würde. Aber sie sah sich getäuscht. Die Berichte aus Karlsruhe ließen das Schlimmste befürchten. Anna Charlotte war offensichtlich weder bereit, sich der höfischen Etikette zu unterwerfen, noch den Geboten ihres Gemahls. Schon bald nach der Hochzeit sah sich die Mutter genötigt, der badischen Erbprinzessin einen ernsten Brief zu schreiben: „Über alles und gegen alle geratet Ihr in Wut ... Ohne jede Ordnung wollt Ihr leben, macht die Nacht zum Tage, steigert Eure Launen ins Grenzenlose“, warf Marie Luise ihrer Tochter vor. Sie ermahnte Anna Charlotte, die Gottesdienstzeiten einzuhalten, ihrem Gemahl freundlich entgegenzukommen und den Schwiegereltern zu gehorchen. Umsonst. Anna Charlotte schien unfähig, irgendwelche Regeln zu akzeptieren, die sie nicht selbst ersonnen hatte. Nach der Geburt ihres zweiten Sohnes erlegte sich die junge Frau dann keinerlei Zurückhaltung mehr auf. Sie schimpfte, sie schrie und weinte stundenlang, misshandelte ihre Hofdamen und drosch auf die einfache Dienerschaft ein. Dabei wechselte der Gemütszustand der Erbprinzessin unvermittelt von heftigster Aggressivität zu völliger Lethargie; religiöse Wahnvorstellungen kamen hinzu. Die Ärzte waren angesichts der rasch voranschreitenden Geisteskrankheit ratlos und versuchten, Anna Charlotte durch Mineralwasser-Kuren zu heilen. Doch wie der Besuch des alten Markgrafen und seiner Gemahlin im Gebäude am Zirkel zeigten, nutzten die hilflosen Experimente der Mediziner rein gar nichts.

Wie eine Furie ging die Erbprinzessin auf die Schwiegereltern los. Sie warf der empörten Markgräfin Wörter an den Kopf, die eine Dame nicht einmal kennen, geschweige denn aussprechen sollte. Die entsetzten Bitten ihres Ehemannes überhörte die Tobende einfach – Erbprinz Friedrich, an die Launen seiner Frau gewohnt, hatte es auch nicht anders erwartet. Aber dass der rasende Zorn der Erbprinzessin sich sogar gegen die hohe Person des regierenden Markgrafen richtete, der ihr mit donnernder Stimme Einhalt gebot, das war unfassbar ...

Karl Friedrich, der vor dem Markgrafen, seinem polternden Großvater, gehörigen Respekt hatte, konnte kaum glauben, was er erlauschte. Niemand durfte es wagen, den Markgrafen Karl anzuschreien oder zu beleidigen. Der Großvater musste jetzt wohl ganz fürchterlich böse auf die Erbprinzessin sein. Hoffentlich bestrafte er die Mutter nicht allzu hart. Warum nur tat sie so furchtbare, so sinnlose Dinge? Karl Friedrichs Angst wuchs.

Während im Palais am Zirkel ein kleines Kind sich in den Schlaf weinte, feilte ein paar Meter weiter im Karlsruher Schloss der alte Markgraf an einem Brief an Anna Charlottes Bruder. Im Innersten seines Herzens war Karl Wilhelm davon überzeugt, dass die Schwiegertochter sich ganz normal benehmen könnte – wenn sie es nur gewollt hätte. Anna Charlotte mochte zügellos sein, aber sie hatte Verstand. Und eine Frau mit Verstand, so meinte der Markgraf, musste auch in der Lage sein, ihre Launen unter Kontrolle zu halten. Leider konnte Karl Wilhelm die Erbprinzessin nicht so hart anfassen, wie es seiner Meinung nach nötig gewesen wäre. Denn als Fürstentochter stand Anna Charlotte unter dem Schutz ihrer Familie – und der Markgraf von Baden-Durlach hatte in diesem kriegerischen Zeiten überhaupt kein Interesse daran, mit den Oraniern Ärger zu riskieren. Sollte Anna Charlottes Bruder doch schauen, ob er die Megäre zur Räson bringen konnte.

„Nur mit dem lebhaftesten Schmerze vermag ich es, Eure Hochfürstliche Durchlaucht durch die Beilagen davon in Kenntnis zu setzen, wie elend es seit ihrer letzten Entbindung mit der Fürstin steht", begann Karl Wilhelm sein Schreiben an Wilhelm IV. von Nassau-Oranien und Diez: „Die Frau Markgräfin, meine Gemahlin, ich und mein Sohn, der Prinz, haben alle erdenklichen Mittel angewandt, um sie aus ihrem Zustande der Verwirrung zu reißen. Und wir sind um so mehr von unserem Misserfolge überrascht, als die Sanftmut und die zartesten und eindringlichsten Vorstellungen auf ihren Geist gar keinen Eindruck bewirken konnten. Und doch scheint dieser in ganz gutem Zustande zu sein, dabei aber völlig unempfindlich für die einer Fürstin ziemenden Gefühle, für welche man bisher nur Aufmerksamkeit und Güte gehabt hat. Es scheint im Gegenteil, dass alle ihr erwiesene Schonung sie nur immer mehr erbittert und aufgeregt hat und sie zu den leidenschaftlichsten und empfindlichsten Aufwallungen hinreißt."

Karl Wilhelm beschrieb dem Oranier detailliert die „aufbrausende Hitze" und die „Exzesse", mit denen die Schwiegertochter ihre Umgebung entsetzte. Er betonte, dass es für die „Ausschreitungen" der Fürstin Hunderte von Beweisen und beeidigte Zeugnisse gebe. Der badische Markgraf beschwor den Schwager und die Mutter der Prinzessin, Anna Charlotte „in den stärksten Ausdrücken" ihr Unrecht vorzuhalten: „Hat auch dieser Schritt nicht den erwünschten Erfolg, so kann nur Gott allein ihre Besserung herbeiführen." Schwungvoll unterzeichnete er sein kleines diplomatisches Meisterwerk wie üblich mit „Karl Markgraf von Baden". Man schrieb den 10. März 1732.

Großvater Karl Wilhelm

Der Großvater des kleinen Karl Friedrich, Markgraf Karl Wilhelm von Baden-Durlach, war ein Mann voller Widersprüche. Johann Daniel Schöpflin, ein gelehrter Historiograph, behauptete in seiner Historia Zaringo-Badensis: „Die Natur, welche unschlüssig war, ob sie einen Herkules oder einen Sohn der Venus bilden sollte, tat beides.“ Karl Wilhelm konnte ungeheuer grob sein, aber auch ungemein empfindsam. Er liebte den Prunk und erwies sich doch als überaus sparsam. Er war ein lutheranischer Landesherr, der aber – ungewöhnlich genug in dieser unduldsamen Epoche – keine Berührungsängste mit der römischen Kirche und ihren Anhängern hatte. Karl war fromm, aber als echt barocker Fürst wusste er auch die Annehmlichkeiten des Diesseits ausgiebig zu würdigen. Vor allem die Reize der Frauen (nur leider nicht die seiner eigenen) schätzte er als Gottesgeschenk. Seine Zeitgenossen hielten ihn für skurril, konnten ihm aber wegen seines ausgeprägten Pflichtbewusstseins die Anerkennung nicht versagen. Er hatte als Draufgänger auf dem Schlachtfeld seinen Mut bewiesen, aber mehr als den Ruf der Waffen liebte er die schönen Künste, die Musik und vor allem – es ging ihm nichts über einen morgendlichen Spaziergang in seinem Garten. Doch derselbe Mann, der eben noch in den Anblick einer Tulpe versunken war, der in der Farbenpracht seiner geliebten Blumen die Vollkommenheit Gottes erblickte – er brütete wenig später über den Bittschriften seiner Untertanen, die er eigenhändig mit deftigen Kommentaren versah: „Gräulicher Lump.“ – „Ist zu nichts nutz“. Oder auch einmal anerkennend: „Tüchtiger Kerl.“

Karl Wilhelms Jugend war durch den Krieg geprägt worden, der die Menschen am Oberrhein nicht zur Ruhe kommen ließ. Mit dem Ende des Dreißigjährigen Krieges 1648 war keineswegs eine Epoche des Friedens angebrochen. Immense Vermögenswerte wurden bei den Auseinandersetzungen mit Frankreich vernichtet, die Bevölkerung lebte in ständiger Angst vor Plünderungen, vor Vergewaltigungen, vor Übergriffen aller Art. Die paar Soldaten des „Schwäbischen Kreises“, zu dem die Markgrafschaft Baden-Durlach gehörte, konnten die Franzosen nicht in Schach halten. Weshalb die markgräfliche Familie auch wenig Neigung zeigte, bei drohendem Ungemach todesmutig in ihrer Residenz auszuharren. In Zeiten der Gewalt verlegten die Herren von Durlach ihren Wohnsitz nach Basel, wo über Jahrzehnte hinweg ihr Münzkabinett und die Bibliothek vor dem Feind in Sicherheit gebracht waren. Als Augusta Maria, die Gemahlin des Markgrafen Friedrich VII. Magnus, am 28. Januar 1679 in der Karlsburg zu Durlach dem Erbprinzen Karl Wilhelm das Leben schenkte, herrschte gerade einmal Frieden. Aber es war die Ruhe vor dem Sturm: Zehn Jahre später ließ der Orléansche Krieg das Land in Flammen aufgehen; er kostete ein Viertel der Untertanen von Friedrich Magnus das Leben. Die französische Strategie der verbrannten Erde brachte unermessliches Leid über die beiden badischen Markgrafschaften und über die Pfalz. Der junge Karl Wilhelm vernahm mit Schrecken, dass 1689 die Karlsburg und fast alle Schlösser seines Vaters zerstört worden waren, so dass seiner Familie nur noch eine Unterkunft in der Augustenburg bei Grötzingen blieb. Allein, er kannte das Entsetzen nur aus Berichten. Denn längst befand sich die hohe Familie wieder im gewohnten Basler Exil, wo sie diesmal fast zehn Jahre lang verweilte.

Der junge Karl Wilhelm teilte das Schicksal der Seinen nicht lange. Kaum ein Jahr war er in Basel, als sein Vater entschied, dass die weitere Erziehung des Erbprinzen in Lausanne, in Genf und schließlich in Utrecht besorgt werden solle, wo der junge Herr sich alle für einen Fürsten notwendigen Wissenschaften aneignen sollte. Mit 15 Jahren trat Karl Wilhelm in das Heer Ludwig Wilhelms von Baden-Baden, des „Türkenlouis", ein. Der junge Durlacher schätzte und bewunderte seinen katholischen Verwandten, den er bei einer Englandreise näher kennen gelernt hatte, sehr. Er verehrte in dem Markgrafen von Baden-Baden den großen Kriegshelden; aber beinahe noch mehr faszinierten ihn das Machtbewusstsein, der Ehrgeiz und die unnachahmliche Arroganz des kaiserlichen Feldherrn. Denn letztlich war der berühmte Türkenlouis ja doch nur ein kleiner Fürst – genau wie Karl Wilhelms

Vater. Der Erbprinz von Baden-Durlach empfand gewiss große Zuneigung zu seinen kunstsinnigen Erzeuger – aber es wäre dem jungen Herrn schon lieber gewesen, er hätte mit der ein oder anderen Heldentat seines Vaters prahlen können. Doch leider war Markgraf Friedrich Magnus kein Sohn von Kriegsgott Mars.

Noch hatte Karl Wilhelm wenig Gelegenheit, sich selbst auf den Schlachtfeldern zu bewähren. Der alte Markgraf sorgte dafür, dass sein Erbe in der Welt herumkam. Karl lernte die Lombardei kennen, Piemont und Savoyen. Bei der obligatorischen Kavalierstour stellte er sich an den verwandten und befreundeten deutschen Höfen vor, und schließlich besuchte er Dänemark und Schweden. Je pompöser die Hofhaltungen waren, desto mehr beeindruckten sie den 17-Jährigen.

Karl Wilhelm von Baden-Durlach war ein intelligenter und sprachgewandter Prinz. Er konnte sehr charmant sein, hatte ein hübsches, gleichmäßiges Gesicht und eine – angesichts seiner Jugend – beachtliche Statur. Kurz, Karl Wilhelm kam an dem Höfen und bei den Damen an. Den Fürstinnen erwies er die schuldige Ehre, und ihren Töchtern machte er artige Komplimente. Seine lehrreichsten und vergnüglichsten Erlebnisse hatte er allerdings mit Damen von niedrigerem Range. Von der dünnen Tünche der Etikette und des Anstandes nur unzulänglich verborgen, gab sich die barocke Gesellschaft ihren Lüsten hin – und Karl Wilhelm sah keinen Grund, warum er es anders halten sollte. Die meisten seiner Zeitgenossen waren wie er selbst tief gläubig, aber nur wenige hatten Hemmungen, ihre Leidenschaften auf eine Weise auszuleben, die die Kirche untersagte. Dabei wurde zweierlei Maß angelegt. Liederliche Frauenzimmer und ledige Mütter, die sich mit Männern aus dem einfachen Volk einließen – sie mussten im 17. und frühen 18. Jahrhundert oft schmerzhaft für ihre Fehltritte bezahlen. Eine öffentliche Auspeitschung war das Mindeste, womit ein Mädchen rechnen musste, wenn seine Schande offenbar wurde, und seinen Liebhabern ging es nicht viel besser. Aber solche Strafen drohten natürlich nicht den Fürsten und auch nicht den Weibsleuten, die ihnen zu Willen waren. Wenn eine es geschickt anfing, konnte sie aus der Affäre mit einem hohen Herrn sogar allerhand Vorteile ziehen. Karl Wilhelm hatte nicht viel Mühe bei der Suche nach reizenden Gefährtinnen. Er genoss das Leben und die Liebe.

Nicht an allen Höfen wurde allerdings so freizügig gedacht, wie Karl Wilhelm es vermutete. Am altmodischen Königshof von Schweden fiel das Verhalten des galanten Prinzen aus Baden unangenehm auf. Die Königin-Witwe, Karl Wilhelms Tante Hedwig Eleonore, hatte mit dem Gedanken geliebäugelt, ihren gut aussehenden Neffen mit ihrer Enkelin, der frommen Prinzessin Hedwig Sophie, zu verheiraten. Karls Indiskretionen trugen zumindest dazu bei, dass das Projekt sich zerschlug. Doch das bedrückte den leichtlebigen Prinzen nicht weiter. Auch wenn er zugeben musste, dass sich aus einer badisch-schwedischen Verbindung sehr interessante Möglichkeiten ergeben hätten ...

Als er nach Basel zurückkehrte, erfuhr Karl, dass sich ohnehin bereits eine Braut für ihn gefunden hatte. Herzog Eberhard Ludwig von Württemberg hatte um die Hand der badischen Prinzessin Johanna Elisabeth angehalten – und gleichzeitig vorgeschlagen, dass sein künftiger Schwager Karl Wilhelm seine Schwester Magdalene Wilhelmine zum Altar führen solle. Sowohl den Württembergern als auch den Baden-Durlachern lag daran, die traditionell engen Verbindungen zwischen den beiden evangelischen Nachbarterritorien noch fester zu knüpfen. Karl Wilhelm wehrte sich daher auch nicht gegen die Heirat, obwohl die zwei Jahre ältere Braut seinen Vorstellungen von weiblichem Liebreiz keineswegs entsprach. Zu herb war das längliche Gesicht der Prinzessin, zu kräftig ihre Nase. Zu eng befand Karl Wilhelm den energischen Geist der Württembergerin, zu unduldsam ihre demonstrativ zur Schau getragene Frömmigkeit. Aber an solchen kleinen Widrigkeiten scheiterte keine Fürstenehe. Karl Wilhelm sollte die Frau schließlich nicht lieben, sondern heiraten und damit den Interessen zweier Fürstenhäuser dienen. Das ungleiche Paar wurde am 27. Juni 1697 in Basel getraut. Es kehrte, als endlich Frieden geschlossen war, nach Durlach zurück.

Es zeigte sich bald, dass Magdalene Wilhelmine wirklich über all die Tugenden verfügte, die die Chronisten so gerne an Fürstinnen preisen. Die Geschichtsschreiber lobten ihre Standhaftigkeit, ihre Sittenstrenge und ihre Frömmigkeit – Eigenschaften, die Karl Wilhelm weniger liebenswürdig als Sturheit, Prüderie und Bigotterie bezeichnet hätte. Er hütete sich freilich, sein Missfallen in der Öffentlichkeit laut werden zu lassen. Magdalene Wilhelmine war seine Frau – eine ausgezeichnete obendrein –, und er war es ihr schuldig, dass ihre Würde gewahrt wurde. Das hohe Paar kam regelmäßig seinen ehelichen Pflichten nach, lebte ansonsten aber nebeneinander her. Magdalene Wilhelmine hatte schnell eingesehen, dass zwischen ihr und dem hübschen badischen Prinz, an den ihr Bruder sie verheiratet hatte, keine innige Beziehung entstehen würde. Sie suchte Trost in ihrer Religion.

Vier Jahre nach der Hochzeit verabschiedete sich Karl Wilhelm von Magdalene Wilhelmine. Der Spanische Erbfolgekrieg war ausgebrochen und ließ das Land am Oberrhein wieder einmal zum Schauplatz von Scharmützeln, Durchmärschen und Einquartierungen werden. Karl trat erneut unter das Kommando seines verehrten Verwandten, des kaiserlichen Generalfeldmarschalls Ludwig Wilhelm von Baden-Baden. Da Karl mehrfach verwundet wurde und seine Blessuren ausheilen mussten, fand er trotzdem genügend Zeit, für legitimen und illegitimen Nachwuchs zu sorgen. Seinen Erben, den kleinen Karl Magnus, hatte er freilich gezeugt, noch ehe die Waffen sprachen. Magdalene Wilhelmine hatte den Jungen am 21. Januar 1701 in Durlach zur

Welt gebracht. Dieses Kind sollte das Ende des Krieges allerdings nicht erleben: Karl Magnus starb elfjährig in Lausanne, wo er nach Vorbild seines Vaters zu ersten Studien weilte. Karls zweiter Sohn, Friedrich, der Erbprinz anstelle seines verstorbenen Bruders wurde, kam am 7. Oktober 1703 in Stuttgart zur Welt. Ein kleines Mädchen, Auguste Magdalene, wurde am 13. November 1706 in Basel geboren. Sie wurde nicht ganz drei Jahre alt und ihr kleiner Körper im Basler Münster beigesetzt.

Nachdem er seine Gemahlin pflichtschuldigst geschwängert hatte, wollte Karl Wilhelm das Vergnügen nicht zu kurz kommen lassen. Eine Person, die ihm ausnehmend gut gefiel, war die Freiin Eberhardine Luise von und zu Massenbach. Die Nichte des Philippsburger Festungsgouverneurs hätte den Prinzen womöglich dauerhaft an sich binden können, wenn in die Zeit ihrer Liebe nicht der Tod des alten Markgrafen gefallen wäre. Als jedoch Friedrich Magnus am 25. Juni 1709 starb, konnte keine Leidenschaft den neuen Herrscher an der Seite seiner süßen Freundin halten. Immerhin kam der nunmehr regierende Markgraf für die Folgen seiner Leidenschaft auf. Nachdem die Massenbach anno 1710 eine kleine Karolina Luise zur Welt brachte, stattete Karl Wilhelm seine natürliche Tochter anständig aus. Auch das Schicksal seiner früheren Geliebten ließ Karl Wilhelm nicht gleichgültig: Er verheiratete sie vorteilhaft an einen Kammerherrn.

Die Gründung Karlsruhes

Die Residenzstadt Durlach war, als Karl Wilhelm die Regierung antrat, eine große Baustelle. Obwohl der verstorbene Markgraf sich sehr um den Wiederaufbau der 1689 niedergebrannten Stadt und vor allem seines Schlosses bemüht hatte, waren die Schrecken des Krieges allgegenwärtig. Friedrich Magnus hatte große Pläne gehabt: Der berühmte norditalienische Baumeister Domenico Egidio Rossi sollte ihm einen prächtigen neuen Palast hinstellen: größer, schöner und moderner, als die alte Karlsburg gewesen war. Doch die anspruchsvolle Anlage war und blieb ein Torso: Als der Spanische Erbfolgekrieg losbrach und alle Bauarbeiten eingestellt wurden, war gerade einmal ein Flügel errichtet und notdürftig bewohnbar.

Karl Wilhelm hatte wenig Lust, dieses Werk seines Vaters fortzusetzen. So pompös die von Rossi geplante Schlossanlage war: Sie schien dem neuen Herrscher nicht repräsentativ genug. Schon zu Lebenzeiten des Friedrich Magnus hatte Karl Wilhelm viel weiter reichende Vorschläge gemacht: Da Durlach ohnehin aus Ruinen bestand, sollte man die Stadt seiner Meinung nach komplett neu anlegen. Dem damaligen Erbprinzen schwebte eine Residenz mit fächerförmigem Grundriss vor und ein Schloss, an das ein großer Wildpark grenzte. Doch der alte Friedrich Magnus hatte nur lächelnd den Kopf geschüttelt über die Torheiten seines Sohnes. Der Prinz solle sich einfach einmal die Landkarte anschauen, riet der Markgraf. Dann würde er sofort erkennen, dass seine großartigen Pläne Hirngespinste und angesichts der Lage Durlachs unmöglich zu realisieren seien.

Dass seine hochfliegenden Pläne in Durlach nichts werden würden, sah der neue Herrscher mittlerweile ein. Nicht nur wegen der landschaftlichen Gegebenheiten – Karl Wilhelm hatte auch unliebsame Erfahrungen mit dem Durlacher Bürgerstolz gemacht. Wenn er den Leuten damit käme, dass er ihre Stadt (oder vielmehr das, was sie inzwischen wieder aufgebaut hatten) abreißen und nach seinen Plänen neu errichten wollte, was würden sie tun? Karl Wilhelm war sich klar darüber, dass er auf heftigsten Widerstand stoßen würde.

Schon bei den Huldigungen anlässlich seiner Regierungsübernahme hatten die Bürger Karl Wilhelm mit Klagen und Forderungen konfrontiert, die ihn schwer verärgerten. Die Durlacher wollten nicht so viel Geld für den Krieg aufbringen – hatte ihr Fürst den Krieg denn angefangen? Aber das war längst nicht alles: Die Durlacher beschwerten sich über die Abgabenfreiheit der Hofbediensteten, und sie kritisierten des Markgrafen Juden- und Zuwanderungspolitik. Sie wollten ihrem Herrn vorschreiben, dass er künftig nur noch Neubürger zulassen solle, die Lutheraner und obendrein vermögend waren. Sie verweigerten die Frondienste, wollten aber auch das Frongeld nicht bezahlen. Sie protestierten, als ihr Fürst eine Garde einrichtete, die nicht nur das Schloss bewachen, sondern auch die Stadttürme übernehmen sollte. Das greife in die alten Wachrechte der Bürger ein, lamentierten sie. Es war einfach lächerlich! Und ausgesprochen lästig. Karl Wilhelm war nie ein geduldiger Mensch gewesen, aber diese Durlacher trieben ihn zur Weißglut. Weder als kaiserlicher Offizier noch als Landesherr konnte er es hinnehmen, dass seine Befehle in Frage gestellt wurden. Was bildeten sich seine Untertanen eigentlich ein? Wussten die Bürger nicht die Ehre zu schätzen, die ihnen seine Vorfahren erwiesen hatten, als sie anno 1565 ihre Residenz von Pforzheim nach Durlach verlegten?

Ach, wenn er doch endlich seine Ruhe vor ihnen hätte! Der Gedanke an einen Palast in der Ebene und an eine Ansiedlung mit fächerförmigem Grundriss ließ Karl Wilhelm nicht los. Sollte er ein Jagdhaus bauen oder lieber gleich eine neue Residenz gründen? Denkbar war beides. Aber Karl Wilhelm ließ sich nicht gerne in die Karten blicken. Im Februar 1715 fanden im Hardtwald zwischen Durlach und Mühlburg umfangreiche Rodungsarbeiten statt. Am 17. Juni 1715 ließ Karl Wilhelm an einem Wegekreuz den Grundstein für ein neues Schloss legen. Seinen gesamten Hofstaat hatte er zu diesem Akt befohlen. Nur die Markgräfin Magdalene Wilhelmine war nicht dabei.

Karl Wilhelm nannte sein künftiges Domizil „Carols Ruhe“. Das war ein Name, der weniger auf eine neue Residenzstadt als auf eine Favorite hindeutete. Hingegen ließ das lateinisch verfasste Gedicht, das der Markgraf nebst einer Flasche Oberländer Wein, einigen Münzen sowie einem Portrait seiner selbst in den Grundstein versenkte, auf eine ehrgeizige Neugründung schließen: „Möge dieser Stein, welcher jetzt von Karl gelegt wird, um in die aufgegrabene Erde versenkt zu werden und zugleich den zu den Gestirnen aufgebauten Turm zu tragen, fortbestehen und Jahrhunderte überdauern. Und je länger er dauert, desto mehr möge er auch erstarken und sich ausbreiten."

Die Gründung neuer Residenzen war damals groß in Mode. Die Fürsten strebten weg aus den alten Städten, die mit ihren Gassen und Mauern die stadtplanerischen und architektonischen Höhenflüge der Herrscher und ihrer Baumeister bremsten. Ludwig XIV. von Frankreich, der ebenso verhasste wie bewunderte Sonnenkönig, hatte den Anfang gemacht, als er 1682 seinen Wohn- und Regierungssitz von Paris nach Versailles verlegte. Zahlreiche deutsche Fürsten ahmten den französischen Herrscher nach – und der erste von ihnen, der das Versailler Modell mit seinen Gestaltungsprinzipien tatsächlich umsetzen ließ, um seine Herrschaftsansprüche und seine Verdienste als Kriegsheld demonstrativ in Szene zu setzen, war Karl Wilhelms katholischer Verwandter Ludwig Wilhelm, der Türkenlouis. Statt den altmodischen Familiensitz in Baden-Baden wiederaufzubauen, errichtete er in Rastatt auf freier Fläche eine neue Residenz.

Für den Neubau standesgemäßer Paläste mit riesigen Parkanlagen boten die 1689 von den Franzosen zerstörten deutschen Schlösser einen hervorragenden Vorwand. Außerdem war Karl Wilhelm von Baden-Durlach nicht der einzige Fürst, den die Bewohner seiner Residenzstadt erzürnt hatten. Die selbstbewussten Bürger der alten Städte kämpften um ihre Rechte – sie waren nicht ohne weiteres gewillt, für die absolutistischen Neigungen ihrer Landesherren die Zeche zu zahlen. Warum auch sollten sie die raren Flächen innerhalb der Stadtmauern für Prunkbauten und Parkanlagen opfern, die keinem anderen Zweck dienten als der Selbstdarstellung fürstlicher Herrlichkeit?

Die Fürsten aber fackelten nicht lange und straften die aufmüpfigen Untertanen, indem sie ihnen die Gunst entzogen, den Landesherrn in ihren Mauern beherbergen zu dürfen. Der Kurfürst von der Pfalz verließ das verbrannte Heidelberg und orientierte sich nach Mannheim um: dass der katholische Fürst sich in heftigem Streit mit den evangelischen Heidelbergern befand, machte ihm den Entschluss leicht. Und der Fürstbischof von Speyer verlegte, nachdem die vorwiegend evangelische Bevölkerung ihn aus der Reichsstadt ausgesperrt hatte, seine Hofhaltung sowie die gesamte Verwaltung des Bistums von Speyer nach Bruchsal, wo man ihm für diese Gunst ordentlich dankbar war.

Auch Karls schwäbischer Schwager, der Herzog Eberhard Ludwig, hatte sich ein neues repräsentatives Schloss gebaut. Allerdings war das ehrgeizige Projekt „Ludwigsburg" nicht ganz so reibungslos abgelaufen, wie es sich der Württemberger gewünscht hatte. Denn mit dem Neubau eines riesigen Barockschlosses allein war es nicht getan. Der erste Ansiedlungsaufruf des Herzogs im Jahr 1704 war beinahe ungehört verhallt. Bis die in Schlossnähe entstandene Siedlung den Namen „Stadt" verdiente, sollten immerhin 14 Jahre vergehen.

Das frühe 18. Jahrhundert war für Stadtgründungen nicht so günstig wie die Jahrzehnte davor: Es gab nicht mehr so viele verzweifelte Flüchtlinge vom Schlage der Hugenotten, die bereit waren, all ihr Geld und ihre Energie in den Aufbau einer neuen Existenz zu stecken. Karl Wilhelm hatte keine Lust, sich mit seinem „Carols Ruhe" ebenso zu blamieren wie sein Schwager mit Ludwigsburg. Er wollte erst einmal sehen, ob er mit seinem Karlsruhe mehr Glück haben würde. Wenn die Sache schief ging – dann könnte er immer noch behaupten, niemals mehr als ein

Jagdschloss im Hardtwald geplant zu haben. Noch Jahre später tat Karl Wilhelm so, als ob die Stadt Karlsruhe quasi aus Versehen entstanden sei. Beim Schlosseingang ließ er Tafeln aufstellen, auf denen man lesen konnte: „Anno 1715 war ich im Wald, der wilden Tiere Aufenthalt. Ein Liebhaber der Ruhe wollte hier in der Stille die Zeit vertreiben, in Betrachtung der Kreatur die Eitelkeit verachtend und den Schöpfer recht verehrend. Allein das Volk kam herbei, baute, was du hier siehst. Also keine Ruhe, so lange die Sonne glänzet, als allein in Gott zu finden, welche du, wenn du nur willst, auch mitten in der Welt genießen kannst."

Nein, ein Betriebsunfall, wie Karl Wilhelm es darzustellen versuchte, war die neue Residenzstadt Karlsruhe nicht. Der Fürst hatte gezielt Ansiedler in seine durchgeplante fächerförmige Stadt gelockt und ihnen dafür eine Reihe von Privilegien in Aussicht gestellt. Die Interessierten mussten lediglich über ein nicht näher spezifiziertes Eigenkapital verfügen und sich verpflichten, ein Haus nach genau festgelegten Vorschriften zu errichten. Die Konfession seiner neuen Untertanen war Karl Wilhelm weniger wichtig: Die Ansiedlungspriviligien galten nicht nur für Angehörige der lutherischen Landeskonfession, sondern auch für Leute, die sich zur reformierten oder gar zur katholischen Kirche bekannten. Und die Neusiedler kamen: aus Württemberg, vor allem aus Stuttgart und aus Tübingen, aus dem Elsass und aus der Schweiz. Auch viele Durlacher folgten ihrem Markgraf in den Hardtwald – manche, weil sie die Zeichen der Zeit erkannten, andere, weil Karl Wilhelm sie dazu zwang.

Im Sommer 1717 hielt Karl Wilhelm zum ersten Mal in seinem neuen Schloss Hof, ein Jahr später wurden sämtliche Behörden und das Militär nach Karlsruhe verlegt. Die einstige Residenzstadt Durlach drohte in Bedeutungslosigkeit zu versinken. Nur die Markgräfin Magdalene Wilhelmine, die die Narreteien ihres Gemahls mit tiefem Misstrauen beobachtete, hielt an ihrer

Wohnung in der Karlsburg fest. Karl Wilhelm verschwendete keine Mühe darauf, seine Frau für einen Umzug zu begeistern. Sollte sie getrost in Durlach bleiben – dass er fortan keine Rücksicht mehr auf seine fromme Gemahlin und ihre unsterbliche Seele nehmen musste, machte dem Markgrafen das Leben um vieles leichter.

Der Sohn der Venus

Konnte es einen Stadtgrundriss geben, der das Selbstbild der absolutistischen Herrscher eindrucksvoller widerspiegelte als der Karlsruher Fächer? Im Mittelpunkt residierte, der Sonne gleich, der Fürst. Alle Wege führten zu ihm. Und doch war es nicht leicht, ins Zentrum der Macht vorzudringen. Denn Karl Wilhelm hatte sich sorgsam distanziert vom städtischen Leben. Ein großer Schlossvorplatz schied den Wohnsitz des Fürsten von den halbkreisförmig angeordneten Palaisgebäuden des Hofadels und der hohen Beamtenschaft im sogenannten „inneren Zirkel". Erst hinter diesem schützenden Riegel der Mächtigen lagen die bürgerlichen Wohnbereiche. Die Parkanlagen und Wildgehege im Norden des Schlosses gaben dem Fürsten die Möglichkeit, seine Ruhe vor der bürgerlichen Geschäftigkeit zu genießen – und hielten ihm für alle Fälle einen Fluchtweg offen. Arme Leute oder gar völlig Besitzlose waren in Karl Wilhelms neuer Residenzstadt nicht erwünscht. Sie sammelten sich in einer nahe gelegenen Tagelöhner-Siedlung, die „Klein-Karlsruhe" genannt wurde.

Die neue Residenzstadt von Baden-Durlach weckte schon wegen ihres ungewöhnlichen Grundrisses das Interesse von Karl Wilhelms Zeitgenossen. Der Duodezfürst in dem winzigen Ländchen wurde durch den Karlsruher Fächer gewissermaßen zu einer Berühmtheit im absolutistischen Europa. Aber wer berühmt ist, der hat auch Neider und – vor allem – er provoziert die Spötter. Ein eigenwilliger Mann mit ausgeprägten Eigenheiten wie Karl Wilhelm machte es den Lästermäulern leicht, Angriffsflächen zu finden. So genial die Idee der fächerförmigen Stadt war, so billig, beinahe schäbig gebaut war trotz aller architektonischen Gefälligkeit das Schloss in ihrem Zentrum. Karl Wilhelm wusste wohl, dass sein in kurzer Zeit hochgezogener Palast sich nicht mit aufwändigen Schlossbauten wie Rastatt, Ludwigsburg oder Mannheim vergleichen ließ. Aber er schämte sich seiner Sparsamkeit nicht. Zu einem Reisenden sagte er einmal ohne mit der Wimper zu zucken: „Ich bin ein kleiner Fürst. Und ich habe ein Haus nach meinem Stand gebaut. Es ist mir lieber, man sagt von mir, ich sei schlecht logiert, hätte aber keine Schulden, als dass man sagt, ich bewohnte ein superbes Schloss, hätte aber große Schulden."

Karl Wilhelm wusste genau, dass er ein prunkvolleres und solideres Gebäude nur durch eine Sonderbesteuerung seiner Untertanen hätte realisieren können – doch eben dies versuchte er unter allen Umständen zu vermeiden. Der Markgraf von Baden-Durlach war ein absolutistischer Herrscher, aber kein Verschwender und schon gar kein Dummkopf. Das Volk im Grenzgebiet hatte jahrzehntelang unter der Kriegsfuchtel gelitten. Es sollte sich jetzt erst einmal erholen, um dem Markgrafen später um so reichere Frucht zu bringen. Und außerdem: Wer konnte garantieren, dass nicht wieder ein Krieg die Markgrafschaft verwüsten und das neue Schloss samt Residenzstadt dem Erdboden gleich gemacht würde? Karl Wilhelm hatte zu viele rauchgeschwärzte Ruinen gesehen, als dass er an die Unvergänglichkeit der Architektur geglaubt hätte.

Nicht nur die Bauweise des Karlsruher Schlosses, auch seine Bewohner sorgten für Gesprächsstoff. Oder vielmehr – seine Bewohnerinnen. Dass die vortreffliche Gemahlin Karl Wilhelms einsam in Durlach hauste, verübelte man dem Markgrafen nicht. Es gab schließlich genug Fürsten, die mit ihren Gemahlinnen nur so lange das Bett teilten, bis der Fortbestand der Dynastie gesichert war. Aber die Art und Weise, wie Karl Wilhelm seine männlichen Bedürfnisse befriedigte, das sorgte für allerhand Gerede an Europas Höfen. Anders als der große König von Frankreich und anders als der kleine Herzog von Württemberg erlaubte es der Markgraf von Baden-Durlach keiner Mätresse, Herrin über sein Herz zu werden. Karl Wilhelm liebte nicht eine Frau – er liebte die Frauen. Und er wusste diese Leidenschaft mit einer anderen Neigung zu verquicken: mit der Musik. Seine Hofsängerinnen waren dem Markgrafen eine Quelle der Inspiration – in jeder Beziehung.

Wann immer an den klatschsüchtigen Höfen Europas die Rede auf die Mädchen im Karlsruher Schloss kam, schnellte die Zahl von Karl Wilhelms angeblichen Liebesdienerinnen in die Höhe. Selbst die berühmte Liselotte von der Pfalz, die als Herzogin von Orléans am französischen Hof lebte, hatte von den Karlsruher Fräulein gehört. Allerdings nahm sie die ganze Angelegenheit nicht sonderlich ernst: „Unter uns geredet – ich fürchte, der Markgraf von Durlach ist ein Narr in folio geworden", schrieb sie in einem Brief: „Freilich habe ich schon von seinem Serail gehört." König Friedrich Wilhelm I. von Preußen fand die Lebensweise des Badeners weniger amüsant: Er empörte sich lauthals darüber, das sich Karl Wilhelm „viele Huren" hielt.

Der Markgraf scherte sich nicht um das Gerede: Es war ja nicht so, als ob er in einem Bordell lebte. Einen Harem im eigentliche Sinne gab es im Karlsruher Schloss nicht. Der Fürst beschäftigte jedoch 30 Musiker und etwa 60 Sängerinnen und Schauspielerinnen. Die eigentliche Aufgabe dieser Frauen war es tatsächlich, zu singen und zu spielen. Allerdings hatten viele Sängerinnen nicht nur glockenreine Stimmen, sondern auch hübsche Gesichter und provozierende Kurven, die sich – vor allem, wenn die Mädchen in Hosenrollen auftraten – aufreizend in der

Männerkleidung abzeichneten. Der heißblütige Markgraf ließ sich von solch einem Anblick leicht entflammen, und die Sängerinnen hatten wenig Möglichkeiten, sich den fürstlichen Wünschen zu entziehen.

Wenn sie es überhaupt versuchten: Kaum eine wollte den Unmut ihres Herrn riskieren und womöglich ihre gut bezahlte Stelle verlieren. Sich einem Fürsten hinzugeben, galt ja nicht als Schande – und bei Karl Wilhelm konnte man davon ausgehen, dass er für die möglichen Folgen seines Vergnügens einstand. Engagiert hatte der sparsame Markgraf die singenden Damen übrigens nicht nur, weil er von ihnen auch weniger künstlerische Tätigkeiten erwartete. Die nämliche Zahl an Kastraten, die man Sängerinnen damals normalerweise vorzog, wäre ihn ungleich teurer gekommen. So aber wurden im Karlsruher Schloss bald eine ganze Reihe von Kindermägden benötigt. Sie betreuten die Söhne und Töchter der Hofsängerinnen: kleine Mädchen und Jungen, die auf den Namen Karl beziehungsweise Carlina hörten und deren Väter offiziell unbekannt waren.

Der Erbprinz

Des Markgrafen rechtmäßige Gemahlin saß unterdessen in Durlach, beklagte die Zustände in der neuen Residenzstadt und betete für das Seelenheil ihres Gemahls. Das Streben nach Schönheit, für Karl Wilhelm ein lebenslanges Anliegen, war ihr völlig fremd. Sinnlos dünkte Magdalene Wilhelmine auch die Leidenschaft ihres Gemahls für die Gärtnerei. Das Geld, das er für seine geliebten Tulpen rauswarf, hielt sie für hoffnungslos verschwendet. Immerhin konnte sie sich damit trösten, dass ihr Sohn Friedrich eines Tages Herr über Baden-Durlach sein würde. Und sie hatte weiß Gott getan, was menschenmöglich war, damit der Prinz nicht gleich seinem Vater Gefallen an eitlen Zerstreuungen fand.

Die Zukunft des ihnen verbliebenen Sohns Friedrich war das einzige gemeinsame Interesse von Karl Wilhelm und Magdalene Wilhelmine. Beide liebten den hübschen Knaben mit den klaren Augen innig. Friedrichs Aussehen ähnelte dem seines Vaters in jungen Jahren; allerdings wirkte der Prinz neben dem mittlerweile sehr korpulenten Markgrafen recht schmächtig. Nach dem Abschluss seiner Studien hatte sich Friedrich auf die obligatorischen Reisen begeben und neben den deutschen Höfen Frankreich, Holland und England kennen gelernt. In Leeuwarden heiratete er die Oranierin Anna Charlotte Amalie. Im September 1727 brachte Friedrich seine junge Gemahlin nach Karlsruhe.

Die alte Fürstin hätte ihren Sohn samt Frau und den zu erwartenden Enkelkindern lieber bei sich in Durlach gehabt – allein, der Erbe der Markgrafschaft gehörte in die Umgebung des regierenden Fürsten. Als äußerst bedauerlich empfand es Magdalene Wilhelmine allerdings, dass die räumliche Entfernung es ihr erschwerte, auf ihre neue Schwiegertochter einzuwirken. Denn den Beistand, den Rat und die Ermahnungen einer weiblichen Verwandten hatte die junge Frau offensichtlich dringend nötig. Magdalene Wilhelmine war entsetzt über den Eigensinn, den die Erbprinzessin an den Tag legte. Anna Charlottes Mutter hatte bei der Erziehung dieses Mädchens anscheinend kläglich versagt.

Immerhin war die Erbprinzessin fruchtbar. Der Anblick des stramm gewickelten Säuglings Karl Friedrich entschädigte seine Großmutter für manchen Kummer. Nicht minder erfreulich war, dass gut drei Jahre nach Karl Friedrichs Geburt ein weiterer Enkel zur Welt kam. Nur leider war die Schwiegertochter mittlerweile so wunderlich geworden, dass man ihr Verhalten nicht mehr tolerieren durfte. Magdalene Wilhelmine seufzte. Sie würde dem unangenehmen Gespräch mit ihrem Gemahl nicht länger ausweichen können. Es war höchste Zeit, dass der Markgraf eingriff.

Karl Wilhelm glaubte noch immer nicht daran, dass die Erbprinzessin vom Wahnsinn gepackt war. Er vermutete, dass sie bösartig sei oder die Verwandtschaft mit ihren Launen einfach nur zum Narren halten wollte. Zwei Wochen, nachdem er den Brief über Anna Charlottes erbärmlichen Zustand an ihren Bruder geschrieben hatte, zeigte ihm ein furchtbares Ereignis jedoch, dass der Geist der jungen Frau wirklich vollkommen zerrüttet war. Es war ein Ereignis, das Karl Wilhelm in tiefster Seele erschüttern und den kraftvollen 53-Jährigen vorzeitig zum Greis machen sollte.

Erbprinz Friedrich begann zu husten. Was zunächst nach einer einfachen Erkältung aussah, entwickelte sich rasch zur „heftigen Brustkrankheit". Am 26. März 1732 starb der junge Fürst völlig unerwartet im Alter von gerade erst 29 Jahren. Seinem Vater, Markgraf Karl Wilhelm, ging der Tod seines Erben sehr nahe – zeitlebens legte er die Trauerkleidung nicht mehr ab. Völlig entgeistert aber war der Trauernde über das Verhalten seiner Schwiegertochter.

Ihre Damen sollten der Erbprinzessin die traurige Nachricht schonend beibringen – man fürchtete, die seelische Erschütterung könnte schlimme Auswirkungen auf das Gemüt der reizbaren Fürstin haben. Doch Anna Charlotte reagierte nicht, sie schien die sorgfältig gewählten Worte ihrer Damen einfach zu überhören. Schließlich wussten diese sich keinen Rat mehr und führten Anna Charlotte zur Leiche ihres Mannes. Die junge Witwe musterte das Antlitz des Toten, ohne irgendeine Gefühlsregung zu zeigen. Der reglose Körper, die gespannten und mitleidigen Blicke der Damen, der stille Raum – die Situation missfiel Anna Charlotte. Sie wollte so schnell wie möglich fort. Der Tote sei ihr völlig unbekannt und ganz gewiss nicht ihr Gemahl, erklärte die Prinzessin ihrer entsetzten Umgebung.

Die schmerzenden Augen des alten Markgrafen ruhten auf seinen Enkeln: dem dreijährigen Karl Friedrich und dem Säugling Wilhelm Ludwig. Karl Wilhelm wusste, dass er keine rechtmäßigen Nachkommen mehr haben würde als nur diese beiden – umso wertvoller waren ihm die Knaben. Es stand außer Zweifel: Man durfte sie nicht der Aufsicht ihrer verrückten Mutter überlassen. Karl Wilhelm fühlte sich allerdings nicht dazu berufen, selbst die Erziehung zweier so kleiner Kinder anzuleiten. Besser als im Karlsruher Schloss waren die Prinzen gewiss in der Durlacher Karlsburg aufgehoben, unter den Fittichen der Markgräfin. Karl hegte zwar keine zärtlichen Gefühle für seine Gattin – aber man konnte sich darauf verlassen, dass ihr Geist unbeugsam, stark und kerngesund war. So sehr die Markgräfin unter dem unerwarteten Tod ihres Sohnes litt – sie schien den Verlust besser zu überwinden als ihr leichtherziger Gemahl. Ihr Glaube hielt sie aufrecht. Sollten die Knaben etwas von der Unbeständigkeit und der Launenhaftigkeit ihrer Mutter geerbt haben, würde ihnen die alte Markgräfin diese Eigenschaften schon austreiben. Dem Wahnsinn würde sie Sinn entgegensetzen. Ja, Magdalene Wilhelmine war die Lösung.

Blieb nur die Frage, was man mit der Mutter der Prinzen anfangen sollte. In der Residenzstadt Karlsruhe konnte die Irrsinnige nicht bleiben. Am besten man richtete auch ihr in Durlach eine Wohnung ein. Die alte Markgrafenstadt war ein würdiger Ort für den Witwensitz einer geisteskranken Prinzessin. Da auch Karls eigene Gemahlin mit den Enkeln in der Karlsburg wohnte, könnte niemand behaupten, der Markgraf würde seine kranke Schwiegertochter schlecht behandeln. Das nur teilweise wiederaufgebaute Durlacher Schloss bot sich geradezu dazu an, die Prinzessin von der Welt abzuschirmen und sie unter Kontrolle zu halten. Der Markgraf war sehr angetan von seiner Idee und ließ sie so schnell wie möglich umsetzen. 45 Jahre lang, bis zu ihrem Tode im Jahr 1777, vegetierte Anna Charlotte Amalie in Durlach dahin – in keiner anderen Gesellschaft als der ihres 20-köpfigen Hofstaates. Die bedauernswerten Damen waren ihr zu Diensten, beaufsichtigten die Wahnsinnige und sorgten dafür, dass kein Fremder der Kranken zu nahe kam. Badens Fürsten hatten fortan keinen Grund mehr, sich für das „unziemliche Benehmen" dieser Prinzessin zu schämen.

Selbst der kleine Karl Friedrich fühlte bald kein Bedürfnis mehr, seiner Mutter nahe zu kommen. Was er über ihre Krankheit hörte, verwirrte ihn zunächst, dann machte es ihm Angst, und schließlich empfand er Ekel vor dem Unerklärlichen. Überschwängliche Gefühle und Zärtlichkeit, diese Lektion lernte er bald, hatten im Leben von Menschen seines Ranges ohnehin keinen Platz. Unkontrollierte Emotionen mochte es bei den Angehörigen der niederen Stände geben. Doch wer der Gnade einer hohen Geburt teilhaftig war, der musste allezeit ein leuchtendes Beispiel an Beherrschtheit und Tugend abgeben. So verlangte es die Großmutter. Und deren Wünsche waren von nun an Gesetz für den jungen Prinzen.

Geborchen und lernen

Unter gesenkten Lidern schielte der Erbe von Baden-Durlach zu der betenden Markgräfin Magdalene Wilhelmine hinüber. Erleichtert stellte Karl Friedrich fest, dass sich die Großmutter erhob. Welch ein Glück. Die Markgräfin war eine große Wohltäterin der Armen, aber – das wusste Karl Friedrich aus leidvoller Erfahrung – sie war streng gegen sich selbst und streng gegen andere. Wenn sich einer gegen den Glauben verging (und schlechtes Benehmen in der Kapelle war ganz zweifellos ein Vergehen), dann hatte er bei der frommen Lutheranerin nichts zu lachen. Die Prinzen achteten peinlich darauf, die Großmutter nicht durch unvorsichtige Worte oder Taten zu reizen. Ein eingeschlafenes Bein beim Gottesdienst, Herumzappeln während des Gebetes – das waren Schwächen, die eine harte Bestrafung zur Folge haben konnten.

Unauffällig musterte Karl Friedrich das Profil der alten Markgräfin, das längliche Antlitz mit der mächtigen Nase, das energische Kinn, die kräftigen Brauen über den halb geschlossenen Augen. Alles in allem war es ein Gesicht von geradezu majestätischer Hässlichkeit. Karl Friedrich liebte es beinahe ebenso, wie er es fürchtete. Allerdings wagte er der Großmutter weder seine Liebe noch seine Furcht zu zeigen. Wenn er sich überhaupt traute, irgendeinem Menschen sein Inneres zu offenbaren, dann seinem jüngeren Bruder, dem Prinzen Wilhelm Ludwig. Karl Friedrich sorgte sich um den Kleinen, der sich mit den Gewohnheiten der Markgräfin so schwer tat. Die demonstrative Frömmigkeit der Großmutter war aber auch ausgesprochen ermüdend. Oft zwang sie ihre Enkel zwei Mal am Tag, mit ihr in die Schlosskapelle zu gehen und dort feierlich zum Gebet niederzuknien.

Während Karl Friedrich längst eingesehen hatte, dass Murren sinnlos war, jammerte sein kleiner Bruder oft über das freudlose Dasein, das die Fürstenkinder führen mussten. Immerhin war er klug genug, sich ausschließlich in Karl Friedrichs Gegenwart auszuheulen. Trotzdem entging es den Erziehern nicht, dass der jüngere Prinz eine rebellische Ader hatte, die man nur mit äußerster Strenge in den Griff bekommen konnte. Wenn die zwei Brüder einmal ohne Aufseher zusammensaßen – was selten genug vorkam –, dann tuschelten sie wohl auch über das Leben, das ihr Großvater in der neuen Residenzstadt führte. Es musste dort ja, den bitteren Bemerkungen der Großmutter zufolge, wahrhaft gottlos zugehen. Und ein gottloses Dasein, das hatte für die zwei Jungen, die in der klösterlichen Atmosphäre der Karlsburg aufwuchsen, schon etwas Faszinierendes.

Mit dem Umzug nach Durlach hatte für Karl Friedrich der Ernst des Lebens begonnen; er legte die Mädchenkleider ab, und damit war seine Kindheit vorbei. Der Hofdiakon Samuel Brodhag wurde zu seinem Informator bestellt – er sollte den Vierjährigen mit dem lutherischen Katechismus vertraut machen. Markgraf Karl Wilhelm kümmerte sich kaum um die Erziehung seiner Enkel. Als 1733 infolge des Polnischen Erbfolgekrieges erneut französische Truppen über die Markgrafschaft hereinbrachen, machte er sich schleunigst auf ins neutrale Basel. Seine Gemahlin aber, seine irrsinnige Schwiegertochter und deren Kinder blieben auf seinen Wunsch in der Karlsburg zurück, wo sie infolge der Tributzahlungen Baden-Durlachs – wie erwartet – unbehelligt blieben. Karl Wilhelm, müde und melancholisch, schrieb unterdessen im Basler Palais sein Testament: Er setzte Karl Friedrich zum Erben ein. Falls sein Enkel zum Zeitpunkt seines Todes noch zu jung zum Regieren sei, dann sollten die Markgräfin Magdalene Wilhelmine und sein ältester Neffe, Markgraf Karl August von Baden-Durlach, die Vormundschaft übernehmen. Ihnen zur Seite stehen würde allerdings – als eigentlich entscheidendes Gremium – das Geheimratskollegium, also der Ministerrat als oberste Regierungsbehörde. Als Testamentsexekutoren bestimmte der Baden-Durlacher einen alten Freund, den Landgrafen Ernst Ludwig von Hessen-Darmstadt, sowie den Markgrafen Ludwig Georg von Baden-Baden. Dieser katholische Verwandte Karl Wilhelms war wie er selbst vor den französischen Truppen geflohen: Der wenig kriegerische Sohn des 1707 verstorbenen Türkenlouis hatte sich auf seine böhmischen Güter in Sicherheit gebracht.

Das Leben eines Erbprinzen war kein Zuckerschlecken: Karl Friedrich musste still stehen, als sein Portrait angefertigt wurde. Er bemühte sich, möglichst erwachsen und überlegen drein zu schauen. Der Maler wiederum versuchte, die Gesichtszüge des mittlerweile Achtjährigen getreulich wiederzugeben, dabei aber alles Niedlich-Kindliche aus dem Bild fern zu halten. Tatsächlich zeigte der gemalte Prinz später auch nicht den Hauch eines Lächelns, nur ernste Würde. Aber es war ja nicht die Aufgabe des Künstlers, ein Kinderbild zu malen, sondern das Portrait eines künftigen Herrschers. Und so schwitzte Karl Friedrich stundenlang unter seiner halblangen Perücke, angetan mit Brustharnisch und Fürstenmantel, die schmale Brust dekoriert mit dem Fidelitas-Orden, dem baden-durlachischen Hausorden der Treue. In der Hand hielt er, graziös und scheinbar mühelos, den Kommandostab. Doch er wusste, dass es noch viele Jahre dauern würde, bis er wirklich selbst das Kommando führen durfte.

Zunächst einmal hieß es für Karl Friedrich: gehorchen und lernen. Sieben Jahre war der Prinz alt, als er dem Hofrat Johann Justus Lüdecken anvertraut wurde. Der Mann, dessen „sanften Geist" Karl Friedrich später rühmte, hatte bereits bei drei Onkeln des Erbprinzen seine erzieherischen Fähigkeiten unter Beweis gestellt. Experimente waren unerwünscht am Hof von Baden-Durlach – Karl Friedrich und sein kleiner Bruder wurden ganz im alten Stil erzogen. Und das hieß: Das Fundament ihrer Ausbildung waren der lutherische Glaube und seine Lehren. Allerdings sollten sich die Fürstenkinder auch „weltliche Wissenschaften" aneignen – zumindest soweit diese für künftige Landes- und Kriegsherren erforderlich waren. Die Prinzenerzieher wurden nach ihrer charakterlichen Eignung ausgesucht, nicht nach Gelehrtheit. Wichtiger als fachliches Wissen war, dass der Lebenswandel der Männer moralisch einwandfrei war. Wenn sie den Fürstenkindern gute Sitten und Etikette beibrachten, dann erfüllten sie ihre Aufgabe bestens.

Es war von existenzieller Bedeutung, dass die Prinzen sich in jeder Situation ihrem Stand angemessen benehmen konnten. Mit traumwandlerischer Sicherheit mussten sie wissen, wie sie sich gegenüber ranghöheren Fürsten, gleichgestellten Persönlichkeiten und den Leuten von geringerer oder geringster Bedeutung zu verhalten hatten. Es galt nämlich, immer und unter allen Umständen die Form zu wahren. Man konnte gar nicht früh genug damit beginnen, den Prinzen eine geschliffene Ausdrucksweise anzutrainieren. So feilte Karl Friedrich stundenlang an einem Brief an Wilhelm von Oranien, mit dem er seinem Onkel einen guten Start ins Jahr 1734 wünschen sollte. Aus heutiger Sicht ist das Schreiben, mit dem der Erzieher sich schließlich einverstanden erklärte, allerdings nicht viel mehr als eine Ansammlung von Floskeln:

„Durchlauchtigster Fürst, gnädiger Herr Onkel,

da Euer Gnaden das erste Mal meine untertänige Aufwartung schriftlich zu machen ich die Gnade habe, so erfordert zugleich auch meine Schuldigkeit, zu dem bald erfolgenden Jahreswechsel deroselben alles gesegnete Hochergehen und beständiges Vergnügen bis auf späte Zeiten seelengründlich anzuwünschen, zugleich aber auch mich und meinen Bruder zu fortwährenden Gnaden und Hulden gehorsamst zu empfehlen mit untertäniger Versicherung, dass ich dagegen in schuldigster Veneration lebenslang beharren werde

Euer Gnaden untertänig gehorsamster Neffe und Diener Karl Friedrich, Erbprinz zu Baden."

Der alte Markgraf stirbt

Wäre Markgraf Karl Wilhelm, der nach dem Frieden von 1736 wieder nach Karlsruhe zurückgekehrt war, noch derselbe gewesen, der einst die Stadt Karlsruhe gründete, dann hätte er vielleicht dafür gesorgt, dass in die Erziehung seiner Enkel moderne Vorstellungen einflossen. Allein, Karl Wilhelm war seit dem Tod seines Sohnes nicht mehr wiederzuerkennen. Der Fürst, der in Baden-Durlach einst ein striktes persönliches Regiment errichtet hatte, der jede noch so unbedeutend erscheinende Kleinigkeit selbst zu entscheiden verlangt hatte, er ließ den Dingen jetzt ihren Lauf, kümmerte sich kaum noch um die Regierungsgeschäfte und vertraute darauf, dass seine Gemahlin die Enkel schon groß ziehen würde. Die letzten seiner Hofsängerinnen hatte Karl Wilhelm vor seiner Flucht nach Basel entlassen. In vielen schlaflosen Nächten und häufig auch am Tag suchte der Herr von Baden-Durlach Trost in der Bibel, aus der seine Herren ihm immer von neuem vorlesen mussten. Musik, Theater, Malerei, die Weiber – sie waren ihm gleichgültig geworden.

Jetzt gab sich der fette Markgraf, kurzatmig wie er mittlerweile war, nur noch einer Leidenschaft hin: seinen Blumen. Auch am Morgen des 12. Mai 1738 beschäftigte er sich im Karlsruher Schlossgarten mit der Pflege seiner über alles geliebten Tulpen, als ihn der Schlag traf. Über der blühenden Pracht brach der massige Körper zusammen. Am Nachmittag starb Markgraf Karl Wilhelm von Baden-Durlach, während der Hofprediger monoton Gebete vor sich hinmurmelte. Auf seinen Wunsch hin wurde Karl Wilhelm nicht in Pforzheim, der Grablege seines Hauses, bestattet. Vielmehr ruhten seine sterblichen Überreste unweit des neuen Schlosses in der Konkordienkirche auf dem Marktplatz der Fächerstadt, wo später die Pyramide gebaut wurde. Nur die markgräflichen Eingeweide brachte man in die Schloss- und Stiftskirche St. Michael zu Pforzheim, um der Tradition Genüge zu tun. Karl Friedrich von Baden-Durlach war noch keine zehn Jahre alt, als sein Großvater zu Grabe getragen wurde.

Unter Vormundschaft

Freudlose Jahre

Karl Friedrich war jetzt ein Herrscher in Warteposition. Sein Leben war bestimmt von dem Zwiespalt, seinen Vormündern und seinen Erziehern gehorchen zu müssen, dabei aber zu wissen, dass in nicht allzu weit entfernter Zukunft er ihnen würde gebieten können. Die Großmutter, die verwitwete Markgräfin Magdalene Wilhelmine, und Markgraf Karl August, der älteste Neffe des verstorbenen Fürsten, führten die Regierungsgeschäfte für den minderjährigen Erben, wobei sie allerdings an die Voten des Geheimratskollegiums gebunden waren. Karl August residierte in der neuen Stadt Karlsruhe, Magdalene Wilhelmine aber blieb mit ihren Enkeln weiter in Durlach – sie sah mit ihrem Witwenschleier noch ehrwürdiger und noch unerbittlicher aus als früher. Mit ihrem pietistisch geprägten Glauben machte sie den Prinzen das Leben ganz schön schwer. Für Lustbarkeiten und Zerstreuungen hatte die alte Fürstin nichts übrig. Beten, gehorchen und lernen war ihrer Ansicht nach ein tagfüllendes Programm für junge Leute.

Friedrich Emich Johann von Üxküll, der Präsident des Geheimratskollegiums, ließ sich ständig über die Fortschritte der beiden Knaben berichten und suchte sie – soweit dies seine zahlreichen Pflichten erlaubten – einmal wöchentlich auf. Denn es war seine vornehmste Aufgabe, die Erziehung der Prinzen zu organisieren und für die allmähliche Einführung Karl Friedrichs in die Staatsgeschäfte zu sorgen. Leider ging das nicht so reibungslos vonstatten, wie Üxküll gehofft hatte. Was er über das Treiben der beiden Jungen in der Karlsburg hörte, ließ ihn sorgenvoll die Stirn runzeln.

Karl Friedrich war ein intelligenter Junge, doch die Lehrmethoden der damaligen Zeit waren mehr dazu angetan, Neugier zu ersticken als sie zu fördern. Gnadenloses Pauken und Auswendiglernen war angesagt. Im Morgengrauen hieß es aufstehen und beten, dann gab es Frühstück und schließlich sollten die Prinzen – jeder für sich allein – in der Bibel lesen. Pünktlich um acht Uhr begann der Unterricht – auch wieder mit einem Kapitel aus der Bibel. Zur Abwechslung repetierte der Lehrer dann mit seinen Schülern ein Stück aus Luthers Katechismus. Erst danach waren die weltlichen Fächer dran. Bis halb zwölf Uhr und nachmittags noch einmal drei Stunden lang standen Geschichte, Erdkunde, Französisch, Latein und Mathematik auf dem Stundenplan. Viel zu selten für ihren Geschmack, nämlich nur zwei Stunden pro Woche, erhielten die Knaben Klavierunterricht, vier Stunden lang war Reiten vorgesehen. Mit einer Betstunde endete der tägliche Unterricht. Um die Ausbildung der Prinzen kümmerte sich weiterhin der erprobte Hofrat Lüdecken; ihm wurde allerdings noch ein Pfarramtskandidat an die Seite gestellt. Abends gingen die Prinzen spazieren; bei Regen mussten sie den Damen des Hofes Gesellschaft leisten. Spiel und Spaß waren in dem minutiös durchgeplanten Tagesablauf der Prinzen ebenso wenig vorgesehen wie kindliche Träumereien.

Karl Friedrich war ein williger und friedfertiger Junge. Den Hofrat Lüdecken konnte er gut leiden, auch wenn der gute Mann nicht gerade vor Esprit sprühte. Wenn Karl Friedrichs jüngerer Bruder nicht gewesen wäre, hätten die Erzieher mit dem jungen Markgrafen wahrscheinlich wenig Mühe gehabt. Doch den Prinzen Wilhelm Ludwig langweilte der Unterricht ganz erbärmlich. Das freudlose Leben in der Karlsburg ödete ihn an, und so überredete er den Älteren zu allerhand Unfug. Weil Karl Friedrich in den Augen seines kleinen Bruders nicht als Spielverderber und Feigling dastehen wollte, blödelte er mit. Zwar verlangten die Großmutter und das Geheimratskollegium, dass die Prinzen ständig zu nützlichen Beschäftigungen angehalten und permanent beaufsichtigt wurden – doch die zwei Jungen heckten immer neue

Pläne aus, um der strengen Zucht zumindest zeitweise zu entkommen.

Wilhelm Ludwig war störrisch wie ein Ackergaul, dem ein unnachsichtiger Dompteur Zirkuskunststückchen beibringen will: Er bockte, stellte sich dümmer, als er war. Geheimrat von Üxküll war entsetzt, als er feststellte, wie viele Fehler der jüngere Prinz im Französischen machte. Französisch war damals nicht irgendeine Fremdsprache, sondern die Sprache der eleganten Welt, der Diplomaten und der Gebildeten. Man konnte darüber hinwegsehen, wenn ein Fürstenkind Fehler in seiner Muttersprache machte. Wer aber das Französische nicht beherrschte, dem waren Hohn und Spott gewiss. Gottlob, dachte Üxküll, konnte der drei Jahre ältere Karl Friedrich, der künftige Herrscher von Baden-Durlach, sich wenigstens einigermaßen ausdrücken. Aber den beiden Jungen fehlte es ganz offensichtlich nicht nur an Sprachkenntnissen, sondern – genauso schlimm – auch an Manieren.

Es war eigentlich die Aufgabe des Hofmeisters, mit den Fürstenkindern das standesgemäße Auftreten zu trainieren und zugleich einen scharfen Blick auf ihr Finanzgebaren werfen. Doch der vornehme Herr, den der Geheime Rat für diese wichtige Aufgabe ausgewählt hatte, war schon wenige Wochen, nachdem er sein Amt angetreten hatte, gestorben. Weder die sparsame Markgräfin Magdalene Wilhelmine noch der Markgraf Karl August drängten darauf, dass er bald ersetzt wurde. So waren Karl Friedrich und sein Bruder über ein Jahr lang ohne Hofmeister geblieben – kein Wunder, dass sie zusehends verwilderten.

Üxküll hegte sogar den Verdacht, dass die Prinzen sich mit Lakaien „familiär" machten – ein entsetzlicher Gedanke. Doch woher sonst sollten die Knaben die vulgären Ausdrücke kennen gelernt haben, derer sie sich neuerdings bedienten? In Anwesenheit ihrer Großmutter bemühten sich die Jungen zwar um ein ehrerbietiges Verhalten – aber es war nicht zu übersehen, dass die

Prinzen wenig Ahnung von den höfischen Spielregeln hatten. So konnte und so durfte es nicht weitergehen. Schließlich platzte dem Geheimrat der Kragen. Die Prinzen, so hielt er in einem Memorandum fest, bräuchten umgehend einen Hofmeister, der ihnen Benehmen beibrächte. Am allerliebsten hätte Üxküll die beiden fürstlichen Tunichtgute auf Reisen geschickt. Denn in der Fremde würden sie eher als in der Heimat einsehen, wie wichtig Etikette und ein formvollendetes Verhalten waren. Sollte man sie nach Straßburg schicken oder nach Basel?

An den beiden Prinzen lag es nicht, wenn aus Üxkülls Plänen zunächst nichts wurde. Die Jungen hätten den traurigen Durlacher Hof lieber heute als morgen verlassen. Der Geheimrat konnte sich mit seinen Vorschlägen, die Prinzen ins Ausland zu verfrachten, jedoch nicht durchsetzen. Wenigstens wurde im Mai 1742 ein neuer Hofmeister verpflichtet. Üxküll atmete auf.

Ein Tag in der Karlsburg verlief wie der andere. Karl Friedrich hatte schon fast die Hoffnung aufgegeben, dass er einmal aus diesem Trott ausbrechen könnte, als seine Großmutter erkrankte. Sie starb am 30. Oktober 1742. Karl Friedrich, der in Magdalene Wilhelmine trotz ihrer bisweilen schwer erträglichen Eigenheiten immer seine nächste Verwandte geliebt hatte, war geschockt. Gleich am nächsten Tag schrieb er an seinen Onkel Oranien, Wilhelm IV.: „Soeben entriss mir der Tod Ihre Durchlaucht, meine Großmutter väterlicherseits. Sie starb gestern Morgen in Krämpfen. Eure Hochfürstliche Durchlaucht wird leicht begreifen, wieviel Kummer dieser Verlust sowohl mir als auch meinem Bruder, der Ihnen ergebenst die Hände küsst, bereitet. Sie war eine zärtliche und liebenswürdige Mutter, deren Gedächtnis mir immer sehr teuer sein wird ..." Es war ein Brief, der trotz der echten Trauer, die Karl Friedrich empfand, vor allem ein Tribut an die Konventionen gewesen sein dürfte: Zärtlichkeit hatte der künftige Herrscher Badens in seinem jungen Leben bislang kaum erfahren.

Die Erinnerung an die ebenso geliebte wie gefürchtete Großmutter war allgegenwärtig. Aber auch die Nachbarschaft der wahnsinnigen Mutter und die immer noch an Krieg und Tod mahnenden Ruinen in der alten Markgrafenstadt gingen Karl Friedrich schwer auf die Nerven. Er war jetzt 14 Jahre alt und wollte weg aus Durlach. Er wollte endlich ausbrechen aus der räumlichen und geistigen Enge, die seine Kindheit geprägt hatte. Es musste doch irgendwo ein Leben geben, das anregender und freier war, als er es bisher kennen gelernt hatte. Alles in Karl Friedrich lechzte nach Veränderung.

Im April 1743 durfte der junge Markgraf in die Residenzstadt Karlsruhe übersiedeln. Doch das Schloss inmitten des Fächers, das dem Kleinkind so überaus stolz und prächtig erschienen war, enttäuschte den Halbwüchsigen schwer. So billig es der Stadtgründer 1715 gebaut hatte, so schäbig bot es sich jetzt dar. Vor seinem geistigen Auge sah Karl Friedrich das Gebäude schon zusammenbrechen. Die beiden Prinzen hatten wenig Lust, den Wänden beim Bröckeln zuzusehen. Am liebsten wäre Karl Friedrich nach Holland gefahren, um Marie Luise, seine Großmutter mütterlicherseits, und den Onkel Oranien (beide kannte er bislang nur aus Briefen) zu besuchen. Das Geheimratskollegium schien für diesen Wunsch durchaus ein offenes Ohr zu haben, beschloss dann aber doch, den künftigen Landesherrn und seinen Bruder zunächst nach Lausanne zu schicken.

Für die Schweizer Lösung sprach einiges: Nicht nur, dass Lausanne eine evangelische Hochschule im französischen Sprachgebiet der Schweiz war und es mit den Sprachkünsten der beiden Prinzen immer noch haperte. Auch Karl Friedrichs jung verstorbener Vater und sein Großvater hatten in Lausanne studiert. In Baden-Durlach hielt man auf Traditionen. Was sich in der Vergangenheit bewährt hatte, das würde auch für die Zukunft taugen.

In einer Hinsicht allerdings dachten die Karlsruher Beamten höchst modern: Sie hatten nicht viel übrig für den pompösen barocken Formalismus, wie er an vielen rückständigen deutschen Höfen immer noch gepflegt wurde. Sie orientierten sich bereits an den eleganteren, leichteren Umgangsformen des Rokoko, wie sie vor allem die vornehme Welt in Frankreich, aber auch in Holland und der Schweiz vorlebte. Der Hofmeister (er hatte schon wieder gewechselt, jetzt war es ein Herr Johann Friedrich Christoph von Rothberg) erhielt strenge Weisung, die Prinzen von Leuten fern zu halten, die übertrieben Wert auf „ein gezwungen Ceremoniel" legten. Vielmehr sollte er darauf hinarbeiten, dass die Prinzen sich eine „populäre Konversation" angewöhnten, dass sie ihre Schritte nicht abzählten und dass sie jedermann mit Höflichkeit statt mit Hochmut begegnen sollten. Wobei mit „jedermann" freilich nicht „jeder Mann" gemeint war. Vielmehr hatte das Geheimratskollegium dabei „Honoratioren und Leute von Distinction oder Geburt" im Auge. Die Abkehr vom „gezwungen Ceremoniel" hatte keineswegs eine ungezwungene Zeit an den europäischen Höfen eingeläutet. Es galt schon als ausnehmend weltmännisch und modern, wenn ein Fürst den Honoratioren, die sich zu seiner Begrüßung einfanden, alsbald die Erlaubnis erteilte, sich hinzusetzen.

Am 24. September 1743 begann die erste große Reise Karl Friedrichs und seines jüngeren Bruders. Natürlich reisten die zwei nicht alleine. Außer dem guten alten Lüdecken und einem weiteren Informator, der gleichzeitig als Reiseprediger tätig war, dem Hofmeister von Rothberg, zwei Ärzten, zwei Edelknaben und zwei Kammerjunkern waren noch eine ganze Reihe niederer Dienstboten mit von der Partie – alles in allem wurden die beiden Prinzen von 31 Leuten begleitet. So wurde die Reise zwar nicht gerade abenteuerlich – schließlich war sie bis ins kleinste Detail durchgeplant –, aber für die beiden Jungen war allein schon die

Fahrt, das Überschreiten der Grenzen, der Anblick der fremden Landschaften und der Städte aufregend. In Basel und Bern setzten sie ihre würdevollsten Gesichter auf, denn ihr Rang verlangte es, dass sie sich zu den Spitzen der Regierung begaben und ihrerseits die Herren empfingen. Bankette und Bälle folgten – Karl Friedrich war ganz benommen von den zahlreichen Eindrücken und den vielen Persönlichkeiten, die vor ihm auftauchten und wieder verschwanden. Doch seine Benommenheit ließ er sich nicht anmerken. Er wusste, was er sich selbst, seinem Land und seinen Vormündern schuldig war.

Lausanne tat Karl Friedrich gut. Seine kindliche Schmächtigkeit verlor sich, die Stimme wurde tiefer. Nachdem er einmal seine Schüchternheit überwunden hatte, bereiteten ihm die gesellschaftlichen Anforderungen, die an einen reichsunmittelbaren Fürsten gestellt wurden, keine Probleme mehr. Auch das Lernen fiel ihm jetzt leicht, nicht zuletzt, weil er ein vorzügliches Gedächtnis hatte. Trotzdem war Hofrat Lüdecken mit seinem Schützling nicht 100-prozentig zufrieden: Er glaubte an dem jungen Markgrafen einen Hang zur Indolenz und einen Mangel an Konzentrationsfähigkeit zu erkennen, die ihm Sorge bereiteten.

Lüdeckens scharfen Augen entging nicht, dass Karl Friedrichs demonstrativ zur Schau getragenes Selbstbewusstsein in Wirklichkeit nur schwach ausgebildet war. Der künftige Herr von Baden-Durlach war unentschlossen und entscheidungsschwach, verließ sich zu wenig auf sich selbst und schielte zu viel nach der Meinung anderer. Das bereitete dem alten Lehrer Kummer, wusste er doch aus eigener Erfahrung, wie leicht es war, Karl Friedrich zu beeinflussen. Nun mochte es ja durchaus wünschenswert sein, wenn sich ein Schüler von seinem Lehrer leiten ließ – aber wer wusste schon, welchen Einflüsterungen Karl Friedrich als Landesherr erliegen würde? Immerhin schien der junge Markgraf endlich eingesehen zu haben, dass sein jüngerer Bruder ein hoffnungsloser Fall war. Die Leistungen Wilhelm Ludwigs waren miserabel – und offensichtlich hatte der Prinz keinerlei Interesse daran, sie zu verbessern.

Lüdecken behielt seine Befürchtungen über die Charakterschwäche Karl Friedrichs für sich, schrieb sie erst Jahre später in einem Brief an den Markgrafen nieder, den er dann aber doch nicht weitergab. Was sollte er den Geheimräten im fernen Karlsruhe auch mitteilen? Die Fortschritte, die Karl Friedrich während zweier Jahre in Lausanne gemacht hatte, waren unverkennbar, und der junge Markgraf bewegte sich gewandt auf dem gesellschaftlichen Parkett. Geheimrat Üxküll, der unerwartet auftauchte, um sich ein eigenes Bild zu machen, war angenehm überrascht. Er fand Karl Friedrich sehr zu seinem Vorteil verändert. Und so stieß der junge Markgraf mit seinem Wunsch, so bald wie möglich wieder auf Reisen zu gehen, auf offene Ohren.

Besuch in Versailles

Karl Friedrich war fasziniert von Frankreich. Natürlich hatten ihm seine Lehrer alles Wissenswerte über das Nachbarland beigebracht – aber erst die Rundfahrt durch die Provinzen machte ihm klar, wie ungeheuer groß dieses Frankreich war. Und dann Paris, wo die Gesellschaft im Januar 1746 eintraf. Das war keine Stadt, das war eine Offenbarung. Versailles erst, das Karl Friedrichs Großvater bei seiner Stadtgründung als Vorbild gedient hatte. Die jungen Badener standen staunend vor dem Schlosskomplex, der so unvorstellbar gewaltig war, dass man darin wohl die ganze Residenzstadt Karlsruhe und Durlach noch dazu hätte verstecken können, ohne dass es aufgefallen wäre.

Karl Friedrich war froh, dass seine Erzieher ihm immer und immer wieder gepredigt hatten, dass er ein Fürst war und damit im Rang weit über den meisten anderen Sterblichen stand. Im Angesicht von Versailles wäre er sich sonst wohl so klein und unbedeutend vorgekommen wie irgendein Bürgersmann oder Bäuerlein. So aber hob er stolz den Kopf und schritt, scheinbar unbeeindruckt, als Mächtiger durch die auf Prestige und Repräsentation gründende Gesellschaft von Versailles, in der Luxus Pflicht war und der Lebensstil streng verschwenderisch. Wie stolz, ja eitel die Höflinge ihre Herkunft und ihren Reichtum zur Schau stellten! Und doch ließen es sich die einstmals so mächtigen Adelsherren Frankreichs als höchste Ehre angedeihen, ihrem König beim Lever das Hemd zu reichen. Karl Friedrich staunte.

Als hochgestellter Fremder durfte Karl Friedrich im Schlafgemach Ludwigs XV. der gut eine Stunde währenden Zeremonie des Aufstehens beiwohnen. Zusammen mit mehreren Hundert anderen Menschen, denen ihr Rang dieses Privileg sicherte, sah er zu, wie seine allerchristlichste Majestät gewaschen, frisiert und angekleidet wurde. Die ungezwungeneren Verhaltensregeln des Rokoko, die Karl Friedrich sich mühsam angeeignet hatte, die mochten für die Salons von Paris gelten. In Versailles waren sie außer Kraft gesetzt. Hier war fast alles geblieben wie zu Lebzeiten des 1715 verstorbenen Sonnenkönigs. Wie damals, als Ludwig XIV. noch Hof hielt, wurden die Schritte gezählt, war alles Etikette und Schikane. Jede Geste diente dazu, den Ruhm des Königs zu demonstrieren und zu mehren. Selbst die intimsten Handlungen des Herrschers wurden als Staatsakte begangen, und die Höflinge setzten ihren Ehrgeiz darein, der Sonne nahe zu sein und sich an ihren Strahlen zu wärmen.

Andererseits – und das fand Karl Friedrich nun auch wieder verblüffend – durften sich sogar ganz einfache Leute an der Pracht von Versailles erfreuen: Sowohl die Gärten als auch die Innenräume des Schlosses waren dem Publikum weitgehend zugänglich. Ohne Mitglied des Hofes zu sein, konnte jeder den König sehen, etwa dann, wenn der Herrscher sein Großes Gemach durchquerte, um sich zur Schlosskapelle zu begeben. Je nach Tag wurden in Versailles 3.000 bis 10.000 Besucher gezählt. Die Art, wie der König repräsentierte und sich die Großen seines Reiches dienstbar gemacht hatte, gab dem badischen Prinzen viel Stoff zum Nachdenken. Aber natürlich waren die französischen Verhältnisse schon mangels Masse nicht auf seine kleine Markgrafschaft übertragbar.

Darüber war Karl Friedrich auch gar nicht unglücklich. Nicht nur die Höflinge in Versailles, auch König Ludwig XV. selbst erschienen ihm wie Marionetten, ferngesteuert durch eine Etikette, die keinen unkontrollierten Atemzug erlaubte. Unangenehm war auch, dass des Königs Verwandte, der hohe Adel und die französischen Minister eine dermaßen herablassende Art an den Tag legten, dass Karl Friedrich und seine Herren bei vielen Einladungen den Eindruck hatten, nur widerwillig empfangen worden zu sein. Ein Markgraf von Baden und noch dazu einer, der unter Vormundschaft stand, war in den Augen der französischen Großen offenbar wenig mehr als nichts. Immerhin gab es auch einige Damen und Herren der besten Gesellschaft, die der Tugend der Höflichkeit huldigten und dem jungen Karl Friedrich einige Freundlichkeiten erwiesen. So waren die Gefühle des Prinzen für Versailles und für Paris sehr zwiespältig, als er nach Ostern Abschied nahm und über Brüssel nach Holland zur oranischen Verwandtschaft weiterreiste.

Ein aufregender Zwischenfall

Oft hatten die Brüder in ihrem behüteten und durchorganisierten Dasein sich heimlich nach einem richtigen Abenteuer gesehnt – jetzt erlebten sie eines. Eine halbe Meile nach Gorkum kam der Wagen, in dem die beiden Prinzen saßen, von der hoch gelegenen Straße ab. Die Kutsche stürzte einen Damm hinunter und überschlug sich. Benommen und mit blauen Flecken übersät kroch Karl Friedrich aus dem Wrack. Erleichtert stellte er fest, dass auch sein Bruder den Unfall ohne schlimmere Blessuren überstanden hatte. Anders aber stand es um die Begleiter der beiden Prinzen.

Einige Tage nach dem Unfall schrieb Karl Friedrich an seinen Onkel: „Der Wagen, in dem wir uns mit unserem Gouverneur, Herrn von Rothberg, und einem meiner Kammerjunker befanden, stürzte durch ein schweres Verschulden unserer Fuhrleute um, überschlug sich zwei- bis dreimal von einer hohen Chaussee, da sich die Vorderräder von dem Hintergestelle gelöst hatten, wodurch wir in drohendster Lebensgefahr schwebten. Indessen kamen unter Gottes Schutz mein Bruder und ich mit heiler Haut davon. Herr von Üxküll hat sich am Auge verletzt, ist jedoch wieder genesen. Mein Gouverneur hingegen, ein sehr dicker und schwerer Mann, wurde so zugerichtet, dass man ihn wie tot und ohne Besinnung unter dem Wagen hervorzog. Man ließ ihn hierher nach Gorkum bringen. Und obwohl man nichts an ihm gebrochen fand, so klagte er doch über sehr heftige Schmerzen, so dass wir befürchteten, die inneren Teile seien verletzt. Jetzt wird es besser mit ihm, und mein Arzt glaubt, er sei außer Gefahr. Wir werden in einigen Tagen von hier nach dem Haag abreisen, und der Kranke wird uns, sobald er es vermag, folgen. Mein Bruder küsst Euer Hochfürstlichen Durchlaucht die Hände, und ich habe die Ehre voll Respekt zu sein, mein Herr, Euer Hochfürstlichen Durchlaucht untertänigster und gehorsamster Diener und Neffe Karl Friedrich, Markgraf von Baden und Hochberg."

Was das Befinden des Herrn von Rothberg anging, hatte sich Karl Friedrichs Arzt geirrt. Drei Wochen nach dem Unfall starb der Hofmeister an seinen inneren Verletzungen.

Die Trennung von Wilhelm Ludwig

In Leeuwarden fühlte sich Karl Friedrich weitaus wohler als in der sagenhaften, aber steifen Pracht von Versailles. Seinen Onkel Wilhelm von Oranien, den Erbstatthalter von Friesland, den er bisher nur aus wohl formulierten Briefen gekannt hatte, fand er ausnehmend sympathisch. Auch Wilhelm fand Gefallen an dem Jüngling, glaubte aber, eine gewisse Gehemmtheit an ihm zu entdecken. Er konnte sich nur zu gut vorstellen, welch strengen erzieherischen Grundsätzen seine Neffen bislang unterworfen waren. Es könne, meinte Wilhelm, nicht schaden, die Zügel etwas lockerer zu lassen. Mit dieser Meinung erregte der Fürst allerdings den Unwillen des Geheimrats von Üxküll. Der aufrechte Mann war schwer verärgert über die Berichte, wie seine Prinzen in Holland ihre kostbare Zeit verschleuderten: Kartenspiele und seichte Unterhaltungen waren offenbar ihr ganzer Zeitvertreib.

Dem Fürsten von Oranien war es allerdings alles andere als gleichgültig, was seine Schwestersöhne so trieben. Als guter Beobachter hatte er längst erkannt, dass der jüngere Prinz zwar ein munteres Bürschlein, aber auch ein fürchterlicher Tunichtgut war. Damit hätte er sich abfinden können, wenn Wilhelm Ludwig seinen älteren Bruder, den künftigen Herrscher von Baden-Durlach, nicht ganz offensichtlich ungünstig beeinflusst hätte. Wilhelm sprach mit Karl Friedrich sehr ernste Worte. Sie fielen auf fruchtbaren Boden, denn der junge Badener hatte das wohlige Gefühl, dass sein Onkel mit ihm als Fürst zu einem anderen Fürsten sprach.

Der Oranier schlug dem baden-durlachischem Geheimratskollegium vor, die beiden Brüder zu trennen. Warum sollte Karl Friedrich nicht in seine Markgrafschaft zurückkehren, um, ungehemmt von den kindischen Einflüssen des Jüngeren, endlich erwachsen zu werden? Der Fürst riet den Badenern, den Prinzen Wilhelm Ludwig in seiner Obhut zu lassen. Der wilde Junge konnte ja an der nahen Universität Franeker seine Studien vollenden.

Karl Friedrich wäre viel lieber nach England übergesetzt, als wieder in die kleine Welt Baden-Durlachs heimzukehren. Dieser Wunsch wurde ihm jedoch ebenso abgeschlagen wie eine Weiterreise nach Italien. Die Herren in Karlsruhe wünschten, dass ihr junger Herr nach Hause komme und seine Pflichten übernehme.

Sie hatten den Kaiser gebeten, Karl Friedrich für volljährig zu erklären. Dem jungen Markgrafen schmeichelte dies zwar, aber er hatte doch ein mulmiges Gefühl bei dem Gedanken, schon so bald so viel Verantwortung übernehmen zu müssen. In seinem Abschiedsbrief bat er Wilhelm von Oranien, ihm auch künftig beizustehen: „Mein Herr und hochverehrter Oheim! Mein Bruder, der Student in Franeker, wird die Ehre haben, Euer Hochfürstlichen Durchlaucht diese Zeilen vorzulegen. Wenn er nach Gebühr aus diesem Aufenthalt Nutzen zieht, so danken wir beide dies Ihnen. Denn, offen gesagt, zweifle ich, dass er ohne die weise Leitung und das wachsame Auge Eurer Hochfürstlichen Durchlaucht ein großer Gelehrter wird. In einigen Tagen reise ich nach Karlsruhe ab und gehe über Kassel, wo ich mehrere Tage bleibe. Aber ich scheide mit einem Herzen voller Dank für so viele Beweise der Güte, womit Sie mich ehrten. Ich werde bald an das Steuerruder meiner Staaten treten; da ich aber nicht voraussehen kann, wie die Barke schwimmen wird, so bitte ich Eure Hochfürstliche Durchlaucht um Erlaubnis, dass ich mich an Sie wenden und bei Ihr Rat holen darf, wenn ich Klippen in meinem Wege finde."

Karl Friedrichs Befürchtungen, seinen jüngeren Bruder betreffend, bewahrheiteten sich bald. Wilhelm von Oranien musste erkennen, dass der zerstreute, dabei erschreckend unwissende und nach wie vor höchst ungeschliffene Wilhelm Ludwig an der Universität hoffnungslos überfordert war. Da auch das Auswechseln des Hofmeisters nicht fruchtete und die Klagen über den Prinzen nicht abrissen, beschloss der Oranier in Übereinstimmung mit der badischen Regierung, dass nur eine Karriere für seinen missratenen Neffen in Frage käme: die Militärlaufbahn. Wenige Monate, nachdem Karl Friedrich von seinem Bruder Abschied genommen hatte, wurde der zum Obersten in einem friesischem Infanterie-Regiment bestellt.

Zwischen Pflicht und Auflehnung

Eine Begegnung in Darmstadt

Vier Jahre lang hatte Karl Friedrich seine badische Heimat nicht gesehen und auch keinerlei Sehnsucht nach ihr verspürt. Doch jetzt, da über seine Heimkehr entschieden war, hatte ihn die Ungeduld gepackt. Die Aufenthalte bei der Verwandtschaft in Kassel und Darmstadt empfand er als ausgesprochen ermüdend, aber er ließ sich natürlich nichts anmerken. Während er mit den Herren ernsthafte Worte wechselte und den Damen Komplimente machte, dürfte sich Karl Friedrich ausgemalt haben, wie er in wenigen Wochen in Baden-Durlach einziehen würde: als junger, stolzer Fürst, dem das Volk zujubelt. Die Beamten und Kavaliere würden eilen, seinen Befehlen zu gehorchen, die Damen bemüht sein, ihm jeden Wunsch von den Lippen abzulesen. Er aber wollte unbeirrt von allen Schmeicheleien seinen Weg gehen, wissend, dass er vor Gott verantwortlich war für sein Land und die Menschen, die darin lebten ...

Einen kurzen Augenblick lang stutzte Karl Friedrich. Hatte er es über seinem Tagtraum verschwitzt, der Prinzessin, die ihn willkommen geheißen hatte, die angemessenen Antworten zu geben? Die großen, klaren Augen der jungen Frau ruhten ernst, aber freundlich auf seinem Gesicht. Hatte sie bemerkt, dass Karl Friedrich in Gedanken ganz woanders gewesen war? Der Badener beeilte sich, der Prinzessin charmante Artigkeiten zu sagen. Sie antwortete mit den üblichen Floskeln, aber ohne jede Koketterie. Sie war wohl ein paar Jahre älter als Karl Friedrich, elegant und stattlich, aber keine große Schönheit. Jedenfalls schien sie recht selbstbewusst zu sein, eine echte Persönlichkeit. Nicht unbedingt Karl Friedrichs Geschmack. Er war erleichtert, als das Gespräch beendet war. Karoline Luise von Hessen-Darmstadt aber sah dem sehr jungen Gast, der wenige Tage später weiterreiste, versonnen nach.

In der Residenz

Am 5. November 1746 näherte sich die Gesellschaft Karl Friedrichs der pfälzisch-badischen Grenze. Mehrere Schüsse erklangen zu seiner Begrüßung. Sämtliche Postmeister und Postillone des Unterlandes (das waren gerade einmal 22 Mann) ritten dem künftigen Herrscher bis Waghäusel entgegen. Der Landesadministrator, Markgraf Karl August, die Herren des Hofes und hohe Beamte stießen in Graben zu der Gruppe. Als sich Karl Friedrich vor einem Gasthaus, in dem das Abendessen eingenommen werden sollte, aus dem Sattel schwang, ließ die Landmiliz eine weitere Salve ertönen. Karl Friedrich war freudig erregt, bemühte sich aber erfolgreich, seine Nervosität zu verbergen. Da die Reisegruppe zu später Stunde in Karlsruhe ankommen würde, sollten die Feierlichkeiten zur Heimkehr des jungen Markgrafen am nächsten Tag stattfinden.

Schüsse, Salven und wieder Schüsse: Karlsruhe feierte den künftigen Herrscher. Die Urkunde aus Wien, in der Kaiser Franz I. den jungen Markgrafen für „majorenn", also für mündig, erklärte, lag bereits vor. „Onkel" Karl August, die Minister, die Kavaliere, die Offiziere und Räte begrüßten Karl Friedrich offiziell im Residenzschloss. Die bewehrte Bürgerschaft aus Karlsruhe, Durlach, Pforzheim und Mühlburg – darunter befand sich eine Kompagnie Grenadiere von zehn- bis zwölfjährigen Knaben – führten auf dem Schlossplatz Exerzierübungen vor. Als der junge Markgraf an ihnen vorbeimarschierte, schossen sie wieder – und wieder und wieder bis in den Abend hinein. Zu Ehren des heimgekehrten Fürsten wurden die Stadt und der Schlossgarten beleuchtet, in ganz Karlsruhe wurde fröhlich geschmaust und gezecht. Zwar ging es bei der Hoftafel mit Musik und Ball etwas steif zu – aber Karl Friedrich war sehr angetan von seinem ersten Tag in Karlsruhe, auch wenn die Residenzstadt nur ein Städtchen und sein Land eigentlich nur ein Ländchen war. Immerhin, es klang beeindruckend, wenn seine Titel aufgezählt wurden: „Karl Friedrich, von Gottes Gnaden Markgraf zu Baden und Hochberg, Landgraf zu Sausenberg, Graf zu Sponheim und Eberstein, Herr zu Röteln, Badenweiler, Lahr und Mahlberg ec. ec.“

In Karlsruhe, der Residenzstadt seines Großvaters, lebten zur Zeit von Karl Friedrichs Heimkehr noch nicht einmal 3.000 Menschen. Wenig eindrucksvoll war auch das Zentrum dieser absolutistischen Gründung, das Schloss: Es ging unaufhaltsam seinem Zerfall entgegen. Karl Friedrich hatte ein renovierungsbedürftiges Residenzschloss in Erinnerung gehabt. Doch während seiner Abwesenheit schienen die Risse in Balken, Decken, Treppen und Wänden geradezu lebensgefährliche Dimensionen angenommen zu haben. Karl Friedrichs Vormund, Markgraf Karl August, hatte schon 1743 seine Wohnung im Schloss aufgegeben und war wieder an den Zirkel gezogen – die Räumlichkeiten dort schienen ihm komfortabler und vielleicht auch sicherer als der marode Palast.

Karl Friedrich runzelte die Stirn. Dieses Schloss wieder in einen akzeptablen Zustand zu versetzen, würde eine Menge Geld kosten. Und Geld war nach wie vor knapp in Baden-Durlach, auch wenn Karl Friedrichs verstorbener Großvater sparsam gewirtschaftet und bereits einen guten Teil der Schulden getilgt hatte. Vom Geheimratskollegium kamen dezente Hinweise, dass eine Rückkehr des regierenden Fürsten nach Durlach viele Vorteile hätte. Freilich, ein Umzug in die unvollendete, aber immerhin bewohnbare Karlsburg wäre die billigste Lösung gewesen. Aber in Karl Friedrich sträubte sich alles dagegen, wieder in der alten Markgrafenstadt zu wohnen. In Durlach hatte Magdalene Wilhelmine geherrscht, die geliebte und gefürchtete Großmutter. Und in Durlach vegetierte noch immer Anna Charlotte Amalie, Karl Friedrichs wahnsinnige Mutter. Der junge Markgraf ahnte, dass er sich in Durlach nie aus dem Bann dieser beiden Frauen, die auf so unterschiedliche Art seine Kindheit geprägt hatten, würde befreien können. Karlsruhe dagegen, die neue Stadt, die hatte Karl Wilhelm geschaffen. Und Karl Wilhelm, der polternde Großvater, war ein starker, ein freier Mann gewesen. Einer, der sich nichts vorschreiben ließ – weder von den Frauen noch von seinen Räten. Karl Friedrich, der noch reichlich unsichere Jüngling, wollte ein ebenso stolzer Herrscher werden. Nein, er würde den verstorbenen Großvater nicht verraten. Und er würde die Menschen, die sich in Karlsruhe angesiedelt hatten, nicht enttäuschen. Er wünschte, in der neuen Stadt zu bleiben, was immer seine Ratgeber auch vorbringen mochten. Die Residenzler jubelten, als Karl Friedrich öffentlich verkündete, dass Karlsruhe Regierungssitz bleiben sollte.

Ein lebenslustiger Herrscher

„Onkel Karl August" – so nannte Karl Friedrich seinen Vormund, der eigentlich ein Neffe seines Großvaters war. Karl August bemühte sich in diesen Tagen nach Kräften, seinen Schützling mit dem Gang der Geschäfte in Baden-Durlach vertraut zu machen. Insgeheim hegte der Oheim, der selbst im Alter von nur 26 Jahren das Amt des Landesadministrators übernommen hatte, Zweifel daran, dass sich sein junger Verwandter zu einem ebenbürtigen Nachfolger des despotischen Markgrafen Karl Wilhelm entwickeln würde. Allzu weich erschien ihm der Jüngling. Karl Friedrichs angestrengtes Bemühen, keine Fehler zu machen, führte, wie sein Vormund mit Unbehagen beobachtete, ziemlich oft dazu, dass der junge Markgraf gar nichts tat. Und Zaghaftigkeit war ja wohl der schlimmste Charakterzug, den ein Herrscher aufweisen konnte.

Karl August wollte seinem Neffen ins Gewissen reden – doch damit langweilte er den jungen Mann nur. Karl Friedrich hatte den Sermon schon so oft gehört, dass er nur noch mechanisch mit dem Kopf nickte: Er solle sich bemühen, die Dinge mit seinen eigenen Augen zu sehen statt mit denen Anderer. Jawohl. Er solle die Ansichten seiner Räte hören und diese mit seinem eigenen Urteile vergleichen. Jawohl. Er solle zwar selbst kein Despot sein, aber erst recht kein abhängiger Diener seiner Umgebung. Jawohl. Und vor allem solle er seinen eigenen Einsichten nicht zu wenig trauen. Jawohl, jawohl, jawohl. Karl Friedrich nickte mechanisch und gähnte dabei verstohlen. Immer wieder hielten sie ihm dieselben Predigten – der alte Lehrer Lüdecken, Geheimrat von Üxküll, Onkel Oranien und jetzt auch noch Onkel Karl August. Es musste doch irgendwann ein Ende haben mit den guten Lehren.

Offiziell war es am 22. November 1746, dem 18. Geburtstag Karl Friedrichs, so weit: Karl August legte sein Amt als Regent von Baden-Durlach nieder, und Karl Friedrich übernahm die Herrschaft über die kleine Markgrafschaft und die knapp 90.000 Menschen, die in ihr lebten. Jetzt würde sie der Vergangenheit angehören – die ständige Bevormundung durch würdige alte Herren, die alles zu missbilligen schienen, was ihm Vergnügen bereitete. Jetzt war er frei, selbst zu entscheiden, was geschehen sollte. Endlich! Und doch merkte Karl Friedrich sehr schnell, dass er auch als Landesherr nicht einfach nach Lust und Laune regieren konnte.

Mehr als dem jungen Markgrafen bewusst war, hatten ihn die strenge Moral, der unbeugsame Glaube an die göttliche Gerechtigkeit und das kompromisslose Pflichtgefühl der schwäbischen Großmutter geprägt. Der Lebenszweck eines Monarchen war es, ein guter Herrscher zu sein. Aber wie sollte er, Karl Friedrich, 18 Jahre alt und mit sich selbst nicht im Reinen, ein guter Herrscher sein? Das Studium in Lausanne, die Reisen, all das theoretische Wissen und die Eindrücke aus fremden Ländern – sie halfen dem jungen Markgrafen in Karlsruhe wenig, die richtigen Entscheidungen zu fällen. Es fehlten ihm die Erfahrung, der Überblick und die Detailkenntnis. Bald hatte er das Gefühl, vollkommen abhängig von den Herren des Geheimratskollegiums zu sein. Üxküll bemutterte ihn ohnehin wie eine Henne ihr Küken. Auch jetzt, da Karl Friedrich die Regierung angetreten hatte, zögerte er nicht, seinem jungen Fürsten ungeschminkt die Meinung zu sagen, wenn er es für notwendig befand. Dass Üxküll seine Kritik ehrerbietig vorbrachte und in tadellos höfliche Worte kleidete, machte die Sache keinen Deut besser. Die Herren, die schon so lange die Geschicke Baden-Durlachs lenkten, standen zweifellos loyal zu ihrem Herrn. Aber für Karl Friedrich war es bitter, dass ihm im Grunde genommen nichts anderes übrig blieb, als die Entscheidungen des Geheimen Rates abzusegnen.

Der Markgraf war zu jung, um einzusehen, dass er in seine Aufgabe erst hineinwachsen musste. In seinen Träumen war das Regieren einfach gewesen – doch in der Realität erwies es sich als ein ständiges Basteln an komplizierten Details, über denen man das große Ganze zu vergessen drohte. Und weil dem jungen Fürsten das Regieren bald allzu mühsam erschien, verlegte er sich auf Gebiete, auf denen man schnellere Erfolge erzielen konnte: Vor allem das Kartenspiel mit hohen Einsätzen hatte es ihm angetan.

Das Geheimräte waren schockiert. Nicht, weil Karl Friedrich spielte – das war in der eleganten Welt gang und gäbe. Aber die Einsätze, die waren viel zu hoch, die konnte sich Baden-Durlach nicht leisten. Die sparsamen Minister rauften sich die Haare, als sie erfuhren, dass Karl Friedrich im Rausch der Karten sogar Ländereien gegen den Herzog von Württemberg riskiert hatte. Gottlob hatte ein pflichtbewusster Kammerdiener dem Markgrafen rechtzeitig signalisiert, dass der Württemberger mogelte. Wenn Karl Friedrich das Spiel darauf nicht abgebrochen hätte ...

Die Herren wollten sich gar nicht erst vorstellen, was alles passieren konnte, wenn ihr junger Fürst sein Glück weiterhin so hemmungslos auf die Probe stellen würde.

Es war nicht nur das waghalsige Spiel, das den Herren Sorgen bereitete. Karl Friedrich, so meinten sie, drohte, in einem Sumpf der Liederlichkeit zu versinken. Der Markgraf schwankte zwischen dem anerzogenen Pflichtgefühl und dem Bedürfnis des Heranwachsenden, sich mit anderen jungen Leuten zusammenzutun, um gegen das Althergebrachte aufzubegehren. Der Wunsch sich aufzulehnen trug zunächst den Sieg davon. Karl Friedrich gefiel sich als Mittelpunkt und Anführer eines Kreises lebenslustiger Jünglinge, die es mit den guten Sitten nicht sonderlich genau nahmen.

Wilhelm von Oranien, der sich regelmäßig über das Treiben seines Neffen im fernen Karlsruhe informieren ließ, hatte zunächst geschmunzelt, dann die Stirn gerunzelt – aber jetzt wurde er richtig zornig. Das Gerücht, das man Wilhelm zutrug - Karl Friedrich wolle zum Katholizismus konvertieren -, das hatte nichts mehr mit verzeihlichem jugendlichem Übermut zu tun. Das war schlichtweg eine Katastrophe.

Der Oranier bekam schnell heraus, wo die perfide Behauptung ihren Ursprung hatte. Die boshafte Witwe Kaiser Karls VII. hatte in München verbreitet, dass Karl Friedrich von Baden-Durlach nach Rom reisen wolle. Dort wolle der lutherische Markgraf angeblich den Papst bitten, wieder in den Schoß der heiligen katholischen Kirche zurückkehren zu dürfen. Eine ungeheuerliche Behauptung. Das Ganze wäre freilich nicht so schlimm gewesen, wenn Karl Friedrich, dieser Narr, den Gerüchten nicht dadurch Nahrung verschafft hätte, dass er tatsächlich eine Reise in die ewige Stadt plante!

Welcher Konfession ein regierender Fürst angehörte, war eine politische Frage von höchster Bedeutung. Schon Karl Friedrichs Großvater, Markgraf Karl Wilhelm, war in den Augen vieler seiner Zeitgenossen bedenklich tolerant gewesen. In seiner neuen Stadt Karlsruhe hatte er nicht nur Lutheraner, sondern auch Reformierte, ja sogar Katholiken und Juden willkommen geheißen. Wen würde es wundern, wenn der Enkel dieses allzu toleranten Herrn sich jetzt im raffiniert geknüpften Netz der katholischen Priester verfangen hätte?

Die protestantischen Länder hielten zusammen, und ein Abfall Karl Friedrichs vom lutherischen Glauben würde ihr Lager schwächen. Es hatte schon in früheren Zeiten Prinzen von Baden-Durlach gegeben, die sich dem „Papismus" zugewandt hatten. Der lutherische Markgraf Friedrich V., der die Herrschaft im Jahr 1622 während des 30-jährigen Krieges angetreten hatte, hatte es zum Glück nicht mehr erlebt, dass sein nach dem großen Schwedenkönig benannter Sohn, Prinz Gustav Adolf, 1660 zum Katholizismus konvertierte und schließlich sogar die Kardinalswürde erlangte. Auch ein Enkel Friedrichs V., dessen Vater als schwedischer Generalfeldmarschall gestorben war, wechselte die Konfession. Aber bei diesen Konvertiten handelte es sich um nachgeborene Söhne. Karl Friedrich hingegen war der regierende Markgraf von Baden-Durlach. An ihm war es zu beweisen, dass die Kaiserin-Witwe Lügen, nichts als Lügen erzählte. Doch der dumme Junge kapierte anscheinend gar nicht, was er in seiner Arglosigkeit anrichtete. Einen freundlich mahnenden Brief aus Holland hatte der junge Fürst nicht beantwortet. Wilhelm von Oranien atmete tief durch. Es blieb ihm keine andere Wahl, er musste Karl Friedrich die Flausen endgültig austreiben. Sein nächster Brief ließ an Deutlichkeit nichts zu wünschen übrig.

Der junge Markgraf in Karlsruhe schluckte schwer angesichts der massiven Vorwürfe. An der guten Meinung Wilhelms lag ihm viel. Der Oheim war für ihn so etwas wie der Vater gewesen, den er in seiner Kindheit so vermisst hatte. Die wundervolle Vertrautheit zwischen ihm und dem Oranier hatte Karl Friedrich von

Herzen genossen. Dieses Gefühl des gegenseitigen Einverständnisses hatte er mit niemandem teilen müssen. Noch nicht einmal mit seinem jüngeren Bruder. Karl Friedrich liebte den wilden Prinzen. Und doch hatte er die Gespräche mit dem Oranier über den Leichtsinn und die Dummheiten Wilhelm Ludwigs genossen. Er war sich so erwachsen vorgekommen, wenn sein Verwandter von Mann zu Mann mit ihm sprach. Aber jetzt schrieb der Onkel gerade so, als ob Karl Friedrich keinen Deut besser sei als sein jüngerer Bruder.

Auf Abwege sei Karl Friedrich geraten, warf ihm Wilhelm von Oranien vor. Dem verderblichen Einfluss von Leuten sei er erlegen, die sich nicht schämten, ihm die Unschuld seiner Sitten zu rauben. Er selbst, so machte Wilhelm dem jungen Fürsten klar, habe die Augen zugedrückt, so lange es nur eben ging: „Ich bin kein solcher Pedant, mein lieber Neffe, Ihnen hier etwa strenge Moral predigen zu wollen und Ihrem Alter nicht eine plötzliche flüchtige Leidenschaft zuzugestehen." Aber Karl Friedrich, daran ließ Wilhelm keinen Zweifel, hatte überzogen. Er habe es sich selbst zuzuschreiben, wenn in Europa auf üble Art über ihn geschwätzt wurde. Noch aber habe Karl Friedrich die Möglichkeit, seinen Ruf zu retten und sich die Achtung im Reich zu erhalten, meinte Wilhelm von Oranien: „Ihr eigenes Wohl und das Ihrer Untertanen dulden keinen Aufschub. Ich beschwöre Sie, reiflich darüber nachzudenken. Das dürfte für Sie nützlicher und vorteilhafter als eine Reise nach Italien sein. Denn eine solche würde nur den Verdacht all jener Leute bestärken, die meinen, Sie wollten die Religion wechseln."

Karl Friedrich war am Boden zerstört. Er war dazu erzogen worden, stets das Beste für sein Haus, sein Land und seine Untertanen zu wollen. Trotz seiner Eskapaden hatte er dieses Ziel nie aus den Augen verloren. Jetzt aber warf ihm dieser Onkel, der ihm von all seinen Verwandten am nächsten stand, vor, versagt

1: Blick auf das markgräfliche Schloss in Karlsruhe, von der Gartenseite aus gesehen. Kolorierter Stich aus dem 18. Jahrhundert.

2: Karl Friedrich zur Zeit seines Studiums in Lausanne im Alter von 17 Jahren. Stich von Marc Michel Bousquet, 1745.

3: Die spätere Markgräfine Karoline Luise beim Zeichnen an der Staffelei. Pastellzeichnung von Jean-Etienne Liotard, um 1745.

4: Der Dichter Friedrich Gottlieb Klopstock hielt es nur ein halbes Jahr am badischen Hof aus. Kopie eines Gemäldes von Jens Juel, 1780. © akg images, Heiner Heine

zu haben. Karl Friedrich hatte viel nachzudenken in den folgenden Tagen. Er beschloss, einiges an seinem Leben zu ändern. Schweren Herzens sagte er die Italienreise, auf die er sich so gefreut hatte, ab.

Der Markgraf will nicht heiraten

Wilhelm von Oranien war erleichtert, als er endlich die Antwort seines Neffen erhielt. Offensichtlich hatte die Gardinenpredigt gewirkt: Der junge Herr wirkte in dem Brief ja recht kleinlaut. Nur eines wunderte Wilhelm: Karl Friedrich hatte mit keinem Wort ein Thema berührt, das sein Onkel in seiner Philippika ebenfalls angesprochen hatte: eine Heirat. Wilhelm wünschte, dass der Sohn seiner unglücklichen Schwester sich so bald wie möglich eine Frau nach Karlsruhe holte. Das kinderarme Haus Baden konnte einen ganzen Stall voll kleiner Prinzen brauchen. Der Oranier griff seufzend noch einmal zur Feder, um den Neffen zu beschwören, dieses wichtige Projekt keinesfalls aus den Augen zu verlieren. Doch in dieser Hinsicht zeigte sich Karl Friedrich stur. Er wollte nicht auf Brautschau gehen. Diesen kleinen Rest Freiheit wollte er sich nicht auch noch wegnehmen lassen.

Je mehr er zu einer Ehe gedrängt wurde, desto eigensinniger wurde Karl Friedrich. Und gedrängt wurde er wahrlich. Nicht nur von der Verwandtschaft in Holland – auch sein ehemaliger Vormund, der Markgraf Karl August, und dessen Brüder drängten ihn, sich unter den protestantischen Prinzessinnen Europas umzusehen. Er sollte sich schleunigst eine aussuchen, die nach Herkunft und Ansprüchen zu Baden-Durlach passte. Die Geheimräte standen den Onkeln an Beharrlichkeit nicht nach, und es war Karl Friedrich beinahe peinlich, wie eifrig die alten Herren das Glück des Ehelebens priesen. Sogar die Bürger seiner Residenzstadt Karlsruhe waren der Meinung, dass ihr Fürst sich umgehend vermählen sollte. Nur zu gut waren Karl Friedrich die Plakate in Erinnerung, die sie anlässlich seiner Regierungsübernahme geschwungen hatten:

„Der redlich deutschen Fürsten schönster Töchter Herzen
Erwarten Deine Wahl in reinster Liebe Schmerzen“

hatte es auf einem Transparent geheißen. Ein anderes war kaum dezenter:

„Es lebe Karl Friedrich
Und die mit ihm vermählet sich!
Der Raum zum Wappen stehet offen.
Herr, segne Alles, was wir hoffen.“

Und ein Schuster hatte sich nicht entblödet, ein gut gemeintes Liedchen zu singen:

„Hier sitz ich und mach Stiefel und Schuh,
Der große Karl Friedrich bringt Kunden dazu.“

Nein. Nein. Und nochmal nein. Er wollte nicht heiraten. Nicht jetzt. Zumindest noch nicht jetzt. Aber den Wunsch, zunächst ledig zu bleiben, schien niemand zu verstehen und schon gar nicht zu respektieren. Karl Friedrich war jung, gerade erst aus der Zucht seiner Erzieher und Lehrer entlassen. Wie konnten sie von ihm verlangen, dass er sich sogleich den Zwängen unterwarf, die eine Ehe unzweifelhaft mit sich brachte? Sein Großvater war unglücklich verheiratet gewesen. Seinen Vater, den Prinzen Friedrich, hatte nur der frühe Tod aus der Ehe mit einer Frau befreit, die hoffnungslos dem Wahnsinn entgegentrieb. Karl Friedrich schüttelte sich bei dem Gedanken daran, die künftige Markgräfin von Baden-Durlach könnte seiner Großmutter oder seiner Mutter ähnlich sein.

Karl Friedrich hatte nichts, überhaupt nichts gegen Frauen. Ganz im Gegenteil. Er wusste die Wonnen, die sie bereiten konnten, sehr zu schätzen. Seine Lehrer hatten, als Karl Friedrich ins fragliche Alter kam, dafür gesorgt, dass dieser Teil seiner Ausbildung diskret und mit geeigneten Frauenzimmern vonstatten ging. Und die Mädchen, die sich dem jungen Fürst hingaben – sie waren so wunderbar anders als die Damen, die für eine Heirat in Frage kamen. Schüchtern waren sie und doch entgegenkommend. Sie bewunderten Karl Friedrich, weil er ein hoher Herr war. Sie kicherten nervös, und sie waren so warm, so weich, so prachtvoll lebendig. Sie waren so ganz anders als die gemalten Damen, die er an den Höfen kennen gelernt hatte. Anders als die Prinzessinnen, deren Züge unter einer dicken Puderschicht verborgen waren, die gezierte Worte ohne jeden Sinn sprachen und deren steife Kleider in ihrer Pracht ihn an die Harnische der Kriegsherren erinnerten. Karl Friedrich hatte Angst vor den Damen seiner Gesellschaftsschicht: Angst vor ihrer Unnahbarkeit, Angst vor ihrer kunstvollen Schönheit, Angst vor dem Stolz, den sie ihrer Herkunft und ihrer Erziehung verdankten. Er plauderte, er scherzte, er flirtete zwar mit den Töchtern der Fürsten – aber er kam nie dahinter, was für Menschen sie eigentlich waren. Wenn er sich nun eine Braut auswählte und die sich als frömmlerischer Drachen erweisen würde? Oder sich als keifende Wahnsinnige entpuppte? Nein, Karl Friedrich blieb lieber bei den anschmiegsamen Mädchen, die dankbar waren für das, was er ihnen gab.

Karl Friedrich mochte der Gedanke an eine Heirat noch so zuwider sein – seine Räte verhielten sich so, als hätte er sie längst beauftragt, sich nach einer Braut für ihren Fürsten umzusehen. Am eifrigsten war Üxküll. Selbst bei einer Tagung des Schwäbischen Kreises in Ulm dachte der Geheimrat vor allem daran, dass er seinem Fürsten zu einer guten Partie verhelfen wollte. Er meldete Karl Friedrich aufgeregt, was er in Ulm über die üblichen drei Ecken erfahren hatte: dass der König von Dänemark, Friedrich V., es sehr begrüßen würde, wenn der Markgraf von Baden-Durlach um seine Schwester anhielte. Von seinem jungen

Fürsten erhielt Üxküll zwar ausweichende Antworten, aber er verfolgte das Projekt trotzdem weiter.

Üxküll zog Erkundigungen ein, knüpfte Kontakte. Eine „Princesse Royale" heiraten – das wäre schon eine hohe Ehre für einen kleinen Fürsten aus dem deutschen Südwesten, auch wenn der dänische König natürlich gute Gründe hatte, eine solche Verbindung zu wünschen. Der dänische Thronfolger war gerade gestorben, und der Monarch wollte verhindern, dass sein Land im Falle seines frühen Todes an das verwandte Sachsen oder an Holstein fallen würde. Ansprüche auf eine Königskrone – das waren verführerische Aussichten für ein Duodezfürstentum wie Baden-Durlach. Aber freilich waren die Hoffnungen mehr als vage: Schließlich war König Friedrich noch kein alter Mann, und er konnte noch zahlreiche Kinder zeugen. Außerdem waren Prinzessinnen von königlichem Geblüt anspruchsvoll und teuer. Üxküll ließ seinen dänischen Vertrauensmann wissen, dass sein Markgraf der Braut nur eine Apanage anbieten könne, die den bescheidenen badischen Verhältnissen entspreche. Doch davon ließ sich der König in Kopenhagen nicht beeindrucken: Seine Schwester werde von Dänemark so gut ausgestattet, dass sie in Karlsruhe angemessen würde leben können, ließ er ausrichten.

Trotzdem wollte das Heiratsprojekt nicht recht vorankommen. Die Situation wurde allmählich peinlich: Üxküll, der von seinem Fürsten weder ein klares „Ja" noch ein entschiedenes „Nein" hörte, musste die Dänen eine Woche über die andere vertrösten. Dann versuchte sich Karl Friedrich den lästigen Erörterungen über die Vor- und Nachteile der dänischen Ehe zu entziehen, indem er auf Reisen ging. Zunächst wieder nach Holland. Das Thema „Hochzeit" wurde er dort allerdings nicht los. Denn Onkel Oranien war nach wie vor der Meinung, dass sein Neffe bald möglichst heiraten sollte, und die Dänin wäre sicher nicht die schlechteste Partie. Die Briefe Üxkülls wurden unterdessen immer drängender: Karl Friedrich solle um Himmels Willen eine Entscheidung treffen. Man wolle ihn ja gar nicht zu dieser Heirat zwingen. Aber der Markgraf musste doch einsehen, dass man den König von Dänemark nicht auf den Sankt Nimmerleinstag vertrösten konnte. Sollte Karl Friedrich kein Interesse an der Prinzessin haben, musste Üxküll langsam und diplomatisch den Rückzug einleiten, so dass keines der beiden Länder sein Gesicht verlor.

Karl Friedrich konnte oder wollte die Nöte des Geheimrates nicht nachvollziehen. Er schiffte sich nach England ein, ohne Üxküll Anweisung gegeben zu haben. Unterdessen drangen Gerüchte über die angedachte badisch-dänische Fürstenhochzeit an die deutschen Zeitungen. Ende 1747 gab der entnervte Üxküll auf: Er betrachte die dänische Heirat als erledigt, ließ er den immer noch auf Reisen weilenden Karl Friedrich wissen. Der war zufrieden damit, die leidige Sache erfolgreich ausgesessen zu haben, zumal die dänische Prinzessin, wie er mittlerweile erfahren hatte, an einem Sprachfehler litt.

Üxküll hatte zwar eine Schlacht verloren, aber nicht den Krieg. Als nächstes bot er seinem Fürsten eine Schwester des Herzogs von Braunschweig-Wolfenbüttel an: „Sie soll schön sein wie ein Engel“. Allerdings wisse er nicht, musste der alte Staatsmann zugeben, ob die schöne Prinzessin an dem in ihrer Familie häufig auftretenden Übel des Stotterns leide. Karl Friedrich war's egal – er beschloss, auch dieses Heiratsprojekt durch Nichtbeachtung aus der Welt zu schaffen.

Er hatte nicht mit Onkel Oranien gerechnet. Als er aus England zurückkehrte, besuchte Karl Friedrich erneut seine holländischen Verwandten – und diese Gelegenheit nützte Wilhelm für eine geharnischte Predigt. Tenor: Ein regierender Markgraf braucht eine Markgräfin an seiner Seite. Eine Heirat ist eine Staatsaffäre und keine Privatangelegenheit. Es erwartet niemand, dass ein Fürst seine Gemahlin liebt – nur Achtung und Respekt muss er ihr entgegenbringen. Es geht nicht persönliche Wünsche oder um die Zuneigung zweier Menschen, es geht um das Haus und das Land, das einen Erben braucht. Ein guter Fürst wird niemals versäumen, seine Pflicht zu tun.

Karl Friedrich gab es bald auf, sich verteidigen zu wollen. Was hätte er dem Oheim auch antworten sollen. Mit jedem einzelnen Wort hatte Wilhelm Recht. Schließlich knickte Karl Friedrich ein, versprach dem Onkel, sich ernsthaft nach einer Frau umzusehen. Wilhelm atmete auf. Ob die Badener schon an Karoline Luise von Hessen-Darmstadt gedacht hätten? Die Prinzessin gehörte sicher zu dem Besten, was der europäische Heiratsmarkt derzeit zu bieten hatte. Zudem waren seit vielen Jahren die evangelischen Häuser Baden-Durlach und Hessen-Darmstadt miteinander befreundet. Und die Prinzessin – war sie nicht sogar ein Patenkind von Karl Friedrichs Großvater? – galt nicht nur als überaus gebildet, sondern auch als ausgesprochen charmant. Georg II., König von England und Kurfürst von Hannover, hatte von der Hessin einmal gesagt, er habe in ganz Deutschland keine so wohlerzogene und vollkommene Fürstentochter gefunden wie die Prinzessin Karoline Luise.

Karl Friedrich dachte an seinen letzten Besuch in Darmstadt zurück. Karoline Luise, er war sicher, sie kennen gelernt zu haben. Der Landgraf von Hessen-Darmstadt war Witwer; wenn Karl Friedrich sich recht erinnerte, hatte seine Tochter die Repräsentationspflichten der ersten Dame am Hof auf sich genommen. Wie hatte sie nur ausgesehen? Plötzlich fiel es ihm wieder ein. Große, klare Augen, ein zurückhaltendes, freundliches Lächeln, eine helle Stimme, die ohne jede Koketterie auf seine Höflichkeiten antwortete – das war die viel gepriesene Karoline Luise gewesen! Karl Friedrich zuckte die Achseln. Auf ihn hatte die Prinzessin keinen großen Eindruck gemacht, zumal sie offensichtlich älter war als er selbst und wahrscheinlich klüger, als es für eine Frau gut war. Aber wenn das Herz seines Oheims an Karoline Luise hing – ihm war es letztlich gleich. Wenn er schon heiraten musste, dann konnte es die Darmstädterin so gut wie jede andere sein.

Karoline Luise

Karoline Luise war tatsächlich fünf Jahre älter als der badische Markgraf. Die am 11. Juli 1723 geborene Prinzessin war das vierte Kind des Erbprinzen Ludwig von Hessen-Darmstadt und seiner Gemahlin Charlotte. An ihre Mutter konnte sich Karoline Luise kaum erinnern – die erst 26-jährige Erbprinzessin hatte die Geburt ihres sechsten Babys nicht lange überlebt. Die Kindheit der damals knapp drei Jahre alten Karoline Luise und ihrer vier Geschwister (ein Mädchen war als Säugling gestorben) wurde geprägt von einer höfischen Welt, deren Mittelpunkt der Landgraf Ernst Ludwig war. Karolines Großvater, ein durch und durch barocker Fürst, hegte eine heftige Leidenschaft für die Jagd. Außerdem liebte er den Prunk, und er investierte große Summen in alchemistische Experimente: Sein Leben lang hoffte der hessische Landgraf, dass das Elixier, das unedle Metalle in Gold verwandeln konnte, demnächst entdeckt und ihn aus seiner chronischen Geldnot befreien würde. Die französischen Kriege hatten sein kleines Land beinahe ruiniert, doch das hinderte Ernst Ludwig nicht daran, sein fürstliches Selbstverständnis glanzvoll auszuleben.

Davon abgesehen war Ernst Ludwig ein frommer Lutheraner, der sehr darauf achtete, dass seine Enkel bescheiden und im christlichen Sinne erzogen wurden. Während der Landgraf die Jungen bald nach Buchsweiler ins Elsass schickte, wo sie auf ihren künftigen Gütern aufwachsen sollten, vertraute er Karoline und ihre Schwester einer Hofmeisterin an. Die sorgte dafür, dass die Prinzessinnen standesgemäß erzogen, aber nicht verzärtelt wurden. Bedauerlicherweise erwiesen sich sowohl Karoline als auch ihre jüngere Schwester als anfällig für allerlei Krankheiten (das musste wohl ein Erbe ihrer schwächlichen Mutter sein) – aber einem Arzt, der diesen Namen verdiente, wurden die Prinzessinnen nicht vorgeführt. Wenn Kinder starben, dann war das Gottes Wille – traurig zwar, aber unvermeidbar. Einen Medicus zu bemühen – für kleine Mädchen noch dazu –, das hielt man für rausgeschmissenes Geld. Tränke aus Anis und Fenchel und ein Glas Wein zu jedem Essen, das war Medizin genug. Karoline, die im Alter von zehn Jahren die Pocken bekam, erwies sich als zäh. Zäher jedenfalls als ihre Schwester, die als 17-Jährige einem Lungenleiden erlag.

Karoline Luise, die als Tochter des Erbprinzen viele langweilige Pflichten hatte, entdeckte schon früh eine Möglichkeit, aus der Beschränktheit ihres Daseins auszubrechen: Bücher öffneten ihr die Tür zu einer Welt, die den meisten Mädchen damals verschlossen blieb. Die Prinzessin hatte das große Glück, als Zehnjährige einen Lehrer zu bekommen, der ihre überdurchschnittliche Intelligenz nicht nur erkannte, sondern sie auch nach Kräften förderte. Und sie hatte das Glück, dass weder ihr Großvater noch ihr Vater Einspruch erhoben gegen Lehrpläne, die nicht nur ausgesprochen modern waren, sondern weit über das hinausgingen, was für Frauen von Karoline Luises Stand üblich war.

Tatsächlich konnten die Studien der Prinzessin – abgesehen natürlich vom Reitsport und der Kriegskunst – es jederzeit mit der Ausbildung männlicher Fürstenkinder aufnehmen. Das Lernen war für Karoline keine Pflicht, sondern ein Vergnügen. Lediglich der Deutschunterricht war ihr ein Gräuel – da sie nur den hessischen Dienstbotendialekt kannte, hielt sie die deutsche Sprache für hoffnungslos schwerfällig und plump. Latein dagegen, die Sprache der Gelehrten, beherrschte sie bravourös – und das elegante Französisch war ihr ohnehin die liebste Sprache. Ein Unterrichtspensum, das bis zu 60 Stunden in der Woche in Anspruch nahm, bewältigte sie mühelos.

Ob Religion oder Geschichte, Wappenkunde und Genealogie, Erdkunde, Physik oder antike Mythologie: Karoline las und hörte, sie lernte und fragte nach, bis ihre Lehrer keine Antworten mehr wussten. Dabei ließ es die junge Frau aber nicht bewenden: Sie suchte Kontakt zu gelehrten Männern, zu Wissenschaftlern und Philosophen, die nicht nur über den Bildungsdrang der Prinzessin staunten, sondern auch über die wache Intelligenz und die enormen Kenntnisse, die aus ihren Briefen sprachen. Tatsächlich eignete sich Karoline Luise allmählich ein geradezu enzyklopädisches Wissen an. Als junge Frau schon stand sie in dem Ruf, eine „hessische Minerva" zu sein.

Als Karoline 16 Jahre alt war, starb ihr Großvater, Landgraf Ernst Ludwig. Da Karolines Vater, Ludwig VIII., nach dem Tod seiner jungen Frau nicht mehr geheiratet hatte, musste seine älteste Tochter fortan zahlreiche Repräsentationspflichten übernehmen. Sie tat es klaglos und mit Charme, obgleich sie jede Minute bedauerte, die sie ihren Büchern fernbleiben musste. Und ihrem Spinett und ihrer Staffelei. Denn – wie alle anderen jungen Frauen ihres Standes - musizierte und malte Karoline auch. Ihre Werke waren zwar nicht genial, zeugten aber von Begabung. Und da Karoline an Musik und Kunst mit dem gleichen Feuereifer und der gleichen Gründlichkeit heranging wie an die Wissenschaften, gingen ihre Leistungen weit über das Geklimper und die Kleckserei hinaus, mit denen hochadelige Dilettantinnen gemeinhin aufwarteten. Entzückt von Karolines Luises Spiel war etwa Kaiserin Maria Theresia, die die Prinzessin 1745 bei der Krönung von Franz I. zum Deutschen Kaiser kennenlernte. Aus den wenigen Begegnungen der beiden Frauen entwickelte sich eine lebenslange Freundschaft, die in einem regen Briefwechsel ihren Ausdruck fand.

Ihre Gelehrsamkeit schadete Karoline Luise auf dem Heiratsmarkt nicht. Zeitweilig standen die Darmstädter in Verhandlungen mit dem König von England, der Karoline Luise – die er sehr schätzte – gerne mit einem seiner jüngeren Söhne verheiratet hätte. Allerdings schleppten sich die Verhandlungen lange ergebnislos dahin, bis sie schließlich ganz einschliefen. Ein ernsthafter Freier war auch der Erbprinz von Schwarzburg-Rudolstadt. Was diesen Prinzen anging, hatte Karoline allerdings heftigste Vorbehalte. Sie hatte Angst vor der räumlichen und geistigen Enge der thüringischen Residenz und sah durch die Knickerigkeit des Schwarzburger Hofes bei der Gestaltung der Eheverträge ihre schlimmsten Befürchtungen bestätigt. Karoline Luise war – schon wegen des chronischen Geldmangels in Hessen-Darmstadt – an äußerste Sparsamkeit gewöhnt. Aber sie hatte nicht vor, sich als Ehefrau noch mehr einzuschränken als als junges Mädchen. Sie verlangte Nachbesserungen. Da diese von Schwarzburg-Rudolstadt verweigert wurden, flehte sie ihren Vater an, sie nicht ins Unglück zu stürzen. Ludwig VIII. überraschte seine Zeitgenossen durch seine Nachgiebigkeit gegenüber der Tochter: „Ich will keines meiner Kinder zwingen, sich zu verheiraten, vor allem nicht gegen deren Neigung", erklärte er seinen verblüfften Räten.

Die Jahre vergingen. Karoline Luise war bald 25 Jahre alt, und es schien, als werde sie ihr Leben ganz den Wissenschaften und den Künsten weihen und zurückgezogen in Darmstadt leben. Da kam überraschend im März 1748 die Anfrage aus Karlsruhe, ob der Markgraf Karl Friedrich mit einer günstigen Antwort rechnen durfte, wenn er um die Hand der Prinzessin anhielte. Als man Karoline von dieser Anfrage berichtete, nickte sie errötend. Nein, sie hatte ihn nicht vergessen, diesen badischen Markgrafen, der zwei Jahre zuvor den Darmstädter Hof besucht hatte. Obwohl die Komplimente, die er ihr gemacht hatte, durchweg konventioneller Höflichkeit entsprachen, hatte der sehr junge Mann bei Karoline eine Saite zum Klingen gebracht, von deren Existenz sie bis dahin nichts geahnt hatte.

Ein nachlässiger Bräutigam

Karl Friedrich wollte nichts überstürzen. Er beließ es erst einmal bei der unverbindlichen Anfrage, konnte sich monatelang nicht entschließen, Nägel mit Köpfen zu machen. Der Frühling ging in den Sommer über, der Herbst in den Winter, und Karoline Luise wusste noch immer nicht, ob Karl Friedrich die entscheidende Frage stellen würde. Anfang 1749 fand sich der badische Markgraf endlich bereit, um die hessische Prinzessin anzuhalten – stellte seinem künftigen Schwiegervater aber sogleich die Bedingung, die Verlobung geheim zu halten. Erst wenn aus Karlsruhe das entsprechende Signal käme, sollte die bevorstehende Verbindung der Öffentlichkeit bekannt gegeben werden. Der Landgraf, froh, seiner Tochter endlich die Werbung des Badeners überbringen zu können, willigte notgedrungen in diese Forderung ein.

Viele Stunden saß Karoline Luise über dem ersten Brief an ihren geheimen Verlobten: „Zu geehrt und geschmeichelt durch die Gefühle, welche Ew. Hoheit mir eröffnen, fühle ich kein anderes Verlangen, als mich so zu verhalten, dass Sie keinen Grund finden möchten, sie jemals zu bedauern. Das wird für mein ganzes Leben Ziel meiner Aufmerksamkeit sein“, ließ Karoline ihren künftigen Mann wissen: „Auf diese Weise hoffe ich, Ihre Gefühle zu verdienen und Ew. Hoheit jene vollkommene Hochschätzung zu beweisen, mit welcher ich die Ehre habe zu sein, Monsieur, Ew. Hoheit ganz ergebene Dienerin ... Karoline.“

Karl Friedrich las Karolines Brief, um ihn dann gelangweilt zur Seite zu legen. Erst drei Wochen später machte er sich die Mühe zu antworten. Seine Worte waren höflich und entsprachen dem, was man von einem Verlobten erwartete – doch ging ihnen jede Leidenschaft ab: „Es sind, Madame, Ihre allgemein geschätzten Tugenden und Verdienste, welche die Gefühle in mir erweckten, welche Ihnen zu erklären ich mir die Freiheit genommen habe. Erstes Ziel wird es in meiner zukünftigen Ehe für mich immer sein, glücklich und zufrieden zu leben; und da Ew. Hoheit dasselbe Ziel verfolgen, kann unsere Verbindung nur vollkommen sein."

In Wirklichkeit waren die Gefühle, die Karoline Luise in ihrem Verlobten erweckte, eher unerfreulicher als erquicklicher Art. Je mehr Karl Friedrich darüber nachdachte, desto unangenehmer war ihm der Gedanke, eine Prinzessin zu heiraten, deren Bildung die seine offensichtlich bei weitem übertraf, die darüber hinaus auch noch deutlich älter war als er selbst. Vor dominanten Frauen hatte Karl Friedrich Angst – und er traute es der Hessin durchaus zu, dass sie versuchen würde, ihn zu beherrschen. Karl Friedrich tat nichts, aber auch gar nichts, um seine Eheschließung zu beschleunigen. Ganz im Gegenteil, er bremste seine Beamten, wo es ging. Zur Begründung gab er an, sich erst noch besser mit den politischen Geschäften in seinem Land vertraut machen zu müssen. Und dann war da auch noch die Italienreise, die er einst auf Verlangen von Onkel Oranien aufgeschoben hatte. Keinesfalls würde er heiraten, ohne zuvor Verona, Venedig, Rom, Neapel und all die anderen berühmten Städte gesehen zu haben.

So sehr es Geheimrat Üxküll begrüßte, dass sich Karl Friedrich endlich intensiver in die Regierungsgeschäfte einarbeiten wollte – er verlor darüber den Ehepakt nicht aus den Augen. Im Sommer 1749 begann das Feilschen mit dem Beauftragen des Landgrafen. Punkt für Punkt wurde aufgelistet, was Karoline Luise von Darmstadt als Aussteuer erhalten und was sie als persönlichen Besitz nach Karlsruhe mitbringen sollte. Einige Zeit ging dafür drauf, über die Apanage und das Personal zu verhandeln, das der künftigen Markgräfin zur Verfügung stehen sollte. Karoline Luise hatte stolze Forderungen gestellt, wohl wissend, dass die Badener nicht alle ihre Wünsche erfüllen würden. Mit dem, was die Herren aushandelten – ihrem persönlichen Hofstaat sollten mehr als 20 Personen angehören –, konnte sie aber recht gut leben. Zufrieden war sie auch mit den Bestimmungen, die getroffen wurden für den Fall, dass Karl Friedrich vor ihr sterben sollte: Als Witwe würde Karoline Luise standesgemäß leben können, die Vormundschaft über ihre minderjährigen Kinder führen, und – solange ihr ältester Sohn nicht volljährig war – die Regierung und die Verwaltung Baden-Durlachs leiten. Eine ehrenvolle Aufgabe, die allerdings weniger bedeutungsvoll war, als es auf den ersten Blick scheint: Wie einst die Markgräfin Magdalene Wilhelmine hätte sich als Witwe auch Karoline Luise an die Vota des Geheimratskollegiums halten müssen.

Immer wieder mahnte Üxküll seinen jungen Fürsten, sich seiner künftigen Gemahlin gegenüber herzlicher zu zeigen: „... ein Zeichen von Aufmerksamkeit und Höflichkeit wäre es, wenn Ew. Hoheit sich die Mühe machen wollten, der Prinzessin ein paar Worte zu schreiben." Doch nur selten folgte Karl Friedrich dem Rat des alten Mannes. Weitaus mehr als die ferne Karoline Luise interessierten ihn Damen, die in greifbarer Nähe nach ihm schmachteten. Ein Mädchen von einfachem Stand, Elise Barbara Schlutter, gehörte dazu. Die Beziehung hatte Folgen – im Dezember 1749 brachte die junge Frau in Badenweiler einen Jungen zur Welt, der auf den Namen „Karl Friedrich Hermann" getauft wurde. Der Markgraf, der die junge Mutter mit einem Oberjäger verheiraten ließ, verleugnete seinen natürlichen Sohn nicht. Er sorgte dafür, dass der Junge eine ordentliche Ausbildung erhielt und beim Militär Karriere machte.

Auch Männer von hoher Moral wie Üxküll betrachteten es mit Nachsicht, wenn ihr Fürst sich mit jungen Frauen aus den unteren Ständen vergnügte. Wenn solche Verhältnisse diskret abliefen, konnten die Gespielinnen Karl Friedrichs sich eine kleine Belohnung für ihr Entgegenkommen erhoffen. Aber hin und wieder kam es vor, dass ein Mädchen mit seinen hohen Beziehungen prahlte oder dass seine Verwandten versuchten, Kapital aus der fürstlichen Gunst zu schlagen. Das konnte man natürlich nicht tolerieren, und in solchen Fällen griffen die Karlsruher Herren zu keineswegs zimperlichen Mitteln, um den Frechlingen den „Mund zu verstopfen“.

Nur einmal geriet Üxküll richtig aus der Fassung: Er befand sich mitten in den Verhandlungen über den Ehevertrag mit Darmstadt – noch immer wurde die Verlobung als Geheimnis behandelt –, als ein Gerücht den hessischen Hof erreichte: Der Markgraf von Baden-Durlach, so hieß es, habe sein Herz an eine junge Dame verloren und suche nun, sich aus einer anderweitigen Verpflichtung zu befreien. Üxküll war schockiert, geriet seinen Verhandlungspartnern gegenüber in Erklärungsnot und schrieb – bei aller pflichtschuldigen Untertänigkeit – einen äußerst verärgerten Brief an seinen jungen Herrn. So konnte Karl Friedrich nun wirklich nicht mit der Prinzessin Karoline Luise umspringen. Zum Glück schien die Liebe des leichtsinnigen Fürsten zu der besagten Dame doch nicht allzu tief zu sitzen – von einem Bruch des Verlöbnisses konnte keine Rede sein. Im Oktober 1749 endlich wurde der Heiratsvertrag unterzeichnet.

Aber noch immer beliebte es Karl Friedrich nicht, die Verlobung öffentlich zu machen und einen Termin für die Hochzeit festzulegen. Im Januar 1750 brach er zu der lange ersehnten Italienreise auf, und Üxküll hatte wieder einmal Anlass, sich Sorgen zu machen. Nicht nur, weil Karl Friedrich seine Verlobte mit fast schon beleidigender Konsequenz vernachlässigte – stirnrunzelnd las der alte Beamte Berichte, wonach der Umgang, den Karl Friedrich pflegte, sehr zu wünschen übrig ließ. Vor allem die immensen Spielschulden, die Karl Friedrich anhäufte, bereiteten Üxküll Pein, und mehr als einmal bat er den jungen Fürsten inständig, Rücksicht auf die angespannten badischen Finanzen zu nehmen. Zu allem Überfluss kamen schon wieder Gerüchte auf, dass der Baden-Durlacher mit der Konversion zum Katholizismus liebäugele. Karl Friedrich machte es dem alten Staatsmann wirklich nicht leicht.

Ende August 1750 kehrte Karl Friedrich zurück. Jetzt fiel dem unwilligen Bräutigam keine akzeptable Ausrede mehr ein: Als Hochzeitstermin wurde der Karlstag, der 28. Januar 1751, bestimmt. In der Kapelle des Darmstädter Schlosses wurden Karl Friedrich von Baden-Durlach und Karoline Luise von Hessen-Darmstadt getraut. Anfang Februar zogen die frisch Vermählten in Karlsruhe ein. Die jubelnden Bürger bemühten sich, einen Blick auf ihre neue Markgräfin zu erhaschen, die ihnen nicht nur als klug, sondern auch als hübsch und gütig geschildert worden war. Freundlich lächelnd nahm Karoline Luise die Grüße entgegen, und niemand bemerkte, wie blass das rundliche Gesicht der 28-Jährigen unter der Schminke und dem weißgepuderten Lockenhaar war. Die Ehe hatte nicht eben glücklich begonnen.

Markgraf und Markgräfin

Die vernachlässigte Gemahlin

Karoline Luise hatte nicht erwartet, einen Gemahl zu bekommen, der ihr anbetend zu Füßen liegen würde. Dafür war sie viel zu vernünftig. Aber sie hatte sich vorgestellt, dass ihr Mann sich mit ihr gemeinsam bemühen würde, eine auf gegenseitiger Zuneigung und Respekt gründende Partnerschaft aufzubauen. Leider war Karl Friedrich weit davon entfernt. Er gab sich seiner Gemahlin gegenüber so betont höflich, dass es schon beinahe wieder an Unhöflichkeit grenzte. Es schien der jungen Markgräfin fast so, als wolle sich Karl Friedrich rächen für die Zumutung, mit ihr verheiratet zu sein. Seinen ehelichen Pflichten allerdings kam der Markgraf regelmäßig nach – schon einige Wochen nach der Hochzeit wies Karoline Luise an, ihren steifen Schnürleib weniger fest zu binden.

Man konnte den Eindruck gewinnen, als habe Karl Friedrich darauf nur gewartet, bis seine Frau schwanger war. Karoline Luise, die mit allerhand lästigen Schwangerschaftsbeschwerden kämpfte, fiel aus allen Wolken, als ihr der Gemahl beiläufig mitteilte, dass er zu verreisen gedenke: zunächst nach Holland, dann nach England. Er wolle sich, erklärte Karl Friedrich, über neue Methoden der Landwirtschaft informieren – Baden-Durlach war in dieser Beziehung recht rückständig – und außerdem seine Kenntnisse der Staatswissenschaften erweitern. Karoline tat so, als ob sie an diese lauteren Motive glaube und wünschte ihrem Gatten formvollendet eine gute Reise. Hocherhobenen Hauptes schritt sie durch das Schloss. Keiner sollte merken, dass sie sich zutiefst verletzt fühlte. Als Karl Friedrich fort war, vergrub sich seine Frau in ihre Bücher. Aber nicht nur Karolines Körper wurde von Tag zu Tag schwerfälliger, auch ihr sonst so lebhafter Geist schien wie gelähmt – sie drohte, in tiefe Depression zu versinken.

Geheimrat von Üxküll, der die junge Fürstin scharf beobachtete, tat, was er konnte, um Karoline aufzumuntern. Schließlich war die hohe Frau gesegneten Leibes, und es war allgemein bekannt, dass die Stimmungen der Mütter nicht ohne Einfluss auf die Ungeborenen blieben. Wenn ihm schon das Befinden seiner Gemahlin gleichgültig war, sollte Karl Friedrich doch wenigstens an das Wohl des Kindes denken, das sie unter dem Herzen trug. Wieder einmal sah sich Üxküll genötigt, seinen Fürsten zu besserem Benehmen aufzufordern: „Es kostet Sie doch so wenig, Monseigneur, ihr von Zeit zu Zeit einige freundliche Worte zu schreiben, welche während Ihrer Abwesenheit die ganze Seligkeit für sie bedeuten", schrieb er. Karl Friedrich, gelangweilt von den ewigen Vorhaltungen des Alten, ließ sich schließlich zu einigen lauwarmen Zeilen an Karoline herab. Die Schwangere, die nicht nur unter anhaltender Übelkeit litt, sondern immer wieder durch Blutungen und Ohnmachtsanfälle erschreckt wurde, fasste neue Hoffnung. Vielleicht würde sich diese Konvenienzehe doch noch erträglich gestalten.

Als Karl Friedrich im September 1751 nach Karlsruhe zurückkehrte, hatte sich Karoline Luise wieder völlig im Griff. Sie empfing ihren Gemahl auf die liebenswürdigste Weise und ohne ein Wort des Vorwurfs. Kaum eine Woche später wand sie sich unter der Wucht der Wehen. Doch das Kind, das der Fürstin solche Pein bereitete – es schrie nicht, als es den Mutterschoß verließ. Karoline hatte einen Sohn geboren, aber sein kleiner Körper hing schlaff und leblos in den Händen der Hebamme: kein Erbe für Karl Friedrich. Der junge Markgraf war enttäuscht. Als er jedoch in das vom Schmerz gezeichnete Gesicht seiner Frau blickte, empfand er Mitleid mit ihr. Trotz des Verdrusses über das tote Baby war Karl Friedrich in diesen Tagen sehr freundlich zu Karoline.

Üxküll hatte den Eindruck, als würde die Last, die schwer auf seinen Schultern drückte, allmählich etwas leichter. Seit seiner Heimkehr von der zweiten Englandreise schien Karl Friedrich gereift; der junge Fürst kam dem Präsidenten des Geheimratskollegiums jetzt ausgeglichener und besonnener vor als vor seiner Abfahrt. Zwei Mal wöchentlich nahm der Markgraf an den Sitzungen des Geheimen Rates teil. Konzentriert verfolgte er die Ausführungen der Herren, fragte hier nach, verlangte dort Nachbesserungen.

Nicht immer stießen die Reformvorschläge, die namentlich von den bürgerlichen Mitgliedern des Kollegiums vorgebracht wurden, bei Karl Friedrich auf spontane Zustimmung. Er, der die Macht hatte, jede Neuerung abzuschmettern, machte sich seine Entscheidungen nicht leicht. Geduldig hörte er sich die Ausführungen seiner Räte an – und dann verlangte er Geduld von ihnen, denn er war kein Mann der schnellen Entschlüsse, nahm sich viel Zeit zum Überlegen. Die Räte merkten bald, dass sie mit ihren Anliegen bei Karl Friedrich die besten Chancen hatten, wenn sie an sein Gerechtigkeitsgefühl appellierten.

Die Saat, die einst die Großmutter gelegt hatte, ging auf: Karl Friedrich sah es als seine Aufgabe an, für Gerechtigkeit zu sorgen. Ganz besonders interessierte sich der junge Fürst für die neue Hofgerichtsordnung, die eine raschere Erledigung der bislang nur mühsam sich dahinschleppenden Verfahren zum Ziel hatte. Ein gewisser Johann Jakob Reinhard arbeitete an der neuen Ordnung, die 1752 in Kraft trat. Karl Friedrich war fasziniert von dem breiten Wissen und dem Fleiß, den dieser brillante junge Jurist aus einer alten nassauischen Beamtenfamilie an den Tag legte. Reinhard war nur sieben Jahre älter als Karl Friedrich; er verstand es, das Interesse seines jungen Fürsten an scheinbar unwichtigen Detailfragen zu wecken.

Nicht nur bei Geheimrat Reinhard, auch bei seiner Gemahlin, der Markgräfin Karoline Luise, erlebte Karl Friedrich, welch großes geistiges Vergnügen die intensive Beschäftigung mit einer anspruchsvollen Aufgabe bereiten konnte. Karoline Luise, die als regierende Fürstin eine Unmenge repräsentativer Pflichten zu absolvieren hatte, nützte jede freie Minute, um sich weiterzubilden. Jetzt baute sie gerade ihre Bibliothek auf, um für alle Disziplinen der Geistes- und Naturwissenschaften sowie der schönen Literatur mit den grundlegenden Werken ausgestattet zu sein.

Karl Friedrich, der in einer schwachen Minute seine Frau um ihre Meinung zu einem Regierungsproblem gefragt hatte, das ihn gerade sehr beschäftigte, war überrascht darüber, wie sie ihm antwortete. Keine Spur von der Überheblichkeit, die er von seiner „hessischen Minerva" erwartet hatte. Karoline lauschte interessiert, runzelte die Stirn und teilte dem Markgrafen dann ihre Überlegungen mit – so sachlich und nüchtern, als ob sie es mit einer mathematischen Formel zu tun hätte. Sie beriet ihn, doch ließ sie keinen Zweifel daran, dass sie ihrem Gemahl die Last der Entscheidung niemals würde abnehmen können. Karl Friedrich gewann allmählich den Eindruck, dass seine Wahl doch nicht so übel gewesen sei. Die offen bekundete Anbetung seiner klugen Frau tat seinem immer noch nicht sehr ausgeprägten Selbstbewusstsein unendlich gut.

Immer häufiger ergriff Karl Friedrich die Gelegenheit, Karoline in ihren Räumlichkeiten zu besuchen, während sie ihren Studien nachging. Ihr Gesicht leuchtete auf, wenn er sich nach den Büchern erkundigte, in denen sie eben las, und bereitwillig erzählte sie, was sie gerade Neues gelernt, erfahren oder erforscht hatte. Der junge Mann staunte über das, was er hörte. Er erinnerte sich nur zu gut daran, wie trocken die Wissensbrocken waren, die ihm seine Lehrer eingetrichtert hatten. Doch wenn Karoline ihm von wissenschaftlichen Erkenntnissen berichtete, dann strahlten ihre

Augen und ihr Eifer hatte etwas Mitreißendes. Verblüfft war Karl Friedrich darüber, welch immense praktische Bedeutung Karoline Luise hinter den Ausführungen der Gelehrten entdeckte. Fürwahr, diese Frau stand mit beiden Beinen auf der Erde. Und Karl Friedrich wäre ein Narr gewesen, hätte er das Wissen seiner Gemahlin nicht für sich selbst und für seine Regierungsarbeit genutzt.

Es gab ja so viel zu tun in der Markgrafschaft Baden-Durlach. In mancherlei Hinsicht konnte Karl Friedrich auf dem Werk seines Großvaters aufbauen. Immerhin war es dem Markgrafen Karl Wilhelm gelungen, die große Schuldenlast, die Baden-Durlach nach den jahrzehntelangen Kriegen gedrückt hatte, auf ein erträgliches Maß zu reduzieren. Außerdem hatte er diese disziplinierte Beamtenschaft hinterlassen, ohne die sein Enkel kaum handlungsfähig gewesen wäre. Und doch hatten die Bemühungen des alten Despoten, ein striktes persönliches Regiment aufzubauen, letztlich verhindert, dass in Baden-Durlach grundlegende Rechtsfragen geklärt wurden.

Der badische Staatsmann Karl Friedrich Nebenius beschrieb in seiner Karl-Friedrich-Biografie die Zustände zu Beginn von dessen Herrschaft: „Den wichtigsten Bestandteil der Partikulargesetzgebung bildeten das Landrecht und die Landesverordnung, die im Jahr 1622 zu Durlach gedruckt und 1654 publiziert worden waren und verschiedene schon 1509 und 1525 erlassene Verordnungen aufgenommen hatten. Sie wurden zu den besseren dieser Zeit gerechnet, trugen aber noch gar viele Spuren der Roheit und Finsternis früherer Jahrhunderte. Zwar hatte die beginnende Aufklärung und aufkeimende Humanität schon Manches gebessert; die Hexenprozesse, welche das Landrecht noch ganz umständlich abhandelte, beseitigt; die äußeren Härten mancher Strafgesetze etwas gemindert. Aber des Schauderhaften war in den Strafarten, die zur Anwendung kam, noch genug zu erblicken, nicht weniger in der Behandlung der angeschuldigten, nicht überwiesenen Verbrecher. Häufig wurden diese in unterirdischen Kerkern verwahrt und nach willkürlichem Ermessen der Untersuchungsrichter durch Abbruch der Nahrung, durch Krummschließen, durch Entziehung des Lichts und des Strohs zum Nachtlager gepeinigt, um sie zum Geständnis zu bringen. Weit furchtbarer waren die Gräuel der Tortur, die manchem, der nichts zu gestehen hatte, wie solchen, die nicht gestehen wollten, für immer ihre Gesundheit und selbst das Leben kosteten und unter denen bisweilen auch ein völlig Unschuldiger ein todeswürdiges Verbrechen bekannte, dem er durchaus fremd war ...“

Die Gesetze waren zwar streng und die Ordnungshüter kannten kein Erbarmen mit denjenigen, die in ihre Fänge geraten waren – aber trotzdem herrschte im Land kein Gefühl der Sicherheit. Die zahlreichen kleinen und kleinsten Territorien, aus denen der Fleckerlteppich des deutschen Südwestens sich zusammensetzte, erschwerten die Verfolgung von Verbrechern, die meist nur über die Grenze gelangen mussten, um sich dem Zugriff der Häscher zu entziehen. Hinzu kam, dass aus den Armeen, die jahrzehntelang am Oberrhein gekämpft, gemordet und geplündert hatten, noch einiges Gesindel übrig geblieben war, das die Bevölkerung in stetem Schrecken hielt. Außerdem zogen Menschen, die durch die Kriege um ihren Besitz gebracht worden waren, durchs Land. Sie versuchten, mit Krämerei, Korbflechterei oder Zinngießerei ihr Leben zu fristen – misstrauisch beäugt von der sesshaften Bevölkerung, die ihnen alles Üble zutraute. Nebenius stellte fest: „Die polizeilichen Anstalten waren zum kräftigen Schutz gegen die Menge dieser der öffentlichen Sicherheit größtenteils gefährlichen Menschen unzureichend. Es bildeten sich aus ihrer Mitte häufig Räuberbanden, welche in bewaffneten Haufen das Land durchzogen und nicht selten die Posten anfielen und anderen Raub auf den öffentlichen Straßen verübten. Hauptsächlich litten aber die Bewohner des platten Landes durch nächtliche Diebstähle und gewaltsame Einbrüche. Hinzu kamen die Gefahren, welche scharenweise ausziehende Wilderer nicht nur dem Eigentum der Jagdherren, sondern überhaupt der öffentlichen Sicherheit brachten. Gar vieles, was man von einer wohlgeordneten Staatsverwaltung nach heutigen Begriffen (um 1840, A.B-W.) verlangt, war nur in den ersten Anfängen vorhanden oder fehlte noch ganz oder war im Verlaufe der Kriegsjahre in Zerrüttung geraten."

Ein weichherziger Fürst

Handlungsbedarf gab es in vielen Bereichen. Nachdem sich Karl Friedrich erst einmal an den Gedanken gewöhnt hatte, dass eine vertrauensvolle Zusammenarbeit mit seinen Räten weitaus effektiver und wirkungsvoller war, als wenn er im Alleingang versuchen würde, den Staat zu lenken, hagelte es in Baden-Durlach neue Gesetze und Verordnungen. Der öffentlichen Sicherheit und der Organisation der Polizei schenkte Karl Friedrich von Anfang an seine besondere Aufmerksamkeit. Das Wohl und die Moral der Bevölkerung sollten gehoben, überlebte oder allzu grausame Regelungen ausgemerzt werden. Auch wenn sich der junge Karl Friedrich gerne forsch gab – er war ausgesprochen weichherzig. Er hasste es, Menschen körperlich leiden zu sehen, selbst dann, wenn sie Strafe verdient hatten.

Der junge Markgraf regte sich schrecklich auf, als er erfuhr, wie grausam in seinem Namen mit Strafgefangenen umgegangen wurde, und er verlangte, dass man sie künftig menschenwürdig behandele. Er war der Meinung, dass die Bestrafung von Verbrechern vor allem zu deren Besserung führen und nicht allein der Sühne dienen sollte – sinnlose Quälereien sollten daher fortan unterbleiben. Einen weiteren Missstand, den Karl Friedrich vorfand, beschrieb der Heidelberger Historiker Dr. Arthur Kleinschmidt im 19. Jahrhundert: „Verbrecher, schwere wie leichte, saßen im Zuchthaus zu Pforzheim ihre Strafe ab, in welchem sich aber außerdem Irre, Kranke, Waisenkinder, Pfründer und Fabrikarbeiter befanden. Dass hierbei an keine rechte Absonderung zu denken war, liegt auf der Hand. 1752 wurde darum in Pforzheim ein neues Zuchthaus begonnen, welches hundert Verbrecher aufnehmen konnte; hier war die Zuchtanstalt für infame Verbrecher von der Arbeitsanstalt für leichte mehr gesondert, freilich aber im gleichen Hause. Die 1758 im Druck erschienene Zuchthausordnung war durchaus menschenfreundlich und religiös gehalten und mutete den Sträflingen nichts Unbilliges zu."

Karl Friedrich lebte in einer Zeit, die auf harte körperliche Strafen setze. Nicht nur bei Verbrechern (ein Begriff, der damals sehr weit gefasst war) – auch und gerade bei Kindern galt die Züchtigung als bestes, oftmals als einziges Erziehungsmittel. Nun hatte Karl Friedrich keine grundsätzlichen Bedenken gegen Schläge, wenn es galt, Bösewichter jeden Alters und Geschlechts zu bestrafen. Eine ordentliche Tracht Prügel konnte seiner Meinung nach durchaus heilsam sein. Was ihn aber erschreckte, war die bisweilen überhand nehmende Brutalität, die jedes Maß missen ließ. Wenn Menschen Genuss daran fanden, andere zu quälen, dann widerte ihn das an. Auch Karl Friedrichs Großmutter, die Markgräfin Magdalene Wilhelmine, hatte eine harte Hand gehabt. Aber niemals hatte bei ihr der blinde Zorn überhand gewonnen über kühle Überlegung. Die Großmutter war streng gewesen, aber gerecht.

Streng, aber gerecht - so wollte Karl Friedrich auch die Kinder seiner Untertanen erzogen wissen. Die Schulmeister an den Elementarschulen, damals zumeist bettelarme Schlucker, die ihre Unkenntnis und ihren Frust oft genug auf den Rücken ihrer kleinen Schutzbefohlenen austobten, forderte Karl Friedrich zur Zurückhaltung auf. Geprügelt werden sollten die Schulkinder künftig nur noch, wenn sie sich „grober Faulheit" oder „offener

Bosheit“ schuldig gemacht hatten. Außerdem wurden die Lehrer angehalten, bei den Bestrafungsritualen einen Unterschied zu machen zwischen starken und schwächlichen Kindern. Keinesfalls durften die Schulmeister ihren Schützlingen gesundheitliche Schäden zufügen. Mit der Rute sollten sie nur mäßig zuschlagen, Ohrfeigen, Maulschellen oder Schläge gegen den Kopf hatten ganz zu unterbleiben. Karl Friedrichs Verordnung von 1753 war gut gemeint, aber freilich so schwammig formuliert, dass in den Unterrichtsanstalten mit Fleiß weiter gezüchtigt wurde.

Karl Friedrichs ausgeprägter Sinn für Gerechtigkeit und seine Abneigung gegen jede Form von Menschenquälerei sollten Jahre später zu einem weitaus bedeutsameren Beschluss führen: Mit einem Federstrich schaffte der Markgraf 1767 die Tortur als Mittel der Beweisfindung im Gerichtswesen ab. Er folgte damit dem Beispiel Friedrichs des Großen: Die Erkenntnis, dass unter der Folter erzwungene Geständnisse höchst fragwürdig waren, verdankte der badische Markgraf aber nicht dem Preußenkönig, sondern den Ausführungen des italienischen Aufklärungsliteraten Marchese Cesare Beccaria über „Verbrechen und Strafe“. Der Markgraf war regelrecht fasziniert von Beccarias Gedanken. Unter ihrem Eindruck hätte Karl Friedrich in seinem kleinen Land am liebsten auch gleich noch die Todesstrafe abgeschafft. Doch die entsetzten Reaktionen seiner Beamten auf diesen Vorschlag machten ihm klar, dass die Zeit für ein solches Reformwerk noch nicht reif war. So starben zumindest Mörderinnen und Mörder in Baden-Durlach weiterhin durch die Hand des Henkers. Doch während seine Untertanen den gewaltsamen Tod von Verbrechern als gerechte Strafe guthießen, wand sich der Fürst schon beim Gedanken an einen solchen Richterspruch in Seelenqualen. Allein Karoline Luise konnte nachempfinden, was ihr Gemahl an solchen Tagen des Gerichts durchlitt. Ihr mitfühlendes Schweigen war Balsam auf Karl Friedrichs Wunden.

Die Haupt-Reparation des Residenzschlosses

Ein Vorhaben, das Karl Friedrich jahrelang beschäftigte, war der Neubau seines Residenzschlosses. Seit dem Regierungsantritt Karl Friedrichs im Jahr 1746 und seinem Entschluss, die Residenz in Karlsruhe beizubehalten, war klar, dass es die beste Lösung wäre, den vergammelten Palast abzureißen und durch ein solideres Gebäude zu ersetzen. Geschehen allerdings war bislang – nichts. Lediglich ein paar Reparaturen, die zum Schutz des Lebens der Schlossbewohner unumgänglich waren, hatte Karl Friedrich durchführen lassen. In seiner Brust lieferten sich wieder einmal zwei Seelen heftige Gefechte. Die eine, die des stolzen jungen Mannes, träumte von einer prachtvollen Schlossanlage, um die ihn die Fürsten Europas beneiden würden. Die andere, die des pflichtbewussten Landesvaters, riet ihm zu Mäßigung und Bescheidenheit. Hin und her gerissen zwischen hochfliegenden Plänen und einer realistischen Einschätzung seiner finanziellen Möglichkeiten drückte sich der Markgraf um eine Entscheidung herum. Erst nachdem Karoline Luise in das heruntergekommene Schloss eingezogen war und – schweigend, aber mit hoch gezogenen Brauen – die Risse in Balken und Wänden musterte, betrieb Karl Friedrich das Projekt mit mehr Nachdruck.

Dabei hatte der junge Markgraf bereits zu Beginn des Jahres 1749 den Norditaliener Leopoldo Retti beauftragt, ein neues Karlsruher Residenzschloss zu entwerfen. Retti, den Karl Friedrich ein Jahr zuvor in Stuttgart kennenlernt hatte, galt damals im südwestdeutschen Raum als „der“ Stararchitekt. Doch der Entwurf, den der Italiener vorlegte – er wollte das neue Schloss etwas nördlich vom alten errichten und sah eine Dreiflügelanlage vor, bei denen die Seitenarme im rechten Winkel an das Corps de Logis stießen – gefiel dem Markgrafen von Baden-Durlach nicht sonderlich. Retti ließ sich dadurch nicht entmutigen. Er präsentierte dem Markgrafen in den nächsten Jahren noch drei weitere Entwürfe.

Karl Friedrich verließ sich nicht auf Retti allein. Auch andere in ganz Europa bekannte Architekten – darunter Rettis Schwager Maurizio Pedetti, der Straßburger Joseph Massol sowie der kurpfälzische Hofarchitekt Nicolas de Pigage – wurden aufgefordert, Vorschläge einzureichen. Karl Friedrich und seine Berater studierten eine Unmenge Pläne für großartige Palastanlagen, die alle denselben Fehler hatten: Sie überstiegen die finanziellen Möglichkeiten Baden-Durlachs bei weitem. Einen Entwurf Rettis ließ Karl Friedrich schließlich Balthasar Neumann zur Begutachtung vorlegen, dem berühmten Baumeister, der mit der fürstbischöflichen Residenz in Würzburg den vollkommensten Palastbau seiner Zeit geschaffen hatte. Neumann, der auch beim Bau des Bruchsaler Schlosses dem Fürstbischof von Speyer wertvolle Dienste geleistet hatte, beließ es nicht dabei, sich über Rettis Pläne zu äußern – umgehend arbeitete er eigene Vorschläge für Karlsruhe aus. Er bemerkte allerdings schnell, dass seine Entwürfe zwar gefielen, aber für Baden-Durlach nicht bezahlbar waren. Und so wurden die Schlossanlagen, die er für Karlsruhe entwickelte, von Mal zu Mal bescheidener.

Im März 1752 endlich berichtete das fürstliche Bauamt, dass „Serenissimus" eine Entscheidung gefällt habe. Verwirklicht werden sollte ein Plan von Karl Friedrichs Jugendfreund Albert Friedrich von Keßlau. Der Hofjunker und Leutnant war etwa so alt wie Karl Friedrich. Keßlau hatte den jungen Markgrafen bei dessen Studienreisen begleitet, später hatte ihn Karl Friedrich zum Studium der Zivilbaukunst nach Paris geschickt. Von Anfang an hatte fest gestanden, dass der junge Mann die „Oberbau-Direktion" übernehmen würde. Jetzt hatte Friedrich von Keßlau den letzten Plan Balthasar Neumanns so zurechtgestutzt, dass der Markgraf ihn für finanzierbar hielt. Statt des angepeilten

Schlossneubaus würde es freilich nur eine „Haupt-Reparation" geben.

Karoline Luise billigte die Entscheidung ihres Gemahls. Am chronisch finanzklammen Hof von Hessen-Darmstadt hatte sie am eigenen Leibe erfahren, wozu Verschwendung führen konnte. Schon als junges Mädchen hatte Karoline selbst über die kleinste Ausgabe Buch geführt. Trotzdem hatte sie sich einmal sogar gezwungen gesehen, ein wunderschönes Kleid aus weißer Seide mit eingewebten goldenen Blumenmustern, das sie in Paris bestellt hatte, an die Herzogin von Württemberg weiter zu verkaufen – unter der Hand und etwas unter Preis. Das schmerzte zwar – aber Karoline Luise dachte in Geldangelegenheiten sehr pragmatisch.

Schon gab es Leute, die sich über die Pfennigfuchserei und die ans Kleinliche grenzende Sparsamkeit der badischen Markgräfin lustig machten – Karl Friedrich jedoch gratulierte sich selbst dazu, eine so vernünftige und genügsame Frau geheiratet zu haben. Nicht jede Prinzessin hätte ohne mit der Wimper zu zucken die Aussicht akzeptiert, jahrelang auf einer Baustelle zu leben. Denn die Renovierung sollte abschnittsweise erfolgen. Vorgesehen war eine Bauzeit von immerhin acht Jahren, während denen die markgräfliche Familie mehrfach ihre Räumlichkeiten würde wechseln müssen. Noch konnte niemand ahnen, dass die finanziellen Belastungen Baden-Durlachs durch den Siebenjährigen Krieg (1756-1763) und die steigenden Baukosten dazu führen würden, dass die Bauarbeiten sich sogar bis zur Silbernen Hochzeit von Karl Friedrich und Karoline hinzogen.

Der Glücklichste aller Sterblichen

Wieder mehrten sich die Anzeichen, dass die Markgräfin schwanger war. Doch dann bekam Karoline Luise Fieber, und an ihrem ganzen Körper bildeten sich kleine rote Flecken. Längst schien sich die Fürstin von den Röteln erholt zu haben, als stechende Schmerzen und ein blutiger Schwall den Hoffnungen ein Ende bereiteten: Im Spätsommer 1752 erlitt Karoline eine Fehlgeburt. Eine dritte Schwangerschaft ließ ihren Leib gewaltig anschwellen. Aber der Knabe, der im Juni 1753 entbunden wurde, atmete nicht.

Karl Friedrich machte seiner Frau keine Vorwürfe. Niemand wusste besser als er, wie sehr sie darunter litt, bislang kein lebensfähiges Kind zur Welt gebracht zu haben. Dabei tat sie wirklich alles, was eine Frau tun konnte, um einen gesunden Sohn zu gebären. Selbst einen königlich-preußischen Medicus, dessen Ruhm bis ins kleine Karlsruhe gedrungen war, hatte sie konsultiert. In aller Ausführlichkeit schilderte Karoline Luise dem Arzt ihre Beschwerden und Krankheiten während Kindheit, Erwachsenenalter und Schwangerschaften. Zu Gesicht bekam sie ihn freilich nie. Der Medicus las ihre Briefe und diagnostizierte aus der Ferne eine „große Vollblütigkeit". Außerdem leide die Markgräfin unter schwachen Nerven und sensiblen Gefäßen. Daher empfahl er einen monatlichen Aderlass, Einläufe, eine Diät sowie die Einnahme saurer Tropfen. Weil der Erfolg der Therapie auf sich warten ließ, schickte der Arzt bald eine neue Mixtur zur Einnahme. Ohne viel Hoffnung zu haben, schluckte Karoline weiter.

Diesmal dauerte es länger, bis die morgendliche Übelkeit der Markgräfin neue Hoffnungen weckte. Bei jedem Krampf in ihrem Gedärm befürchtete Karoline Luise, die Frucht wieder zu verlieren. Die Angst, erneut ein totes Kind zur Welt zu bringen, war während der langen Monate bis zur Geburt ihr steter Begleiter. Umso größer war die Erleichterung der von heftigen Wehen völlig erschöpften Markgräfin, als sie am 15. Februar 1755 das Quäken des Neugeborenen hörte und die alles entscheidenden Worte „ein Prinz" fielen. Vollkommen glücklich war Karoline Luise, als Karl Friedrich sich über seine Frau beugte, ein so zärtliches Lächeln auf dem Gesicht, wie sie es noch nie gesehen hatte.

Alsbald wurden Reiter losgeschickt, die den verwandten und befreundeten Fürstenhäusern die gute Nachricht überbringen sollten. In Karlsruhe und Durlach informierten Salutschüsse die Untertanen von der Geburt des Erben. Grund zum Jubeln hatten auch die Bewohner des fürstlichen Waisenhauses in Pforzheim und die Armen im Land: Da jedermann die Freude des Landesherrn teilen sollte, durften sie mit Wohltaten rechnen. Im Schloss wurden ebenfalls Präsente verteilt: Die Saugamme des kleinen Erbprinzen, die Kinderfrauen und die Ärzte, die Hofdamen und die Minister – sie alle durften gemäß ihrer Bedeutung mehr oder weniger wertvolle Geschenke entgegennehmen. Das übrige Personal ließ sich den Wein, den der Markgraf spendierte, gut munden.

Geheimrat von Üxküll, der anlässlich der Geburt des Prinzen ein silbernes Kaffeeservice erhalten hatte, war zufrieden mit sich und der Welt. Endlich musste er sich keine Sorgen mehr um das Land und um seinen Fürsten machen. Der Erbe war geboren, und gewiss würden bald weitere kleine Prinzen und Prinzessinnen ihre Wärterinnen auf Trab halten. Denn es war nicht zu verkennen, dass der Markgraf eine tiefe und innige Zuneigung zu seiner Frau gefasst hatte, wie sie nur selten an Fürstenhöfen zu beobachten war.

Üxküll hatte allergrößte Hochachtung vor Karoline Luise: Nicht nur, dass es ihr im Laufe weniger Jahre gelungen war, in dem widerstrebenden Karl Friedrich ein Gefühl echter Liebe zu wecken – nein, sie hatte auch die schönen Gaben, die verborgen in dem jungen Fürsten geruht hatten, zur Entfaltung gebracht. Die Unruhe und die Unsicherheit, die Üxküll an seinem jungen Herrn bemängelt hatte, waren verschwunden. Unverkennbar hatte sich Karl Friedrich zum selbstbewussten und dabei pflichtversessenen Landesvater entwickelt, zu einem aufgeklärten Fürst im besten Sinne. Jetzt war dem alten Üxküll nicht mehr bange davor, wie es mit Baden-Durlach weitergehen würde, wenn er selbst einst das Zeitliche segnete. Karl Friedrich, das wusste er, hatte seinen Weg gefunden – dank dieser wunderbaren Frau.

Auch Karl Friedrich war mit sich und der Welt zufrieden. Beim Anblick seines stramm gewickelten Sohnes – der Junge war auf den Namen Karl Ludwig getauft worden – wurde ihm seltsam weich ums Herz. Doch er schämte sich nicht, seine Gefühle zu zeigen. Markgraf und Markgräfin ließen sich vom Wunder dieses kleinen Lebens faszinieren. Karoline Luise, die die Strapazen der Niederkunft nur sehr langsam überwand, war immer gerne bereit, ihre Bücher beiseite zu legen, um ihr Baby zu herzen.

Das hohe Paar kümmerte sich in für damalige Verhältnisse ungewöhnlich hohem Maß persönlich um das Wohlergehen des Stammhalters. Die im 18. Jahrhundert gängige Vorstellung, dass ein Kind der Aufmerksamkeit seiner hochadeligen Eltern erst dann bedürfe, wenn es aus den Windeln herausgewachsen und etwas „menschlicher" geworden sei, machten sich Karoline Luise und Karl Friedrich nicht zu eigen. Der Junge mochte zunächst ja nur ein schlafendes, schreiendes oder vor Wonne glucksendes Bündel sein – die stolzen Eltern sahen in ihm aber schon jetzt den künftigen Herrscher Baden-Durlachs. Und sie waren fest entschlossen, ihn zu einem guten und würdigen Herrscher zu erziehen.

Für den kleinen Karl Ludwig sollte es nicht leicht werden, den hohen Ansprüchen, die die verliebten Eltern an ihn stellten, gerecht zu werden. Sein Erstgeborener war Karl Friedrichs ein und alles. Auch Karoline fühlte eine tiefe Zuneigung zu Karl Ludwig; doch ihrem zweiten Sohn Friedrich, der am 29. August 1756 zur Welt kam, stand sie gefühlsmäßig näher. Der dritte Sohn, Prinz Ludwig, der als Nachzügler am 9. Feburar 1763 geboren wurde, sollte es schwer haben, sich neben Karl Ludwig, dem Liebling des Vaters, und Fritz, dem Herzblatt der Mutter, zu behaupten. Als der vermutlich Intelligenteste von allen dreien machte er durch allerlei Dummheiten von sich reden – immer in der Hoffnung die Aufmerksamkeit seiner Eltern auf sich zu ziehen. Der schlechte Ruf, der dem jüngsten Sohn des Hauses Baden-Durlach bald anhing, war wohl auch eine Folge seines steten Heischens nach Anerkennung.

Aber noch war von solchen Ärgernissen nicht die Rede. Für Karoline Luise waren die ausgehenden 50er Jahre wohl die schönsten ihres Lebens. Sie war geradezu närrisch vor Liebe zu ihrem Mann und scheute sich nicht, ihre Anbetung in Worte zu kleiden. Eines Tages – Karl Friedrich weilte in Pforzheim – setzte sie den zweijährigen Karl Ludwig auf ihre Knie und führte ihm die Hand für einen Brief an seinen Vater: „Mir geht es gut, lieber Papa, und ich küsse Ihre Hände." Die Markgräfin ergänzte: „Hier die zwei Worte, die Sie von mir hören wollten, liebes Herz. Karl hat Ihnen die Wahrheit gesagt, es geht ihm aufs Beste. Er hat sehr gut geschlafen und die beste Laune der Welt, was ein Zeichen für seine Gesundheit ist. Fritz wirft sich Ihnen zu Füßen, und ich bete Sie an. Karoline."

Das Briefchen war nur eines von vielen, die die Kuriere täglich befördern mussten, wenn Karl Friedrich auf der Jagd oder in Staatsangelegenheiten verreist war. Der Markgraf sparte jetzt nicht mehr an Komplimenten an die Adresse seiner hoch geschätzten Gemahlin. Bei einem Jagdausflug las er eines Abends in Jean Racines Drama „Esther". Eine Szene aus dem zweiten Akt, in dem der persische König seiner Gemahlin Esther seine Liebe erklärt, tat es ihm besonders an. Karl Friedrich griff zur Feder und schrieb die Worte für seine eigene Gattin ab: „Nur in Euch find ich immer mit stillem Entzücken / eine Anmut, die allzeit mich weiß zu beglücken ...." Im Überschwang der Gefühle ergänzte Karl Friedrich: „Muss ich mich nicht beglückwünschen, liebste Gattin, Euch zu besitzen! Ja, kein Zweifel kann darüber sein, niemand ließe sich finden, der diesem Portrait ähnlicher wäre als Ihr. Euch fehlt nur, dass Ihr die Gemahlin des größten Königs auf dieser Welt wäret, damit er diese Worte an Euch richten könnte, und er würde damit gewiss die Wahrheit sprechen. Doch da nun ich es bin, dessen Glück Ihr seid, lasse ich aus diesen Versen alles fort, was mit Thron und Krone zusammen hängt, und sage Gottes Güte Dank dafür, dass sie mir eine Gefährtin gegeben hat, die mich zum glücklichsten aller Sterblichen macht. Karl."

Einsichten und Rücksichten

Fast ein bisschen bürgerlich

Kurz vor Tisch trat Karl Friedrich ein. James Boswell, ein englischer Adeliger, wurde ihm vorgestellt. Karl Friedrich nickte huldvoll, begrüßte den Besucher freundlich. Derweil stieß der Marschall seinen Stab gegen den Boden, einmal, zweimal. Die Damen und Herren verrichteten still ihr Gebet. Nachdem die markgräfliche Familie, ihre Verwandtschaft und die hoch gestellten Gäste sich an die ihnen vorbehaltene Tafel gesetzt und den ersten Trunk genommen hatten, durften sich an der reich gedeckten „Marschallstafel" auch die höheren Hofchargen, die Kavaliere, Offiziere und die sonstigen Gäste niederlassen. Nach Tisch pochte der Marschall erneut, einmal, zweimal. Wieder wurde gebetet. Karl Friedrich zog sich darauf für einen Augenblick zurück. Als er zurückkam, stand der Kaffee schon für ihn bereit.

Es war die Zeit für Gespräche. Boswell hatte die Ehre, von Karl Friedrich angesprochen zu werden. Der Fürst erzählte – auf Englisch wohlgemerkt – von seinen Besuchen auf der Insel, betonte, wie sehr er Boswells Heimat schätze. Der Markgraf und sein junger Gast plauderten angeregt – zunächst über die Unterschiede zwischen den landwirtschaftlichen Gegebenheiten in ihren Ländern, dann über religiöse Fragen. Der Engländer war begeistert von Karl Friedrichs zurückhaltenden, bescheidenen und liebenswürdigen Wesen. Und mindestens ebenso bezaubert war er von der Markgräfin Karoline Luise, die ihm bereitwillig ihr Naturalienkabinett und ihre Gemäldegalerie zeigte. „Ursprünglich", so erzählte Boswell später, „hatte ich die Absicht, nur drei Tage zu bleiben und dann nach Stuttgart zu fahren. Ich werde nicht nach Stuttgart fahren. Lieber bleibe ich noch fünf oder sechs Tage hier."

Das Leben an Karl Friedrichs Hof, der bald für seine Gastfreundschaft bekannt war, hatte einen ganz eigenen Reiz. Zurückhaltung und Maß kennzeichneten den Karlsruher Stil ebenso wie ein intensives Bemühen um die Wissenschaften und die Künste sowie eine ausgeprägt lutherische Moral. Unbelastet von Traditionen hatten sich Karl Friedrich und Karoline Luise für eine Lebensweise entschieden, die perfekt auf ihre Bedürfnisse zugeschnitten war: Würdig ging es im Residenzschloss zu, aber nicht extravagant; sparsam, aber nicht knausrig. Seine zum Bürgerlichen hin tendierende Gesinnung brachte dem Markgrafenpaar namentlich von den Historikern des 19. Jahrhunderts viel Lob ein. Als „bürgerlich" freilich konnte man den Hof zu Karlsruhe nur im Vergleich zu anderen, ungleich prachtvolleren und steiferen Höfen in der Nachbarschaft bezeichnen. Die Baden-Badener beispielsweise, die liebten den Prunk. Aber Karl Friedrich und seine Gemahlin dachten nicht im Traum daran, sich an der katholischen Verwandtschaft ein Beispiel zu nehmen. Missbilligend beobachteten sie, wie sorglos die Vettern in Rastatt mit Geld um sich warfen. Im Inneren ihres Herzens waren sie davon überzeugt, dass Gott solche Misswirtschaft und Verschwendung früher oder später bestrafen würde.

Aus heutiger Sicht war auch der bescheidene Karlsruher Hof alles andere als bürgerlich. Ein Hof glich einem Mikrokosmos, in dem alles um die Person des Fürsten kreiste – und zwar in festgelegten Bahnen, die niemals verlassen werden durften. Das Zeremoniell regulierte den Verlauf eines jeden offiziellen Aktes bis ins scheinbar unbedeutende Detail – ganz gleich, ob es sich um ein Abendessen, einen Staatsbesuch, eine Audienz, eine Hochzeit oder eine Trauerfeier handelte. Wer wen zuerst zu grüßen hatte und wer wem dem Vortritt lassen musste – das waren nicht nur Fragen der äußerlichen Choreografie. In der Etikette symbolisierte sich die soziale Position der Damen und Herren in der

Hofgesellschaft – sie verdeutlichte den Prestigewert, den Einfluss und die persönliche Macht jedes Einzelnen. Karl Friedrich und Karoline Luise rüttelten nicht an diesen Grundfesten des höfischen Lebens.

Die „Verbürgerlichung“, die Karl Friedrich und seiner Frau so oft zugeschrieben wird, äußerte sich vor allem im Umgang des Fürstenpaares miteinander und im Verhältnis zu seinen Kindern, das weitaus enger und liebevoller war als damals in hochadeligen Kreisen üblich. So beschlossen die zwei im Zuge der Schlossrenovation, sich nicht an die Konventionen fürstlichen Wohnens zu halten. Üblicherweise befanden sich die Gemächer von Fürst und Fürstin in der Beletage des Palastes – sorgsam getrennt durch die in der Mitte liegenden Gesellschaftsräume. Je privater die Räumlichkeiten der Ehegatten, desto weiter lagen sie auseinander. Das Wesen der Fürstenehe, die vor allem Staatsinteressen dienen sollte und nicht auf Zuneigung, sondern auf gegenseitigem Respekt gründete, spiegelt sich in dieser klassischen Raumaufteilung, wie sie beispielsweise am Rastatter Schloss noch ganz selbstverständlich vorgenommen worden war. Karl Friedrich und Karoline Luise aber wollten ihre Wohnungen in ein und demselben Schlossflügel haben. Daher bezog der Markgraf im Erdgeschoss Quartier, die Appartements der Markgräfin wurden im Geschoss darüber eingerichtet. Mehrere interne Treppen verbanden die beiden Wohnungen miteinander, so dass Karl Friedrich und Karoline Luise aus der Sicht ihrer Zeitgenossen in einer fast unanständigen Nähe zueinander lebten.

Das Fürstenpaar aber schätzte die kurzen Wege zum Partner und die familiäre Vertrautheit, die sie ermöglichten, ungemein. Für Karoline war es das reine Glück, still dabei zu sitzen, wenn Karl Friedrich sich bei Kerzenschein am Schreibtisch in seine Lektüre vertiefte. Vor der Markgräfin lag dann oft ein Blatt Papier, auf dem sie die entspannten Züge ihres Gemahls mit den sinnlich geschwungenen Lippen und dem betonten Kinn skizzierte. Es war ihr ganz persönlicher Karl Friedrich, den sie in solchen Stunden zeichnete. Ein Karl Friedrich, der wenig gemein hatte mit dem Feldherrn im ritterlichen Harnisch, wie ihn die Hofmaler portraitierten.

Die Hofordnung

Abgesehen von solchen familiären Extravaganzen hielten sich Karl Friedrich und Karoline Luise an die höfischen Spielregeln ihrer Zeit. Wie in anderen Residenzen auch herrschte im Karlsruher Schloss ein strenges Regiment, wurden selbst kleinste Vergehen gegen die Etikette streng geahndet. Die Hofordnung Karl Friedrichs schrieb jedem Angehörigen des Hofes, „sowohl denen von Adel, als anderen vom Höchsten bis auf den Geringsten" vor, was er bei welcher Gelegenheit zu tun und zu lassen hatte – nicht nur im Schloss zu Karlsruhe, sondern an jedem Ort, an dem der Markgraf sich gerade aufhielt.

In den damals üblichen, sehr umständlichen Formulierungen „vermahnte" der Fürst seine Umgebung zu einer christlichen Verhaltensweise: „Wir wollen und befehlen demnach, dass unsere fürstlichen Diener und Hofgesind', niemand ausgenommen, sich aller Gotteslästerung, auch ärgerlichen und schändlichen Reden und Gebärden, dazu des übermäßigen Zutrinkens, als aus welchem Laster allerhand Übel und Gottes Strafe entspringen, gänzlichen enthalten; daneben alle Sonntag und zu anderen Festzeiten, desgleichen bei den Betstunden ... fleißig in der Kirche erscheinen, mithin keinen Gottesdienst ohne erhebliche redliche Ursachen und Verhinderung versäumen sollen." Karl Friedrich ließ keinen Zweifel daran, dass sein Wunsch Befehl war: „Da sich aber hierwider jemand fahrlässig oder über geschehenes Ermahnen, widerspenstig, ärgerlich und gottlos zeigen würde, gegen denselben sollen Unsere Ober- und Hofvorgesetzte, anderen zum Exempel, gebührende Strafe vornehmen, oder nach befindenden Dingen Uns selbsten anzeigen."

Der Adel war von solchen Anweisungen nicht ausgenommen. Im Gegenteil – Karl Friedrich nahm die Kavaliere sogar besonders ins Gebet: Die Höflinge mussten den Herrscher von seinem Gemach zum Gottesdienst und wieder zurück geleiten; es war ihnen streng verboten, während der Predigt in den Gängen, Zimmern oder sonstwo spazieren zu gehen oder Gesang und Gebete durch Schwätzen zu stören. Vielmehr sollten sie „dem Gottesdienst vom Anfang bis zum Ende andächtig beiwohnen und abwarten, damit alles ehrbar und christlich zugehe, worauf unsere Hof-Vorgesetzte mit allem Ernst zu sehen und zu halten haben". Kavaliere und Offiziere, die zu ihrer persönlichen Bedienung niedrige Dienstboten beschäftigten, sollten, soweit irgend möglich, solche rekrutieren, die der evangelisch-augsburgischen Konfession angehörten. Zu den vornehmsten Pflichten der Dienstherren gehörte es, das Gesinde zur Gottesfurcht anzuhalten.

Nicht nur auf dem Weg zum Gottesdienst sollten sich die Kavaliere und die Damen in der Nähe des Fürsten aufhalten, sondern bei möglichst jeder sich bietenden Gelegenheit. Denn sie bildeten die Zierde seines Hofes; sie demonstrierten seine Macht. Der Hofadel hatte sich wenigstens eine Stunde vor den Mahlzeiten im Vorgemach des Markgrafen einzufinden; wer zur Aufwartung eingeteilt war, musste noch früher kommen. Widerspruch gegen den erklärten Willen des Landesherrn war undenkbar. Auch den Anweisungen des Oberhofmarschalls, des höchsten Vorgesetzten aller Bediensteten, musste unbedingt Folge geleistet werden. Sofern Besucher am Hofe weilten, durften sich nach den Mahlzeiten die Kavaliere nicht einfach entfernen – sie sollten vielmehr die Order des Oberhofmarschalls oder des Hofmarschalls abwarten, ob sie noch gebraucht würden. Für den Fall, dass keine Gäste da wären, durften die Kavaliere sich, nachdem sie den Markgrafen in seine Gemächer zurückgeleitet hatten, verabschieden. Ausgenommen waren allerdings diejenigen, die „die ordinäre Aufwartung“ hatten. Von ihnen erwartete Karl Friedrich dass sie sich ständig „wo wir Uns aufhalten, zugegen sein sollen, bis Wir zu Bett sein werden“.

Lautes Reden und Disputieren bei Tisch war untersagt. Eine Reise anzutreten, ohne zuvor die Erlaubnis des Markgrafen oder des Oberhofmarschalls einzuholen, war nicht möglich. Bei Hofe und in allen Schlössern und Besitzungen des Markgrafen herrschte Burgfrieden. Das hieß, Duelle waren streng verboten. Wer trotzdem einen Standesgenossen zum Zweikampf forderte, musste mit Strafe rechnen – und zwar „an Leib, Ehr und Gut“. Nicht anders erging es denjenigen, die sich – zumal in der Umgebung der Markgräfin und ihrer „Frauenzimmer“ – gegen das sechste göttliche Gebot vergingen. Ein jeder war gehalten, sich in Worten, Gebärden und Taten „gebührender Zucht, Ehrbar- und Keuschheit“ zu befleißigen. Wer sich des Ehebruchs oder der Unzucht, der Verführung, Verkuppelung oder dergleichen Laster schuldig machte, dem drohten nicht nur empfindliche Strafen, er oder sie musste auch befürchten, auf entehrende Weise vor dem gesamten Hofgesinde bloßgestellt zu werden.

Waren schon Adel und Hofbeamte in ein enges Korsett von Vorschriften und Reglementierungen geschnürt, so durfte die niedere Dienerschaft keinen unkontrollierten Atemzug tun. Den Vorgesetzten war unter allen Umständen zu gehorchen – selbst dann, wenn es um außerdienstliche Angelegenheiten ging. Von Knechten und Mägden erwartete man Genügsamkeit bei den Mahlzeiten und ein striktes Einhalten der Arbeitszeit. Viele Diener waren allerdings rund um die Uhr im Einsatz – so schliefen die Garderobenmägde und die Kammerdiener in den Vorzimmern ihrer Damen und Herren, so dass sie zu jeder

Tages- oder Nachtzeit zu Handreichungen gerufen werden konnten. Auch in ihrer spärlich bemessenen Freizeit unterstanden die Dienstboten strengen Verhaltensregeln: Fluchen, Streiten oder „unnötiges Disputieren“ in der Öffentlichkeit war ihnen verboten; außerdem warnte Karl Friedrich das Gesinde eindringlich davor, vor seinen Untertanen groß zu tun. Markgräfliche Bedienstete, die vor Bürgern oder Hintersassen mit ihren Aufgaben prahlten oder gar grob wurden, mussten im Wiederholungsfall damit rechnen, aus den Diensten Karl Friedrichs entlassen zu werden.

Nicht anders erging es Dienstboten, die es sich erlaubten, bei Hof Tabak zu rauchen oder sich in Karten- oder Würfelspielen zu versuchen. Das Spiel galt als gefährliches Laster – allerdings nur für Leute von niederer Geburt. In der vornehmen Welt des 18. Jahrhunderts waren Karten und Würfel durchaus salonfähig – die Nasen rümpfte man allenfalls, wenn sich ein Mitspieler hoffnungslos verschuldete. Ein Brieflein, das Karoline Luise im Jahr 1758 an ihren abwesenden Gemahl schrieb, zeigt, mit welcher Ausdauer der Hochadel und selbst die tugendhafte Markgräfin dem Glücksspiel frönten: „Wir spielen den ganzen Tag, mein Hintern klebt so sehr am Stuhl, dass ich nicht mehr kann“, gestand sie ihrem Gemahl. Karl Friedrich allerdings mied die Spieltische. Die hohen Summen, die ihn die Karten in jungen Jahren gekostet hatten, waren ihm eine Lehre gewesen. Er wollte sich gar nicht erst in Versuchung führen lassen.

Karl Friedrich hielt auf Sparsamkeit: Gegen jeglichen Schwund aus Küche, Keller und Truhen war Vorsorge getroffen. Der Hofmarschall achtete streng darauf, dass Bestecke, Platten und Schüsseln nach jeder Mahlzeit wieder vollständig in der Silberkammer ankamen. Sorgsam wurde auch darauf gesehen, dass niemand von dem, was das Fürstenpaar oder die Gäste auf der Tafel übrig gelassen hatten, etwas in die eigene Tasche steckte:

Speisereste sollten anderweitig genutzt oder an die Armen verteilt werden – auf keinen Fall durften sie dazu dienen, die Dienstboten zu mästen.

Wer sich gegen die Hofordnung verging, riskierte harte Strafen. Insbesondere beim niedrigen Gesinde stand schon auf vergleichsweise harmlose Delikte „Gefängnis bei Wasser und Brot“. Wer sich Ungehorsam gegenüber seinen Vorgesetzten zuschulden kommen ließ oder sich trotz mehrfacher Ermahnungen ungebührlich benahm, musste mit „Eintürmung“ rechnen. Dieselbe Strafe drohte demjenigen, der Fremde ins Schloss oder gar zum Essen einlud, ohne dazu berechtigt zu sein. Selbst wer im Palast verköstigt wurde und lediglich das, was er bei den Mahlzeiten nicht aufessen konnte, anderen zusteckte, stand mit einem Fuß im Gefängnis; wer Schulden machte ebenso. Für diejenigen, die bei einem Diebstahl oder einen Betrug erwischt wurden, gab es kein Pardon. Auf die Gutmütigkeit Karl Friedrichs und sein mildes Herz durfte man in solchen Fällen nicht setzen – wer gegen die Hofordnung verstieß, verging sich automatisch auch gegen die Ehre Gottes und des Markgrafen fürstliche Autorität. Und das war unentschuldbar. Mehr als die drohende Wasser-und-Brot-Diät im Gefängnis schreckte die einfachen Dienstboten aber die Drohung, unehrenhaft entlassen und fortgejagt zu werden – der Absturz in bittere Armut war in solchen Fällen programmiert.

Ein Auge für schöne Frauen

Auch wenn die Etikette den Menschen bei Hofe nur wenig Möglichkeiten ließ, ihre Individualität zu entfalten – es störte sich niemand an ihr. Die Etikette gehörte zu den Fürstenhöfen des 18. Jahrhunderts wie die Luft zum Atmen – und Karl Friedrichs Hof durfte in diesen Hinsicht als eher gemäßigt gelten. Ob es sich nun um große Bälle handelte oder die zweimal wöchentlich angesetzte

„Cour“, das große Schaulaufen der Hoffähigen in den Gesellschaftsräumen: Die illustre Gesellschaft wusste trotz der Fesseln, die das Zeremoniell ihr anlegte, ein Höchstmaß an Vergnügen aus solchen Veranstaltungen zu ziehen. Neben musikalischen Darbietungen waren vor allem die Maskeraden beliebt, denn im Schutz der Masken ließ sich allerlei Schabernack treiben, der ansonsten ganz unmöglich gewesen wäre. Karl Friedrich allerdings beehrte gesellschaftliche Ereignisse, bei denen gespielt oder getanzt wurde, meist nur kurz mit seiner Anwesenheit – und zog sich so den Ruf zu, ein höchst ernsthafter Herr von vorbildlicher Moral zu sein.

Freilich – ganz ohne Risse war das Bild nicht, das der Markgraf abgab. Und da am Hof zu Karlsruhe – wie in allen anderen Residenzen auch – Klatsch und Tratsch blühten, wurde jeder mögliche und unmögliche Fehltritt eilends weitergetragen. James Boswell, der Reisende aus England, amüsierte sich prächtig, als er bei einem Ausritt ganz nebenbei erfuhr, dass der sittenstrenge Karl Friedrich „den Frauenzimmern durchaus nicht abhold“ sei: „Am liebsten hat er etwas Großes und Frisches, das er ohne viel Mühe kriegen kann, anspruchslos wie er ist.“

Eines der „frischen Gesichter“, auf denen das Auge Karl Friedrichs wohlgefällig ruhte, gehörte einer Schauspielerin von der damals sehr prominenten Ackermann'schen Truppe, die einige Monate lang in Karlsruhe für Unterhaltung sorgte. Madame Wolfram zählte eher zu den weniger begabten Mitgliedern der Truppe, aber sie war von einer üppigen, etwas ordinären Schönheit, die Karl Friedrich gut gefiel. Der Umstand, dass die Dame verheiratet war, belastete offensichtlich weder ihr Gewissen noch das des Fürsten – und auch der Gatte schien keine Einwendungen gegen die markgräflichen Gunstbezeugungen zu haben. Der einzige, der sich fürchterlich aufregte, als er von der Liaison erfuhr, war der Prinzipal der Schauspielertruppe. Er erklärte den

Aufenthalt in Karlsruhe für beendet und warf das Ehepaar Wolfram raus.

Die Höflinge kicherten schadenfroh. Wollte man dem Klatsch glauben, hatte die Markgräfin persönlich dafür gesorgt, dass der Bettschatz ihres Gemahls zur Rechenschaft gezogen wurde. Sie selbst verlor allerdings weder ihren Damen noch ihrem Mann gegenüber ein Wort über die Episode. Scheinbar ungerührt ging Karoline Luise über die Affäre mit Madame Wolfram hinweg. Sie kannte ihren Karl Friedrich nur zu gut und wusste, dass jede Szene, die sie ihm machen würde, ihn erst recht in die Arme irgendwelcher einfältiger Weibsbilder treiben würde.

Karl Friedrich wurde sich wohl nie so recht klar darüber, inwieweit Karoline über sein zeitweises Abweichen vom Pfad der Tugend informiert war. Er selbst maß seinen Liebesabenteuern keinerlei Bedeutung bei. Zum einen, weil die feine Gesellschaft des 18. Jahrhunderts solche Liebeleien von fürstlichen Herren schmunzelnd tolerierte, solange die äußere Form gewahrt wurde. Zum anderen, weil es ja stets nur eine Frage der Zeit war, bis er in die Arme seiner Gemahlin zurückkehrte. Karl Friedrichs Gespielinnen waren süß und jung und wollüstig, aber sie waren keine Gefährtinnen, mit denen er über eine flüchtige Leidenschaft hinaus seine Gefühle und Gedanken teilen mochte. Karoline Luise war die einzige Frau, die ihn kraft ihrer Persönlichkeit erregen konnte. Aber falls sie über seine sexuellen Eskapaden Bescheid wusste und sich daran störte, dann war das jedenfalls allein ihre Sache. Fürstinnen hatten schließlich zu allen Zeiten damit leben müssen, dass sich ihre Männer Mätressen hielten. Da waren kleine Affären, wie Karl Friedrich sie sich hin und wieder leistete, wirklich kein Grund zur Aufregung.

Karoline ließ die Welt nicht merken, dass sie Bescheid wusste. Ihre Augen waren ebenso scharf wie ihre Ohren – und was ihren geliebten Karl Friedrich betraf, entging ihr ohnehin so gut wie gar nichts. Männer, selbst die Besten, hatten eben diese unbegreifliche fleischliche Schwäche. Diese Einsicht befreite die Markgräfin zwar nicht von den Qualen der Eifersucht, aber sie führte dazu, dass sie auch nicht das geringste Zeichen von Missmut über das Verhalten ihres Gemahls zeigte. Hinter den Kulissen versuchte Karoline Luise freilich, die lästige weibliche Konkurrenz möglichst schnell und möglichst elegant wieder loszuwerden – man konnte schließlich nie wissen, ob es nicht doch einmal einem dieser Frauenzimmer gelingen würde, Karl Friedrich dauerhaft in ihren Netzen zu verstricken.

Auch als der Markgraf seinen illegitimen Sohn Karl Friedrich Hermann, den Sprössling seiner Jugendliebe Elise Schlutter, an den Hof holte, machte Karoline gute Miene zu bösem Spiel. Sie ließ sich die tiefe Abneigung, die sie gegen den hübschen zwölfjährigen Pagen gefasst hatte, nicht anmerken. Stattdessen nutzte sie geschickt ihre Beziehungen und sorgte dafür, dass der Knabe zu seiner militärischen Ausbildung nach Russland geschickt wurde. Sie konnte allerdings nicht verhindern, dass Karl Friedrich ihn schon bald wieder zurückholte: Der kleine Bastard hatte sich in St. Petersburg unwohl gefühlt und dem Markgrafen in mehreren verzweifelten Briefen geschildert, wie unwürdig seinesgleichen dort behandelt würden. Der junge Schlutter machte schließlich Karriere im badischen Militär und Karl Friedrich erkannte ihn – sehr zum heimlichen Ärger Karolines – im Jahr 1777 sogar offiziell als seinen Sohn an. Auf Bitten des badischen Markgrafen erhob im selben Jahr Kaiser Josef II. den „Herrn von Freystedt", wie Karl Friedrich Hermann mittlerweile hieß, in den erblichen Adelsstand des Heiligen Römischen Reiches.

Die morganatische Schwägerin

Wie einst Karl Friedrich zeigte auch sein jüngerer Bruder Prinz Wilhelm Ludwig wenig Interesse an den Töchtern des europäischen Hochadels. Wilhelm Ludwig, das enfant terrible von einst, hatte in holländischen Diensten Karriere gemacht und es bis zum Generalleutnant der Infanterie und zum Gouverneur von Arnheim gebracht. Im Jahr 1760 kam Wilhelm Ludwig jedoch zu der Überzeugung, dass es an der Zeit wäre, sich in der Heimat gemütlich als Landjunker niederzulassen – und zu heiraten. Das Frauenzimmer, dem er sein Herz geschenkt hatte, hieß Wilhelmine Christine Schortmann, kam aus Stuttgart und war eine Bürgerliche. Prinz Wilhelm Ludwig bat seinen regierenden Bruder inständig, der Eheschließung zuzustimmen.

Das war eine überaus ernste Sache und Karl Friedrich machte sich seine Entscheidung nicht leicht. Das Haus Baden war nicht eben reich gesegnet mit männlichem Nachkommen – und das galt sowohl für den evangelischen wie für den katholischen Zweig der Zähringer. Wenn Prinz Wilhelm Ludwig eine Bürgerliche zur Frau nahm, dann würden die Kinder dieser Verbindung aus der Erbfolge ausgeschlossen sein – sie wären sozusagen familienpolitische Blindgänger. Denn die Schortmann konnte niemals in die markgräfliche Familie aufsteigen – selbst wenn Karl Friedrich der Hochzeit zustimmen würde, käme nur eine Eheschließung „zur linken Hand“ in Frage. Und dies würde bedeuten, dass Wilhelmine Christine zwar die rechtmäßige, aber nicht die ebenbürtige Gattin des badischen Prinzen wäre. Rang und Namen der Kinder aus solchen solchen Verbindungen entsprachen immer denen des rangniedrigeren Partners.

Wie die meisten seiner Standesgenossen war Karl Friedrich grundsätzlich bereit, morganatische Ehen in der Verwandtschaft zu tolerieren – vorausgesetzt, die Erbfolge des Hauses war gesichert. Und eben in dieser Beziehung hatte der Markgraf von Baden-Durlach leise Bedenken. Er selbst hatte zu diesem Zeitpunkt erst zwei Söhne. Die Prinzen Karl Ludwig und Friedrich waren fünf und vier Jahre alt – mithin noch in einem gefährlich zarten Alter. Die Markgräfin Karoline Luise war zwar fruchtbar, aber nach wie vor endeten viele ihrer Schwangerschaften unglücklich – gerade erst war sie wieder von einem toten Knaben entbunden worden.

Von der näheren Verwandtschaft war kein Kindersegen zu erwarten. Karl Friedrichs Onkel und Ex-Vormund, Markgraf Karl August, war unvermählt und zeigte auch keine Neigung, sich zu binden. Der jüngere Onkel, Markgraf Christoph, war ein lebenslustiger Mensch und ein leidenschaftlicher, aber glückloser Spieler. Er litt unter chronischen Geldnöten – und es war sehr unwahrscheinlich, dass eine Prinzessin an dem leichtsinnigen Herrn Gefallen finden würde (tätsächlich heiratete Christoph erst als 62-Jähriger – und zwar morganatisch. Seine Frau war eine Bürgerswitwe aus Durlach). Reich gesegnet mit Nachkommenschaft war das Haus Baden wahrlich nicht, aber Karl Friedrich vertraute darauf, dass wenigstens einer seiner Söhne das Mannesalter erreichen würde. Es stand ohnehin nicht zu erwarten, dass der trotzige Wilhelm Ludwig sich bereit fände, eine Prinzessin zu ehelichen, bliebe ihm sein Herzenswunsch versagt. Seufzend gab Karl Friedrich dem Bruder die Erlaubnis zur Heirat.

Er sollte diese Entscheidung nie bedauern. Seine Schwägerin, Wilhelmine Christine, war eine Frau sehr nach Karl Friedrichs Geschmack. Wie es sich für eine morganatische Ehefrau gehörte, zeigte sie keinerlei gesellschaftlichen Ehrgeiz, und am höfischen Leben hatte sie schon gar kein Interesse. Wilhelmine Christine ging völlig in der Sorge um ihren Mann und um ihre Familie auf; sie war eine tüchtige Hausfrau und eine gewiefte Geschäftsfrau. Der Markgraf hatte sich seinen unsteten Bruder weder als treu sorgenden Ehemann noch als geduldigen Vater einer großen Kinderschar vorstellen können – die Stuttgarterin aber sorgte dafür, dass er beides wurde.

Die Frau, so meinte Karl Friedrich, hatte es verdient, in den Adel erhoben zu werden. Dafür musste allerdings zunächst einmal ein standesgemäßes Freigut her, um das sich sein Bruder zu kümmern hatte. Prinz Wilhelm Ludwig kaufte und tauschte zu diesem Zweck alles Gelände in Mühlburg, das er kriegen konnte. In dem kleinen Städtchen bei Karlsruhe errichtete er eine Krappfabrik und eine Biersiederei. Im Jahr 1777 ließ Karl Friedrich seine morganatische Schwägerin und ihre Kinder nobilitieren: Freigut und Familie erhielten den Namen des ausgestorbenen fränkischen Geschlechts von Seldeneck. Als Wilhelm Ludwig elf Jahre später starb, führte seine Witwe die Geschäfte mit viel Geschick und sehr erfolgreich weiter. Wilhelmine Christine hing mit ganzen Herzen an dem Land und der Brauerei, die ihr der Gemahl geschenkt hatte. Als viele Jahre später die französischen Truppen des General Moreau das Seldeneck'sche Freigut zu plündern drohten, dachte sie nicht eine Sekunde lang daran, Mühlburg zu verlassen.

Mit Maß und Vernunft

Prinzenalltag

Karl Friedrich fand es faszinierend: Aus den gewickelten Paketen, deren Inhalt mal schreiend, mal glucksend vor allem mit Verdauungsvorgängen beschäftigt war, wuchsen allmählich kleine Menschlein heran, die auf eigenen Füßen erste tapsige Gehversuche machten. Ganz reizend sahen Karl Ludwig und der kleine Friedrich aus in ihren Kleidchen, die in vielen Details bis hin zum tief ausgeschnittenen Dekolletee den Roben der Hofdamen glichen. Bewegungsfreundlich waren diese Kleider zwar nicht, aber die im 18. Jahrhundert für Kleinkinder übliche Tracht hatte aus hygienischer Sicht Vorteile. Erst wenn sie ihre Ausscheidungen sicher unter Kontrolle hatten, durften die Jungen in Hosen umsteigen, sich als richtige Männer fühlen.

Es wäre auch gar nicht im Sinne der Kinderfrauen gewesen, wenn die Prinzen ungehindert von lästigen Röcken krabbelnd und robbend ihre Umgebung erkundet hätten oder wild herumgetollt wären. Schon die Kleinsten hatten sich möglichst störungsfrei in das komplizierte Räderwerk des Hofes einzufügen. Das Gängelband war immer zur Hand – die stabilen Bänder sorgten zum einen dafür, dass die ungeschickten Kleinkinder nicht allzu oft hinpurzelten, zum anderen dafür, dass sie sich nicht unerlaubt entfernten. Trotzdem verhedderte sich vor allem der kleine Friedrich öfter mal in seinen weiten Kleidern und schlug der Länge nach hin. Aber die Markgräfin höchst persönlich hatte dafür gesorgt, dass ihre Söhne sich bei Stürzen nicht die hübschen Köpfchen verletzten. Aus Paris hatte Karoline Luise Berichte darüber angefordert, welche Art von Fallhüten die Enkel König Ludwigs XV. trugen. Für ihre Söhne war der sparsamen Markgräfin nur das Beste gut genug. Und so zeichneten sich die Fallhüte, dick gepolsterte Kopfbedeckungen, die die markgräflichen Kinder bei Unfällen vor Schädelverletzungen bewahren sollten, durch französischen Chic aus.

Für Karl Friedrich gab es keinen erfreulicheren Anblick als den seiner Frau mit ihren Söhnen. Ein Bild des Hofmalers Joseph Melling hielt die rührende Szene im Jahr 1757 für die Nachwelt fest: Die elegant gekleidete, rundliche Markgräfin, die liebevoll auf die prachtvoll gewandeten Kinder blickt: auf ihrem Schoß der pausbäckige kleine Fritz, daneben, den Bruder überragend, der lächelnde Erbprinz. An seinem Ältesten hatte Karl Friedrich geradezu einen Narren gefressen – in jedem Entwicklungsschritt, den das Kind machte, glaubte der Markgraf, ein Anzeichen für überragende Begabung zu entdecken.

Allein auf die angeborenen Fähigkeiten seines ältesten Sohnes wollte sich der Fürst allerdings nicht verlassen. Dieses Kind war bestimmt, eines Tages die Geschicke von Baden-Durlach zu lenken, da durfte man nichts dem Zufall überlassen. Der Erbprinz war vier Jahre alt, als der Markgraf einen Magister der Philosophie als Lehrer für die beiden Prinzen engagierte. Die Erziehungsrichtlinien, an die sich der Informator, Johann Dominikus Ring, halten sollte, unterschieden sich nicht sehr von denjenigen, nach denen der Herr von Baden-Durlach selbst aufgezogen worden war. Religion und Disziplin bildeten weiterhin die Grundlage einer jeden Ausbildung. Karl Friedrich schien vergessen zu haben, wie sehr er selbst einst unter der rigiden Dressur am Hofe von Durlach und der ständigen Beaufsichtigung gelitten hatte. Wohlgefällig nickte er, wenn auf die Frage des Lehrers: „Was hat uns denn Gott befohlen?“, die zarten Stimmchen seiner Söhne wie aus der Pistole geschossen antworteten: „Alles Gute zu tun und alles Böse zu lassen.“

Erbprinz Karl Ludwig war ein williges Kind, immer bemüht, dem Vater und der Mutter Freude zu machen. Aber einem durchschnittlich begabten Kerlchen wie ihm (die überragende Begabung des Erbprinzen gab es leider nur in der Einbildung des stolzen Vaters) fiel es schwer, den Anforderungen seiner hoch gebildeten Eltern auch nur halbwegs zu genügen. Zumal das Wissen, das ihm eingetrichtert wurde, von Jahr zu Jahr schwerer verdaulich wurde. Latein, Französisch, Geschichte, Geometrie, Rechnen und Geografie – Karl Ludwig schlug sich tapfer durch die acht Stunden Unterricht, die dem Neunjährigen täglich erteilt wurden. Und genauso tapfer griff er nach dem Unterricht zur Feder, um seinem Vater einen Brief zu schreiben. Nicht, dass ihm dies ein Herzensanliegen gewesen wäre. Das Briefeschreiben war nur eine von ungefähr hunderttausend Pflichten, die dem Prinzen auferlegt waren. Karl Friedrich hoffte, dass durch die Briefeschreiberei in deutscher und französischer Sprache die noch ziemlich holprige Ausdrucksweise seiner Söhne eleganter würde. Regelmäßig ließ sich der Markgraf auch alle anderen schriftlichen Arbeiten der Jungen vorlegen. Jedes Wort der Kritik, das Karl Friedrich in bester Absicht äußerte, stürzte seinen Erstgeborenen in Selbstzweifel. Und so wuchs der Erbprinz zu einem schüchternen Jüngling heran, der seine Unsicherheit hinter einem geradezu pathetisch anmutendem Pflichtbewusstsein zu verbergen wusste.

Manchmal beneidete Karl Ludwig seine Brüder: den ein Jahr jüngeren Friedrich und den kleinen Ludwig. Zwar wurden auch sie bis an die Grenzen ihrer Fähigkeiten getriezt, gefördert und gefordert, aber auf keinem der anderen Kinder ruhte das Auge Karl Friedrichs so unnachsichtig wie auf dem Ältesten. Fritz, ein ausnehmend sensibles Kerlchen mit Neigung zu Tagträumen, flüchtete sich ohnehin in die Arme Karoline Luises, wenn ihm der Vater zu hart zusetzte – der zweite Sohn war der unbestrittene Liebling der Markgräfin. Keines ihrer Kinder, so glaubte Karoline, sei ihr so ähnlich wie Friedrich. Ihr Fritzchen war ganz zweifellos ein Schöngeist. Für die künstlerischen und wissenschaftlichen Arbeiten seiner Mutter zeigte der Junge großes Interesse. Darüber entging es Karoline Luise, dass er von ihrem scharfen Intellekt nur wenig mitbekommen hatte.

Als zweiter Sohn des Markgrafen musste Friedrich – wie es für den jüngeren männlichen Nachwuchs der Fürsten üblich war – die Militärlaufbahn einschlagen. Er sollte es später in der niederländischen Armee bis zum Rang eines Generalmajors bringen. Aber im Grunde seines Herzens verabscheute Karolines Liebling das Soldatentum. Schon als Kind waren dem zarten Jungen Balgereien jeder Art verhasst. Wie seine Mutter, die häufig an üblen Magen- und Darmbeschwerden litt, erwies sich Fritz als sehr anfällig für Krankheiten. Seine labile Gesundheit war der Markgräfin ständiger Anlass zur Sorge.

Als im Herbst 1764 alle drei Prinzen an den Blattern erkrankten, wich Karoline, obgleich sie selbst noch geschwächt war durch eine Totgeburt, nicht von den Betten ihrer Kinder. Tagelang bangten Markgräfin und Markgraf um das Leben ihrer Söhne. Um keinen der Buben aber stand es so schlimm wie um Friedrich. Karoline schrieb später: „Vor dem Ausbruch der Krankheit lag Fritz drei Tage in einem Delirium, das zu allen Befürchtungen Anlass gab. Seine Blattern waren von der schlimmsten Art, und er hatte so viele davon, dass die Gefahr noch größer schien. Doch hat die Vorsehung ihn mir erhalten.“ Die kleine Prinzessin, die im Januar 1767 zur Welt kam, hätte Fritz den Ehrenplatz im Herzen der Mutter vielleicht streitig machen können. Aber das sehnlich erwartete Mädchen weilte nicht lange unter den Lebenden: Drei Tage nach ihrer Geburt tat das Baby seinen letzten Atemzug.

Prinz Ludwig, der dritte Sohn, führte einen aussichtslosen Kampf um Anerkennung. Zwar verfügte der kleine Louis über eine wache Intelligenz, aber als Jüngster konnte er mit dem Wissen seiner Brüder nicht konkurrieren. Daher versuchte er, sich mit übermäßigem Eifer bei den Eltern einzuschmeicheln.

Der Erfolg freilich war mäßig: Karl Friedrich und Karoline Luise fühlten sich ihrem jüngsten Sohn verbunden, aber doch längst nicht in dem Maße wie den beiden älteren Kindern. Während Ludwig stets den bohrenden Stachel der Eifersucht spürte, wünschte sich sein ältester Bruder oft, der Vater würde ihm weniger Aufmerksamkeit widmen. Zwar musste der Markgraf im Laufe der Jahre feststellen, dass Karl Ludwig doch nicht über so hervorragende Fähigkeiten verfügte, wie er es sich erträumt hatte. Aber, dessen war Karl Friedrich sich sicher: Der Erbprinz brauchte nur die richtige Erziehung, um sich zu einem vorbildlichen Landesherren zu entwickeln.

Dem Volk zum Vorteil

Erziehung, so sagte sich Karl Friedrich, Erziehung ist alles. Er hatte dabei nicht nur seine Söhne im Blick. Er dachte an all die Menschen, die in seinem kleinen Land lebten. Der Markgraf war überzeugt davon, dass die Interessen des Herrschers und seiner Untertanen letztlich identisch seien. So wie ein guter Vater selbst dann, wenn er seine Kinder züchtigte, nur ihr Wohl im Auge hatte, so sollte auch die Herrschaft des Fürsten dem Volk zum Vorteil gereichen. Leider sah sich der Markgraf oft genug gezwungen, seine Landeskinder zu ihrem Glück zu zwingen. Denn woher rührte Armut? Vom Müßiggang, vom Trunk, vom Spiel, von der Verschwendung. Da aber die einfachen Leute meist nicht genug Einsicht besaßen, freiwillig von ihren Lastern zu lassen, blieb nur das Schwert des Verbotes.

Gerade was das Spiel anging, hatte sich Karl Friedrich innerhalb weniger Jahre vom Saulus zum Paulus gewandelt. Er wusste aus eigener Erfahrung, zu welchem Leichtsinn die Leidenschaft für Karten und Würfel auch ansonsten ganz nüchterne Menschen verführen konnte. Es galt, die Leute vor dem Spielteufel zu bewahren. Schon vor Karl Friedrichs Regierungsantritt hatte die Landesordnung den Baden-Durlachern das Glücksspiel „auf Borg“ verboten. Aber das Spielen um „einen Pfennig und um der Kurzweil willen“ war zulässig. Karl Friedrich fand diese Regelung zu freizügig. In den Wirtshäusern seiner Residenzstadt untersagte er 1755 ausnahmslos alle Hazardspiele, die übrigen Kartenspiele wurden 1757 mit einer Spielsteuer belegt. Soldatenpatrouillen kontrollierten, ob die Wirtshausbesucher die Gasthäuser spätestens um 22 Uhr verließen und sich nach Hause begaben. Wer sich nicht an die Vorschriften hielt, wurde ohne Ansehen der Person arretiert und „in Gewahrsam geführt“.

Nur die Arbeit konnte die Menschen vor der Armut bewahren. Doch dem einfachen Volk war offenbar jeder Anlass willkommen, die Arbeit liegen zu lassen, zu feiern und Geld zu verschwenden. Vorschläge, die Zahl der kirchlichen Feiertage zu reduzieren, stießen bei Karl Friedrich auf offene Ohren: Weihnachten, Ostern, Pfingsten, Neujahr, Dreikönig, Gründonnerstag, Karfreitag und Christi Himmelfahrt – damit sollte es sein Bewenden haben.

Bei privaten Feiern zeigten seine Untertanen nach Karl Friedrichs Meinung zu viel Neigung zur Schwelgerei. Bei Taufen sollte es künftig keine Patengeschenke mehr geben, und ortsansässige Paten durften nur noch mit Kuchen und Landwein bewirtet werden – ihr Abendessen hatten sie gefälligst zu Hause einzunehmen. Reisten Verwandte von außerhalb an, durfte ihnen die Hausfrau allenfalls „vier warme Schüsseln“ reichen. Auch bei Eheschließungen sollte weniger Aufwand als bisher getrieben werden. Den Brauch, eine Hochzeit zwei oder gar drei Tage lang zu feiern, fand Karl Friedrich unangemessen für einfache Leute: Ein Festtag genügte vollauf, und mehr als 24 Personen durften von nun an auch nicht mehr eingeladen werden. Mehr als achterlei warme Speisen zuzubereiten war bei Strafe verboten; getrunken werden durfte ausschließlich inländischer Wein. Auch

Hochzeitsgeschenke wurden untersagt. Vater Staat, oder vielmehr Markgraf Karl Friedrich, hatte keinerlei Hemmungen, in das Privatleben seiner Bürger hineinzuregieren.

Die Menschen in Baden-Durlach stießen sich nicht an den zahlreichen obrigkeitlichen Ge- und Verboten, die selbst alltäglichste Verrichtungen bis ins Detail reglementierten. Sie kannten es nicht anders. Dass die gehobenen Schichten ganz andere Rechte hatten als sie selbst, das stellten die einfachen Leute nicht in Frage. Karl Friedrich war ja kein Despot wie so viele andere Herrscher seiner Zeit. Er verlangte von seinen Untertanen Sparsamkeit – aber er selbst galt als einer der sparsamsten unter den europäischen Fürsten. Während andere Residenzen wegen ihrer sagenhaften Verschwendereien von sich reden machten, hielt man sich in Karlsruhe an das Prinzip bürgerlicher Haushaltsführung.

Ja, man hatte es nicht schlecht getroffen mit Karl Friedrich. Die Beamtenschaft des Markgrafen galt zwar als streng und bisweilen als unduldsam, aber den Staatsdienern konnte man weder Schlendrian noch Bestechlichkeit nachsagen. Ob Schreiber, Schulmeister oder Geheimrat – bei jeder Ernennung hatte der Markgraf das letzte Wort. Besonders intensiv kümmerte sich Karl Friedrich natürlich um die Auswahl der höheren Beamten, wobei er die persönlichen Qualitäten seiner Bediensteten wichtiger nahm als ihre Herkunft. Viele prominente Staatsmänner, die unter Karl Friedrich wirkten, holte er allerdings aus anderen deutschen Ländern, denn in der Markgrafschaft gab es weder einen nennenswerten Adel noch eine Universität.

Der große preußische Reformer Karl August von Hardenberg, der 1772 als junger Mann Karlsruhe besuchte, war sehr beeindruckt von Karl Friedrichs Leistungen: „Der Markgraf ist ganz ungemein beliebt in seinem Lande und ein rechter Vater seiner Untertanen", lobte er. Mit dieser Charakterisierung dürfte Hardenberg Karl Friedrich das schönste Kompliment gemacht haben, denn genau das wollte der Markgraf den Menschen in seinem Land sein: ein gütiger Vater. Und als solcher beanspruchte er uneingeschränkte Autorität: Eine Mitregierung des Volkes? Undenkbar. Karl Friedrich war ein aufgeklärter Fürst – aber er war und blieb ein absoluter Herrscher von Gottes Gnaden.

Gerade weil ihm die Regierung aber vom „Allerhöchsten" anvertraut worden war, fühlte sich Karl Friedrich verpflichtet, jede neue Idee auf Herz und Nieren zu prüfen, einen Befehl erst zu geben, wenn jedes Für und Wider überlegt war. Mancher seiner Ratgeber stöhnte heimlich, weil Karl Friedrichs Bedächtigkeit immer wieder zu Verzögerungen führte, sein Abwägen aller Umstände rasches Reagieren unmöglich machte. In Baden-Durlach gab es zwar viele Reformen, aber keine Schnellschüsse. Der aufgeklärte Markgraf war sorgsam darauf bedacht, jeden Anschein von Willkür zu vermeiden. „Moderate et prudenter - mit Maß und Vernunft", das war Karl Friedrichs Wahlspruch.

Aller Reichtum kommt vom Bauern

Es gehörte einiges dazu, Karl Friedrich zu überzeugen. Wenn er jedoch an einem Gedanken erst einmal Gefallen gefunden hatte, dann blieb er selten auf halbem Weg stehen. Eine Idee, die den Markgrafen völlig in den Bann schlug, war der Physiokratismus. Die Physiokraten übertrugen den naturrechtlichen Gedanken von der allem menschlichen Zusammenleben innewohnenden Harmonie auf das Wirtschaftsleben. Folglich verlangten sie, dass das Wirtschaftsleben frei nach seiner „natürlichen Ordnung" ablaufen solle, also frei von staatlichen Eingriffen, von Beschränkungen und Lasten. Eine besondere Rolle spielte in dieser Theorie die Landwirtschaft: Sie galt als die Quelle allen Reichtums; der Bauernstand war es, der aus seiner Arbeit einen Überschuss schuf, von dem letztlich die gesamte Bevölkerung lebte und der Staat sich finanzierte. Da nach der physiokratischen Lehre nur der

Landwirt einen Reinertrag erzielte, war als einzige Steuer die Grundsteuer gerechtfertigt.

Karl Friedrich, der Herr eines reinen Agrarlandes, fand den Gedanken bestechend. Mit führenden Physiokraten wie dem Marquis de Mirabeau und Du Pont de Nemours pflegte er einen regen Briefwechsel; Johann August Schlettwein, der prominenteste deutsche Vertreter des Physiokratismus, stand bis 1773 in badischen Diensten. Der badische Fürst höchstselbst verfasste einen „Abriss der Nationalökonomie“. Karl Friedrich wollte es aber nicht bei der Theorie belassen. Zwar war er bestrebt, Handel und Gewerbetätigkeit aller Art zu fördern – bekannt in dieser Hinsicht wurde etwa die 1767 gegründete Manufaktur für Uhren, Bijouterie- und Galanteriewaren im Waisenhaus zu Pforzheim – doch der Landwirtschaft galt sein ganz besonderes Augenmerk. Aus Sicht der Physiokraten war das nur logisch: Hatte die Landwirtschaft für das Staatswesen eine solch existenzielle Bedeutung, so musste der Souverän alles daran setzen, die bäuerliche Wirtschaft seines Landes zu modernisieren und zu neuer Blüte zu bringen.

Karl Friedrich stapfte höchstselbst in Stulpenstiefeln durch die Sümpfe, um den Bauern zu zeigen, wie man Drainagen anlegt. Auch auf Versuche mit neuen Kulturen legte der Markgraf großen Wert – dahinter steckte der Wunsch, die hohen Importkosten für ausländische Produkte zu sparen. So ließ Karl Friedrich in einem Küchengarten am Durlacher Tor Spargel und Artischocken, später sogar Ananas anpflanzen, erste Versuche mit dem Anbau von Kartoffeln wurden gestartet. Markgräfin Karoline Luise, die eine versierte Botanikerin war, verfolgte die landwirtschaftlichen Aktivitäten ihres Gemahls mit einer Mischung aus Bewunderung und Amusement. Sogar auf die blasierte Hofgesellschaft griff die Begeisterung des Fürsten für das bäuerliche Leben über. Karoline registrierte mit heimlichem Schmunzeln, wie die parfümierten Herren mit bedeutungsschwangerer Stimme über eine intensive Bodenbewirtschaftung, die Neulandgewinnung und die Vermehrung des Viehbestandes referierten. Selbst die Damen parlierten geziert über den Obst- und Weinbau. Sie höre, schrieb Karoline Luise an einen Verwalter ihrer Güter, täglich so viel von „Ökonomie, Fruchtpreisen und Verbesserungen", dass „mir darüber der Einfall letzt gekommen, auch davon zu profitieren."

Denn Karoline Luise beschäftigte sich nicht nur mit den Wissenschaften und den Künsten, sie war auch eine vielseitige Geschäftsfrau und eine gewissenhafte Gutsherrin. 1764 gründete die Markgräfin eine Seidenplantage auf dem Kühlen Feld (dem heutigen Killisfeld), bald darauf übernahm sie eine kleine Seiden- und Kerzenfabrik. Da Karl Friedrich den Anbau und die Verarbeitung der „Färberröte", also von Krapp, förderte, stieg auch Karoline in dieses Geschäft ein. Im Killisfeld, in Gondelsheim und auf anderen Grundstücken ließ sie Krapp anbauen und in ihren Mühlen in Grötzingen und Söllingen mahlen. In Ettlingen kaufte sie Jahre später eine verfallene Ölmühle, an deren Stelle sie eine Papiermühle errichten ließ. Zur landwirtschaftlichen Nutzung erwarb sie diverse Grundstücke in Karlsruhe und Umgebung, darunter den Rittnerthof. Wie bei all ihren Aktivitäten überließ Karoline auch in landwirtschaftlichen Fragen nichts dem Zufall. Sie verlangte von ihren Verwaltern großen Sachverstand, fällte aber nichtsdestotrotz alle wichtigen Entscheidungen selbst. Über ihre Unternehmungen führte sie persönlich Buch. Vormachen konnte man ihr nichts. Egal, ob es sich um die Bienenzucht handelte, um Obst- und Getreideanbau oder um die Milchproduktion — durch das Studium der einschlägigen Literatur und die Korrespondenz mit Experten hatte sich die Markgräfin ein Fachwissen angeeignet, das seinesgleichen suchte. Zwar verfolgte Karoline mit ihren Unternehmungen durchaus eigennützige Interessen – das Vermögen von Markgräfin und Markgraf war schließlich fein säuberlich getrennt – doch führte ihr landwirtschaftliches Engagement dazu, dass sie ihrem Gemahl auch auf diesem Gebiet, das ihm am Herzen lag wie kaum ein anderes, eine kompetente Gesprächspartnerin und Ratgeberin sein konnte.

Wie Karoline bei vielen ihrer Geschäfte immer wieder Rückschläge hinnehmen musste, war auch Karl Friedrichs landwirtschaftliches Engagement kein reiner Erfolg. Der Versuch des Markgrafen, das physiokratische System mit allen Konsequenzen in einigen Landstrichen probeweise einzuführen – die drei Gemeinden Dietlingen, Balingen und Theningen hatten sich zu dem Experiment bereit gefunden –, scheiterte, so der Chronist Friedrich von Weech, schon nach zwei Jahren. Ein unlösbares Problem war der überwiegende Kleinbesitz und die noch unterentwickelte Geldwirtschaft in der Markgrafschaft. Auch erwies es sich als unmöglich, die Gefahr von Missernten und Hungerkrisen endgültig zu bannen. Trotzdem erregten Karl Friedrichs physiokratische Versuche und die Verbesserungen, die er in der Landwirtschaft durchzusetzen sich bemühte, das Aufsehen und die Bewunderung seiner Zeitgenossen. So bescheiden die Lebensverhältnisse der einfachen Bevölkerung im 18. Jahrhundert auch waren – in den Nachbarländern galt der badische Bauernstand als ganz besonders wohlhabend.

Der Segen der Bildung

„Menschen können nicht leben, nicht glücklich leben, ohne durch erfolgreiche Arbeit in der Gesellschaft.“ Diese Feststellung Karl Friedrichs ist ein Schlüssel zu seinem Reformwerk. Der Mensch musste, um zufrieden zu sein, weder Reichtümer ansammeln noch sich über seinen Stand erheben. Ob Bauer, Handwerker oder Soldat, ob Diener oder Fürst – Karl Friedrich war überzeugt davon, dass wahres Glück nur derjenige erringen konnte, der auf dem Platz, auf den Gott ihn gestellt hatte, die bestmögliche Arbeit leistete. Nur dank solcher Menschen konnte das Gemeinwesen blühen und gedeihen.

Noch mochte ja vielen Untertanen das Bewusstsein für das große Ganze fehlen. Doch sollte man dies nicht ändern können? Als aufgeklärter Fürst hing Karl Friedrich dem optimistischen Gedanken an die Heilkraft der Menschheitserziehung an. „Seit Wir die von dem Allerhöchsten Uns anvertraute Regierung Unserer Lande übernommen, haben Wir nichts so sehr in Betrachtung gezogen als die geist- und leibliche Wohlfahrt Unserer lieben getreuen Untertanen auf das Beste nach allen Stücken zu besorgen“, verkündete er im September 1757. Die Grundlage „zu aller wahren Glückseligkeit“ bestand seiner Ansicht nach vornehmlich in „einem geschickten Unterricht der Jugend in den Schulen, ... wodurch den zarten Herzen bei Zeiten eine lebendige Erkenntnis der Tugend und der wahren Gottesfurcht eingeprägt und ihr Verstand in denen Dingen, die ihnen in deren folgenden Lebensjahren nützlich und unentbehrlich sind, gründlich und auf das leichteste unterrichtet wird“.

Das Schulwesen mit all seinen Mängeln betrachtete der Markgraf von Baden-Durlach als ständige Herausforderung. 1756 hatte er eine detaillierte Schulordnung für die gesamte Markgrafschaft erlassen. Von da an war zwingend vorgeschrieben, dass alle Buben und Mädchen zwischen dem sechsten und dem vierzehnten bzw. dem dreizehnten Lebensjahr Unterricht erhielten. Mit der allgemeinen Schulpflicht einher ging eine Erweiterung der Lehrinhalte und des Fächerkanons in den Elementarschulen – der Unterricht sollte nicht mehr allein auf die Religion gerichtet, sondern den Kindern auch für ihre berufliche Zukunft nützlich sein. In den 60er Jahren des 18. Jahrhunderts wurde, sukzessive in allen Landesteilen, ein einheitlicher Lehrplan eingeführt. Die Unterweisung in Religion und Gesang blieb obligatorisch, aber neben das Lesen und Schreiben der Muttersprache trat jetzt auch die Vermittlung mathematischer Grundkenntnisse.

Mit dem Erstellen neuer Lehrpläne war es freilich nicht getan. Die Elementarschullehrer waren damals meist arme Schlucker, ihr Gehalt ernährte kaum den Mann, geschweige denn eine Familie. Ausgebildet wurde der Lehrernachwuchs, indem er bei Pfarrern oder altgedienten Schulmeistern in die Lehre ging. Die sahen ihre Aufgabe vor allem darin, den Kindern Bibelsprüche einzutrichtern, Kirchenlieder zu singen und ihren Schutzbefohlenen anhand religiöser Texte das Lesen beizubringen. Weit her war es mit dem Fähigkeiten der Elementarschullehrer im Regelfall nicht. Manch einer versuchte durch den häufigen Gebrauch des Stockes von seinen eigenen Lese- und Schreibschwächen abzulenken. Immer wieder gab es Beschwerden – weniger über die Prügel, die die Lehrer freigiebig austeilten, als vielmehr über die Unfähigkeit der Schulmeister.

Karl Friedrich sah sich daher 1757 bemüßigt, in einer Examinierungsverordnung für Schulmeister die Mindestkenntnisse, die ein Elementarschullehrer haben musste, festzuschreiben. Wer sich zum Examen meldete, sollte demnach „nicht nur das Buchstabieren, ohne welches das Lesen niemals gründlich erlernet wird, selbst wohl verstehen, sondern auch im Stande sein, den Kindern, wenn sie fehlen, zu zeigen, warum sie so und nicht anders buchstabieren müssen“. Die künftigen Lehrer sollten fähig sein, sowohl gedruckte als auch handgeschriebene Texte ohne Mühen zu lesen und in einer „sauberen leserlichen Handschrift orthografisch zu schreiben“. Grundkenntnisse in der deutschen Grammatik, aber auch im Rechnen und in der Geometrie mussten nachgewiesen werden. Außerdem war Karl Friedrich der Meinung, dass die Schulmeister nicht nur in der Lage sein sollten, den Katechismus und zentrale Stellen der Heiligen Schrift herunterzubeten – wichtig war ihm vielmehr, dass die Lehrer den Kindern die religiösen Texte verständlich machten und ihnen die Konsequenzen fürs tägliche Leben aufzeigten. Sein „gnädigstes Wohlgefallen“ signalisierte Karl Friedrich allen Examenskandidaten, die sich mit den „vornehmsten Gründen der Mechanik, Baukunst und Naturlehre bekannt gemacht (haben), wodurch die so nötige ökonomische Erkenntnis nicht wenig befördert wird“.

So bescheiden uns heute die Anforderungen erscheinen, die mit der Examinierungsordnung an die künftigen Schulmeister gestellt wurden – die Prüfer vom Kirchenratskollegium mussten manches Auge zudrücken, um die freien Lehrerstellen besetzen zu können. Nur die wenigsten Kandidaten, die zum Lehrer-Examen antraten, konnten eine höhere Schulausbildung vorweisen. Nach wie vor gingen die meisten bei einem altgedienten Schulmeister in die Lehre – und die konnten den jungen Männern verständlicherweise nicht beibringen, was sie selbst nie gelernt hatten. Im Jahr 1768 glaubte Karl Friedrich, die Lösung gefunden zu haben: Er gründete das erste badische Schullehrerseminar, das ins Karlsruher Gymnasium integriert wurde. Allerdings blieb die Zahl der ausgebildeten Seminaristen vergleichsweise gering, so dass die badischen Volksschulen weit hinter den vom Markgrafen propagierten Reformansprüchen zurückblieben.

Besucht wurden die Elementarschulen in erster Linie von den Kindern der niederen Dienerschaft, den Söhnen und Töchtern von Tagelöhnern, Knechten, Handwerkern, Händlern und Wirten. Angehörige der mittleren Beamtenschaft und erst recht vornehme Familien muteten ihren Kindern eine solche Gesellschaft nicht zu. Sie ließen ihren Nachwuchs entweder von Privatlehrern unterrichten oder schickten ihre Söhne aufs Karlsruher Gymnasium, das in den 70er Jahren auch einen Realschulzweig erhielt. Während in der Knabenausbildung zahlreiche Neuerungen eingeführt wurden, blieb eine über den Elementarunterricht hinausreichende Bildung von Mädchen allerdings weitgehend Privatangelegenheit. Erst 1773/74 entstand in Karlsruhe eine „Höhere Mädchenschule“, die ausschließlich den Töchtern von Hofangestellten und Beamten vorbehalten blieb. Obwohl die Lehrpläne der Mädchenschule bei weitem nicht an den Realschulzweig im Gymnasium heranreichten, war der Andrang groß – sogar der Bürgermeister von Gernsbach schickte seine Tochter in die Residenz zur Schule. Aber nicht nur Beamte, auch immer mehr Gewerbetreibende wünschten für ihre Töchter eine vornehmere und bessere Ausbildung, als sie die öffentlichen Volksschulen bieten konnten. Private Einrichtungen wie in Karlsruhe das Ruf'sche Institut, das in den 80er Jahren eröffnet wurden, erfreuten sich reger Nachfrage.

Während das Bürgertum der Bildung einen hohen Stellenwert beimaß, gab es in der Unterschicht Widerstände gegen das Schulreformprogramm. Mit Industrieschulen und ökonomischen Schulen wollte Karl Friedrich der Armut vorbeugen und die Zöglinge an Zucht, Ordnung und Arbeitsdisziplin heranführen. 1767 erging an alle Oberämter der Markgrafschaft ein Generaldekret, nach dem in jeder Diözese mindestens ein bis zwei Spinnschulen für Kinder geschaffen werden sollten. Die Buben und Mädchen sollten in diesen Anstalten lernen, wie Hanf, Flachs, Wolle und Baumwolle verarbeitet wurden, um dann in Heimarbeit Garn zu spinnen. Ärmeren Familien wollte man damit eine weitere Verdienstmöglichkeit geben. Die Spinnschulen erwiesen sich allerdings als ziemlicher Flop: Viele der in Frage kommenden Kinder weigerten sich, die Spinnschule zu besuchen – und sie fanden bei ihren Eltern volle Unterstützung. Spinnen galt als demütigend und ehrlos.

Kinder, deren Eltern Almosenpfründner waren, hatten auf Dauer allerdings keine Chance, der eintönigen Arbeit des Spinnens zu entgehen. In Klein-Karlsruhe, dem Vorort der

Residenz, in dem soziale Randgruppen, Hintersassen des Markgrafen, herrschaftliche Dienstboten und Militärangehörige hausten, wurde in den 80er Jahren ein Spinn- und Arbeitshaus eingerichtet, das sich im selben Gebäude wie die Elementarschule befand. Morgens von sechs bis acht Uhr fand der Unterricht statt, anschließend mussten die Kinder von Almosenbeziehern sowie die Söhne und Töchter bedürftiger Soldatenfamilien gegen geringen Lohn im Spinnhaus arbeiten. Wer ohne triftigen Grund mehrere Tage fernblieb, konnte von einem Polizeidiener oder vom Bettelvogt zu Hause abgeholt und zur Arbeit geprügelt werden. Das war die Schattenseite von Karl Friedrichs Credo „die Menschen können nicht glücklich leben, ohne durch erfolgreiche Arbeit in der Gesellschaft." Wer nicht arbeitete, den zwang die Obrigkeit zu seinem Glück – Kinder nicht ausgenommen.

Ein schwieriges Erbe

Asyl der Ruhe in schrecklichen Zeiten

Voltaire war entzückt. Vor allem von der Markgräfin Karoline Luise. Mit dieser hoch gebildeten, scharfsinnigen Frau zu plaudern war dem Philosophen ein Genuss. Einem Freund schwärmte der 64-Jährige vor: „Man kann nichts Liebenswürdigeres als die Markgräfin finden ... Keine Französin gibt es, die so viel Geist, Wissen und Höflichkeit besäße wie sie; ihre Konversation hat mich entzückt. Hätte ich sie nur schon früher kennen gelernt. Von den Hoheiten bin ich mit Freundlichkeiten überschüttet worden und kann nur hoffen, dass der Herr Markgraf auch mit mir einigermaßen zufrieden gewesen ist. Seine Residenz ist reizend, das Schloss mit unendlichem Geschmack eingerichtet und möbliert ....“

Karl Friedrich war durchaus zufrieden mit Voltaire. Es schmeichelte der Eitelkeit des Markgrafen, dass dieser Mann, der als die Verkörperung der Aufklärung gelten durfte, offenbar so viel Vergnügen an seiner Gesellschaft und der seiner geliebten Gemahlin fand. Auch Karoline Luise war ganz aus dem Häuschen über den Besuch aus Frankreich. Wenn Voltaire nicht bereits ein alter Herr und Karl Friedrich von der Zuneigung seiner Gattin nicht so felsenfest überzeugt gewesen wäre, er hätte angesichts ihrer Schwärmerei ins Grübeln kommen können ... Aber es gab keine Zweifel: Karoline Luise schätzte Voltaire als Kopf, nicht als Mann. Der Fürstin blieben die drei Tage im August 1758, während derer ihr Idol im Karlsruher Schloss weilte, ein unvergessliches Erlebnis. Gar zu gerne hätte sie es wiederholt: „Vergessen Sie nicht, Monsieur, uns wieder zu besuchen. Der Markgraf und ich bitten Sie dringend darum. Sie wissen, auf Sie wartet hier eine Schülerin“, flehte sie Voltaire an.

Voltaire hatte ernsthaft vor, noch einmal nach Karlsruhe zu kommen, doch Krankheit und Gebrechlichkeit ließen einen zweiten Besuch nicht mehr zu. Was blieb, war eine Brieffreundschaft. Noch Jahre nach ihrer Begegnung gingen Briefe zwischen der Markgräfin und dem berühmten Mann hin und her. Voltaire ließ Karoline Luise an seinen Gedanken teilhaben und suchte ihre Unterstützung in seinem Kampf gegen religiösen Fanatismus. Bei ihr weinte er sich auch über die korrupte französische Justiz aus. Zum Teil, weil es dem Stil der Zeit entsprach, zum Teil aber auch, weil er die badische Markgräfin wirklich hoch schätzte, warf er in seinen Briefen mit Komplimenten nur so um sich: „Immer noch spreche ich ständig von meinem Aufenthalt in Karlsruhe", versicherte er Karoline: „Die Natur hat diesen Ort angenehm geschaffen. Sie verschönen ihn noch durch Ihre Kunst. Wer auch immer seine Fürstin gesehen hat, wünscht sich leidenschaftlich, ihr noch einmal seine Aufwartung machen zu dürfen. Als ich die Ehre hatte, im Schlosse Ew. Hoheiten zu weilen, fühlte ich mich in meinen Gedanken bestätigt, Deutschland sei jetzt das, was Italien zur Zeit der Herzöge von Ferrara und der Medici war. Müssen denn so viele Schicksalsschläge ein Land heimsuchen, das man mit solchen Mühen verschönt hat? Die Frau Markgräfin von Bayreuth, welche wie Sie die Künste liebte und deren Verdienste den Ihren nahe kommen, stirbt nach schwerstem Kummer in der Mitte ihres Lebens. Die Herzogin von Gotha sieht ihr Land verwüstet. Sachsen ist die Beute aller Gräuel des Krieges. Ganz Deutschland leidet, nur Karlsruhe trägt in diesen schrecklichen Zeiten seinen Namen zu Recht. Es ist wirklich ein Asyl der Ruhe. Möchte es dies lange bleiben, und möchten Sie, Madame, der Herr Markgraf und Ihre ganze erlauchte Familie sich einer Ruhe erfreuen können, welche so viele Fürsten verloren haben ...."

Loblieder auf Friedrich den Großen

Es schien wirklich, als ob das Land am Oberrhein endlich zur Ruhe gekommen wäre. Anders als seine Vorfahren hatte Karl

Friedrich das Glück, dass seine Markgrafschaft jahrzehntelang von unmittelbaren Kriegseinwirkungen verschont blieb. Aber auch wenn der Markgraf sicher und verhältnismäßig bequem in seinem „Asyl der Ruhe" saß, die „schrecklichen Zeiten", von denen Voltaire schrieb, ließen ihn keineswegs unberührt. Der Siebenjährige Krieg, der große Machtkampf zwischen Österreich und Preußen, bescherte Karl Friedrich manche schlaflose Nacht. Ein Zwerg, der im Dunstkreis von kämpfenden Riesen lebt, muss ständig aufpassen, dass er nicht zertrampelt wird. Nicht anders ging es dem Herrn von Baden-Durlach. Am liebsten hätte Karl Friedrich sein kleines Ländchen ganz aus der großen Politik herausgehalten – nur leider ließen die Krieg führenden Mächte nicht zu, dass er neutral blieb. Verachtungsvoll registrierte Karl Friedrich, wie sehr sich der Vetter von Baden-Baden beeilte, die Kaiserin Maria Theresia und ihren Verbündeten, König Ludwig XV. von Frankreich, seiner Treue zu versichern. Während die katholischen Reichsstände sich prompt auf die Seite Österreichs, Frankreichs, Sachsens und Russlands schlugen, sympathisierte Karl Friedrich wie die meisten evangelischen Fürsten mit Preußen und Großbritannien-Hannover.

Im einfachen Volk wurde der Krieg heftig diskutiert. Die Menschen in Baden-Durlach waren fast durchweg der Meinung, es werde wieder einmal um die rechte Religion gekämpft. Als gute Lutheraner hielten sie es mit dem protestantischen Preußen. Spottlieder verunglimpften das katholische Lager, allen voran Maria Theresia von Österreich und Ludwig von Frankreich. In den Wirtshäusern kursierten außerdem unflätige Sprüche über die Mätresse des französischen Königs, die Madame de Pompadour – die Leute sahen in der schönen Jeanne die große Kriegshetzerin. Obwohl Karl Friedrich selbst von ganzem Herzen auf den Sieg Preußens hoffte, missfiel ihm das „unbesonnene Räsonieren" seiner Untertanen. Nur Schaden konnte seiner Meinung nach aus dem hirnlosen Geschwätz der Leute entstehen. Karl Friedrich war ein aufgeklärter Fürst; aber das hieß noch lange nicht, dass er seinem Volk ein Recht auf eine eigene Meinung oder gar auf politische Betätigung zugestand. Unter Androhung strengster Strafen verordnete der Markgraf, dass „jedermann der Fällung eines Urteils über die Handlungen hoher Fürsten ebenso als allen unzeitigen Räsonierens und Geschwätzes von Kriegs- und Religionssachen“ sich enthalten solle.

Während der Markgraf von Baden-Durlach seinen Untertanen einen Maulkorb verpasste, zeigte er selbst nach außen Rückgrat. Ohne es endgültig zum Bruch mit Österreich und Frankreich kommen zu lassen, weigerte sich Karl Friedrich, den von ihm verlangten Anteil an der Reichsarmee gegen Friedrich den Großen zu stellen. Nur die Versammlung sämtlicher deutscher Stände, so argumentierte er, könne über ein militärisches Vorgehen gegen Preußen befinden. Das erwies sich nicht gerade als glückliches Argument, denn die Front der evangelischen Fürsten bröckelte. Unter denjenigen, die sich Österreichs Antrag auf eine Reichsexekution Preußens anschlossen, war auch Karl Friedrichs Schwiegervater, der kaiserliche Generalfeldmarschall Ludwig VIII. von Hessen-Darmstadt. Für Karoline Luise war das ein schwerer Schlag. Denn selbstverständlich verfocht sie ohne jede Einschränkung die Position ihres Gemahls. So sehr die Markgräfin die Kaiserin Maria Theresia verehrte und schätzte — in politischen Angelegenheiten durften persönliche Sympathien keine Rolle spielen.

Karl Friedrichs Geturtel mit Preußen sorgte auf der internationalen Bühne für Wirbel. Gesandte aus Paris und Wien ließen sich in Karlsruhe melden. Zunächst versuchten sie, den badischen Markgrafen mit guten Worten auf ihre Seite zu ziehen. Da Schmeicheleien aber nicht fruchteten, gingen die Herren bald zu ungeschminkten Drohungen über. Sie erinnerten Karl Friedrich an die Stärke seiner Nachbarn, der er nichts entgegenzusetzen hatte. Jenseits des Rheins lauerten schließlich die Franzosen, und die obere Markgrafschaft grenzte an Vorderösterreich. Karl Friedrich, so wurde angedeutet, müsse, sofern er seine Politik nicht grundlegend ändere, mit einem Einmarsch rechnen. Der Markgraf war sich der Gefahr durchaus bewusst – und glaubte doch, noch Handlungsspielraum zu haben. Als bei Verhandlungen des Schwäbischen Kreises in Ulm der kaiserliche Gesandte die Stände eindringlich aufforderte, ihren Pflichten gegenüber dem Reich nachzukommen, widersetzte sich einzig Baden-Durlach den Anordnungen Maria Theresias.

Sich offen auf die Seite der Preußen zu stellen, wagte der Markgraf allerdings auch nicht. Als im Frühling 1757 ein Gesandter Friedrichs des Großen vorsichtig anfragte, ob Karl Friedrich möglicherweise einer Union der Reichsfürsten unter preußisch-britischer Führung beitreten werde, lehnte der Markgraf ebenso vorsichtig ab. Er ließ den Diplomaten aber geschickt wissen, dass diese Absage nicht seiner Überzeugung entspreche, sondern er lediglich der Not gehorche. Er, Karl Friedrich von Baden, sei ein großer Bewunderer König Friedrichs, und nichts würde ihn glücklicher machen, als wenn der Preuße als strahlender Sieger aus diesem Krieg hervorginge. Allein die Sorge um sein Land verbiete ihm, offen Partei zu ergreifen. Der Badener verkaufte seine Position so geschickt, dass der preußische Gesandte in einem Schreiben an seinen Monarchen Karl Friedrich in den höchsten Tönen lobte: „Der Markgraf denkt edel, besitzt keine liederlichen Eigenschaften wie einige andere Fürsten ...“

Während Karl Friedrich bei den Preußen einen Stein im Brett hatte, wuchs in Wien und Paris der Zorn über den renitenten Markgrafen. Noch einmal schickte Frankreich einen Gesandten – und der drohte diesmal so unverhüllt, dass Karl Friedrich seine Verzögerungs- und Hinhaltetaktik aufgab. Zähneknirschend gab er den Befehl, ein Reichskontingent aufzustellen. Das Regiment stand unter dem Befehl von Karl Friedrichs früherem Vormund, dem Markgrafen Karl August, der seinem Neffen regelmäßig Berichte aus dem Feldlager sandte. Dass die Baden-Durlacher sich in diesem Krieg nicht eben mit Ruhm bekleckerten (es kam zu Desertionen und sogar zu Meutereien), weckte in Karl Friedrich höchst zwiespältige Empfindungen. Einerseits war er verärgert über die Unbotmäßigkeit und den Ungehorsam seiner Soldaten, andererseits bereitete ihm Genugtuung, was dem Kriegsglück Preußens und Großbritanniens diente. Während Männer aus Baden-Durlach für das Reich ihr Leben ließen, rezitierte in der Heimat ihr Fürst Huldigungsgedichte auf den großen Friedrich von Preußen – eines davon hatte er sogar selbst geschrieben.

Karl Friedrich sah in König Friedrich einen Geistesverwandten, er schätzte ihn als Aufklärer, als Mann mit großen Vernunfts- und Humanitätsideen. Aber der Markgraf war nicht nur Idealist, er war auch Realist. Und als solcher verkannte er keineswegs Friedrichs Drang nach großen Taten, hatte er ein Auge für dessen rücksichtslose Machtpolitik. Karl Friedrich war überzeugt, dass König Friedrich Erfolg haben würde. Vom Erfolg des Preußen aber gedachte er zu profitieren. Karl Friedrich und sein Geheimer Rat waren seit Jahren bestrebt, die kleine zersplitterte Markgrafschaft Baden-Durlach abzurunden. Sie bemühten sich, Dörfer, Flecken und kleinere adelige Herrschaften aufzukaufen oder sinnvoll einzutauschen. Außerdem versuchten sie, die in einigen Gebieten höchst komplizierten Besitzverhältnisse zu klären, die immer wieder zu Streitigkeiten führten. Kleinere Erfolge hatten sie bereits errungen. Nun aber hoffte Karl Friedrich, mit Hilfe des siegreichen Preußenkönigs den ganz großen Wurf machen zu können.

In seine kühnen Pläne weihte er lediglich seine Gemahlin sowie den Hofrat Wilhelm von Edelsheim ein, einen Mann, dessen Scharfsinn nur von seiner Verschwiegenheit übertroffen wurde.

Wenn die preußische und die englische Krone den Markgrafen unterstützten, dann müsste es doch möglich sein, dass Baden-Durlach sich einige der benachbarten geistlichen Besitztümer einverleibte, dazu als Festungen Kehl und Philippsburg. Selbst Österreich wäre nach einer Niederlage gegen Preußen und England wohl bereit, dem badischen Markgrafen einen Teil seiner oberrheinischen Besitztümer zu verkaufen. Mehr Macht – auch ein Karl Friedrich konnte sich an solchen Gedanken berauschen. Er träumte davon, anstelle des zum Katholizismus konvertierten Herzogs von Württemberg das Direktorium im Schwäbischen Kreis und das Kommando der Kreistruppen zu übernehmen.

Karl Friedrich beauftragte Edelsheim, im Geheimen Kontakte nach Preußen sowie nach England zu knüpfen, um die künftigen Sieger im großen europäischen Machtspiel von den Vorteilen seines Planes zu überzeugen. Ein deutlich vergrößertes Baden-Durlach als Bollwerk gegen Frankreich musste doch in deren Sinne sein. Edelsheim tat, was er konnte. Bei König Friedrich stießen Karl Friedrichs Vorschläge auf Wohlwollen, allerdings sah der Preuße „im Moment" keine Möglichkeit zu deren Durchsetzung. Karl Friedrich war mit diesem Teilerfolg zufrieden. Sehr enttäuschend jedoch waren Edelsheims Botschaften aus England. Dort hatte sich der politische Wind gedreht. Die neue Regierung hatte die Nase voll vom Krieg auf dem Kontinent und wünschte, baldmöglichst Frieden mit Frankreich zu schließen. Unter diesen Voraussetzungen interessierten die Machtfantasien eines kleinen deutschen Fürsten in London nichts und niemanden.

Zum Glück waren Karl Friedrich „Expansionspläne" nie an eine breitere Öffentlichkeit gedrungen. Auch seine Loblieder auf Friedrich den Großen sang der Markgraf nur im kleinsten Kreise. Er wollte und konnte es schließlich nicht riskieren, die Franzosen und die Österreicher noch weiter zu verärgern. Die waren ohnehin nicht gewillt, Karl Friedrich seine Widerspenstigkeit ohne weiteres zu verzeihen. Rachsüchtig verlangten ihm die Verbündeten enorme Summen zur Finanzierung des Krieges ab. Dazu kamen Einquartierungen, von denen kaum ein Ort in Baden-Durlach verschont blieb. Den französischen Regimentern war bedeutet worden, dass sie nicht allzu viel Rücksicht bei der Beschaffung von Kost und Logis walten lassen müssten – weshalb sie sich beinahe so benahmen, als ob sie in ein feindliches Land eingefallen wären. Die Bevölkerung von Baden-Durlach litt unter der Situation nicht weniger als ihr Fürst. Karl Friedrich war empört, er protestierte, schrieb an den französischen König – aber er bewirkte nicht viel. Aufatmen konnte er erst, als zu Beginn des Jahres 1763 Frieden geschlossen wurde. Es war ein Frieden, der Preußen als neue europäische Großmacht bestätigte, der Baden-Durlach aber keinen Schritt weiter gebracht hatte. Im Gegenteil: Die Markgrafschaft musste nicht nur Kriegskosten in erschreckender Höhe aufbringen, sondern auch einen schmerzhaften Rückschritt in ihrer wirtschaftlichen Entwicklung verkraften. Aber Karl Friedrich gab die Hoffnung nicht auf, sein Herrschaftsgebiet demnächst auszudehnen. Das Eisen, das er im Feuer hatte, war Baden-Baden, die Markgrafschaft des kinderlosen katholischen Vetters.

Baden-Baden

Als Karl Friedrichs Vorfahren, die Brüder Ernst und Bernhard, im Jahr 1535 die badische Markgrafschaft unter sich aufteilten, sollte das nur „nach dem Gebrauch" sein. Im Übrigen sollten die badischen Lande „gemeinschaftliches Eigentum bleiben". Doch was so einfach klang: „unveräußerlicher Familienbesitz des Hauses Baden", das erwies sich nun, da der lutherische Markgraf von Baden-Durlach Ansprüche auf das katholische Baden-Baden geltend machte, als eine höchst komplizierte Angelegenheit – und als Politikum erster Ordnung für das ganze Reich.

In den über 200 Jahren ihrer Trennung hatten sich die beiden badischen Teil-Markgrafschaften politisch, wirtschaftlich und vor allem konfessionell auseinander entwickelt. Baden-Baden war katholisch und kaisertreu, Baden-Durlach seit 1556 lutherisch und an den evangelischen Mächten orientiert. Auch nach dem Dreißigjährigen Krieg blieb der Gegensatz zwischen den „verfeindeten Brüdern" bestehen, wenngleich es aufgrund der gemeinsamen Bedrohung durch Frankreich im späten 17. Jahrhundert zu einer Annäherung kam. Karl Friedrichs Urgroßvater, Friedrich VII. Magnus von Baden-Durlach, und der „Türkenlouis", Ludwig Wilhelm von Baden-Baden, hatten sogar schon Verhandlungen über eine Erbvereinigung für den Fall aufgenommen, dass eine der beiden Linien aussterben würde. Damals freilich war es noch völlig offen gewesen, welcher der beiden Familienzweige von einer solchen Regelung profitieren würde. Karl Friedrich nahm die Verhandlungen 1757 wieder auf – diesmal jedoch unter völlig anderen Vorzeichen.

Markgraf Ludwig Wilhelm von Baden-Baden, der Türkenlouis, war 1707 im Alter von 52 Jahren gestorben. Von den neun Kindern, die ihm seine Gemahlin Sibylla Augusta geboren hatte, lebten zu diesem Zeitpunkt nur noch vier, darunter ein Mädchen, das später an Ludwig von Orléans verheiratet wurde und 21-jährig im Kindbett den Tod fand. Der Baden-Badener Erbprinz, Ludwig Georg Simpert, war beim Hinscheiden des Vaters nicht ganz fünf Jahre alt und sprachbehindert. Prinz Wilhelm Georg war drei (er starb als Sechsjähriger) und der Jüngste, August Georg Simpert, steckte noch in den Windeln.

Die Witwe des Türkenlouis war 32 Jahre jung, kunstsinnig, fromm, tatkräftig und reich (als Tochter des letzten Herzogs von Sachsen-Lauenburg bezog Sibylla Augusta ansehnliche Einkünfte von ihrem Erbgut in Böhmen). Der Türkenlouis hatte seine Gemahlin in seinem Testament zur Oberregentin von Baden-Baden und zum Mitvormund ihrer Kinder ernannt. Die energische Fürstin machte den beiden anderen Vormündern allerdings sehr schnell klar, dass sie nicht gedachte, sich die Zügel aus der Hand nehmen zu lassen. Ihr Freund, Berater und geistlicher Führer, Kardinal Damian Hugo von Schönborn, der Fürstbischof von Speyer, war überzeugt davon, dass kein Mann mehr politisches Geschick zeigen konnte als Sibylla Augusta: „Sie sind ... eine so gescheite und penetrante Fürstin, dass nur ein paar Worte von Ihnen genug sind, so machen Sie alles besser als der penetranteste Staatsmann und Minister“, lobte er sie einmal. Solche Qualitäten stießen – zumal bei einer Frau – allerdings nicht überall auf Gegenliebe. Während Sibylla Augusta offiziell als „wahre Mutter des Volkes“ gepriesen wurde, krittelten in der Verwaltung die Herren: „Ihre Durchlaucht, die Frau Markgräfin, mischt sich in alles ein“, hieß es.

Immerhin machte sich Sibylla Augusta während ihrer 20-jährigen Regentschaft mit einigem Erfolg daran, die in langen Kriegen aufgelaufenen Landesschulden zu tilgen. Gleichzeitig entfaltete sie eine großzügige Bautätigkeit. Aufmerksamkeit erregte auch ihre Lebensführung: Wie bei vielen anderen Barockmenschen lagen bei Sibylla Augusta üppige Sinnenfreude und kompromisslose Askese eng beieinander. Als ihr fanatischer Beichtvater, der Jesuit Josef Mayr, die Markgräfin aufforderte, in ihrem Porzellanschlösschen, der Favorite bei Rastatt, einige allzu „nackend oder verführerisch“ anmutende Gemälde zu vernichten, ließ Sibylla Augusta Kunstschätze von enormem Wert verbrennen – angeblich waren Werke von Dürer, Cranach, Hans Baldung und Rubens darunter. In ihrer Eremitage unterwarf sich die Markgräfin radikalen Bußübungen. Sie trug Gürtel mit Nägeln und geißelte ihren Körper. Mehrfach pilgerte Sibylla Augusta, die sich selbst als „große Sünderin“ betrachtete, mit ihren Kindern nach Einsiedeln. Dort überwand der Erbprinz als

Siebenjähriger seine Stummheit und lernte zu sprechen – eine wunderbare Heilung. Die Markgräfin blieb der Einsiedler Madonna ewig dankbar. Ludwig Georg war fortan ihr „Einsiedler-Kind".

Ludwig Georg Simpert war bereits 25, als ihm Sibylla Augusta die Herrschaft übergab. Sie zog sich auf ihren Witwensitz nach Ettlingen zurück. Der neue Herr von Baden-Baden hatte weder den kriegerischen Geist des Vaters noch das politische Geschick der Mutter geerbt. Die einzige Leidenschaft, die Ludwig Georg mit echter Inbrunst pflegte, war die Jagd. War der Vater einst als „Türkenlouis" bewundert worden, belächelte man den Sohn jetzt als „Jägerlouis". Ansonsten blieb der Markgraf ziemlich farblos. Ludwig Georg dachte streng katholisch, und die Keuschheitsideale, denen der junge Fürst anhing, drohten zur ernsthaften Gefahr für die Dynastie zu werden. Diese Flausen trieb ihm die Mutter allerdings gründlich aus – und tatsächlich gelang es dem Jägerlouis, mit seiner Gemahlin, Prinzessin Maria Anna von Schwarzenberg, zwei Söhne zu zeugen. Die hohe Kindersterblichkeit dieser Zeit forderte jedoch ihren Tribut: Beide Jungen wurden ihm vom Tod entrissen – der eine als Sechs-, der andere als Einjähriger. Einzig ein Töchterchen, die Prinzessin Elisabeth, überlebte. Ludwig Georg Simpert heiratete ein zweites Mal – und zwar Maria Josepha von Bayern. Die Ehe war zwar äußerst prestigeträchtig (es handelte sich um eine Tochter Kaiser Karls VII.), aber es gingen keine Kinder aus ihr hervor.

So blieb als Hoffnungsträger der Markgrafen von Baden-Baden nur noch der jüngere Sohn des Türkenlouis, August Georg Simpert. Der hatte aber die geistliche Laufbahn eingeschlagen – gezwungenermaßen und gegen jede Neigung. Die fromme Sibylla Augusta hatte es für ihre Pflicht gehalten, den nachgeborenen Sohn der Kirche zu schenken – und so sehr der sich gegen dieses Schicksal wehrte, die Markgräfin setzte ihren Willen durch. Sie war fest davon überzeugt, dass dem August dank ihrer Freundschaft mit hohen geistlichen Würdenträgern eine glanzvolle Karriere in der Kirche bevorstand. Doch der junge Mann erwies sich als völlig ungeeignet für ein weltabgewandtes, den Studien zugeneigtes Leben. Auch nachdem er die ersten Weihen erhalten hatte, machte er zum Ärger der Markgräfin weniger durch ein gottgefälliges Leben als durch Weibergeschichten und Spielschulden von sich reden. Sibylla Augusta erlebte es nicht mehr, dass Papst Clemens XII. ihren Sohn von seinen geistlichen Pflichten entband. Der Heilige Vater ging davon aus, dass der lebenslustige August Georg der römischen Kirche als Laie die besseren Dienste leisten würde: Er sollte möglichst bald einen legitimen Sohn zeugen, damit Baden-Baden katholisch bliebe. Doch der ersehnte Nachfolger blieb aus. Augusts Gemahlin, Maria Viktoria von Arenberg, betete vergeblich um die Gnade, der Markgrafschaft Baden-Baden einen Erben schenken zu dürfen.

Ringen um den Vertrag

Während die Linie Baden-Baden zu erlöschen drohte, bereitete Karl Friedrich seine künftige Herrschaft über die vereinigten Markgrafschaften vor. 1757 begannen die Verhandlungen mit dem Jägerlouis über einen Erbvertrag zwischen beiden badischen Linien. Die Baden-Badener waren fest entschlossen, aus der für sie so unglücklichen Situation das Beste herauszuholen: für ihre Kirche, aber auch für ihre weiblichen Angehörigen. Karl Friedrich zeigte sich großzügig, was die geplante Versorgung der Witwen und der Prinzessin Elisabeth anging. Seinen künftigen katholischen Untertanen größtmögliche Toleranz zu versprechen, fiel ihm auch nicht schwer. Allerdings hatten die Verhandlungsführer aus Karlsruhe, der von Karl Friedrich hoch geschätzte Geheimrat Reinhard sowie Hofratspräsident Johann August von Hahn, Anweisung, jede, aber auch jede Forderung zurückzuweisen, die des Markgrafen landesherrliche Rechte eingeschränkt hätte. Als indiskutabel lehnten sie daher das Verlangen ab, auch künftig alle Regierungsbehörden im baden-badischen Landesteil ausschließlich mit Katholiken zu besetzen.

Trotz einiger Differenzen in Details schien zunächst alles ganz gut zu laufen. Der Jägerlouis zeigte sich den Vorschlägen seines protestantischen Vetters gegenüber aufgeschlossen. Nicht etwa, weil sie ihm so gut gefallen hätten: Ludwig Georg, der eine üppige Hofhaltung schätzte, litt unter chronischen Geldnöten – er fühlte sich Karl Friedrich verpflichtet, nachdem dieser ihm zwei Mal hohe Beträge geliehen hatte. Der Durlacher wiederum war alles andere als begeistert darüber, dass von seinem Geld in Rastatt geprasst wurde. Aber der Gedanke, dass der Jägerlouis möglicherweise Ländereien veräußern könnte, um seinen aufwändigen Lebensstil zu finanzieren, war ihm unerträglich. Karl Friedrich wollte Baden-Baden als Ganzes in seinen Besitz nehmen. Doch ehe die Verhandlungen über den Erbvertrag in die entscheidende Phase kamen, starb Ludwig Georg im Jahr 1761.

Jetzt trat August Georg Simpert als letzter Markgraf von Baden-Baden auf den Plan. Er, der sich nur allzu gerne vom geistlichen in den Laienstand hatte zurückversetzen lassen, war trotz seiner Sinnlichkeit ein treuer Sohn der römischen Kirche. Zwar war es auch August Georg klar, dass es an den Verhandlungen mit den Durlachern kein Vorbei gab – doch allzu leicht wollte er es dem Vetter nicht machen. Fragen, die längst geklärt schienen, kamen immer von neuem auf den Tisch. Militant katholische, unter dem Einfluss des Fürstbischofs von Speyer stehende Rastatter Hofkreise versuchten durchzusetzen, dass der Vertrag in ihrem Sinne gestaltet wurde. Da die Durlacher aber in allen Punkten, die Karl Friedrichs landesherrliche Rechte tangierten, auf stur stellten, zögerte die Gruppe um den Baden-Badener Geheimrat Johann Paul Axter den Vertragsabschluss, so weit es irgend ging, hinaus. Die von der Markgräfin Maria Viktoria unterstützte anti-durlachische Partei machte außerdem am Wiener Hof Stimmung gegen Karl Friedrich. Im Reich wurde das Ringen um ein Abkommen zwischen den badischen Familienzweigen aufmerksam verfolgt: Schließlich sollte erstmals seit dem 30-jährigen Krieg ein Land mit überwiegend katholischer Bevölkerung unter einen evangelischen Herrn kommen.

Der anti-durlachischen Partei gelang es, einen Onkel von Karl Friedrich für ihre Ziele einzuspannen: Karl Wilhelm Eugen von Baden-Durlach sollte (und wollte) Prinzessin Elisabeth heiraten, die unvermählte Tochter des Jägerlouis. So hoffte man, den Übergang Baden-Badens an Karl Friedrich doch noch abwenden zu können. Karl Wilhelm Eugen, der schon einmal prophylaktisch in die katholische Kirche übertrat, spekulierte außerdem auf die reiche böhmische Herrschaft Schlackenwerth aus dem Erbe von Elisabeths 1733 gestorbener Großmutter Sibylla Augusta. Denn die fromme Markgräfin hatte, als sich ein Aussterben der Baden-Badener im Mannesstamm abzeichnete, vorgesorgt: Auf ihre böhmischen Besitztümer, so hieß es in ihrem Testament, sollte ein Baden-Durlacher nur dann Zugriff bekommen können, wenn er katholischen Glaubens war oder wenn er konvertierte. Karl Friedrich, den überzeugten Lutheraner, schmerzte es zwar, dass sein Ex-Vormund materielle Überlegungen höher stellte als die Religion – er betrachtete Wilhelm Eugens Handlungsweise aber nicht als persönlichen Affront. Für seinen Onkel, so sagte Karl Friedrich philosophisch, führe „der Weg zum Himmel über Schlackenwerth“.

Es wurde nicht aus den Heiratsplänen des Konvertiten, denn Prinzessin Elisabeth spielte bei der Intrige nicht mit. Die Wahrscheinlichkeit, dass aus einer Ehe mit Karl Wilhelm Eugen ein Sohn hervorgehen würde, war ohnehin minimal: Nicht nur weil der Freier ein alter Herr war. Die Prinzessin selbst stand bereits in den Vierzigern. Da sie das Verlöschen der Linie Baden-Baden also kaum würde verhindern können, sah Elisabeth keinen Grund, das Opfer einer Ehe auf sich zu nehmen. Letztlich würde eine Hochzeit ja doch nur dem Ehrgeiz des Möchtegern-Bräutigams dienen. Elisabeth aber hatte durch eine Heirat viel zu verlieren – vor allem ihren Geliebten, einen kaiserlichen Offizier. Und so schrecklich wie ihre Angehörigen fand die Prinzessin den Gedanken an einen protestantischen Landesvater nun auch wieder nicht. Sie vergaß es Karl Friedrich nie, dass er ihr 1764 mit einem diskret gewährten Kredit aus einer fürchterlichen finanziellen Klemme geholfen hatte. Außerdem schätzte Elisabeth die zuvorkommende Freundlichkeit des Durlachers.

Als Karl Friedrich erfuhr, dass Elisabeth nach der Wiedervereinigung der Markgrafschaften ihren Wohnsitz außerhalb Badens nehmen wollte, beeilte er sich, seiner „Cousine“ zu versichern: „Als geborene Prinzessin des Hauses Baden darf Ew. Hoheit nicht glauben, dass Dero Situation sich in irgendeiner Weise ändern würde, falls es der Vorsehung gefallen sollte, beide Zweige des Hauses wieder zu vereinen. Auch dann dürfen Sie gewiss sein, als zum selben Blut und Stamm gehörig geschätzt und geachtet zu werden.“ Elisabeth freute sich über den Brief, aber ihr Entschluss lag längst fest. Denn unter gar keinen Umständen wollte die lebenslustige Prinzessin, die Theater und Musik über alles liebte, nach dem Tod von Onkel August mit dessen Witwe, der bigotten Markgräfin Maria Viktoria, zusammenleben. Elisabeth erwarb Schloss Riegel in Vorderösterreich und ließ sich später auch noch ein Haus in Freiburg bauen. Als einzige ihrer Familie unterhielt Elisabeth Augusta nach dem Heimfall der badenbadischen Lande freundschaftliche Beziehungen zu Karl Friedrich; sie war ein gern gesehener Gast in Karlsruhe.

Dass das über Jahre dauernde zähe Ringen um den Vertrag mit Baden-Baden 1765 schließlich ein Ende fand, war nicht zuletzt der chronischen Finanznot des Rastatter Hofes zu verdanken. Baden-Badens Staatsdiener hatten neun Monate lang keine Besoldung erhalten, dem Markgrafen August Georg stand das Wasser bis zum Hals: Die Gläubiger rannten ihm die Türen ein. Karl Friedrich ließ seinen Verwandten wissen, dass er beim Zustandekommen des Erbvertrages noch einmal mit einer gewaltigen Summe aushelfen würde. August Georg war in der Zwickmühle. Er schickte einen Gesandten nach Bruchsal in der Hoffnung, dass der Fürstbischof von Speyer, der seine Gemahlin gegen Karl Friedrich aufgehetzt hatte, ihm nun ein Darlehen gewähren würde. Um das Geld zu bekommen, war der Markgraf sogar bereit, sieben Eberstein'sche Dörfer, um die Speyer und Baden-Baden seit Jahren stritten, zu verpfänden. Aber weder der Fürstbischof noch die Schweizer Kantone, an die sich der Markgraf gleichfalls wegen einer Anleihe wandte, waren bereit, das Risiko einzugehen. Es blieb August Georg nichts anderes übrig, als das Geld aus Karlsruhe zu akzeptieren – und den Erbvertrag zu unterzeichnen.

Die beiden badischen Markgrafen hatten sich geeinigt. Damit der Heimfall Baden-Badens an das verwandte Haus nach dem Tod des letzten katholischen Herrschers auch wirklich reibungslos ablaufen würde, galt es jetzt, Garanten für den Erbvertrag zu finden. Um gegen mögliche Ansprüche oder gar Übergriffe gewappnet zu sein, erbat und erhielt Karl Friedrich Garantieerklärungen von evangelischen Mächten wie Preußen, Dänemark und England. Sorgsam vermieden es Karl Friedrich und Georg August, den Kaiser um eine Bestätigung des Vertrages zu ersuchen – sie legten ihm den Pakt zwar zur Kenntnisnahme vor, aber nicht etwa zur Genehmigung. Wie zu erwarten war, mäkelte der Reichshofrat in Wien an dem Vertrag herum. Kaiser Josef II. akzeptierte ihn trotzdem.

Kassandrarufe ertönten aus Speyer, Trier und Mainz: Die geistlichen Reichsstände prophezeiten, dass es die schlimmsten Folgen für die katholische Bevölkerung von Baden-Baden haben würde, wenn sie von dem Durlacher regiert würde. Gelassener reagierte der Papst: Clemens XIII. war zufrieden mit den die Baden-Badener Katholiken betreffenden Regelungen. Er hatte schon einige Jahre zuvor ein warmes Dankesschreiben an Karl Friedrich gesandt, weil der evangelische Fürst den katholischen Bewohnern seiner Residenzstadt Gelände für ein neues Bethaus zugewiesen hatte (womit freilich keine Pfarrrechte verbunden waren. St. Stephan, die erste katholische Pfarrei in Karlsruhe, wurde erst im Jahr 1804 gegründet; bis dahin war den katholischen Bewohnern der Fächerstadt lediglich die „stille Übung ihrer Religion" gestattet. Im 18. Jahrhundert galt aber auch dies schon als Zeichen bemerkenswerter Toleranz).

Als letzte bedeutende Monarchin gab im Jahr 1771 Katharina die Große eine Garantieerklärung für den Erbvertrag ab. Gleichzeitig teilte die Zarin mit, dass sie beschlossen habe, ihre „Cousine", die badische Markgräfin Karoline Luise, mit dem Katharinenorden auszuzeichnen. Die Badener freuten sich über dieses Zeichen der Wertschätzung, denn seit dem Siebenjährigen Krieg war Russland auf dem politischen Parkett in Europa eine Kraft, die man nicht unterschätzen durfte. Sein Einverständnis mit dem badischen Erbvertrag hatte auch König Ludwig XV. von Frankreich signalisiert. Das war um so wichtiger, als die im Kindbett gestorbene Prinzessin Augusta Maria Johanna, die Schwester der letzten Markgrafen von Baden-Baden, mit Herzog Ludwig von Orléans verheiratet gewesen war. Als es dann soweit war und die Baden-Badener Linie erlosch, fand Frankreich allerdings doch noch ein Hintertürchen, um Erbansprüche auf Baden-Baden anzumelden. Sehr zur Erleichterung Karl Friedrichs lösten die Großmächte das Problem jedoch auf diplomatischer Ebene.

August Georg kränkelte, aber es war nicht abzusehen, wann er das Zeitliche segnen würde. Die Gelegenheit für eine größere Reise schien günstig: Karl Friedrich und Karoline Luise spielten mit dem Gedanken, für einige Monate nach Paris zu fahren. Während der Markgraf von Jugend an gerne, oft und weit gereist war, hatte seine Frau noch nicht viel Gelegenheit gehabt, etwas von der Welt zu sehen. Dem Mädchen war die für Fürstensöhne obligatorische Kavalierstour versagt geblieben, und der verheirateten Dame verboten die vielen Schwangerschaften ausgedehnte Touren. Aber jetzt kam Karoline Luise in das Alter, in dem die Frauen keine Kinder mehr gebären – und das schenkte ihr eine gewisse Freiheit. Die Markgräfin war ganz aus dem Häuschen vor Freude über die Aussicht, endlich selbst Paris, das Herz der eleganten Welt, den Treffpunkt der Gebildeten und der Künstler, kennen zu lernen.

Karl Friedrich belächelte zwar die fast kindliche Begeisterung seiner Gemahlin – tatsächlich war er aber kaum weniger angetan von der Idee einer Reise als sie. Paris war die Hochburg der Physiokraten, und der Markgraf von Baden-Durlach konnte sich nichts Interessanteres vorzustellen, als persönlich mit den führenden Köpfen dieser Lehre Gedanken auszutauschen. Als er einem Bericht las über die Dienstagsgesellschaften, bei denen sich die Physiokraten im Hause des Marquis de Mirabeau zu treffen pflegten, war die Fahrt so gut wie beschlossen: „Es lässt mir, wie man bei uns sagt, das Wasser im Munde zusammen laufen ... Ich stelle sie mir vor wie die Akademie im alten Athen; nur meine ich, die ‚philosophie économique' bringe der Menschheit unmittelbareren Nutzen als das, was die griechischen Philosophen lehren", freute sich Karl Friedrich.

Das hohe Paar schmiedete also Pläne, aber in aller Heimlichkeit. Offiziell war zunächst nur von einer Bildungsreise des Erbprinzen Karl Ludwig nach Paris die Rede, bei der ihn sein Bruder Friedrich begleiten sollte. Für ihre Söhne, die mittlerweile 16 beziehungsweise 14 Jahre alt waren, ließ Karoline Luise ein geräumiges „Hotel" anmieten – so geräumig, dass eigentlich jeder, der das sparsame Baden-Durlacher Markgrafenpaar kannte, stutzen musste. Keine Frage war, dass die Prinzen und ihr Gefolge (neben der einfachen Dienerschaft gehörten dazu unter anderem der Hofmeister, einige begleitende Adelige und ein Arzt) standesgemäß unterzubringen waren, auch wenn die jungen Herren selbstverständlich incognito reisen würden. Aber die Größe und die Ausstattung der Räumlichkeiten, die Karoline Luise forderte, deuteten darauf hin, dass das hohe Paar zumindest gedachte, seinen Söhnen einen Besuch abzustatten. Jedenfalls verlangte die Markgräfin, dass der Erbprinz ein Bett bekommen sollte, das breit genug war für zwei Personen. Außerdem ließ sie einen Toilettentisch besorgen, einen Schreibtisch und dazu alles, was eine Dame von hohem Stand benötigte.

Trotz der sich über Wochen hinziehenden Vorbereitungen der Parisreise wussten bis zum letzten Augenblick nur ein paar Vertraute und natürlich die Herren vom Geheimen Rat über die wahren Pläne des markgräflichen Paares Bescheid. Das Geheimratskollegium musste der Fürst schon deshalb einweihen, weil das Gremium während der Abwesenheit Karl Friedrichs die Regierungsgeschäfte wahrzunehmen hatte. Mit der ihm eigenen Gewissenhaftigkeit wollte der Markgraf vorab möglichst jedes noch so unwahrscheinliche Detail klären. Vor allem gab er genaue Anweisungen darüber, was zu geschehen hatte, falls der badenbadische Vetter seinen Leiden erliegen würde.

Am 5. Juni des Jahres 1771 machten sich die „Gräflich Ebersteinischen Herrschaften" (dieses Incognito hatte Karl Friedrich gewählt) auf den Weg. Die Prinzen Karl Ludwig und Friedrich waren ziemlich enttäuscht darüber, dass ihr Bildungsaufenthalt in

Paris zu einer großen Familienreise mutiert war – sogar den achtjährigen Ludwig hatte die Markgräfin mitgenommen. Das hatten sich die jungen Herren ganz anders vorgestellt: Unter Aufsicht hätten die Prinzen natürlich auch dann gestanden, wenn die Eltern nicht mit von der Partie gewesen wären. Aber selbst die aufmerksamsten Erzieher konnten ihre Zöglinge nicht ununterbrochen im Auge behalten. An ungezwungene Zusammenkünfte mit gleichaltrigen Herren oder gar an galante Abenteuer war jetzt wohl nicht mehr zu denken. Natürlich wagten es die Prinzen nicht, ihren Unmut auch nur anzudeuten. Schicksalsergeben schaukelten sie Paris entgegen. Die Fahrt in den Karossen war zwar nicht sonderlich bequem, verlief aber ohne größere Zwischenfälle. Eine Woche später erreichten sie die Stadt an der Seine.

Paris: Es bereitete Karl Friedrich eine große Freude, die überraschten Gesichter seiner Gemahlin und seiner Söhne zu beobachten. Natürlich hatten sie gewusst, dass Paris größer war als alle anderen Städte, die sie bisher kennen gelernt hatten. Aber es war doch etwas ganz anderes, davon zu hören, dass in dieser Metropole mehr als 600.000 Menschen lebten, als solche Dimensionen zu erleben (die baden-durlachische Residenzstadt zählte zu dieser Zeit einschließlich des Vorortes Klein-Karlsruhe nur etwa 4.500 Einwohner). Karoline Luise, die alles gelesen hatte, was sie an Literatur über Paris bekommen konnte, fiel von einem Entzücken ins andere. Gleich am ersten Tag machten sich die Badener auf, Sehenswürdigkeiten zu besichtigen. Schlösser, berühmte Adelspalais, Kirchen, Plätze und Gärten, Theater, Ateliers, Gemäldesammlungen, Naturalienkabinette, die Académie des Sciences, das Observatorium, die Königliche Spiegelglasfabrik und die Porzellanmanufaktur in Sèvres – die Liste war lang, und namentlich die Markgräfin wollte nichts, aber auch gar nichts auslassen.

Fast noch wichtiger als die Besichtigungen waren den Badenern die Bekanntschaften, die sie in Paris knüpfen, die Gespräche, die sie führen konnten. Es bereitete Karl Friedrich eine tiefe Befriedigung, dass bereits am Tag ihrer Ankunft der Marquis de Mirabeau mit einem seiner Physiokraten-Freunde beim „Grafen von Eberstein“ vorsprach. Etwas länger, nämlich sieben Tage, musste Karoline Luise auf eine Besucherin warten, deren Kommen sie sehnlichst erwartete: Madame Geoffrin, in deren berühmten Salon Literaten, Wissenschaftler, sogar Künstler und natürlich die elegante Welt verkehrten, war eine Berühmtheit, deren Ruhm weit über Frankreich hinaus gedrungen war. Die Etikette hatte es der Markgräfin verboten, die Geoffrin zuerst aufzusuchen; nachdem die aber den Anfang gemacht hatte, wollten die beiden Frauen ihre persönliche Bekanntschaft nicht mehr missen. Das Haus der Madame Geoffrin wurde für die Badener der Mittelpunkt ihres gesellschaftlichen Lebens in Paris – nirgendwo sonst begegnete ihnen so viel Esprit, nirgendwo sonst wurden ihnen so viele Türen geöffnet.

Den offiziellen Besuch in Versailles hätte Karl Friedrich am liebsten vermieden – aber das wäre einem Affront gegen König Ludwig gleichgekommen. Das Incognito senkte zwar die Kosten der Reise und schenkte den Badenern eine Bewegungsfreiheit, von der eine regierende Familie sonst nur träumen konnte – aber alles, was Rang und Namen hatte, wusste natürlich ganz genau, wer die Gräflich Ebersteinischen Herrschaften waren. Es blieb dem Markgrafen also gar nichts anderes übrig, als das Marionettentheater, das ihn schon als Jugendlichen abgeschreckt hatte, erneut aufzusuchen.

Es gab wohl keinen anderen Hof in Europa, der sich gegenüber ausländischen Fürsten so arrogant gab wie der französische. Karoline Luise, die bislang weder das sagenhafte Schloss noch das ermüdende Zeremoniell kennen gelernt hatte, war sehr erpicht auf eine Visite in Versailles. Vor allem wollte sie die Dauphine Marie Antoinette wiedersehen. Zusammen mit Karl Friedrich hatte sie die Tochter der Kaiserin Maria Theresia ein Jahr zuvor in Freiburg und Emmendingen begrüßt, wo die Braut des französischen Thronfolgers bei ihrer Reise von Wien nach Paris Station gemacht hatte. Die Audienz, die die künftige Königin der markgräflichen Familie in ihrem Prunkschlafzimmer gewährte, dauerte allerdings nur eine knappe Viertelstunde.

Zwei Tage später wurden Karl Friedrich und Erbprinz Karl Ludwig im Sitzungssaal von Ludwig XV. empfangen. Seine Majestät geruhte, sich leutselig zu geben. Angeblich erinnerte sich der König daran, den badischen Markgrafen vor einem Vierteljahrhundert schon einmal an seinem Hofe gesehen zu haben. Dann erkundigte er sich, wie es Karl Friedrichs Familie ergehe, nickte ein paar Mal huldvoll mit dem Kopf – und nach zehn Minuten war auch diese Audienz vorüber. Erbprinz Karl Ludwig war zutiefst gekränkt. Zwar war er dem König von Frankreich vorgestellt worden, doch hatte der sich zu keinem einzigen Wort an die Adresse des jungen Mannes herabgelassen.

Der Besuchsmarathon bei den übrigen Mitgliedern der königlichen Familie, den Karl Friedrich und sein Sohn anschließend absolvieren mussten, kühlte die anfängliche Begeisterung des Erbprinzen für den Prunk von Versailles noch mehr ab. Zuerst begaben sich Vater und Sohn zum Enkel des Königs, dem späteren Ludwig XVI., dann mussten sie dessen Brüder und deren Gemahlinnen sowie die Dauphine aufsuchen. Als nächstes waren die Schwestern des Dauphins an der Reihe und zuletzt die Töchter des Königs. Das Schaulaufen bei den Hoheiten verlief stets nach demselben Muster: Die Söhne und Töchter Frankreichs standen, von ihrem persönlichen Hofstaat umgeben, im Audienzzimmer ihrer Appartements und blickten über die Besucher hinweg. Man machte seine Reverenz, tauschte mechanisch ein paar Floskeln aus – und durfte sich wieder entfernen. Angesichts der alle Individualität erstickenden Etikette in Versailles beglückwünschte sich Karl Friedrich heimlich selbst zum vergleichsweise bescheidenen Zeremoniell in Karlsruhe.

Abgesehen von der Langeweile in Versailles waren für Karl Friedrich und Karoline Luise die Wochen in Frankreich der reine Genuss. Doch leider endete der Aufenthalt in Paris früher als vorgesehen: Am 30. August wurde Karl Friedrich darüber informiert, dass es mit dem Markgrafen von Baden-Baden wohl bald zu Ende ginge. Karl Friedrich wollte sofort die Rückreise antreten, aber die zutiefst enttäuschte Karoline bat ihn eindringlich, nichts zu überstürzen. Karl Friedrich zögerte – allerdings nur ein paar Tage lang. Denn die nächste Nachricht aus der Heimat war weit dringlicher. Der Markgraf ersuchte um eine Abschiedsaudienz bei König Ludwig. Sie wurde gewährt – und am 22. September waren Karl Friedrich und Karoline wieder in Karlsruhe. Auf den Antritt des Baden-Badener Erbes mussten sie allerdings noch fast einen Monat lang warten. Darüber war vor allem die Markgräfin verschnupft. Sie, die so gerne in Paris geblieben wäre, nahm dem Baden-Badener Vetter seinen zähen Todeskampf beinahe übel. August Georgs „Wassersucht" zog sich hin, erst am 21. Oktober 1771 tat er in seinem Rastatter Residenzschloss seinen letzten Atemzug.

Die vereinigten Markgrafschaften

Gleich nach dem Eintreffen der Todesnachricht, am 21. Oktober, fuhr Karl Friedrich mit seinem Bruder Wilhelm Ludwig nach Rastatt. Es war ein großer Tag für den Fürsten: Unter ihm wurden die Markgrafschaften nach einer weit über 200 Jahre währenden Trennung wieder vereinigt.

Karl Friedrich war jetzt Herr über 190.000 Seelen. Sein Herrschaftsgebiet hatte sich mehr als verdoppelt; unwiederbringlich vorbei waren die Zeiten, als unmittelbar vor dem Tor der Residenzstadt die Landesgrenze verlief. Durch den Anfall des

Gebietes, das von Ettlingen mit einem Teil des Albtals über Rastatt mit dem Murgtal und Baden-Baden bis nahe Offenburg reichte, war endlich wieder ein sinnfälliger Zusammenhang entstanden. Schönheitsfehler freilich gab es trotz des Zuwachses genug: Noch immer trennte ein Riegel von vorderösterreichischen Landen und vielen winzigen Herrschaften die badischen Unterlande von den Oberlanden; noch immer gab es Gebiete wie die Grafschaft Eberstein und die Grafschaft Sponheim, deren Besitz sich der badische Markgraf mit anderen Fürsten teilen musste.

Karl Friedrich nahte, und sein Gegenspieler, der Geheimrat Axter, verließ Rastatt. Schon am Tag nach dem Tod des letzten katholischen Markgrafen trat das Haupt der anti-durlachischen Partei in österreichische Dienste. Es war, als solle damit seine Feindschaft gegenüber Karl Friedrich noch einmal unterstrichen werden: Axter, nunmehr vorderösterreichischer Regierungs- und Kammerrat, ergriff im Namen Maria Theresias Besitz von der Ortenau und trat in Ortenberg bei Offenburg seinen Dienst an. Für Karl Friedrich war es schmerzlich, aber es kam nicht unerwartet: Da Österreich schon Jahre zuvor eine Mitbelehnung Karl Friedrichs abgelehnt hatte, war es von vornherein klar gewesen, dass beim Tode des Markgrafen von Baden-Baden die Landvogtei Ortenau mit Rechten an den Reichsstädten Offenburg, Gengenbach und Zell am Harmersbach an das österreichische Kaiserhaus zurückfallen würde.

Dass österreichisches Gebiet die badischen Lande teilte, empfand Karl Friedrich als latente Bedrohung. Als Kaiser Josef II. etwa zehn Jahre später auch noch Anstrengungen unternahm, seine süddeutschen Besitzungen zu arrondieren und zu vergrößern, trieb das den badischen Markgrafen offen in die Opposition: Er trat in Bündnisverhandlungen mit Brandenburg-Preußen, Sachsen und Hannover ein. 1785 schloss sich Karl

Friedrich dem gegen die kaiserliche Veränderungspolitik gerichteten Fürstenbund an, den Friedrich der Große in Leben gerufen hatte.

Aber das war Zukunftsmusik. Im Moment hatte Karl Friedrich nichts anderes im Sinne, als sein Erbe anzutreten. In Rastatt angelangt, stattete der Markgraf der frisch verwitweten Markgräfin Maria Viktoria sowie der Prinzessin Elisabeth Kondolenzbesuche ab; außerdem vereidigte er das Geheimratskollegium, in dem sein Feind Axter bereits fehlte. Um die katholischen Beamten für sich einzunehmen, erklärte er ihnen, dass es sein Ziel sei, die Gemüter seiner alten und seiner neuen Untertanen in Übereinstimmung zu setzen: „Ist dieser Endzweck erreicht, so genieße ich das Glück, über die Herzen meiner Untertanen zu regieren, so vermehrt sich das Ansehen und die Größe des Hauses Baden und es muss ein unumstößlicher Grundsatz bei unseren spätesten Nachkommen bleiben, dass das Glück des Regenten von der Wohlfahrt seines Landes unzertrennlich sei."

Noch waren aber längst nicht alle neuen Untertanen beglückt über den neuen Landesherrn. Als Karl Friedrich hoch zu Ross Rastatt verließ, fiel angeblich ein Schuss, abgefeuert im Piaristenkloster. Das soll ihm jede Lust genommen haben, über eine Verlegung der Residenz nach Rastatt nachzudenken. Das prachtvolle Barockschloss, das der Türkenlouis zu Beginn des Jahrhunderts erbaut hatte, stand von nun an mehr oder weniger verwaist. Zwar achtete Karl Friedrich sorgsam darauf, dort jedes Jahr einige Wochen Hof zu halten, damit die neuen Untertanen nur nicht das Gefühl bekämen, ihr Herrscher würde sie vernachlässigen – richtig zu Hause aber fühlte er sich in Karlsruhe. Auch das Lustschloss der Markgräfin Sibylla Augusta, die Favorite, beehrte er im Sommer 1772 mehrere Wochen mit seiner Anwesenheit. Geerbt hatte er außerdem die Schlösser in Baden-Baden, in Ettlingen und in Scheibenhardt.

Die Inbesitznahme des neuen Landesteils ging zunächst recht friedlich vonstatten. Was nicht zuletzt daran lag, dass Karl Friedrich vorgebeugt hatte: An neuralgischen Punkten – Orten, auf die möglicherweise Dritte Anspruch erheben könnten — hatte er bereits vor dem Tod August Georgs und im Einvernehmen mit dem Verstorbenen, Truppenkontingente ins Quartier legen lassen. Überall in den Baden-Baden'schen Landen wurden Patente angeschlagen, in denen Karl Friedrich seinen neuen Untertanen die volle Religionsfreiheit nach den Bestimmungen des Westfälischen Friedens und des Erbvertrags von 1765 zusicherte. Widerstand gegen die Landeshoheit des evangelischen Markgrafen regte sich allerdings in den Abteien Schwarzach und Frauenalb; beide versuchten, Reichunmittelbarkeit geltend zu machen. Karl Friedrich griff durch und zwang zeitweise den Abt von Schwarzach, das Land zu räumen. In Frauenalb sorgten Soldaten dafür, dass dem neuen Landesherrn die Huldigung zuteil ward. Äbtissin und Abt strengten daraufhin einen Prozess gegen Karl Friedrich an. Die badische Landeshoheit über das Klostergebiet Frauenalb, Schwarzach wie auch Lichtenthal blieb aber noch jahrelang heftig umstritten; endgültig Klarheit schaffte erst die Säkularisation zu Beginn des 19. Jahrhunderts.

„Gott befestige Euer Haus. Möge es bis ans Ende der Welt bestehen, und möge das Land Baden immer so glücklich sein, wie es das Land Durlach ist“, wünschte die „große Landgräfin“, Henriette Karoline von Hessen-Darmstadt, der Karlsruher Verwandtschaft. Tatsächlich begann jetzt für den baden-badischen Landesteil eine Ära der Reformen. Ob in Justiz, Finanzwesen oder Landwirtschaft: Was Karl Friedrich in Baden-Durlach eingeführt und für gut befunden hatte, sollte auch seinen neuen Untertanen zum Vorteil gereichen. Der Markgraf sorgte dafür, dass mit Augenmaß vorgegangen wurde – er wollte die Menschen in Baden-Baden nicht unnötig reizen. Brauchbares wie etwa die

Institution einer staatlichen Feuerversicherung sollte erhalten bleiben und ausgebaut werden. Auch in den neuen Landesteilen galt den Schulen die besondere Aufmerksamkeit des Fürsten. Nach der päpstlichen Aufhebung des Jesuitenordens ließ Karl Friedrich in der Stadt Baden-Baden sowie in Ettlingen katholische Gymnasien errichten.

Als schwere Bürde erwies sich die gewaltige Schuldenlast, die August Georg seinem Nachfolger hinterlassen hatte. Ein reisender Schriftsteller wusste zu berichteten, dass Karl Friedrich 1771 fast so viele Schulden vorgefunden habe, wie die ganze Erbschaft wert war: „Mätressen, Pfaffen, Jäger, Köche hatten seit langer Zeit gewetteifert, diesen Hof zu Grund zu richten, und unter der letzten Regierung war man in der Wirtschaft zum Teil aus Vorsatz nachlässig, weil man sah, dass ein anderes und zwar ein protestantisches Haus nachfolgen werde.“ Karl Friedrich setzte eine Inventurkommission ein, die die Ansprüche der Gläubiger prüfen sollte. Einige Forderungen wurden als unberechtigt aussortiert, die übrigen beglichen. Die Beamten arbeiteten so korrekt und dabei so rasch, dass Störversuche der verwitweten Markgräfin Maria Viktoria im Sande verliefen. Von unheilbarem Misstrauen gegenüber dem evangelischen Fürsten getrieben, hatte sie beim Reichshofrat in Wien eine Prüfungskommission verlangt, die unter dem Vorsitz des katholischen Herzogs von Württemberg dem badischen Markgrafen bei der Schuldentilgung peinlich genau auf die Finger schauen sollte.

Der Prozess

Die Witwe August Georgs, Spross des uralten katholischen Herzoghauses von Arenberg, sollte noch viele Jahre lang der Stachel im Fleisch Karl Friedrichs sein. Maria Viktoria war beseelt von einer schwärmerischen Frömmigkeit und träumte davon, ihren bedrückten Glaubensgenossen zum Schutzengel zu werden. Bestärkt in solchen Gedanken wurde die Witwe von ihrem Beichtvater sowie vom Fürstbischof von Speyer. Da Maria Viktoria als freigiebige Wohltäterin im Volk sehr populär war, wurde ihr Hof im Neuen Schloss zu Baden-Baden die Anlaufstelle für all diejenigen, die sich mit der neuen Herrschaft nicht anfreunden wollten oder konnten. Ihr Gemahl hatte ihr eine Summe Geldes hinterlassen, das die Witwe laut Testament für Stiftungen zur Stärkung der katholischen Religion benutzen sollte. Jetzt wollte sie von Karl Friedrich Garantien dafür erhalten, dass dieses Geld so investiert würde, wie es angeblich im Sinne des verstorbenen Markgrafen war. Allerdings hatte die Witwe Vorstellungen, die weit über die Bestimmungen im Erbvertrag hinausgingen. Ihr schwebte die Einrichtung einer Armen-Erziehungsanstalt vor, außerdem sollte das Geld für die Ausstattung bedürftiger Mädchen, für Stipendien für katholische Studenten sowie für ein Frauenkloster in Rastatt verwendet werden. Auf die Summe, die ihr der verstorbene Gatte anvertraut hatte, sattelte Maria Viktoria aus ihrem ansehnlichen persönlichen Vermögen noch einiges drauf. Alle Angelegenheiten der Stiftung, so meinte die Markgräfin, müssten von einer katholischen Konsistorialkommission unter Oberaufsicht des Bischofs von Speyer eigenverantwortlich geregelt werden; Maria Viktoria wünschte außerdem, selbst Mitglied der Kommission zu sein.

Der Plan war von den Hintermännern der Witwe schlau ausgedacht, denn wären Maria Viktorias Forderungen erfüllt worden, wäre innerhalb Badens eine Art Nebenregierung unter einem fremden Souverän, dem Bischof von Speyer, entstanden. Dies konnte und wollte Karl Friedrich aber auf gar keinen Fall zulassen. Maria Viktoria war von seiner Zurückweisung zutiefst enttäuscht und überschüttete ihn mit Vorwürfen. Monatelang zogen sich die Auseinandersetzungen hin. Doch während sich die Witwe immer mehr in ihre Erbitterung hineinsteigerte, bemühte sich

Karl Friedrich um Sachlichkeit und größtmögliche Korrektheit im Umgang mit seinen katholischen Untertanen. Er wollte seinen Gegnern keinerlei Angriffsfläche bieten.

So sehr sich die katholische Partei um Maria Viktoria bemühte: Es gelang ihr nicht, dem Markgrafen von Baden Verstöße gegen den Erbvertrag nachzuweisen. Des Wartens auf einen Fehler müde ergriffen Karl Friedrichs Feinde 1776 die Flucht nach vorne und beschlossen, Klage vor dem Reichshofsrat zu erheben. Da es keinen konkreten Anlass dafür gab, schoben sie die Sorge um die Gefahren vor, die dem Katholizismus in Baden in Zukunft angeblich drohten. Durch die Aufhebung der Regierung in Rastatt sei außerdem das Recht der katholischen Untertanen beeinträchtigt, von Behörden der eigenen Konfession regiert zu werden. Wieder versuchte sich der Fürstbischof von Speyer als Gegenspieler Karl Friedrichs: Ihn hatte die katholische Partei dafür vorgesehen, die kaiserliche Kommission zu beraten, die – auf Kosten des beklagten badischen Markgrafen – vor Ort die Beschwerden untersuchen sollte.

Da eine Klage dieser Art aber nur von der Bevölkerung eingebracht werden konnte, starteten die Parteigänger der Markgrafen-Witwe einen regelrechten Anti-Karl-Friedrich-Werbefeldzug. Wo gute Worte nicht wirkten, versuchten sie es mit Drohungen; wo Argumente nicht ankamen, pochten sie auf Gegenleistungen für einst von Maria Viktoria empfangene Wohltaten. Das seit Jahrzehnten immer aufs Neue geschürte Misstrauen gegen die andere Konfession tat ein Übriges, und einfache Gemüter glaubten ernsthaft, es gehe bei dem Streit ausschließlich um Fragen der Religion. Mehrere Gemeinden – allen voran die Städte Baden-Baden und Rastatt – wollten den Prozess betreiben. Ende des Jahres wurde die Klageschrift in Wien eingereicht. Als Syndikus wählten die Städte Baden-Baden und Rastatt den bischöflich-straßburgischen Oberamtmann Johann Nepomuk Tschamerell.

Der Ausländer reiste durchs Land, besuchte Gemeindeversammlungen (was ihm Karl Friedrich schließlich untersagte), hetzte gegen die Regierung in Karlsruhe und sammelte weitere Stimmen für den Prozess. Bezahlt wurde Tschamerell von Zinsen einer hohen Geldsumme, die Maria Viktoria zu diesem Zweck beim Ordinariat in Bruchsal hinterlegt hatte.

Karl Friedrich wurde die Sache allmählich zu bunt. Es war an der Zeit, die „Querulanten" in ihre Schranken zu weisen. Da er nach wie vor die Herzen seiner neuen Untertanen zu gewinnen trachtete, verzichtete der Markgraf auf Gewaltakte. Stattdessen schickte er Beamte durchs Land, damit sie die katholischen Einwohner über seine wahren Absichten und über seine Sicht des „Syndikatsprozesses" aufklärten. Der Kampagne war überraschend großer Erfolg beschieden: Abgesehen von der Stadt Baden-Baden traten alle Gemeinden von der Klage zurück. Ettlingen protestierte in Wien sogar gegen die Anmaßung Baden-Badens, für den ganzen katholischen Teil des Landes zu sprechen. Auch in der Stadt an der Oos selbst bröckelte die Front der Karl-Friedrich-Gegner. Je weniger Rückhalt sie in der Bevölkerung hatte, desto verbissener aber beharrte die Syndikatspartei auf ihrem Standpunkt.

Maria Viktoria reiste 1778 persönlich nach Wien, um die katholische Sache zu verfechten. Da Karl Friedrich stur blieb, was die Stiftung beziehungsweise die von ihr geforderte Konsistorialkommission anging, trat die Witwe das Kapitalvermögen an die Kaiserin Maria Theresia und deren Nachkommen ab. Für den Fall, dass die Verhandlungen mit Karl Friedrich weiterhin zu keinem Ergebnis führten, sollte die Kaiserin die Zinsen auch außerhalb der früheren Markgrafschaft Baden-Baden verwenden dürfen. Lieber sollte das Geld für Badens Katholiken verloren gehen, als dass die Markgrafen-Witwe dem verhassten Protestanten Zugeständnisse machte. Karl Friedrich, der der alten Dame bisher trotz allen Verdrusses ihren religiösen Eifer zugute gehalten hatte, war darüber regelrecht erschüttert. In langwierigen Verhandlungen mit Österreich errang er die Zusicherung, dass die Gelder nicht außerhalb von Baden verwendet würden; zu einem Vergleich aber kam es weiterhin nicht.

Maria Viktoria und ihre Syndikatspartei genossen beim Reichshofrat durchaus Sympathien; wiederholt wurde die Drohung laut, man werde auf Karl Friedrichs Kosten die von Baden-Baden geforderte kaiserliche Lokalkommission einsetzen. Der badische Markgraf aber wies unerschütterlich alle Eingriffe in seine landesherrlichen Rechte zurück. Obgleich er, wie er in einem Brief an seinen Schwager, den Landgrafen von Hessen-Darmstadt, schrieb, „von Seiner Kaiserlichen Majestät weltbekannten Gerechtigkeitsliebe vollkommen versichert" sei, suchte er Bundesgenossen, die ihm in dem über alle Maßen lästigen Verfahren beistanden. Die Könige von England, Schweden, Dänemark und Preußen als Garanten des Erbvertrages zögerten nicht, für ihn Partei zu ergreifen, und selbst einige katholische Kirchenfürsten zeigten sich befremdet darüber, „dass ein Fürst von so bewährtem Ruhme der Gerechtigkeit, der Toleranz und des Vatersinnes für seine Untertanen beleidigend angetastet und ihm die gute Regierung erschwert werden könne".

Obwohl er eigentlich von Anfang an eine Farce gewesen war, zog sich der Syndikatsprozess fast 20 Jahre hin, bis schließlich auch im Reichshofrat niemand mehr Interesse an den immergleichen Gesuchen des Baden-Badener Magistrats hatte. Im April 1789 hatten die Vertreter der Stadt Baden-Baden die letzte Audienz bei Kaiser Josef II. Bei ihm, dem katholischen Reformer, der vielen als Ketzer galt, weil er in seinen Landen die Autonomie der Kirche rücksichtslos beschnitten hatte, fand ihr Gejammer kein geneigtes Ohr. Kühl erklärte der Kaiser den Klägern, dass er an Karl Friedrichs Stelle eine ganz andere Sprache mit ihnen gesprochen hätte. Kleinlaut traten die Herren daraufhin die Heimreise an. Mit sich führten sie die übliche Empfehlung des Reichshofrats an ihren Landesherrn, dass er sie die Klage nicht entgelten lassen möge.

Karl Friedrich legte gar keinen Wert darauf, die Stadt Baden-Baden für ihre Widerspenstigkeit zur Rechenschaft zu ziehen. Beamte, die es sich angemaßt hatten, gegen ihren Herrn zu intrigieren, waren ohnehin bestraft und aus dem Dienst entlassen worden. Aber jetzt, nach der Niederlage der „Querulanten", suchte der Markgraf wieder einmal den Weg des Ausgleichs. Zwar fühlte er sich immer noch tief gekränkt wegen des Misstrauens, das ihm seine Untertanen entgegengebracht hatten, aber das hinderte ihn nicht daran, der Stadt Baden-Baden 1789 ihre Privilegien zu bestätigen. Aufhalten aber mochte er sich in dem Widerstandsnest nicht. Erst als alter und kranker Mann raffte er sich im Jahr 1805 dazu auf, die Stadt an der Oos zu besuchen: Er wurde mit großem Jubel empfangen. Fortan wiederholte er seine Visiten alljährlich im Sommer.

Mit erstaunlicher Nachsicht sprach Karl Friedrich in späteren Jahren auch über seine alte Feindin, die Markgräfin Maria Viktoria. Da er selbst ein tief religiöser Mensch war, beeindruckte ihn der ebenso naive wie rücksichtslose Glaubenseifer der Witwe ganz ungemein – auch wenn sich dieser Eifer gegen ihn gewandt und ihm manche Pein bereitet hatte: „Sie hat das Gute gewollt", gestand Karl Friedrich der alten Dame zu. Maria Viktoria hatte noch während des Syndikatsprozesses ihren Wohnsitz von Baden-Baden nach Ottersweier verlegt und dort eine Klosterschule eingerichtet. 1784 war sie dann nach Straßburg übergesiedelt, wo die tief Enttäuschte ihre letzten Lebensjahre verbrachte. Ein letztes Grauen blieb ihr nicht erspart: die Französische Revolution, die nicht nur die Monarchie, sondern auch die Religion hinwegzufegen und durch einen gottlosen „Kult der Vernunft" zu ersetzen drohte. Als „Bürgerin Marie Victoire Aremberg“ starb die letzte Markgräfin von Baden-Baden am 13. April 1793, im Jahr II der Französischen Republik. Karl Friedrich ließ den Leichnam der wegen ihrer Wohltätigkeit im katholischen Teil seiner Markgrafschaft noch immer hoch verehrten Fürstin zurückholen. In der Stiftskirche zu Baden-Baden wurde Maria Viktoria feierlich beigesetzt.

Generationenkonflikte

Noch eine Prinzessin aus Hessen-Darmstadt

„Ich bin Nichts ohne Dich“, schrieb Karoline Luise an ihren Karl Friedrich: „Alle Orte, wo ich Dich nicht finde, missfallen mir. Du bist mein Leben, meine Seele, mein Alles. Nichts ist ohne Dich. Auch will ich nur für Dich leben und sterben ... Sieh, wenn ich Dir, mein Herz gehorche, so ist, Deinen Befehlen zu gehorchen, meine süßeste Beschäftigung. Ach teures Herz, wie liebe ich Dich.“

Aus dem hübschen jungen Markgrafen, in den sich Karoline einst verliebt hatte, war inzwischen ein untersetzter Herr im mittleren Alter geworden, aber das konnte den Gefühlen, die die Fürstin für ihrem Gemahl hegte, nichts anhaben. Das tiefe Vertrauen, das die Eheleute sich gegenseitig schenkten, war beiden ein Quell der Kraft. Verschwunden war aus dem Antlitz Karl Friedrichs alle Ruhelosigkeit der Jugend; das volle Gesicht des Markgrafen zeigte meist einen Ausdruck von feierlichem Ernst, sogar von Selbstzufriedenheit. Karl Friedrich war stolz auf seinen Ruf, ein überaus pflichtbewusster Fürst zu sein, und fand Gefallen daran, seine Tugenden öffentlich zu inszenieren.

Seit dem Heimfall der hoch verschuldeten baden-badischen Lande tat er sich noch mehr auf seine Sparsamkeit zugute als zuvor. Ein schwedischer Reisender, Jakob Jonas Björnstahl, konnte es kaum fassen, dass der Markgraf, wenn er mit dem Erbprinzen aus einer Sitzung des Geheimen Rates kam, bloß einen Läufer und zwei Lakaien bei sich hatte. Auch dass Karl Friedrich am liebsten in einem Wagen mit nur zwei Pferden und ohne großen Schmuck fuhr, überraschte den Besucher: „Dieser Herr“, so sann Björnstahl, „ist zu sehr Philosoph, um dergleichen Glanz zu lieben. Er will nicht, dass die Trommel gerührt werden soll, wenn er vorbeikommt, sondern die Wache tritt bloß ins Gewehr. Er kleidet sich schlecht und recht, trägt fast beständig Stiefel und Sporen, sieht's auch gern, wenn andere, sogar bei Hofe, in solcher Kleidung gehen." Ja, der gute Karl Friedrich hatte zweifellos einige Macken, aber Karoline sah in ihm den wunderbarsten Mann.

Auch vor der Markgräfin hatten die Jahre nicht halt gemacht. Die vielen Schwangerschaften, ihre chronische Verstopfung und das fette Essen hatten die adrette, rundliche Prinzessin in eine dralle Fürstin mit eindrucksvollem Doppelkinn verwandelt. Im Gegensatz zu ihrem Gemahl legte Karoline Luise aber größten Wert auf eine ihrem hohen Stand angemessene, elegante Kleidung. Regelmäßig ließ sie sich aus Frankreich darüber berichten, welche modischen Neuerungen angesagt waren. Teure Parfums, mit denen sie ihren Körper abreiben ließ, hüllten die Fürstin in eine duftige Wolke. Sie überdeckten den scharfen Körpergeruch, denn noch herrschte die Auffassung vor, dass der Gebrauch von Wasser der Gesundheit abträglich sei. Helle Cremes und etwas Rouge sorgten für eine frische Gesichtsfarbe. Ihr dunkelblondes Haar ließ Karoline nach der neuesten Mode über ein Kissen kämmen, um der Frisur die erwünschte Fülle zu geben. Der Philosoph und Theologe Lavater war von der Erscheinung der badischen Fürstin schwer beeindruckt: „Die Frau Markgräfin, prächtig und majestätisch, wie ich die russische Kaiserin mir vorstelle", notierte er: „Eine wohl gewachsene, männliche, etwa 50-jährige Dame, ihr hohes Haupthaar mit Brillanten besetzt, ein rotes Ordensband, ein Stern von Brillanten, ein tiefes, festes Auge unter einer hohen perpendicularen Stirn, eine treffende Sprache, gesetzgebieterisch, königlich ..."

Im privaten Zusammensein mit Karl Friedrich war von der Majestät Karolines allerdings nichts zu spüren; da wurde die Fürstin zur anlehnungsbedürfigen Frau. Und doch war sie nie heiterer und lebhafter als in seiner Gesellschaft. Dem Markgraf wiederum war es ein tiefes Bedürfnis, jede Freude und jeden Verdruss mit seiner Frau zu teilen. Weilte er fern von ihr – was viel öfter vorkam, als beiden lieb war – blieb ihm nichts anderes übrig, als seine Gedanken dem Papier anzuvertrauen. Das tat Karl Friedrich ebenso regelmäßig wie ausführlich: „Nicht wahr, ich bin ein rechter Schmierer", schrieb er 1777 während einer Fahrt durch die oberbadischen Lande an die zurückgebliebene Gemahlin: „Alle Tage an seine Frau schreiben und solches Zeug durcheinander, und Du hast so viel zu tun und musst all das Ding lesen ..." Dabei wusste er ganz genau, dass Karoline bitter enttäuscht gewesen wäre, hätte Karl Friedrich ihr nicht alle Tage ein Briefchen gegönnt.

Beraterin, Freundin, Geliebte: Das alles war Karoline Luise für Karl Friedrich. Der Markgraf hoffte für den Erbprinzen, dass auch er eines Tages eine Gemahlin bekommen würde, die mehr für ihn bedeutete als politisch-dynastischen Vorteil. Denn Karl Ludwig hatte eine energische Frau dringend nötig. So sehr Karl Friedrich seinen ältesten Sohn liebte, er war doch nicht blind für dessen Schwächen: Der Prinz drohte ein richtiger Langweiler zu werden. Die Gesichtszüge des Jungen waren angenehm, kündeten aber weit mehr von Gutmütigkeit als von Energie. Von mittlerer Größe wie sein Vater zeigte Karl Ludwig schon als Jüngling einen „Ansatz zum Starkwerden".

Obwohl der Erbprinz eine eher passive Natur war, bemühte er sich als pflichtbewusster Sohn, den hohen Anforderungen des Vaters zu entsprechen. Nur leider tat er dies mit einem derartigen Mangel an Interesse, dass es dem Markgrafen zunehmend Sorge bereitete. Karl Friedrichs unbedingter Glaube an die Macht der Erziehung erwies sich, gerade bei seinem ältesten Sohn, als Irrtum. Und Karoline Luise war keine Frau, die den allzu ehrgeizigen Vater gebremst hätte. Die hoch gebildeten Eltern, dominante Persönlichkeiten beide, verstanden nicht, dass permanente

Gängelung und ständige Überwachung alle Ansätze zur Eigeninitiative bei dem schüchternen Prinzen verkümmern ließen.

Nicht einmal die bescheidenen Freiheiten einer Kavalierstour hatte Karl Ludwig genießen dürfen. Zwar hatten ihm die drei Monate, die er mit seinen Eltern und seinen Brüdern 1771 in Paris verbrachte, viele neue Eindrücke beschert — aber eben nur solche, die seine Erzieher für opportun hielten. In Frankreich war es nicht anders als zuhause in Baden gewesen: Der Erbprinz konnte keinen unbeobachteten Schritt tun. Während Karl Ludwig von den Lustbarkeiten träumte, die Paris zu bieten hatte, waren ihm vom Vater Lehrstunden im Sachen Physiokratie verordnet worden. Als der Prinz bei den Lektionen einzuschlafen drohte, sah sich sogar der Lehrer, der von Karl Friedrich hoch geschätzte Du Pont de Nemours, bemüßigt, den Markgrafen vor den verheerenden Folgen dieser Dressur zu warnen: „Gehorsam hat Langeweile zur Folge, vor allem, wenn man jung ist, und Langeweile ist der Tod der Wissenschaft“, rief er Karl Friedrich in Erinnerung. Nur widerwillig gab der Markgraf den Bedenken des Franzosen nach. Versöhnt wurde er dadurch, dass der berühmte Physiokrat für seinen Sohn in den nächsten Monaten regelmäßig „pädagogische Briefe“ verfasste, um Karl Ludwig doch noch mit den ökonomischen Theorien vertraut zu machen. Der Erbprinz führte sich die Schreiben notgedrungen zu Gemüte und versuchte, bei der Lektüre nicht einzunicken. Nichts machte ihn schläfriger als gelehrte Gedankenspiele.

Mehr noch als die mangelnde Neugier bereitete die an Lethargie grenzende Gleichgültigkeit des Jungen dem Markgrafen Sorge. Vielleicht konnte eine kluge Ehefrau in dem Erbprinzen den Ehrgeiz wecken, ohne den ein Fürst immer nur Verwalter blieb? Der Vater wusste wohl, auch wenn er es nie zugegeben hätte: Er selbst wäre wohl nie der viel gerühmte Reformer geworden, hätte ihn nicht seine wundervolle Gemahlin beflügelt.

Eine Frau wie Karoline Luise — so eine wollte Karl Friedrich für seinen Erben. Weshalb er sehr geneigt war, der Markgräfin ihren Herzenswunsch zu erfüllen und Karl Ludwig mit ihrer Nichte Amalie Friederike zu verheiraten. Eine Prinzessin von Hessen-Darmstadt hatte Karl Friedrich zum Glück verholfen; mochte einer zweiten dasselbe mit seinem Sohn gelingen. Der Erbprinz hatte – wie immer – keine Einwände gegen die Pläne seiner Eltern, und so wurde das Heiratsprojekt in Angriff genommen.

Und dann kam Amalie, eine hoch gewachsene, aber zart gebaute Prinzessin. Der Erbprinz war entzückt. Seine heimlichen Ängste, dass die Braut eine ähnlich kraftvolle und resolute Persönlichkeit wie seine Mutter sein könnte, schmolzen dahin. Niedlich fand er Amalies leichten Silberblick, rührend den Ausdruck von Trauer, den er in den schönen Augen seiner Gemahlin zu entdecken glaubte. Obwohl die 20-Jährige eine tadellose Haltung an den Tag legte, wirkte sie auf ihren Gatten ungemein schutzbedürftig. Karl Ludwig war mit der Wahl seiner Eltern sehr zufrieden. Die Ehe ließ sich aus seiner Sicht vortrefflich an. Keine Ahnung hatte der Erbprinz davon, dass Amalie hinter ihrer glatten Stirn einen gewaltigen Ehrgeiz und einen stählernen Willen verbarg.

Amalie

Die Erbprinzessin liebte ihren um ein Jahr jüngeren Mann zwar nicht, aber „sie war ihm gut“, wie Karoline von Freystedt, ihr späteres Hoffräulein, es ausdrückte. Nachdem ihr diese Ehe gegen ihren Wunsch aufgedrängt wurde, war Amalie eisern gewillt, die Verbindung zu einem Erfolg zu machen. Sie hatte genug von der Welt gesehen, um zu wissen, dass eine Fürstin, die sich der Zuneigung ihres Gemahls erfreute, ein viel einfacheres Leben hatte als eine ungeliebte Gattin. Zum Glück schien dieser Karl Ludwig ein leicht lenkbarer Mensch zu sein. Es würde ihr, der künftigen Herrscherin dieses kleinen Landes, schon gelingen, ihn in ihrem Sinne zu formen.

Amalie war die wohl ehrgeizigste Tochter Ludwigs IX. von Hessen-Darmstadt und der „großen Landgräfin“ Henriette Karoline. Das junge Mädchen war überzeugt davon, dass es alle Voraussetzungen hatte, Herrscherin einer Großmacht zu werden. Es war wirklich ein unglaubliches Pech, dass immer, wenn es darauf ankam, eine ihrer Schwestern das große Los zog. Friederike zum Beispiel – sie war an den preußischen Thronfolger vermählt worden. Worum Amalie sie schon deshalb glühend beneidete, weil sie eine Schwäche für den alten König Friedrich hatte. Die Prinzessin schwärmte für den kleinen gekrümmten Fürsten mit der sanften Stimme und dem scharfen Verstand. Noch als alte Frau erzählte Amalie ihren Hofdamen häufig und gerne von ihren Begegnungen mit Friedrich dem Großen bei Besuchen in Berlin und in Sanssouci. Nie vergaß sie zu erwähnen, dass es sie auch keine Überwindung gekostet hätte, dem Helden des Siebenjährigen Krieges die Hand zum Ehebund zu reichen. Dass der König 42 Jahre älter war als sie selbst und ein Frauenfeind, spielte in Amalies Tagträumen nicht die geringste Rolle.

Auch eine Zukunft als Herrscherin aller Reußen hätte sich Amalie gefallen lassen. Tatsächlich hatte sich ihr im Jahr 1772 die Chance einer Einheirat in die Zarenfamilie geboten. Katharina die Große hielt damals in den kleineren deutschen Fürstenhäusern Ausschau nach einer Frau für ihren Sohn, den Großfürsten Paul. Die Zarin, selbst eine geborene Prinzessin von Anhalt-Zerbst, wünschte eine Schwiegertochter aus einem deutschen Fürstenhaus, das einen guten Namen haben, aber nicht so mächtig sein sollte, dass es auf russische Gepflogenheiten oder Vorhaben Einfluss nehmen könnte. Die Hessen-Darmstädter passten gut in die Pläne der Zarin, zumal die Mädchen, wie man ihr berichtet hatte, ganz ansehnlich waren. Die große Landgräfin erhielt daher die Aufforderung, so bald wie möglich drei ihrer noch unverheirateten Töchter in Sankt Petersburg vorzuführen.

Zusammen mit den Prinzessinnen Amalie, Wilhelmine und der kleinen Luise trat Landgräfin Henriette Karoline die weite und unbequeme Reise nach Russland an. Amalie war fasziniert – von der endlosen Weite dieses barbarischen Landes ebenso wie von der unvorstellbaren Prachtentfaltung am Hofe Katharinas. Der Gedanke, den Großfürsten zu heiraten, hatte etwas Berauschendes. Amalie war eine aparte Erscheinung, und ganz offenbar hatte Großfürst Paul auch Freude an den Gesprächen mit ihr. Aber was zählte Amalies lebhafte Anmut im Vergleich zur vollendeten Schönheit Wilhelmines, der ein Jahr jüngeren Schwester? Der Großfürst nahm die Kandidatinnen zwei Tage lang unter die Lupe; dann entschied er sich für Wilhelmine.

Die Braut lag schluchzend in den Armen ihrer Mutter. Amalie heuchelte Mitgefühl, aber es fehlte ihr jedes Verständnis für das zimperliche Getue der lieben Mimi. Zugegeben, es war nicht sehr angenehm, in einem fremden Land bleiben zu müssen bei einem Gemahl, den man kaum kannte. Lästig war auch, dass Wilhelmine zum orthodoxen Glauben übertreten und sogar ihren Namen wechseln musste. Aber das waren in Amalies Augen nur Lappalien. Wirklich entscheidend war, dass der kleinen Darmstädter Prinzessin Wilhelmine eine glanzvolle Zukunft winkte. Als Großfürstin Natalie zunächst und später als Zarin ...

Amalie verbarg ihre Enttäuschung und ihren Neid, indem sie jedem, der es hören wollte, erzählte, sie sei nur aus kindlichem Gehorsam zu der Brautschau nach Russland gefahren. In Wirklichkeit sei es ihr Herzenswunsch, unvermählt zu bleiben. Sie äußerte den Gedanken, in ein vornehmes Damenstift einzutreten und fand zunehmend Gefallen an der Idee. Das fürstliche Stift Quedlinburg, wo Prinzessin Amalie von Preußen, des großen Friedrich Schwester, Äbtissin war, kam ihr in den Sinn. Die hessische Prinzessin sah sich bereits als Nachfolgerin der preußischen Amalie die Geschicke des Stiftes lenken.

Aber Amalie hatte die Rechnung ohne ihre Mutter gemacht. Die große Landgräfin schüttelte nur den Kopf, als sie von den närrischen Gedankenspielen ihrer sonst so vernünftigen Tochter erfuhr. Amalie sollte ihre Talente nicht als Stiftsdame verschwenden – sie war dazu geboren, einen Fürsten zu heiraten. Die Landgräfin wusste auch schon, welchen: Der badische Erbprinz Karl Ludwig sollte es sein, der älteste Sohn ihrer Schwägerin Karoline Luise. Die beiden hoch gebildeten Damen verband eine tief empfundene Freundschaft. Als sie beide vor langen Jahren zu gleicher Zeit schwanger gewesen waren, hatten sie einen Plan ausgeheckt, den sie nie aus den Augen verloren: Ihre Kinder sollten einst die hessisch-badische Freundschaft durch ein weiteres Eheband verfestigen. Jetzt, meinte Henriette Karoline, war es an der Zeit, diese Idee zu verwirklichen. Es blieb ihr nicht mehr viel Zeit, die Hochzeit einzufädeln. Seit ihrer Heimkehr aus Russland fühlte sich die Landgräfin elend und erschöpft. Auf dem Totenbett nahm Henriette Karoline der widerspenstigen Tochter das Versprechen ab, sich mit dem badischen Prinzen zu vermählen.

Amalie seufzte. Karl Ludwig, so hatte die sterbende Landgräfin ihr gesagt, sei ein tugendhafter junger Herr, ganz so, wie sich eine Prinzessin einen Gemahl wünschten durfte. Unter den Fittichen ihrer Tante Karoline Luise würde sich die junge Erbprinzessin schnell am Hof zu Karlsruhe eingewöhnen. Und der Markgraf Karl Friedrich sei ein Fürst von ganz vortrefflichen Eigenschaften, der seiner lieben Schwiegertochter mit wohlwollender Güte entgegenkommen würde. Oh du lieber Himmel – wie hatte die Mutter sich geirrt.

Ihren Ehemann hatte Amalie schnell um den Finger gewickelt. Für ihren Geschmack war Karl Ludwig zwar allzu sinnlich veranlagt, aber solche Widrigkeiten musste eine Frau wohl hinnehmen. Der Prinz revanchierte sich für Amalies Hingabe, indem er seine junge Frau mit Komplimenten überschüttete und bemüht war, ihr jeden Wunsch von den Augen abzulesen. Amalie schwang sich rasch zur Herrscherin in dieser Ehe auf. In allen persönlichen Fragen hatte sie das letzte Wort, und ging es auch nur um die Kleidung, die der Erbprinz bei dieser oder jener Gelegenheit tragen sollte.

Umso härter traf Amalie die Erkenntnis, dass sie in wirklich wichtigen Angelegenheiten keine Stütze an ihrem Mann fand. Kindlich – Amalie meinte sogar: kindisch – wie Karl Ludwig war, drückte er sich um jede Entscheidung herum, bis er 100-prozentig sicher sein konnte, dass er im Sinne seiner Eltern handelte. Egal, was er eben noch seiner Frau versprochen hatte: Wenn der Markgraf oder die Markgräfin mit den Fingern schnippten, war alles Vorherige hinfällig. Und die Schwiegereltern, so schien es zumindest der empörten Amalie, nutzten jeden Anlass, die Erbprinzessin in ihre Schranken zu weisen. Nie wagte es Karl Ludwig, seine Eltern auf die berechtigten Interessen seiner Gemahlin hinzuweisen. Selbst wenn er mit seiner Frau nur eine Spazierfahrt unternehmen wollte, musste Karl Ludwig demütig bei seinem Vater anfragen, ob er denn die Erlaubnis dazu bekäme. Oft genug wurde sie ihm verweigert.

Wie sie die Schwiegereltern hasste! In Amalies Augen war ihre Tante Karoline eine herrschsüchtige, verschrobene alte Dame mit ausgesprochen abseitigen Interessen. Gegen die Vorliebe der Markgräfin für Musik und Malerei war ja nichts einzuwenden. Aber was sollte man von einer Fürstin halten, die sich stunden- und tagelang mit vertrockneten Pflanzen und ekelhaftem Getier beschäftigte? Die statt über die neueste Hutmode zu plaudern mit alten Herren über mathematische Gleichungen und physikalische Experimente disputierte? Wahrhaftig, man musste sich einer solchen Fürstin schämen. Und doch schien der Markgraf regelrecht stolz auf das unmögliche Benehmen seiner dicken Frau zu sein! Freilich, was wollte man von einem Mann erwarten, der wie ein Landmann gekleidet durch sein Schloss polterte und der – wenn er nicht gerade über politische Streitfragen räsonierte – kein schöneres Gesprächsthema kannte als den Kartoffel- und Getreideanbau?

Amalie, die sich viel auf ihre gute Erziehung und ihre Welterfahrenheit zugute hielt, vermisste in Karlsruhe den Glanz, die Eleganz und die Würde, die sie an anderen Höfen kennen und schätzen gelernt hatte. In ihrer neuen Heimat wurde jeder Bauerntölpel mit Ehren überschüttet, wenn er nur als Gelehrter galt! Ihr, Amalie, einer geborenen Prinzessin von Hessen-Darmstadt, der künftigen Markgräfin von Baden, verbot man hingegen den Mund, wenn sie nur versuchte, wirklich bedeutenden Besuchern ein paar Worte der Höflichkeit zu sagen. Und Karl Ludwig schwieg dazu. Ja, er beschwor seine Gemahlin, die Autorität ihrer Schwiegereltern zu respektieren. Am liebsten hätte sie ihm einmal richtig die Meinung gesagt. Aber dazu war Amalie viel zu klug. Sie wusste, dass sie in der Falle saß. Wenn sie auch noch die Gunst ihres Gemahls verlöre, würde ihr Leben vollends unerträglich werden.

Die Schwiegereltern

Die Abneigung beruhte auf Gegenseitigkeit. Die Markgräfin war zutiefst enttäuscht über das beschränkte Geschöpf, als das sich ihre Nichte entpuppte. Weil Amalie wie Karoline Luise selbst aus Darmstadt kam und weil sie die Tochter einer überaus gebildeten und kunstsinnigen Fürstin war, hatte Karoline erwartet, in der Schwiegertochter einen verwandten Geist zu finden. Aber Amalie hatte weder wissenschaftliche Ambitionen noch künstlerische Interessen, die über das hinausgingen, was von jungen Damen ihres

Standes gemeinhin erwartet wurde — und das war nicht eben viel. Geistreiche Gespräche, wie die Markgräfin sie schätzte, konnte sie mit Amalie nicht führen. Die alte Dame erkannte nicht, dass ihre Schwiegertochter auf eine ganz andere Art als sie selbst intelligent war; dass Amalie in gesellschaftlichen Fragen über einen untrüglichen Instinkt verfügte. Karoline sah in der Erbprinzessin nur ein hirnloses Geschöpf, das in den Tag hinein lebte, immer auf der Suche nach Zerstreuung und begierig nach Klatsch, bei dem es seine spitze Zunge schärfen konnte. Launisch und verwöhnt war Amalie nach Meinung ihrer Schwiegermutter. Die Markgräfin schlug der Erbprinzessin gegenüber einen scharfen Ton an. Sie machte der jungen Frau unmissverständlich klar, dass sie zu gehorchen und bei offiziellen Anlässen tunlichst zu schweigen habe.

Auch Karl Friedrich konnte mit der Frau seines Sohnes nicht warm werden. Eine adrette Erscheinung war sie ja, die Amalie, wenn auch ein bisschen mager. Der Markgraf störte sich auch nicht daran, dass die Bildung der Erbprinzessin nicht über den Durchschnitt hinausging – in dieser Beziehung legte die liebe Karoline wohl eine allzu hohe Messlatte an. Etwas anderes konnte Karl Friedrich seiner Schwiegertochter aber nicht verzeihen: dass sie offenbar versuchte, seinen Sohn zu ihrer Kreatur zu machen. Zwar hatte der Vater darauf gehofft, dass Karl Ludwig eine Frau bekommen würde, die seinen Ehrgeiz wecken, seine brachliegenden Kräfte mobilisieren würde. Aber dies alles sollte sozusagen unter seiner, Karl Friedrichs, Aufsicht und unter seiner Leitung geschehen. Diese junge Frau hatte sicher nicht das Wohl ihres Gemahls, nicht das ihrer Schwiegereltern und auch nicht das Wohl Badens im Auge. Ihr Interesse war es, auf dem Umweg über den Erbprinzen ihren Einfluss zu mehren. Wenn seine unvergleichliche Karoline Luise mit ihren Sticheleien gegen die Schwiegertochter bisweilen über das Ziel hinausschoss, dann nickte der sonst so auf Gerechtigkeit bedachte Markgraf zustimmend.

Nicht die Liebe, aber zumindest die Anerkennung des markgräflichen Paares hätte Amalie gewinnen können – wenn sie nur einen Sohn zur Welt gebracht hätte. Doch zunächst sah es sogar so aus, als ob die alte Markgräfin der Schwiegertochter mit einem Baby zuvorkommen würde. Im Frühjahr 1775 schwoll Karolines Leib gewaltig an. Der 18-jährige Herzog Karl August von Sachsen-Weimar, der eben zu Besuch war, schrieb despektierlich an seine Mutter: „Die Markgräfin geht im sechsten Monat schwanger, sie ist erst 52 Jahre alt.“ Karl Friedrich befand sich, als er von dem bevorstehenden Kindersegen erfuhr, gerade auf einer Reise in die Schweiz. Er dankte Gott für die gute Nachricht und ordnete an, dass öffentlich für das Wohl von Mutter und Kind gebetet wurde.

Die einzigen, die regelrecht betrübt waren über diese Schwangerschaft, waren die Markgräfin selbst und ihre Schwiegertochter. Karoline hatte geglaubt, über ihre fruchtbare Zeit und die damit verbundenen Unannehmlichkeiten hinaus zu sein. Die Schwangerschaftsbeschwerden empfand sie diesmal als besonders lästig. Ihrer ungeliebten Schwiegertochter jammerte sie die Ohren voll über all die Übel, die die Mutterschaft mit sich brachte. Amalie wiederum unterdrückte ein Stöhnen, wenn Karoline immer aufs Neue den Brechreiz schilderte, der sie nicht zur Ruhe kommen ließ, und wenn sie erzählte, wie quälend bei ihren früheren Geburten der Wehenschmerz war. Die Prinzessin fühlte den unausgesprochenen Vorwurf, dass die alte Markgräfin in der Hoffnung, sie selbst aber noch immer rank und schlank war. Zum Glück zeigte sich bald, dass Karoline Luise nicht wirklich ein Kind erwartete: Eines ihrer vielen Darmleiden hatte den Bauch der ohnehin korpulenten Markgräfin stark gebläht. Die Winde, die in ihrem Gedärm umgingen, waren von den Ärzten fälschlich für keimendes Leben gehalten worden.

Nein, Karoline Luise war definitiv nicht schwanger. Sie würde die Erbprinzessin nicht auch noch in dieser Beziehung in den

Schatten stellen. Zufrieden registrierte Amalie, dass ihre böse Monatsblutung ausblieb und ihre Taille die mädchenhafte Schlankheit verlor. Die Erbprinzessin war bald so sagenhaft fett, dass jeder mutmaßte, es müsse wohl ein besonders kräftiger Knabe sein, der in ihrem Leib heranwuchs. Und doch war das Geschöpf, das der gemarterte Körper der Erbprinzessin im Jahr 1776 hervorbrachte – ein Mädchen. Noch einmal schöpfte Amalie Hoffnung, denn die Geburt war noch nicht beendet. Aber auch der Zwilling war ein Mädchen.

Die Menschen jubelten über den doppelten Kindersegen, denn seit vielen Jahren war in Baden-Durlach keine Prinzessin mehr geboren worden. Amalie aber war einige Tage recht kleinlaut. Das dauerte indes nicht lange. Sie wusste, dass sie ihrem Gemahl einen Sohn schuldete, und sie würde alles tun, um möglichst bald einen Knaben zu gebären. Nichtsdestrotz fand sie ihre Töchter ganz reizend. Der ältere Zwilling, nach seiner Mutter Amalie genannt, war zwar etwas plump, entwickelte sich aber zu einem sehr liebevollen Kind, dem sich alle Herzen zuwandten. Die Schwester, Karoline, hatte schon als Baby ausgesprochen feine, vornehme Gesichtszüge. Vor ihrem geistigen Auge sah Amalie den Säugling bereits als junge Frau im Brautschleier, wie sie einem mächtigen Fürsten die Hand zum Ehebunde reichte ...

Die nächste Entbindung Amalies ließ bis 1779 auf sich warten – und wurde wieder eine Enttäuschung. Das Kind, das auf den Namen Luise getauft wurde, war wunderschön, aber das konnte die Tatsache, dass es sich um ein Mädchen handelte, nicht wettmachen. Auch Friederike, geboren 1781, und Marie, die 1782 zur Welt kam, waren ausgesprochen hübsche Säuglinge. Nur hatten sie leider das falsche Geschlecht.

Karl Friedrich und Karoline Luise hüteten sich, der Erbprinzessin Vorwürfe wegen ihres Unvermögens zu machen. Schließlich wusste Karoline aus eigener, böser Erfahrung nur zu gut, dass werdende Mütter einem gnadenlosen Schicksal weitgehend hilflos ausgeliefert waren. Aber die Antipathie, die Markgraf und Markgräfin von Anfang an gegen die Schwiegertochter empfunden hatten, die wurde durch das Ausbleiben eines Enkelsohnes noch verstärkt.

Zwischen den Fronten

Die Atmosphäre in der markgräflich-badischen Familie war gespannt. Darunter litt niemand mehr als der Erbprinz, der zwischen allen Fronten stand. Karl Ludwig, hin- und hergerissen zwischen den verehrten Eltern und der geliebten Frau, war hoffnungslos überfordert. Wenn sich Amalie in vertrauten Stunden bitter bei ihrem Gemahl über die Gemeinheiten der Schwiegermutter und die Kühle des Markgrafen beklagte, stimmte er vorbehaltlos in die Tiraden seiner Frau ein. Mehr und mehr kam er zu der Überzeugung, dass die Eltern nicht nur seine Gemahlin, sondern auch ihn selbst tyrannisierten. Aber es wollte ihm durchaus nicht gelingen, erwachsen zu werden: Obwohl mittlerweile selbst mehrfacher Vater, blieb er der gehorsame Sohn, der sich nicht traute, seinen Eltern gegenüber eine eigene Meinung zu äußern, geschweige denn, seinen Wünschen Nachdruck zu verleihen. Stattdessen flüchtete er sich in tränenselige Stimmungen, die nicht weit von Depressionen entfernt waren.

Karl Friedrich hatte kein Gespür für den schweren seelischen Konflikt, der die Gesundheit seines Sohnes bedrohte. Statt dem Erbprinzen endlich ein bisschen Freiraum zu gönnen, versuchte er, Karl Ludwig immer noch fester an sich zu binden. Als im Sommer 1781 Amalie nach Straßburg reiste – sie litt unter Augenbeschwerden, die dort von einem Experten behandelt werden sollten –, wollte der Erbprinz sie gerne begleiten. Doch der Markgraf verbot seinem Sohn kategorisch, sich vom Hofe zu entfernen. Dabei blieb es auch, als sich Amalies Aufenthalt in

Straßburg in die Länge zog und eine Operation durchgeführt wurde: „Ich werde wirklich schlimmer als ein Sklave an der Kette behandelt, denn der besitzt doch wenigstens die Freiheit, traurig sein zu dürfen", weinte sich Karl Ludwig brieflich bei seiner kranken Frau aus: „Setze ich aber eine solche Miene auf, tadelt mein Vater mich, was gestern und heute geschehen ist. Man hat aber doch wirklich keine Lust zu lachen und andere zu amüsieren, wenn man weiß, dass sich eine Frau, die man liebt und anbetet, in Ihrer Lage befindet."

Nicht einmal der Hofarzt bekam die Erlaubnis, nach Straßburg zu reisen, um sich ein Bild vom Gesundheitszustand der Erbprinzessin zu machen. Karl Friedrich benötigte nämlich selbst die Dienste des Medicus. Denn dem Markgrafen bereiteten die Hämorrhoiden, die ihn schon seit zwanzig Jahren plagten, gerade jetzt ganz unsägliche Pein. Der Erbprinz freilich vermochte diese Krankheit Karl Friedrichs nicht ganz ernst zu nehmen: Den väterlichen Befehl empfand er als Akt der Willkür, als unnötige Grausamkeit gegenüber seiner geliebten Amalie. Von seinen Brüdern durfte der Erbprinz keine Unterstützung erwarten – im Gegenteil: Die beiden hatten ihre Freude an dem Kleinkrieg zwischen der Schwägerin und den Eltern und schürten das Feuer sogar noch. Immer wieder erkundigten sie sich bei Karl Ludwig über das Befinden Amalies – und immer mit einem mokanten Unterton. Als der Erbprinz einmal mehr darüber klagte, dass er der Mutter seiner Kinder nicht nach Straßburg folgen durfte, rief sein Bruder Friedrich lachend: „Wenn Papa gesund ist, geht er mit!"

Karl Friedrichs Unwohlsein zog sich hin. Da der Erbprinz immer trübsinniger wurde, gestattete ihm der Vater schließlich, Amalie einen kurzen Besuch abzustatten. Karl Ludwigs Laune hob sich schlagartig. Einigermaßen versöhnt kehrte er nach dem Wiedersehen mit seiner Frau ans Krankenlager des Markgrafen zurück. Vollends schlug des Prinzen Stimmung um, als sich herausstellte, dass Karl Friedrich tatsächlich ernsthaft krank war – es waren doch nicht nur die dummen, alten Hämorrhoiden. Drei Monate lang war der Markgraf ans Bett gefesselt. Er war ein schwieriger Patient, verlangte, dass nicht nur seine Frau, sondern auch sein Erbe ständig an seiner Seite ausharrte.

Das Jammern und Klagen des Vaters schlug Karl Ludwig erneut aufs Gemüt. Fassungslos erlebte der Erbprinz mit, wie auch die unerschütterliche Zuversicht seiner Mutter angesichts der Schmerzen Karl Friedrichs ins Wanken geriet und die sonst so beherrschte Karoline Luise vor den Dienstboten in Tränen ausbrach. In aller Ausführlichkeit schilderte Karl Ludwig seiner immer noch in Straßburg weilenden Frau diesen peinlichen Vorfall. Viel mehr Mitleid als für Vater und Mutter empfand er allerdings für sich selbst: „Die Ärzte wissen nicht mehr, was sie tun sollen, sein Leiden zu erleichtern", ließ er seine Frau wissen: „Kurz, das ist alles sehr traurig für mich, denn ich bin ja ständig bei ihm."

Allen Befürchtungen zum Trotz genas Karl Friedrich wieder vollständig von seinen Beschwerden. Und für seinen ältesten Sohn und dessen Gemahlin blieb alles beim Alten: Egal ob Karl Friedrich krank oder gesund war – er forderte den Erbprinzen ganz für sich und scherte sich nicht darum, welche Gefühle sein Sohn selbst oder die mittlerweile zurückgekehrte Amalie dabei hegten.

Unterdessen war der Ton zwischen der alten und der jungen Fürstin so scharf geworden, dass man bei Hofe darüber zu tuscheln begann. Nicht wenige sympathisierten heimlich mit Amalie, die sich neben der gebieterischen Gestalt der alten Markgräfin so hilflos ausnahm. Die Erbprinzessin aber beschloss, ihre Kräfte nicht unnötig zu verschleißen, und hielt sich im Hintergrund. Ihre Stunde, das wusste sie, würde schon noch kommen. Die atmosphärischen Störungen innerhalb der markgräflichen Familie fielen aber sogar den Gästen des badischen Hofes unangenehm auf. So urteilte Johann Wolfgang von Goethe 1779 nach einem Besuch in Karlsruhe: „Hier sind die Kinder (Amalies Töchter) schön und allerliebst, der Markgraf gefällig und unterhaltend, die Markgräfin gefällig und gesprächig, der Erbprinz in seine Augenbrauen retranchiert, die Erbprinzessin sehr passiv am Gängelband der Frau Schwiegermama. Der zweite Prinz (Friedrich) artig und möchte-gern, der Jüngste (Ludwig) ganz ins Fleisch gebacken." Nein, wohl gefühlt hatte sich Goethe in der Fächerstadt nicht: „Von Karlsruhe sind wir gestern früh ab", schrieb er an Charlotte von Stein: „Gott im Himmel, was ist Weimar für ein Paradies!"

Begegnungen und Abschiede

Von Karlsruhe nach Weimar

Johann Wolfgang Goethe konnte mit dem Karlsruher Hof und dem badischen Fürstenpaar nicht warm werden. Zwar waren Karl Friedrich und Karoline Luise dem jungen Mann schon bei seinem ersten Besuch 1775 – er begleitete damals die Reichsgrafen Stolberg – huldvoll entgegengekommen; sie sahen auch über das bisweilen recht ungebührliche, weil „geniale" Betragen Goethes hinweg. Allein, der Dichter, der die Leiden des jungen Werther so trefflich geschildert hatte, befand sich selbst gerade in einer persönlichen Krise. Hin und her gerissen zwischen zarten Gefühlen zu einer Frankfurter Bankierstochter und dem Drang nach einem ungebundenen schöpferischen Dasein betrachtete der junge Goethe den badischen Hof mit überkritischen Augen. Und befand ihn (es war kaum anders zu erwarten) als bieder und wenig anregend. Der pedantische Karl Friedrich und die dicke Vertreterin der Aufklärung an seiner Seite – sie gehörten einer anderen Generation an als der Dichter des „Götz". Die „fürstlichen Senioren" wirkten auf Goethe hoffnungslos hausbacken.

Nicht nur Goethe – auch ein gewisser Karl August von Sachsen-Weimar, der im Leben des Wortgewaltigen eine wichtige Rolle spielen sollte, mokierte sich über den badischen Hof und seine Bewohner. „Der Markgraf ist überall durch sein hohes Renommee bekannt. Er ist ein gut aussehender Mann, doch bei der ersten Begegnung von äußerster Kälte", schrieb der Weimarer mit der Respektlosigkeit der Jugend an seine Mutter, die Herzogin Anna Amalia: „Die Markgräfin erinnert mich stark an unser altes Fikchen Schardt und ist eine schreckliche Schwätzerin. Der Hof ist trist und langweilig, nur mit Herrn von Edelsheim kann man sich gut unterhalten. Die Ehe des Erbprinzen geht passablement mal, er scheint aber ein Prinz zu sein, der Vorzüge besitzt."

Dass Karl August trotz seiner Vorbehalte an diesem Ort der Langeweile verweilte, hatte einen sehr charmanten Grund: Seine Besuche galten der Prinzessin Luise von Hessen-Darmstadt, die mit ihrer nach Baden verheirateten Schwester Amalie nach Karlsruhe gezogen war. Karl August hatte Luise in Erfurt kennen gelernt, damals, als die Darmstädter Prinzessinnen mit ihrer Mutter zur Brautschau nach Russland reisten. Die kleine Luise hatte sowohl der Herzogin als auch ihrem Sohn gut gefallen. Behutsame Anfragen bei der großen Landgräfin hatten das erwünschte Resultat gebracht: Hessen-Darmstadt konnte sich eine Verbindung mit Sachsen-Weimar durchaus vorstellen. Voraussetzung war natürlich, dass der russische Großfürst nicht Luise zur Gemahlin begehrte. Doch dem war die Prinzessin Luise zu kindlich; er wählte die schöne Wilhelmine.

Auch nach dem Tod der Landgräfin und dem Umzug Luises an den badischen Hof geriet das Heiratsprojekt in Weimar nicht in Vergessenheit. Unter dem Vorwand der üblichen Bildungsreise nach Paris machte Karl August in Karlsruhe Station. Er wollte sehen, ob die junge Frau hielt, was das bezaubernde Kind zu werden versprochen hatte. Gleich nach dem ersten Wiedersehen mit Luise schrieb er der Herzogin Anna Amalia einen Brief, in dem er seine Eindrücke von Luise schilderte: „In den wenigen Minuten, während derer ich den Vorzug hatte, sie zu sehen, ist sie mir als Prinzessin von Geist und Charakter erschienen. Ich gebe mir alle mögliche Mühe, sie besser kennen zu lernen.“ Je öfter der Jüngling der Prinzessin begegnete, desto größer wurde seine Zuneigung: „Ich habe meine Luise gefunden, wie ich sie wünschen konnte. Sie ist nicht schön, doch wenn man sie liebt und sie fühlen lässt, dass man sie liebt, ist sie unendlich angenehm“, schwärmte Karl August seiner Mutter vor.

Die Herzogin, die noch die vormundschaftliche Regierung in Sachsen-Weimar führte, stimmte einer Verlobung zu; sie bat ihren erst 17 Jahre alten Sohn jedoch, noch einige Zeit mit der Eheschließung zu warten. Das passte dem ungestümen Prinzen aber gar nicht in den Kram: Er wollte heiraten, je eher, desto besser. Leidenschaftlich schilderte er der Herzogin die missliche Lage seiner Braut: Luise könne als unverheiratete Fürstentochter gerade nirgends anders als bei ihrer Schwester Amalie wohnen, doch sie langweile sich ganz entsetzlich in Karlsruhe. Außerdem stehe seine Braut nicht auf bestem Fuße mit der Markgräfin Karoline Luise, „die, mit allem Respekt gesagt, auch ein bisschen schwer zu verdauen ist". Kurz und gut, die Mutter möge ein gutes Werk tun und ihm erlauben, die Prinzessin aus ihrem Karlsruher Gefängnis zu befreien.

Die badische Erbprinzessin Amalie gönnte ihrer Schwester von Herzen die gute Partie und doch graute ihr vor dem Abschied. Denn mit Luise würde sie eine Schulter verlieren, an der sie sich ausweinen konnte, wenn die Schwiegereltern ihr wieder einmal das Leben zur Hölle machten. Noch ein paar gemeinsame Monate blieben den Schwestern. Luise bereitete sich auf die Hochzeit vor und freute sich wie ein kleines Kind, als Karl August im Mai 1775 auf der Rückreise von Paris erneut den Karlsruher Hof besuchte. Bei diesem Aufenthalt begegnete der Weimarer dem Dichter des „Götz". Dieser Johann Wolfgang Goethe gefiel dem jungen Fürsten ungemein – welch eine angenehme Überraschung war es doch, an Karl Friedrichs betulichem Hof einen Mann von solchem Esprit zu treffen. Auch der Dichter genoss das Zusammensein mit dem aufgeweckten Karl August und seiner reizenden Braut: „Meine Gespräche mit beiden hohen Personen waren die gemütlichsten, und sie schlossen bei der Abschiedsaudienz wiederholt mit der Versicherung: Es würde ihnen beiderseits angenehm sein, mich bald in Weimar zu sehen", notierte er. Am 3. Oktober 1775 heiratete Karl August, mittlerweile 18 Jahre alt und regierender Herzog von Sachsen-Weimar, in Karlsruhe seine Luise (es war trotz der Zuneigung, die die beiden füreinander empfanden, der Start in eine krisenreiche und wenig glückliche Ehe). Einen Monat nach der Hochzeit war auch die Übersiedelung Goethes nach Weimar beschlossene Sache.

Ein eigensinniger Beamter

Anders als Goethe, sein berühmter Schwager, schätzte Johann Georg Schlosser den badischen Markgrafen aufrichtig. Und auch Karl Friedrich wusste, was er an seinem Schlosser hatte. Bei Hof schüttelte man zwar den Kopf über die Unverschämtheiten des Frankfurter Bürgermeistersohnes, der viele Jahre lang der höchst bezahlte Beamte in badischen Diensten war. Der Fürst aber schätzte die radikale Ehrlichkeit des promovierten Juristen, der sich als Redakteur bei den „Frankfurter gelehrten Anzeigen“ einen Namen gemacht hatte. Bei einem „Mann von Genie“ – und dafür hielt der Markgraf den Johann Georg Schlosser – war Karl Friedrich bereit, über manche Ungeschliffenheit im Ton hinwegzublicken.

Dabei war Schlosser durchaus in der Lage, Süßholz zu raspeln. Zumindest Anfang der 70er Jahre, als er sich um eine Stelle in badischen Diensten bewarb, richtete er die ausgesuchtesten Schmeicheleien an die Adresse des Markgrafen. Der junge Mann wollte nämlich heiraten – Cornelia Goethe war seine Auserwählte –, und dieses Vorhaben erforderte ein angemessenes Einkommen. In Frankfurt war Schlosser wegen religionskritischer Äußerungen nicht gut gelitten; Chancen auf eine seinen Talenten angemessene Stelle in der Stadtregierung sah er nicht. Obgleich er sich selbst als „geborenen Republikaner“ betrachtete, wollte er gerne für den badischen Fürsten arbeiten, denn der ausgezeichnete Ruf Karl Friedrichs als Reformer und als Physiokrat reizte ihn. Eine Zeitlang hatte Schlosser bereits als Kabinettsekretär für Herzog Friedrich Eugen von Württemberg gewirkt. Diesem Umstand verdankte er ein Empfehlungsschreiben des Württembergers an den „hochzuverehrend und freundlich vielgeliebtesten Herrn Vetter“ in Karlsruhe, in dem Schlosser als „sehr solider Mann“ gewürdigt wurde.

Schlosser verließ sich allerdings nicht allein auf die halbgare Empfehlung des Herzogs. Schon 1771 hatte er Markgraf Karl Friedrich um eine Audienz gebeten, um ihm seine Verehrung und Bewunderung kundzutun. Er fand bei dieser Begegnung die richtigen Worte. Dass Schlosser ausgerechnet das Glück pries, „einen erhabenen Fürsten zu sehen, der sich nicht für zu gering achtet, das Wohl seiner Untertanen zur ersten Absicht der Staatsverwaltung zu machen“, hob ihn in des Markgrafen Augen wohltuend aus der Masse der Schmeichler hervor.

Auch Schlossers zweiter Schachzug – er übereignete Karl Friedrich den von ihm verfassten „Katechismus für das Landvolk“ – war ein Volltreffer. Wohlgefällig las der Markgraf den Brief, der dem Widmungsexemplar beilag: „Eurer Hochfürstlichen Durchlaucht erkühne ich mich submissest ein kleines Werk zu überreichen, welches die Absicht hat, die niedrigste und nützlichste Klasse der Menschen zu belehren, dass die Beobachtung ihrer Pflichten ihr größter Vorteil ist. Der nachsichtsvolle Beifall, den mir einige Kenner gegeben haben, lässt mich hoffen, dass ich in meinen Bemühungen nicht ganz unglücklich gewesen bin. Aber ich erkenne dennoch zu wohl, dass ich durch eigene Kräfte meinen großen Endzweck nicht erreichen kann, wenn nicht eine gnädige Aufnahme dieses Werkes bei großen und erhaben gesinnten Fürsten ihm unter denen ein Ansehen gibt, für welche es geschrieben ist ...“

Schlosser erflehte „Höchstdero gnädigste Protektion“ nicht vergebens. Karl Friedrich schrieb dem Autor freundlich zurück: „Monsieur, die wohlgeratene Schrift, welche der Herr Doktor mir zuzuwenden die Höflichkeit gehabt hat, ist mir um so angenehmer, je mehr ich mich beglaubige, dass man sich nicht genug mit dem Geschlechte von Menschen beschäftigen kann, welches dem Staate so unentbehrlich ist als das Landvolk. Ich bezeuge dem Herrn Doktor meine besondere Verbindlichkeit und trete dem allgemeinen Beifall, womit dieses Werk beehrt wurde, willig bei." Jede Gelegenheit, ihn von seiner Wertschätzung zu überzeugen, werde ihm zum Vergnügen gereichen, ließ der Markgraf den jungen Frankfurter wissen.

Die Gelegenheit ließ nicht lange auf sich warten. Im Jahr 1773 richtete Schlosser ein offizielles Anstellungsgesuch an Karl Friedrich: „Schon lange habe ich nichts eifriger gewünscht, als das Glück, mich einige Zeit vorzüglich in Euer Hochfürstlichen Durchlaucht obersten Richterkollegien zu üben ...", schrieb er. Wenige Monate später wurde er zum „wirklichen Hof- und Regierungsrat" ernannt und konnte seine Cornelia heiraten.

Karl Friedrich war überzeugt davon, mit Schlosser einen Mann ganz nach seinem Herzen gefunden zu haben. Dass der Frankfurter tatsächlich ein brillanter Kopf war, zeigte sich bald. Leider aber auch, dass Schlosser mit dem Hofleben seine Probleme hatte. Dem Patriarchalismus der markgräflichen Verwaltung begegnete der Hofrat mit kaum verborgener Skepsis; für Empörung sorgte sein stetes Bemühen, das Selbstbewusstsein seiner bürgerlichen Kollegen gegenüber den adeligen Vertretern der Beamtenschaft zu schärfen. Mit anderen Worten: Es gelang Schlosser innerhalb eines halben Jahres, sich dem Markgrafen unentbehrlich zu machen und dabei der bestgehasste Mann am Hofe zu werden. Es schien wie eine Fügung des Schicksals, dass im Juni 1774 Freiherr Friedrich von Geusau, der Landvogt der Markgrafschaft Hachberg, starb. Schon zwei Tage später verfügte Karl Friedrich die Versetzung seines fähigsten Beamten, des Hofrates Johann Georg Schlosser, nach Emmendingen. Im November 1774 wurde Schlosser als Oberamtmann bestätigt – Landvogt wie sein Vorgänger konnte er nicht werden, weil ihm die adlige Herkunft abging.

Schlosser stürzte sich wie ein Besessener in die Arbeit. Emmendingen mochte für einen Gelehrten wie ihn tiefste Provinz sein, aber weitab von den Zwängen der Residenz sah der neue Oberamtmann die willkommene Gelegenheit, „noch unmittelbarer zum Besten guter Menschen zu wirken". Ihn reizte die Möglichkeit, in dem abgeschiedenen Landesteil weitgehend selbstständig schalten und walten, seine Ideen verwirklichen zu können. 13 Jahre lang mühte er sich nach Kräften, das verarmte Gebiet wirtschaftlich zu stärken und soziale Verbesserungen für die Bevölkerung durchzusetzen. Johann Georg Schlosser konnte schöne Erfolge verbuchen und genoss in Emmendingen hohes Ansehen. Aber obwohl ihn jetzt etliche Meilen von Karlsruhe trennten, lag er in ständigem Streit mit den zentralen Behörden in der Hauptstadt. Die Verstimmung im Geheimen Rat, im Hofrat, im Kirchenrat und in der Rentkammer über den Querulanten in Hachberg wuchs, und immer häufiger stießen Schlossers wohldurchdachte und gutgemeinte Verbesserungsvorschläge auf taube Ohren. Seine Unnachgiebigkeit machte das Leben Johann Georg Schlossers zum ewigen Kampf. Selbst Goethe, der den Gemahl seiner Schwester als „einen der bravsten Männer" schätzte, störte sich an der Sturheit Schlossers: „Stets auf seinem Standpunkt stehen bleibend, ist er eine Art Pedant", charakterisierte der Dichterfürst den Schwager.

Schlosser selbst hielt sich auf seinen Eifer viel zugute: „Immer habe ich mir das zur Regel gemacht, mich in keine Rücksicht einzulassen, wobei ich mein Herz verunreinige und mir in dem Alter einem üblen Rückblick auf mein vergangenes Leben bereiten müsste", schrieb er einmal einem Freund. Aber die Folgen seiner Kompromisslosigkeit, vor allem der stete Gegenwind aus der Hauptstadt, zermürbten den aufrechten Mann: Schlosser stellte seinen Posten zur Verfügung, ließ den Markgrafen aber wissen, dass er zwar aus Emmendingen wegstrebe, nicht jedoch aus den badischen Diensten. Das bereitete Karl Friedrich einige Verlegenheit. Auf den talentierten, wenngleich anstrengenden Diener verzichten mochte er nicht — aber in gehöriger Entfernung vom Hof war ihm der Schlosser doch lieber. Wie so oft, wenn ihm eine Entscheidung unangenehm war, schob der Markgraf sie auf. Für Schlosser war die ungeklärte Situation äußerst peinlich. Er reiste mehrmals nach Karlsruhe, um seinem Gesuch Nachdruck zu verleihen. Schließlich argumentierte er damit, dass sein Emmendinger Haus bereits verkauft sei, die Gemahlin des Käufers schwanger wäre und die Entbindung der Dame unmittelbar bevorstünde. Endlich erhielt Schlosser die Erlaubnis, mit seiner zweiten Frau (Cornelia war 1777 gestorben) und den Kindern nach Karlsruhe zu ziehen.

Es war keineswegs ein gebrochener Mann, der in die Residenzstadt zurückkehrte. Schlosser stand nach wie vor in der Gunst Karl Friedrichs, der ihn zum Mitglied des Geheimen Rates ernannte. Diese Ehre bestärkte Schlosser wiederum in seinem missionarischen Eifer — er sah es als seine ureigenste Aufgabe an, seinen nicht immer konsequenten Dienstherrn zur Erkenntnis der „wahren Aufklärung“ zu führen. Dass Leute von Adel auch in Baden ganz selbstverständlich bevorzugt wurden, verärgerte Schlosser immer aufs Neue; außerdem wurde der frisch gebackene Geheimrat nicht müde, über die Lasterhaftigkeit des Hoflebens zu klagen. Wobei er aber ehrlicherweise einräumte, dass die Hofhaltung in Karlsruhe vergleichsweise bescheiden war und sich sein eigenes Leben in der Umgebung des Markgrafen kaum von dem anderer Bürgersleute unterschied: „Ich lebe so frei wie in Frankfurt“, gestand er sich ein: „Mein ganzer Zwang besteht darin, dass ich alle Tage einen Haarbeutel und Schuhe und Strümpfe trage und manchmal mit anderen Leuten essen muss als mit meinen Kindern. Das alles müsste ich in Frankfurt auch." Über seinen Fürsten, den Markgrafen Karl Friedrich, sagte der Geheimrat: „Mein Herr ist der liebste Mann, den ich kenne, aber er ist zu untätig." Trägheit war in Schlossers Augen symptomatisch für die marode Staatsform der absoluten Monarchie.

Nicht alle Schlachten des Republikaners im Dienste des badischen Markgrafen sollten Kämpfe gegen Windmühlen bleiben. Sein Bemühen um richterliche Unabhängigkeit wurde 1790 belohnt, als das Hofgericht formell vom Hofrat getrennt und damit die Zivilgerichtsbarkeit verselbständigt wurde. Karl Friedrich übertrug Johann Georg Schlosser die Leitung des neu geschaffenen Hofgerichts. Schlosser hatte damit den Gipfel seiner Karriere erreicht – und leitete prompt seinen Absturz ein. Ihm behagte der Kurs nicht, den Karl Friedrich gegenüber dem revolutionären Frankreich einschlug. Und wie gewöhnlich hielt Schlosser mit seiner Meinung nicht hinterm Berg, sondern trompetete seinen Protest laut hinaus. Karl Friedrich war ernsthaft verstimmt.

Zum Bruch kam es aber erst, als – in Schlossers Augen – der Markgraf seine Macht missbrauchte: Karl Friedrich hatte einen französischen Emigranten, den Sohn seines Physiokraten-Lehrers Mirabeau, von einem Urteil des Hofgerichts entlastet. Schlosser war zutiefst empört: Er betrachtete des Markgrafen Schritt als Frontalangriff auf die vermeintlich unabhängige Rechtsprechung in Baden und verlangte, dass das beschädigte Ansehen des Hofgerichts wiederhergestellt werden müsse: Dem Geheimratskollegium sollte künftig jede Einmischung in Hofgerichtsangelegenheiten untersagt werden. Da Karl Friedrich nicht einlenkte, hielt es Schlosser für notwendig, den Markgrafen daran zu erinnern, dass auch die Fürsten sich vor Gott zu rechtfertigen hätten. Davon war zwar auch Karl Friedrich überzeugt – nur zog er daraus ganz andere Schlüsse als sein bürgerlicher Hofgerichtsdirektor. Der Fürst von Gottes Gnaden suchte zwar den Rat aufrechter und kluger Männer, behielt sich aber stets die letzte Entscheidung vor. Er duldete keine Kontrollinstanz über sich und gestand es weder seinen Behörden noch einzelnen Beamten zu, seine Beschlüsse zu überprüfen.

Der Markgraf war die ewigen Widerreden Schlossers allmählich leid. Angesichts der brisanten politischen Situation im ausgehenden 18. Jahrhundert kannte Karl Friedrich nur ein Ziel: das Übergreifen revolutionärer Umtriebe auf Baden zu verhindern – da konnte er Widerstände im eigenen Land, obendrein von einer prominenten Persönlichkeit wie Schlosser, nicht tolerieren. Als „Gelehrten und Mann von Genie“ schätzte Karl Friedrich den Geheimrat nach wie vor. Doch stellte er fest, dass Schlossers „Grundsätze von den meinigen oft sehr verschieden“ seien. Schlosser kam über seine Niederlage nicht hinweg. Nach 20 Jahren in badischen Diensten ersuchte der 55-Jährige im März 1794 um seine „Entlassung in Gnaden“. Von Johann Kaspar Lavater, der sowohl Badens eigensinnigsten Beamten als auch dessen Herrn, den Markgraf Karl Friedrich, gut kannte, stammt die vielleicht treffendste Beschreibung des Johann Georg Schlosser: Er sei ein Mann gewesen, der gemacht war „zu richten und zu herrschen – und Fürsten Wahrheiten zu sagen, die ihnen niemand sagen darf.“

Dichter und Hofrat

Den Fürsten Wahrheiten sagen, die ihnen niemand sagen darf – so mutig war Friedrich Gottlob Klopstock nicht. Trotzdem verfügte der umschwärmte Dichter über ein sattes Selbstbewusstsein. Ein Wunder war das nicht: Ob jung oder alt, ob Mann oder Frau – jeder, der den Anspruch erhob, zur gebildeten Welt zu zählen, kannte im 18. Jahrhundert den Namen Klopstock. In den

Schlössern der deutschen Fürsten wurde er ebenso gefeiert wie in den Bürgerstuben. Am Karlsruher Hof hielt man Klopstock für den größten lebenden Dichter. Professor Böckmann, der Mathematik- und Physiklehrer der markgräflichen Familie, hatte die angenehme Pflicht, seinem Fürsten den „Messias" vorzulesen. Karl Friedrich war begeistert von der tief empfundenen, gefühlsbetonten Religiosität, die aus dem Epos sprach. Auch das vaterländische Pathos der Klopstock'schen Oden sagte ihm sehr zu. Er wünschte, den Dichter kennen zu lernen und ihn womöglich auf Dauer in Karlsruhe zu halten. Böckmann sollte Klopstock das Angebot unterbreiten, als Hofrat mit entsprechendem Gehalt in die Markgrafschaft zu kommen.

Das Angebot aus Baden kam Klopstock sehr gelegen. Jahrelang hatte er eine ähnliche Stellung innegehabt. Seit 1751 hatte er seinen Unterhalt vom dänischen König bezogen, dessen Hof er jedoch 1770 verließ, um nach Hamburg zu ziehen. Der Dichter konnte es sich aber durchaus auch vorstellen, in Süddeutschland zu leben, zumal unter finanziellen Gesichtspunkten der Vorschlag Karl Friedrichs sehr attraktiv war. Von seinem neuen Mäzen verlangte Klopstock allerdings volle Bewegungsfreiheit: Frei von höfischen Zwängen wollte er auf die ihm gemäße Weise leben. Karl Friedrich war zu diesem Zugeständnis gerne bereit: „Sie begehren einen uneingeschränkten Aufenthalt und werden denselben bei mir jederzeit haben. Die Freiheit ist das edelste Recht des Menschen und von den Wissenschaften ganz unzertrennlich ...", sicherte er dem Dichter zu.

Im Oktober 1774 traf Klopstock in Karlsruhe ein. Karl Friedrich und Karoline Luise bereiteten ihm einen warmen Empfang und bezogen den Dichter eng ins Hofleben ein. Zwar wohnte Klopstock nicht unter einem Dach mit dem Markgrafen, sondern im Hause Böckmanns, doch aß er regelmäßig an der Marschalltafel im Schloss. Wann immer sich eine Gelegenheit ergab, bat das Fürstenpaar den Hofrat darum, nach dem Mahl in kleinem Kreise aus seinen Werken vorzulesen. Das Leben in der Provinz hatte seine Sonnenseiten, und Klopstock präsentierte sich anfangs von seiner liebenswürdigsten Seite. Selbst ein nüchterner Kopf wie Johann Georg Schlosser, der dem Dichter bei seinen gelegentlichen Besuchen in der Residenzstadt begegnete, schwärmte: „Wenn ich Klopstock immer um mich haben könnte, so würde ich alle Glückseligkeit der Welt besitzen."

Karl Friedrich war glücklich darüber, den „Dichter der Religion und des Vaterlandes" in seiner Nähe zu wissen und – wann immer ihm danach war – erbauliche Gespräche mit seinem Hofrat führen zu können. Dass Klopstocks Gemütszustand sich nach den ersten sonnigen Wochen mehr und mehr verdüsterte, entging ihm allerdings. Karl Friedrich interessierte sich wenig für die kleinen und großen Intrigen an seinem Hof. Er mochte zwar ahnen, dass dem einen oder anderen Kavalier die bevorzugte Behandlung des bürgerlichen Verseschmieds ein Dorn im Auge war – aber ernst nahm der Fürst solche Eifersüchteleien nicht. Sein Schützling hingegen fühlte sich durch die Herablassung, mit der ihm einige Damen und Herren von Adel begegneten, zutiefst gekränkt. Es kam soweit, dass Klopstock die „heilige Dichtkunst" entweiht sah durch „Halbmenschen, die sich in vollem dummen Ernst für höhere Wesen halten".

Klopstock war daran gewöhnt, umschwärmt und bewundert zu werden – und er war fest davon überzeugt, dass ihm eine uneingeschränkte Verehrung auch zustand. Dass er zur Aufgeblasenheit neigte, lieferte seinen Gegnern freilich nur noch mehr Munition. Sie ziehen den Norddeutschen der Rechthaberei und der Eitelkeit, machten sich über seine Unhöflichkeit und seine angebliche Habgier lustig. Klopstock litt. Dass der Markgraf persönlich ihn über alle Maßen schätzte (und ihn dies auch immer aufs Neue wissen ließ), konnte in den Augen Klopstocks die

Scharte nicht auswetzen, dass er, der Dichterfürst, bei Hofe letztlich nicht mehr galt als jeder andere besoldete Hofrat.

Als der Hof 1775 für einige Wochen in den katholischen Landesteil übersiedelte, begleitete Klopstock den Markgrafen. Anders als in Karlsruhe sollte der Dichter in Rastatt im Schloss Wohnung beziehen. Karl Friedrich nutzte die Gelegenheit, Klopstock schon früh morgens in dessen Zimmer zu langen Gesprächen aufzusuchen – der Fürst nahm es als völlig selbstverständlich hin, dass ihm sein Hofrat dabei in Morgenmütze und Schlafrock entgegentrat. In den Augen des Markgrafen war sein Verhältnis zu Klopstock das denkbar Beste. Umso schmerzhafter war die Überraschung, als der Dichter eines Morgens einfach weg war. Ohne ein Wort des Abschieds an seinen Gönner zu richten, war er nach Karlsruhe zurückgefahren, wo er eilig seine Sachen zusammenpackte. Hals über Kopf reiste Klopstock nach Hamburg ab.

Nicht mit Zorn, sondern mit trauriger Würde reagierte Karl Friedrich auf die Flucht Klopstocks, den er nur ein halbes Jahr in seiner Nähe hatte halten können. Auf ein Entschuldigungsschreiben aus Hamburg – Klopstock flunkerte darin, ein Abschiednehmen wäre für ihn zu „empfindlich“ gewesen – antwortete Karl Friedrich wehmütig: „Ihre Abreise musste für mich allezeit mit einem leidenden Gefühl verbunden sein. Der Abschied würde es noch höher getrieben haben, ich bin Ihnen also für dessen Unterlassung verbunden. ... Sie glauben nicht, welch eine Leere Sie in unserer hiesigen Gesellschaft gelassen haben. Wenn man Sie einmal persönlich kennt, so gewöhnt man sich nicht so geschwinde an Ihre Abwesenheit.“

Der Markgraf gab die Hoffnung auf ein Wiedersehen nicht auf. Und obwohl Klopstock nie nach Karlsruhe zurückkehrte (vielmehr war es der Markgraf, der den Dichter 1786 anlässlich einer Bäderreise in Hamburg aufsuchte), ließ der sonst so sparsame

Karl Friedrich dem treulosen Hofrat 28 Jahre lang das volle Gehalt auszahlen. Immerhin revanchierte sich der Dichter für des Markgrafen Großzügigkeit, indem er bei jeder sich bietenden Gelegenheit die edle Gesinnung des Badeners und dessen redliche Sorge für das Wohl seiner Untertanen rühmte. Vor allem aber hob er hervor, dass Karl Friedrich sich im Unterschied zu den meisten seiner Standesgenossen nicht als höheres Wesen dünke, sondern ganz Mensch unter Menschen geblieben sei. Das vielleicht schönste Lob, mit dem Klopstock „Badens Friederich" beehrte, war: „Der Markgraf von Baden ist ein Mann, mit dem man etwas reden kann."

Fürst ohne Fürstenmiene

Ganz ähnlich urteilte Johann Gottfried Herder über Karl Friedrich. Der Wortführer der Sturm-und-Drang-Bewegung gehörte zu den zahlreichen prominenten Gästen, die am kleinen badischen „Musenhof" Station machten: „Der Markgraf, mit dem ich die erste Viertelstunde sprach, ohne ihn zu kennen, suchte mich auf eine sehr gute Art mittags und abends zu seiner Unterhaltung auf. Und da er der erste Fürst ist, den ich ganz ohne Fürstenmiene kenne, so fallen unsere Gespräche meistens auf Dinge, die zur Einrichtung und Freiheit des menschlichen Geschlechts gehören und über die ich mich so frei ausdrücke, als ob ich mit keinem Fürsten spräche", erzählte Herder später.

Als Herder 1770 als Begleiter eines reisenden Prinzen nach Karlsruhe kam, ging es in seinem Denkerhirn turbulent zu: Der 26-Jährige litt damals höchst schmerzlich unter der Trennung von seiner Braut und war – wie er der jungen Dame schrieb – so zerstreut, dass „kein Mensch aus mir hat klug werden können". Trotzdem fesselten ihn die Gespräche mit Karl Friedrich, den er später als „Deutschlands besten Fürsten" bezeichnete. Weit weniger Gefallen fand Herder an der gelehrten Gemahlin des

Markgrafen. Karoline Luise hatte den Gast um nichts weniger leutselig empfangen als ihr Mann – doch während Herder sich durch des Markgrafen Interesse geschmeichelt fühlte, antwortete er der Markgräfin auf ihre Komplimente so knapp, dass es fast schon an Unhöflichkeit grenzte. Karoline Luise war eine Meisterin in der Kunst, vor der Welt ihre Gefühle zu verbergen – diesem dreisten jungen Mann jedoch begegnete sie mit merklicher Kühle. Das war dem jungen Hitzkopf aber ganz recht: Er habe keine Lust, die Fürstin zu umschmeicheln, so wie es so viele „französische und deutsche Narren um sie" taten, versicherte Herder seiner Braut: „Überhaupt, da ich für keine Kreatur in der Welt mehr Abscheu habe als für ein gelehrtes Frauenzimmer – und wäre sie der erhabenste Geist – so werden wir uns wohl nie recht begegnen." Immerhin gab er zu, dass Karoline Luise über ausgezeichnete Kenntnisse und Talente verfügte.

Anders als seine Gemahlin fand Karl Friedrich Herder sympathisch, er ließ den Kontakt zu dem Philosophen nicht ganz abreißen. Viele Jahre später, nachdem Friedrich der Große 1785 den Deutschen Fürstenbund gegründet hatte, wünschte Karl Friedrich, ein ähnliches Projekt auf literarischer Ebene zu starten. Seine Idee zielte darauf ab, in den deutschen Ländern ein über die politische Bindung hinausgehendes gemeinsames Bewusstsein zu schaffen und eine Akademie zur Pflege der deutschen Sprache zu gründen. Mit zahlreichen Gelehrten führte Karl Friedrich Gespräche über ein solches Projekt; Herder aber, der mittlerweile weimarischer Generalsuperintendent war, schien ihm am ehesten geeignet, einen Entwurf auszuarbeiten.

„Idee zum ersten patriotischen Institut für den Allgemeingeist Deutschlands" war der Titel der Denkschrift, die Herder 1788 dem badischen Markgrafen sandte. Um der Zersplitterung entgegenzuwirken, schlug Herder vor, einen „Vereinigungspunkt mehrerer Provinzen zur allgemeinen Geistes- und Sittenkultur" herzustellen. Diese Institution sollte sich mit der „Reinigung und Veredelung“ der deutschen Nationalsprache beschäftigen, ein Bewusstsein für die gemeinsame deutsche Geschichte und eine gemeinsame philosophische Denkweise schaffen. Alle Fürsten, die dem Projekt beitreten würden, sollten geeignete Wissenschaftler an das Institut entsenden. Obwohl keine gemeinsame politische Arbeit vorgesehen war, enthielt Herders recht vage formulierter Entwurf viel Sprengstoff – entsprechend kontrovers wurde er diskutiert.

Nicht nur in der unmittelbaren Umgebung Karl Friedrichs meldeten sich die Skeptiker zu Wort – auch einige der Fürsten, von deren Aufgeschlossenheit sich der Markgraf viel erhofft hatte, zeigten sich wenig enthusiastisch. So dankte Herzog Karl August von Sachsen-Weimar seinem „teuersten Freund“, dem badischen Markgrafen, für das in ihn gesetzte Vertrauen, er gab aber zu bedenken: „Die vergebenen Versuche, welche einige Wohlgesinnte machten, um die Gemüter deutscher Regenten dahin zu lenken, sich zum allgemeinen politischen gesetzlichen Ruhestand zu vereinigen, haben mich überzeugt, dass ein jeder Fürst – ich nehme Sie davon aus – sein Land wie eine Insel und also Deutschland wie einen Archipel angesehen haben will, in welcher er dann sehr eifersüchtig darauf ist, seine Insulaner nach seiner Willkür glücklich oder unglücklich, klug oder dumm zu machen. Meine Hoffnung zu einem Allgemeingeiste ist schwach; indessen verdienen gewiss Ew. Durchlaucht gute Vorschläge reife Überlegung. Leider ist Herder nach Italien abgereist, und in dessen Abwesenheit zur Ausführung einer Idee vorzuschreiten, an welcher er so viel Anteil hat, wollte ich nicht raten ...“

Karl Friedrich musste zugeben, dass in den Einwänden des Herzogs viel Wahrheit lag. Er glaube aber doch, schrieb er nach Weimar, dass es möglich wäre, „die Insulaner unter sich vertrauter, einmütiger und auf ihr gemeinsames Interesse auf-

5: Der 1755 geborene Erbprinz Karl Ludwig stand zeit seines Lebens im Schatten seines übermächtigen Vaters Karl Friedrich. Lithographie. © StA Karlsruhe

6: Luise Karoline Freiin Geyer von Geyersberg, seit 1796 Reichsgräfin von Hochberg, die zweite Gemahlin Karl Friedrichs. Lithographie nach einem Aquarell. © StA Karlsruhe

7: Der Jurist und Reformer Johann Georg Schlosser stand 20 Jahre im Dienst Karl Friedrichs, zuletzt als Hofgerichtsdirektor. Lithographie von G. Hauer. © StA Karlsruhe

8: Der Theologe und Schriftsteller Johann Kaspar Lavater entwickelte sich zu einem engen Vertrauten Karl Friedrichs. Farbige Zeichnung von Johann Heinrich Lips, 1789.

merksamer zu machen – und dazu sollten Sprache und Wissenschaften das Vehikel sein. Der Zeitpunkt schiene mir nicht übel gewählt zu sein, da nach dem Abschluss des Fürstenbundes viele Gemüter noch ganz warm waren." Doch während man in Karlsruhe bereits über Alternativen zu Herders Vorschlägen nachdachte, brach die Französische Revolution aus. Sie bereitete dem Projekt, in das Karl Friedrich so große Hoffnungen gesetzt hatte, ein jähes Ende.

Kurzbesuche

Besucher kamen, Besucher gingen. Manche verweilten einige Tage, andere Wochen und wieder andere nur wenige Stunden an Karl Friedrichs Hof. Kaiser Josef II. hatte es besonders eilig: Er ließ sich 1777 von der Markgräfin nur eben ein Schälchen Kaffee reichen, bestieg den Schlossturm, lobte die „superbe" Karlsruher Anlage und eilte dann weiter nach Paris, wo er mit seiner Schwester Marie Antoinette ein ernstes Wort über ihre Verschwendungssucht und ihr politisches Ungeschick zu sprechen gedachte. Immerhin blieb der Kaiser dem Markgrafenpaar in angenehmer Erinnerung – ganz anders als der russische Großfürst Paul.

Der Sohn der großen Katharina sollte im September 1782 nur einen einzigen Tag und eine einzige Nacht im Karlsruher Schloss verbringen – aber die Kosten und der Aufwand, mit der dieser Besuch vorbereitet wurde, schlugen alles bislang Dagewesene. Und dann wurde trotz aller Mühen der Aufenthalt des Großfürsten ein Fiasko. Paul benahm sich unhöflich bis zur Rüpelhaftigkeit, er schien insbesondere gegen die Markgräfin Karoline Luise eine tiefe Abneigung zu empfinden. Die einzige Person in Karlsruhe, der Paul geflissentlich seine Aufmerksamkeit schenkte, war Erbprinzessin Amalie, die Schwester seiner ersten, im Kindbett verstorbenen Frau. Aber nicht einmal die Zuneigung zu

Amalie konnte den Großfürsten bewegen, die eigens für ihn eingerichtete Wohnung im Schloss anzunehmen – statt dessen nächtigte der spätere Zar in einem Gasthaus. Wenigstens raffte sich Paul noch zu einer Abschiedsvisite bei Karl Friedrich auf, ehe er mit seiner Gemahlin Maria Feodorowna, einer württembergischen Prinzessin, nach Stuttgart weiterreiste. Die Badener sahen ihn ohne jedes Bedauern scheiden.

Ein neuer Freund

Besuche zu empfangen war nicht immer ein Vergnügen. Auf manchen Gast hätten Karl Friedrich und Karoline Luise gerne verzichtet, aber sie gaben sich freundlich und zuvorkommend, wenn Rang und Ansehen der Reisenden es so verlangten. Andere Besucher konnten von Standes wegen keine großen Ehren erwarten, wurden vom Markgrafenpaar jedoch herzlich willkommen geheißen, weil man sich von ihrer Gesellschaft geistigen Gewinn erhoffte. In einem Gast aber fand Karl Friedrich weit mehr als nur einen anregenden Gesprächspartner, weit mehr als nur einen Berater. In Johann Kaspar Lavater fand der Markgraf einen Freund.

Der Theologe und Schriftsteller hatte, als er 1774 zum ersten Mal nach Karlsruhe kam, noch wenig Erfahrung im Umgang mit den Mächtigen. Es war auch gar nicht seine Absicht gewesen, dem Markgrafen seine Aufwartung zu machen: Der Züricher Pfarrer war auf der Durchreise, wollte in der badischen Residenzstadt eigentlich nur einen Bekannten, den Hofrat Johann Georg Schlosser, wiedersehen. Doch der weilte, wie Lavater von Cornelia Schlosser erfuhr, bereits in Emmendingen, wo er neue Aufgaben übernehmen sollte. Während der Schriftsteller plaudernd mit Goethes Schwester in deren Karlsruher Garten saß, ließ sich Professor Böckmann melden. Der Wissenschaftler, der stets bemüht war, bürgerliche Geistesgrößen am Karlsruher Hof einzuführen, bat Lavater, das Markgrafenpaar aufzusuchen.

Lavater hegte Bedenken, nahm nach einigem Zögern aber doch die Einladung an. Er sollte seinen Entschluss nicht bedauern: Zwar erschien Karl Friedrich dem Besucher zunächst sehr „markgräflich“ und „etwas trocken“ – aber der Eindruck von Verschlossenheit und Kühle, den Karl Friedrich beim ersten Kennenlernen auf viele seiner Zeitgenossen machte, wich schnell. Die beiden Männer hatten erst wenige Worte miteinander gewechselt, da forderte Karl Friedrich seinen Gast bereits auf, sich neben ihn zu setzen. Der Markgraf und der Gottesmann hatten viel miteinander gemein; es verband sie ein aufrichtiges und gefühlsbetontes Christentum. Stundenlang konnten sie sich über den Zustand der Religion, die Ewigkeit der Höllenstrafen, über Betschwestern und Tartuffen unterhalten. Karl Friedrich war aber auch sehr interessiert an der Physiognomik. Die Kunst der Charakterdeutung aus der Gesichtsform war Lavaters ganz besonderes Steckenpferd.

Den erbaulichen Gesprächen mit Karl Friedrich folgte für Lavater mindestens eine „erbärmliche Nacht“ in Karlsruhe (er wohnte im Hause des Professors Böckmann und fand dort Wanzen. Das war im 18. Jahrhundert zwar auch in vornehmen Häusern nicht ungewöhnlich, veranlasste aber Lavater, der angeblich kein Auge zutun konnte, zu einigen bissigen Bemerkungen in seinem Tagebuch). Allerdings konnten solche kleinen Widrigkeiten der aufkeimenden Freundschaft zum badischen Markgrafen keinen Abbruch tun.

Den ersten Teil seiner „Physiognomischen Fragmente“, der 1775 erschien, widmete Lavater dem Markgrafen Karl Friedrich. In dem (damals höchst umstrittenen) Buch fand sich ein gezeichnetes Profil des Badeners, zu dem Lavater geschrieben hatte: „Der Fürst auf diesem Blatte (errate ihn, hast du pyhsiognomisches Gefühl oder nur mäßige Weltkenntnis, du wirst ihn erraten) ist die gütigste, die bescheidenste Seele. Sparsam an

Worten; sanft in allen seinen Äußerungen und dennoch nicht schleichend. Ein gesundes Urteil, das sich nur nicht genug fühlt, nicht herauswagt, siehst du immer auf seinem Blick, auf jedem halb ausgesprochenen Worte schweben. Seine Stirn zeigt Übergewicht der Güte, aber keine Dürftigkeit des Verstandes. Der Umriss von der Nasenwurzel bis zur Unterlippe versprechen noch mehr, als seine große Schüchternheit in Worten bemerken lässt ..." Lavater, der scharfe Beobachter, hatte erkannt, dass hinter Karl Friedrichs selbstbewusst zur Schau getragenen Fürstenmiene noch immer ein Rest von Unsicherheit lauerte. Dass es das Verdienst der Markgräfin Karoline Luise war, ihrem Gemahl ein „Gefühl seiner selbst in seine edle Seele zu atmen", entging dem aufmerksamen Lavater ebenfalls nicht.

Karoline Luise gab sich gegenüber Lavater sehr freundlich – aber eine so enge Beziehung wie ihr Mann dürfte sie zu dem Schweizer Theologen, der sie als die „Vielwisserin und Vielfragerin von Baden" bezeichnete, nicht entwickelt haben. Für ihr rational denkendes Hirn war Lavater wohl zu schwärmerisch, zu sehr dem Mystischen zugeneigt – genau dies aber schätzte Karl Friedrich an seinem neuen Freund. Lavaters Emotionalität war für Karl Friedrich eine Art Gegenpol zur nüchternen Intelligenz der Markgräfin. Solange sie lebte, neutralisierte die Fürstin den Einfluss des Gottesmannes auf Karl Friedrich; doch nach Karoline Luises Tod beschäftigte sich der Markgraf mehr und mehr mit dem Übersinnlichen. So machte Lavater den Fürsten mit dem „Magnetismus" bekannt, einer Heilmethode, die auf Suggestion und Hypnose basierte. Karl Friedrich fand die Lehre, die nach ihrem Erfinder, einem deutschen Arzt, auch „Mesmerismus" genannt wurde, interessant. Zwar gab es an seinem Hof kritische Köpfe, die in der neuartigen Therapieform nichts anderes als Scharlatanerie sahen – aber das Interesse des Markgrafen sorgte dafür, dass der Heilmagnetismus in der badischen Residenzstadt ungewöhnlich viele Anhänger fand. Ein Besucher der Stadt berichtete später im Leipziger Journal, er sei in Karlsruhe „in jeder Gasse auf Männer und Frauen gestoßen, die aussahen, als ob sie durch die magische Berührung eines Eingeweihten ihren sechsten Sinn erhalten und die übrigen verloren hätten".

In tiefer Trauer

Die letzte Reise nach Paris

Schmerzen gehörten für die Markgräfin Karoline Luise zum täglichen Leben, so lange sie denken konnte. Als sie ein kleines Mädchen gewesen war, hatte der Großvater in Darmstadt es abgelehnt, das permanent kränkelnde Kind von Ärzten behandeln zu lassen – die Wahrscheinlichkeit, dass das Mädchen trotz der teuren medizinischen Behandlung sterben würde, war einfach zu groß gewesen. Hofdamen hatten sich um das mutterlose Geschöpf gekümmert, ihm alte Hausmittel und neue Rezepturen eingeflösst, die ihre Existenz weit mehr der menschlichen Fantasie als den Erkenntnissen der Wissenschaft verdankten.

Obwohl – oder vielleicht gerade weil – der jungen Karoline ärztliche Hilfe vorenthalten wurde, hatte sie sich schon früh brennend für die Geheimnisse der Medizin interessiert. Und je mehr sie sich damit beschäftigte, desto stärker wurde ihre Wissbegierde. Als die Markgräfin in Karlsruhe ihr Naturalienkabinett aufbaute, sollten darin auch möglichst alle in der Heilkunde benutzten Mineralien und Pflanzen ihren Platz finden. Wie bei den anderen Wissenschaften, denen sie sich zuwandte, beließ es die Fürstin nicht bei einer oberflächlichen Betrachtungsweise. Karoline Luise informierte sich über die Möglichkeiten eines medizinischen Studiums, sie ließ sich lateinische und deutsche Fachbücher schicken. Sie sammelte Rezepte für Arzneien aller Art und notierte, gegen welche Krankheit die Ärzte sie im konkreten Fall verordnet hatten. Außerdem legte sie Krankengeschichten an – von ihren Verwandten, von Angehörigen des badischen Hofes und schließlich sogar von einigen Karlsruher Bürgern. In sorgfältig beschrifteten Umschlägen sammelte Karoline Luise ihre Notizen über diverse akute und chronische Erkrankungen; daneben befasste sie sich – freilich nur theoretisch – mit der Chirurgie und der Anatomie. Auch ihr eigener Körper diente der Markgräfin als Studienobjekt. Ob es sich um eine Schwangerschaft, um eine Magenverstimmung oder eine Infektionskrankheit handelte: Sachlich und distanziert verfasste Luise Karoline Berichte über die Symptome, die sie an sich feststellte, sie hielt den Krankheitsverlauf fest und die von den Ärzten verordneten Therapien. Sie schrieb ihre Krankengeschichte in der dritten Person — so als ob sie die Assistentin des Arztes, nicht aber die Patientin wäre.

Weil Karoline Luise sich im Laufe der Jahre ein ungewöhnliches medizinisches Wissen angeeignet hatte — und weil sie eigentlich nicht zum Jammern neigte —, war Karl Friedrich höchst beunruhigt, als seine Frau Anfang 1783 begann, über ihr bevorstehendes Ende zu sprechen. Die beleibte Markgräfin war im Schloss auf einer schmalen Treppe gestürzt und hatte sich wochenlang nicht von den Folgen erholt. Karolines Sehkraft schwand; zur körperlichen Schwäche gesellten sich schwere Depressionen. Selbst Karl Friedrich fiel es schwer, seiner Gemahlin ein Lächeln zu entlocken. Um die Markgräfin aufzumuntern – und wohl auch um die unbequeme Patientin loszuwerden – rieten die Ärzte dringend zu einer Luftveränderung. Paris wurde vorgeschlagen, denn es war allgemein bekannt, dass die Markgräfin die Stadt an der Seine über alles schätzte. Tatsächlich war Karoline Luise sofort mit der Reise einverstanden, und ihre Laune hob sich schlagartig. Schade war nur, dass Karl Friedrich keine Möglichkeit sah, seine Gemahlin zu begleiten. Immerhin sollte Prinz Friedrich, Karoline Luises Lieblingssohn, ihr während der Reise beistehen.

In der Nacht zum 1. April brachen die Reisenden auf; am 4. April gegen Abend erreichten sie Paris. Obwohl die Fahrt strapaziös gewesen war und es mit der Unterkunft in Paris unerwartete Probleme gab, war die Markgräfin unternehmungslustig wie in ihren besten Tagen. Am Sonntag, dem zweiten Tag nach ihrer

Ankunft, war sie von morgens bis abends auf den Beinen: Sie mutete sich morgens Besichtigungen, nachmittags Spaziergänge im Tuilerien-Garten und schließlich auch noch den Besuch des Jahrmarkts vor der Kirche Saint Germain-de-Prés zu. Daher wunderte sich kaum jemand, als der Markgräfin bei der Rückkehr ins Hotel d'Angleterre die Beine versagten. Weil Karoline Luise sich nicht in der Lage fühlte, die Treppen hinaufzugehen, mussten die Diener den schweren Körper in ihre Räumlichkeiten schleppen. Doch es war nicht nur eine harmlose Schwäche, die die Fürstin zu Fall gebracht hatte. In ihrer Garderobe verzerrten sich plötzlich ihre Gesichtszüge: Der Schlag hatte Karoline Luise getroffen.

Das Antlitz der Markgräfin war kalkweiß unter der Schminke, sie war kaum bei Bewusstsein. Als endlich zwei Ärzte eintrafen, behandelten sie die halbseitig Gelähmte so, wie es damals üblich war: Sie flössten ihr Abführ- und Brechmittel in großen Mengen ein. Das hatte immerhin den Erfolg, dass die Markgräfin würgte, die Augen aufschlug und sogar mühsam zu reden begann. So miserabel es ihr ging, hielt sie es doch für ihre Pflicht, die Ärzte über ihre medizinische Vorgeschichte zu informieren: Wegen der „Fülle ihres Blutes" müsse sie häufig zur Ader gelassen werden, keuchte sie. Die Ärzte waren angenehm überrascht darüber, dass die Patientin ansprechbar war. Da es sich offenbar um eine sehr vornehme Dame handelte, nahmen sie ihr – wie gewünscht – Blut ab. Das schien ihr gut zu tun, und die Ärzte sahen bald keinen Anlass mehr, länger am Krankenbett der Badenerin zu verweilen. Sie überließen Karoline Luise der Obhut ihres Sohnes und ihres Gefolges, vereinbarten aber immerhin eine Visite für den kommenden Tag. Oberstallmeister von Üxküll hatte unterdessen einen Kurier nach Karlsruhe geschickt, der dem Markgrafen Mitteilung machen sollte von der Erkrankung seiner Frau.

Der Optimismus der Ärzte schien nicht unbegründet. Am Montag ging es der Markgräfin deutlich besser; sie konnte sogar wieder klar sprechen. Die Patientin bemühte sich, den lieben Fritz, der die ganze Nacht über nicht von ihrem Bett gewichen war, aufzuheitern: „Wie unglücklich wärst du doch gewesen, wenn ich hier in Paris gestorben wäre", scherzte sie. Karoline Luise, die mit den pünktlich erschienenen Ärzten fachmännisch über ihren Schlaganfall und seine Folgen plauderte, war überzeugt davon, dass sie genesen werde. Prinz Friedrich aber wurde die Angst nicht los, dass die Mutter schlimmer krank sein könnte, als man ihn wissen ließ. Erst als ihm die Ärzte am Dienstag versicherten, es werde gewiss möglich sein, die Mutter in den Schoß ihrer Familie zurückzuführen, atmete der erschöpfte Prinz auf. Zwei Stunden später erlag Markgräfin Karoline Luise von Baden einem weiteren Schlaganfall. Es war der 8. April 1783.

Der Witwer

Am 9. April erst traf die Nachricht, dass die Markgräfin einen Schlaganfall erlitten hatte, in Karlsruhe ein. Karl Friedrich ließ nur das Nötigste packen, brach dann mit dem Erbprinzen und seinem jüngsten Sohn Ludwig, dem Minister von Edelsheim, zwei Ärzten sowie mehreren Bedienten auf, um persönlich seine kranke Gemahlin nach Hause zu holen. Früh am nächsten Morgen – die Reisenden hatten Straßburg bereits hinter sich gelassen – trafen sie auf einen zweiten Kurier aus Paris.

Karl Friedrich las das Schreiben, in dem Üxküll ihm das Ableben der Markgräfin meldete, mit unbewegtem Gesicht. Unter den Brief hatte Prinz Friedrich flüchtig ein paar Worte an den Vater gekritzelt: „Um der Liebe Gottes willen, kommen Sie zu mir nach Paris. Ich küsse die Hände meines Vaters und umarme meine Brüder." Aber Karl Friedrich fuhr nicht weiter. Nichts zog ihn in die Stadt, die ihn seiner Frau beraubt hatte, auch nicht das Flehen ihres Lieblingssohnes.

Was war schon das Leid eines Sohnes im Vergleich zu dem Verlust, den der Ehemann zu verschmerzen hatte? Karl Friedrich hatte einen betäubenden Schlag erlitten. Aber er wusste, dass es seine Pflicht war, diesen Schlag in Würde zu ertragen, und er war sich Gottes Beistand gewiss. Der Markgraf hatte zu wenig Fantasie, um sich die Selbstvorwürfe und die abgrundtiefe Verzweiflung vorstellen zu können, in die sich sein sensibler Sohn Fritz hineinsteigerte.

Karl Friedrich kehrte umgehend mit dem Erbprinzen und Prinz Ludwig nach Karlsruhe zurück. Voraus eilte den Trauernden ein Bote, der Erbprinzessin Amalie über das Unglück informieren und dafür sorgen sollte, dass dem Markgrafen bei seiner Ankunft niemand vor die Augen kam. Karl Friedrich wollte Ruhe, nichts als Ruhe und allein sein mit seinen Erinnerungen. Immer wieder las er in diesen traurigen Tagen die „letzten Briefe der besten Frau", in denen ihm Karoline die Mühen ihrer verhängnisvollen Reise nach Paris geschildert hatte. Schließlich gab der Witwer bekannt, dass er sich für einige Zeit nach Stutensee zurückziehen werde. Erbprinz Karl Ludwig werde sich derweil um die Staatsgeschäfte kümmern.

In Paris war Prinz Friedrich einem Nervenzusammenbruch nahe. Der Tod hatte ihm die Mutter geraubt, gerade als er sie gerettet glaubte. Sie hatte ohne den Beistand eines Geistlichen sterben müssen – wie sinnlos und ungerecht. Und jetzt schnitten die Ärzte auch noch den toten Körper der Markgräfin auf, um die Todesursache zweifelsfrei festzustellen. Das war zwar keineswegs ungewöhnlich, kam in des Prinzen Augen aber einer Leichenschändung gleich. Friedrich hatte mit Bitten und guten Worten die Obduktion nicht verhindern können. Die Vertreter des französischen Hofes, der fremden Gesandtschaften und der vornehmen Pariser Kreise – sie alle, die pflichtgemäß kamen, um dem Sohn der verstorbenen Markgräfin von Baden ihr Beileid auszusprechen, waren überrascht und gerührt zugleich über den jungen Mann, der für jeden Trost unzugänglich schien. Doch in die Rührung mischte sich bald leise Verachtung für einen Prinzen, der so gar keine Selbstbeherrschung zeigte.

Zum Glück traf aus Karlsruhe bald Wilhelm von Edelsheim ein. Der Minister sorgte dafür, dass Karl Friedrichs Sohn dem Ansehen Badens keinen weiteren Schaden zufügte. Keine Minute ließ Edelsheim Friedrich aus den Augen; es gelang ihm sogar, den Prinzen dazu zu überreden, die Nächte im Bett statt bei ruhelosen Wanderungen zu verbringen. Ernsthaft Sorgen machte sich der Minister um den Geisteszustand Friedrichs. Kurz vor der Rückkehr der Badener nach Karlsruhe schrieb Edelsheim an den Markgrafen, dass der Prinz dem Wiedersehen mit seinem Vater geradezu entgegenfiebere. Pflichtschuldigst wies er den Markgrafen auf die schlechte Verfassung seines zweiten Sohnes hin: „Sein Gemüt ist ... noch dermaßen stark gerührt, dass es wohl nötig sein wird, Ew. Durchlaucht zu bitten, dass die erste Umarmung nur in Ihrem hinteren Zimmer zu Stutensee ohne andere Gesellschaft als die der Herren Brüder oder unten in des Herrn Erbprinzen Zimmer geschehe. Der Prinz ist weit empfindlicher, wenn er fremde Personen zu sehen bekommt.“ Karl Friedrich befolgte den klugen Rat des Ministers und begrüßte seinen Sohn ohne neugierige Zuschauer. Alsdann begab er sich zurück in die Residenzstadt, um seiner Gemahlin die letzte Ehre zu erweisen.

Alle Glocken Karlsruhes läuteten, als am 18. April kurz vor Mitternacht der Trauerkondukt Karlsruhe erreichte. Der Körper der toten Markgräfin war für seine letzte Reise einbalsamiert worden; die Eingeweide hatte man in ein besonders Gefäß gegeben, das Herz in einer kleinen Bleikapsel verstaut. In den schwarz tapezierten Gemächern des Schlosses hatten sich sämtliche Damen und Kavaliere versammelt. Gleich nach der Trauerfeier wurden Karoline Luises sterbliche Überreste nach Pforzheim in die Familiengruft überführt. In der Grablege wurde die tote Markgräfin mit ihren früh- und totgeborenen Kindern wieder vereint. Die kleinen Särge platzierte man zu Füßen der Mutter.

Karl Friedrich war unmittelbar nach der nächtlichen Trauerfeier nach Stutensee zurückgekehrt. Man berichtete ihm, dass das Volk großen Anteil an seinem Verlust genommen habe und Tausende am Wege standen, als der schwarz verhängte Leichenwagen vorüberfuhr. Aber Karl Friedrich hörte kaum hin. Außer den nächsten Familienangehörigen wollte er nur einige wenige Vertraute bei sich dulden. Minister Edelsheim, Hofrat Schlosser und Professor Böckmann – sämtlich Männer, die auch Karoline Luises Wertschätzung genossen hatten – durften die selbst gewählte Einsamkeit des Witwers teilen. Wie ein Lichtstrahl an einem trüben Tag aber schien es dem Markgrafen, als ihm doch ein unerwarteter Besucher gemeldet wurde: Es war Lavater, der nach Offenbach reiste und bei dieser Gelegenheit dem Markgrafen in Stutensee seine Anteilnahme aussprechen wollte.

„Sie kommen mir wie vom Himmel gesandt", rief Karl Friedrich beim Anblick des Pfarrers und führte den Besucher in sein Zimmer. Nichts von dem, worüber die beiden Seelenfreude sprachen, drang nach außen. Dass wir heute trotzdem zumindest ungefähr wissen, worum es bei der Unterredung ging, liegt daran, dass Lavater es stichwortartig in seinem Tagebuch notierte: „vom Tod, vom Leben nach dem Tod, vom Gericht, von den Stufen der Seligkeit, vom Unterschied der Begnadigung und Belohnung, vom Bitten für die Sterbenden und Toten, vom Wiedersehen ..."

Der Vertraute der Familie

In den schweren Wochen und Monaten nach dem Tod seiner Gemahlin gewann die Freundschaft Karl Friedrichs zu Lavater eine neue Intensität. Schon jetzt deutete sich an, was in den späteren Jahren unübersehbar wurde: Der schwärmerische, zum Mystizismus neigende Glaube Lavaters übte auf den von der frommen Großmutter geprägten Karl Friedrich einen immensen Reiz aus. Der trauernde Fürst wollte den Theologen so oft wie möglich um sich haben und bat Lavater dringend, einen Erholungsaufenthalt im Juli mit der markgräfliche Familie in Langensteinbach zu verbringen. Lavater stimmte zu – und sah sich bald zum Vertrauten sämtlicher Familienmitglieder befördert. Nicht nur Karl Friedrich, auch seine Söhne und die Schwiegertochter suchten das Gespräch mit dem Menschenkenner. Denn der Tod Karoline Luises hatte die Spannungen in der Familie verschärft.

Karl Friedrich, der kongenialen Partnerin beraubt, verlangte nicht mehr und nicht weniger, als dass sein Erbe an Stelle der verstorbenen Markgräfin Tag und Nacht an seiner Seite stünde. „Oh Karl, auf dir ruht jetzt mein Trost für den Rest meiner kummervollen Tage", hatte der Vater gesagt und den Arm um die Schultern Karl Ludwigs gelegt. So aufrichtig der Erbprinz um die Mutter trauerte und dem Markgrafen in seinem Kummer beizustehen wünschte – die väterliche Umarmung erwies sich bald als unentrinnbarer Würgegriff. Seine Gemahlin Amalie war dem Erbprinzen in dieser schwierigen Situation kein Hilfe – im Gegenteil. Denn die Erbprinzessin, die jetzt an der Stelle der verhassten Schwiegermutter die erste Dame des Hofes war, übte Druck auf Karl Ludwig aus. Sie, die sich ihrer neuen Bedeutung nur allzu sehr bewusst war, sah den Zeitpunkt gekommen, mehr Selbstständigkeit einzufordern. Sie erwartete, dass ihr Gemahl sich ein Stück weit aus der ewigen Bevormundung des Markgrafen befreie.

Karl Ludwig, hin- und hergerissen zwischen den Ansprüchen des Vaters und den Forderungen der Ehefrau, wusste weder ein noch aus; das ganze Leben schien ihm eine Höllenpein zu sein. Doch das konnten weder der Markgraf noch die Erbprinzessin und schon gar nicht Karl Ludwigs Brüder nachempfinden, deren boshafte Bemerkungen dem Erbprinzen seine Hilflosigkeit nur noch schonungsloser vor Augen führten. Hätte Karl Ludwig sich nicht mit klugen und verständnisvollen Männern wie Lavater und Minister Edelsheim aussprechen können – er wäre womöglich wahnsinnig geworden in diesen trostlosen Monaten nach dem Tod Karolines. So aber fand der Erbprinz sich – wieder einmal – damit ab, dass er, solange sein Vater lebte, zu kindlicher Liebe, Geduld und Pflichterfüllung verdammt sein würde.

Auch Amalie erhielt von Lavater manchen guten Ratschlag. Der verschwiegene Gottesmann flößte der Erbprinzessin Vertrauen ein, und ihre jahrelange Verbitterung brach aus ihr heraus: Über die Härte der seligen Markgräfin lamentierte sie, über die Kälte des Markgrafen und über das kindische Verhalten ihres Gemahls. Lavater hörte geduldig zu und beobachtete sein Gegenüber dabei scharf. Längst war Amalie nicht mehr die reizende Prinzessin, deren zarter Liebreiz einst den männlichen Beschützerinstinkt geweckt hatte. Lavater sah eine ehrgeizige Frau, die fünf Töchter geboren und dabei ihren jugendlichen Charme verloren hatte. In seinen Augen war Amalie, die mittlerweile stark schielte, weder schön noch reizend – nichtsdestotrotz empfand er Sympathie für die stolze Erbprinzessin, die so viele Enttäuschungen hatte hinnehmen müssen.

Lavater versuchte Amalie klarzumachen, dass sie mit ihren Ansprüchen und Forderungen, so berechtigt sie auch sein mochten, beim Markgrafen nur auf taube Ohren stoßen würde. Einen Mann von Karl Friedrichs Schlag könne man nur durch Bescheidenheit und Herzlichkeit gewinnen — vertrauensvollen Bitten könne er gleich gar nicht widerstehen. So sehr Amalie der Gedanke an derartige Unterwürfigkeit widerstrebte – die Klugheit gebot ihr, die Ratschläge Lavaters zu beherzigen. Nicht immer sollte es ihr in den nächsten Jahren gelingen, die Maske der Zutraulichkeit aufrechtzuerhalten. Aber auch wenn ihr bisweilen die scharfe Zunge durchging: Das Verhältnis Amalies zum Markgrafen verbesserte sich fortan deutlich. Nicht Zuneigung, aber immerhin Achtung brachten Schwiegertochter und Schwiegervater füreinander auf.

Die Aufhebung der Leibeigenschaft

Von der gereizten Stimmung in seiner Familie nahm Karl Friedrich kaum Notiz. Er war nicht daran gewohnt, mit den persönlichen Befindlichkeiten der Menschen in seiner Umgebung belästigt zu werden – und jetzt, da er Karoline Luise verloren hatte, war er ohnehin blind und taub für alle Nebensächlichkeiten. Der Markgraf konzentrierte sich während der stillen Wochen der Trauer völlig auf ein Werk, über das er mit der Verstorbenen gesprochen, das er aber bislang nicht zu Ende gebracht hatte: Karl Friedrich bereitete die Aufhebung der Leibeigenschaft vor. Mit dem Edikt vom 23. Juli 1783 gewährte er den Einwohnern seines Landes völlige Freizügigkeit; gleichzeitig wurden eine Reihe von Abgaben, die durch den Status der Leibeigenschaft bedingt waren, abgeschafft. In den Genuss dieser Reform kamen freilich nur die Badener aus Gebieten, die Karl Friedrichs alleiniger Regierung unterstanden. Ausgenommen waren zunächst Orte wie Gernsbach, wo Dritte hoheitliche Rechte hatten.

Eigentlich war die große Tat Karl Friedrichs vor allem ein symbolischer Akt, denn die Leibeigenschaft der Bauern hatte ihre frühere Bedeutung längst verloren. Karl Friedrichs Biograf Drais schrieb: „Die Leibeigenen wurden bei uns nicht verkauft noch aus ihren Gemeinden vertrieben. Sie besaßen ihre Grundstücke eigentümlich, konnten sie veräußern, auch testamentarisch vererben, ihre Kinder ungefragt Handwerker werden und Studien treiben lassen; nur fehlte es an der rechtlichen Vergewisserung. Danebst waren die aus der alten Leibeigenschaft fließenden Staatseinkünfte und das Verbot, dass der Untertan seinem Herrn nicht den Leib entziehen dürfte, samt dem erniedrigenden Namen zurückgeblieben. Karl Friedrich aber, der oft von den natürlichen Rechten als dem Grund zu allen heilsamen Staatseinrichtungen sprach, wollte zuvörderst über freie Menschen regieren."

Diese Haltung Karl Friedrichs war es, die sechs Jahre vor der Französischen Revolution die Menschen nicht nur in Baden begeisterte. Zwar war das Edikt nicht beispiellos – in Vorderösterreich hatte Kaiser Josef II. die Leibeigenschaft bereits ein Jahr früher abgeschafft. Aber Karl Friedrich gehörte in den Augen seiner Zeitgenossen zu den Schrittmachern der menschlichen Freiheit – in Württemberg beispielsweise ließ die Aufhebung der Leibeigenschaft bis zum Jahr 1817 auf sich warten.

So fand Karl Friedrichs einsamer Entschluss einen begeisterten Widerhall innerhalb und außerhalb Badens. In Eutingen bei Pforzheim setzten die Bürger ihrem Fürsten ein „Denkmal des Dankes". Der Obelisk aus rotem Sandstein wurde an der Straße ins Württembergische aufgestellt und forderte die Reisenden auf: „Wanderer dieser Straße: Sag deinem Land und der Welt unser Glück: Hier ist der edelste Mann Fürst". Nichts Geringeres als die „Rechte der Menschheit" hatte der „Vater seines Volkes" in den Augen der Eutinger hergestellt. Auch aus zahlreichen anderen badischen Gemeinden wurden Dankadressen oder Deputationen in die Residenz gesandt, allerorten gab es feierliche Gottesdienste und Feste. Der Dichter Johann Peter Hebel verfasste eine Ode auf den Markgrafen. Verblüfft von dieser Resonanz erwogen andere Standesherren und Fürsten, dem Beispiel des Badeners zu folgen.

Karl Friedrichs Antwort

Karl Friedrich war über die Begeisterung seines Volkes gerührt und beglückt. Ohne seine Beamten zu Rate zu ziehen, verfasste er eine „Antwort auf die Danksagungen des Landes nach Aufhebung der Leibeigenschaft und einiger Abgaben“, die gedruckt und überall im Land verteilt wurde. Kaum eine andere Quelle sagt mehr über Karls Friedrich Selbstverständnis als Aufklärer von oben und als Landesvater von Gottes Gnaden aus als diese sorgfältig formulierte Schrift:

„Dass das Wohl des Regenten mit dem Wohl des Landes innig vereinigt sei, so dass beider Wohl- oder Übelstand in Eins zusammenfließen, ist bei Mir, seitdem Ich Meiner Bestimmung nachzudenken gewohnt bin, ein fester Satz gewesen. Ich kann also, wenn Ich etwas zu dem Besten des Landes tun kann, dafür keinen Dank erwarten noch annehmen. Was Mich selbst vergnügt, Mir Beruhigung gibt, Mich der Erfüllung meiner Wünsche, ein freies, opulentes, gesittetes, christliches Volk zu regieren, nähert, dafür kann man Mir nicht danken. Ich aber habe dem Höchsten zu danken, der Mich die Erfüllung Meiner Wünsche hoffen lässt. Ich glaube gegenwärtigen Anlass benutzen zu können, um einige Reflexionen und Ermahnungen an die Herzen derer, die ihnen Eingang geben wollen, legen zu können.

Wenn der Satz seine Richtigkeit hat, dass das Wohl des Fürsten mit dem Wohl des Landes innig vereinigt ist, so dass beider Wohl- oder Übelstand nur eines ausmacht, so ist er es aus der Ursache, weil ihr Interesse auf das genaueste verbunden ist, oder mit anderen Worten, weil der Fürst mit dem Lande in genauem wechselseitigen Verhältnisse steht. Nun steht aber ein jeder Bürger des Staats in Verhältnis mit seiner Familie, jede Familie mit ihrem Wohnort, jede Stadt oder Dorf mit dem Distrikt, der sie umgibt, Ober- oder Amt, jedes von diesen mit dem Ganzen, das Ganze mit dem Landesfürsten, und dieser wieder samt seiner Familie und denen, die ihm den Staat regieren, verteidigen, erhalten helfen, mit allen. Jeder Stand, jedes Amt, jeder Bürger sind also in genauer Verbindung, und haben nur ein Hauptinteresse in dem Wohl des Ganzen.

... Will jemand Anteil an der Freiheit haben, so muss er jeden anderen in dem Genusse der seinigen ungestört lassen, weil die Freiheit in dem gesellschaftlichen Leben nichts anderes ist, als der freie Genuss unseres Eigentums unter dem

Schutz der Gesetze. Es ist also keine Freiheit ohne Gesetze, welche den Boshaften einschränken, wenn er schaden und also der Freiheit seiner Mitbürger zu nahe treten will. Die Freiheit kann also nur für die guten Menschen sein. Die Boshaften können sie nicht genießen, weil Böses tun nicht frei heißen kann. ... Ein jedes Laster, ein jedes Verbrechen ist Irrtum, ist Torheit; eine jede Tugend ist Weisheit. Wer Gesetze, Ordnung, Tugend und Religion liebt und zur Richtschnur nimmt, der ist weise! Der ist frei! Denn er wünscht nur, was ihm niemand verbieten, hingegen was ihn und andere glücklich machen kann. Nichts schränkt ihn ein. Er fesselt seinen Nächsten mit Banden der Liebe und des Vertrauens. Er fühlt seinen Wert, seine Würde als Mensch, als Christ, als Patriot.

Der Geist der Freiheit, also verstanden, muss gewiss viel zum Reichtum eines Volkes beitragen, weil dadurch der Genuss des Eigentums einem jeden versichert, und der Weg, seine Umstände zu verbessern, geöffnet wird. Die erste Quelle des Reichtums besteht in der Gewinnung der ersten rohen Naturprodukte durch den Acker-, Wein-, Wiesen-, Bergbau, Viehzucht, Holzkultur usw. Ohne diese Produkte fehlt es an den ersten Bedürfnissen des Lebens: Die Handwerker haben keine erste rohe Materie zu verarbeiten, die Handlung kein Objekt des Handels. Alle Stände sind also daran interessiert, dass der Naturprodukte viele erworben werden. Denn alsdann ist der Zustand des Landmanns blühend, der Handwerker, der Künstler, der Fabrikant findet Verdienst, der Kaufmann findet Beschäftigung, indem er den rohen und verarbeiteten Produkten durch den Handel einen guten Wert verschafft; der Staat ist reich und blüht, – und siehe da, abermals alle Interessen vereinigt in Einem, vom Landesfürsten bis zum Hirten: Alle gewinnen durch die Vermehrung der Produktion. Niemand muss also den andern darin stören, jeder vielmehr den anderen unterstützen. Der reiche Landmann drücke seinen armen Mitbürger nicht; er sei nicht stolz gegen ihn, er behandle ihn mit Liebe; er gebe ihm Verdienst, suche ihm seinen Nahrungsstand zu verbessern, ihm aufzuhelfen. Der Arme beneide den Reichen nicht, er schäme sich der Armut nicht. Redliche Armut ist ehrbarer als mit Unrecht erworbener Reichtum. Der ehrbare Arme schäme sich nicht, bei seinem wohlhabenden Mitbürger Verdienst anzunehmen. Durch Treue und Fleiß wird er sich Vermögen erwerben. Hier ist Vereinigung der Kräfte zum gemeinsamen Zweck: Harmonie!

Einwohner der Städte! Begehrt nicht, dem Landmann die im Schweiße seines Angesichts hervorgebrachten Produkte um geringe Preise abzudringen. Er kann seinen Acker nicht ohne Aufwand anbauen: ein Teil dieses Aufwandes ist Verdienst für euch: Aber der größte Teil eures Verdienstes wird mit dem reinen Ertrag des Landes bezahlt, nämlich mit der Summe, welche dem Landmann übrig bleibt, wenn von dem ganzen Erwuchs der Kulturaufwand abgezogen ist. Diese Summe ist der frei zirkulierende Reichtum im Staat, wovon alle Stände leben, ein jeder nach dem Maß des Anteils, welchen er mit Recht daran zu fordern hat oder welchen er durch seine Arbeit erwirbt.

… Einwohner der Städte, oder vielmehr alle, die ihr Gewerbe und Handel treibt, begehrt nicht durch ausschließende Rechte die Gewerbe und den Handel eurer Mitbürger einzuschränken; ihr schadet euch selber, ihr schadet dem Staat. Die Freiheit ist den Gewerben und dem Handel unentbehrlich; wenn ihr sie anderen raubt, so beraubt ihr euch ihrer Hilfe, ihrer Unterstützung, ihres Fleißes. Weg mit allem Neid, mit der Selbstheit, die anderen das versagen will, was sie für sich selbst nützlich hält!

Menschen aller Klassen im Staat, Freunde, Landsleute, Patrioten, freie deutsche Männer, ihr, die ihr einen der fruchtbarsten, gelindesten Himmelsstriche Deutschlands bewohnt, wo ihr schon vor 700 Jahren von Zähringern, aus deren Blut Ich abstamme, von Generation zu Generation geführt wurdet, vereinigt eure Kräfte mit den Meinigen, der Ich nun gleich 37 Jahre die Gnade von Gott habe, unter seinem Segen, jedoch nicht ohne Leiden, Schmerz und Betrübnis, euch vorzustehen.

Vereinigt euch mit Mir zum allgemeinen Wohl. Lasst Mich den Trost mit in die Ewigkeit hinnehmen, dass Ich ein an Wohlstand, Sittlichkeit und Tugend wachsendes Volk zurückgelassen habe. Seid fleißig, seid tapfer, liebt euer Vaterland. Seid sparsam ohne Geiz. Gibt euch Gott Reichtum, so verschwendet ihn nicht in Üppigkeit. Lasst den schon eingeschlichenen Luxus nicht weiter einreißen; er schadet noch mehr dadurch, dass er die Sitten verderbt, als dadurch, dass er der Habseligkeit wehe tut. Seid lieber tugendhaft und arm als lasterhaft und reich. Erzieht eure Kinder zur Tugend. Lehrt sie wahrhaft sein und die Lügen hassen. Geht ihnen mit guten Beispielen vor. Es ist hohe Pflicht; Gott fordert's von euch; ihr seid es euren Kindern, euch selbst, eurem Vaterland schuldig. Sie sind der Segen eures Hauses, die Stütze eures Alters, die Stärke des Staates, wenn sie Tugend, Religion und Ehre kennen.

Eine Lehre des ersten, größten Sittenlehrers, der jemals gewesen ist und sein wird, die lasst uns zur Regel unserer Sittlichkeit, unseres Betragens, unserer Nachahmung dienen: Alles was ihr wollt, dass euch die Leute tun sollen, das tut ihr ihnen, denn das ist das Gesetz und die Propheten. Ein würdiger Gottesgelehrter unserer Zeiten sagt von dieser Regel folgendes: Sie ist eure ganze Weisheit, die beste Staatskunst, Fürsten und Regenten! Die beste Erziehungskunst, Eltern! Die weiseste Lehrmethode, Lehrer! Nichts kann Brüderherzen an Brüderherzen, Freunde an Freunde, Ehegenossen an Ehegenossen fester knüpfen als diese Regel.

Nun aber, meine Freunde, wollen wir dieses durch unsere eigene Menschenkraft oder vielmehr Schwachheit vollbringen? Hier muss eine höhere Kraft uns zu Hilfe kommen, oder wir unterliegen. Wir müssen die Stärke der Religion zu Hilfe nehmen, die so allgewaltig in die Herzen der Menschen wirkt, der die ganze Natur untergeordnet ist, weil sie von dem Urheber der Natur ausgeht. Diener des Wortes Gottes, Lehrer der Religion, euch rufe Ich auf, die ihr berufen seid, aus der Natur und Offenbarung den geoffenbarten Willen Gottes darzustellen! Seid ihr von der Wichtigkeit eures Amtes überzeugt, so gebraucht seine ganze Stärke, um Gutes zu stiften. Seid ihr von den Wahrheiten und Lehren der Religion überzeugt, durchdrungen, gerührt; so werdet ihr gewiss auch den Weg zu den Herzen eurer Lehrbefohlenen finden und sie rühren. Sind die Herzen gerührt, so kann der Glaube an den erhabensten Stifter der Religion lebendig und der Wille, seinen Lehren und Beispielen zu folgen, tätig werden. Alsdann wird seine Kraft in den Schwachen mächtig werden und unser Bestreben und unsere Arbeit wird mit Segen gekrönt sein. Alsdann werden wir durch Tugend und Religion der wahren Ehre teilhaftig werden. Sie ist, wie Ich glaube, nichts anderes, als das Zeugnis unseres Gewissens, dass wir edle Handlungen aus edlen Beweggründen vollbringen. Der Beifall des Publikums ist nur insoweit Ehre, als er mit dem Zeugnis unseres Gewissens übereinkommt. Da wir aber unseren Nebenmenschen so beurteilen müssen, wie wir wünschen, von ihm beurteilt zu werden, und uns die geheimen Triebe des Herzens nicht bekannt sind; so macht eine jede edle Handlung dem, der sie begeht, in unserem Urteil Ehre, wenn wir nicht offenbar sehen, dass ein Herz dabei nicht edel dachte. Titel, Rang, Reichtun u.s.f. machen nur alsdann Ehre, wenn sie die Folgen edler Handlungen sind. Gibt uns unser Gewissen das Zeugnis, dass wir edel denken und edel handeln, so fühlen wir unsere Menschenwürde so erhaben, dass wir lieber das Leben als die Ehre verlieren wollten.

Möge Tugend, Religion und Ehre uns zu einem freien, opulenten, gesitteten, christlichen Volk noch immer mehr heranwachsen machen! Das ist Mein Verlangen, dies sind meine Wünsche!

Karlsruhe, den 19. September 1783

Karl Friedrich, Markgraf zu Baden."

Die Frau zur Linken

Triebe nach dem weiblichen Geschlecht

Einige Jahre vergingen. Karl Friedrich widmete sich seinen Regierungsaufgaben mit der ruhigen Würde und der detailversessenen Sorgfalt, die man vom ihm gewohnt war. Und doch war der Markgraf ein anderer geworden. Der erste scharfe Schmerz des Verlustes war längst verklungen, aber von Tag zu Tag spürte Karl Friedrich mehr, wie sehr ihm Karoline Luise fehlte: Er vermisste ihre Stimme und ihr Lächeln, die wohlige Wärme des vertrauten Körpers und die unerschütterliche Zuneigung, die die verstorbene Markgräfin mit immer neuen Zärtlichkeiten offenbart hatte. Lange Zeit konnte sich Karl Friedrich nicht vorstellen, der Toten die Treue zu brechen: „Der Verlust, den ich erlitten habe, war so groß, dass ich bis jetzt durch die Erneuerung dieser schmerzhaften Empfindung den Trieben der Natur und der Einbildungskraft zu widerstehen hoffte. Diese Art von Kampf, unterstützt durch Moralität und Religion, hoffte ich bis an mein Ende fortzusetzen“, dachte Karl Friedrich später zurück an diese Zeit. Doch so sehr seine Seele „die Freundin“ liebte, die „ich hatte und mit der ich wieder zu leben wünschte“ – der Markgraf war für dauerhafte Enthaltsamkeit nicht geschaffen: „Ich hasse nichts mehr als Heuchelei; auch vor den Menschen will ich nicht für das gelten, was ich nicht bin. Ich spüre Triebe nach dem weiblichen Geschlecht“, gestand sich Karl Friedrich ein.

Wie aber sollte er seinen Trieben nach dem weiblichen Geschlecht Genüge tun? Eine Prinzessin wollte er nicht wieder heiraten. Zum einen: Das wäre viel zu teuer. Karl Friedrich schreckte vor der Apanage und dem Wittum zurück, die eine Fürstin und ihre Kinder beanspruchen konnten. Denn das hätte nicht nur die Staatskasse belastet, sondern auch seinen finanziellen Spielraum für die Zuwendungen an die jüngeren Söhne aus erster Ehe eingeschränkt. Zum zweiten: Er wünschte keine anspruchsvolle Dame an seiner Seite, sondern ein anschmiegsames Frauenzimmer. Zum dritten: Er wollte Frieden haben an seinem Hof. Um den aber wäre es geschehen, wenn eine neue Markgräfin das Regiment übernehmen würde. So dickfellig Karl Friedrich auch in Familienangelegenheiten war: Er wollte seine Schwiegertochter nicht brüskieren. Und er ahnte, dass Erbprinzessin Amalie es ihm nie verzeihen würde, wenn sie einer Fremden den Vortritt lassen müsste.

Ohnehin bestand für Karl Friedrich keine Notwendigkeit, noch einmal standesgemäß zu heiraten. Die Erbprinzessin war erfreulich fruchtbar, und es war ihr mittlerweile sogar gelungen, Söhne zu gebären. Amalies erster Junge – er war nach seinem Großvater Karl Friedrich genannt worden – hatte zwar nur sechs Monate lang gelebt, aber der zweite Bub, der 1786 geborene Prinz Karl, schien recht zäh zu sein. Außerdem hatte der Markgraf neben dem Erbprinzen noch zwei weitere legitime Söhne, die sicher heiraten und Nachwuchs zeugen würden. Er durfte sich also der angenehmen Überzeugung hingeben, für das Fortbestehen der Zähringer gesorgt zu haben.

Solange Karl Friedrich lebte, würde es in Baden keine regierende Markgräfin mehr geben. Für schnelle Abenteuer aber fühlte sich der Fürst zu alt – er ging schließlich auf die 60 zu. Außerdem hätten sexuelle Eskapaden nicht sein Bedürfnis nach emotionaler Nähe befriedigt. Sollte er sich also auf eine langfristige Beziehung mit einer Mätresse einlassen? Nein, undenkbar. Die Zeiten, da die Favoritinnen der Fürsten anerkannte Größen von bisweilen hoher politischer Bedeutung waren, gingen ihrem Ende entgegen. Modern denkenden Menschen galten Mätressen bereits als Inbegriff von höfischen Intrigen, von Nepotismus und Misswirtschaft. Ein sittenstrenger und unbestechlicher Herrscher wie Karl Friedrich würde sein Land niemals dem Einfluss seiner Bettgefährtin preisgeben. Für den badischen Markgrafen war es eine Selbstverständlichkeit, dass er seinen Trieben nach holder Weiblichkeit nur auf einer „erlaubten, mir, meinem Hause und dem Lande unschädlichen Art" Genüge tun konnte.

„Mir eine Person zur linken Hand antrauen zu lassen, ist der einzige Weg, den ich vor mir sehe!" Die Lösung, auf die Karl Friedrich verfiel, war für seine Zeitgenossen weder ungewöhnlich noch anstößig: Er wollte eine Frau minderen Ranges heiraten, die mit ihm zwar das Bett, aber nicht den Thron teilen würde. Denn im Gegensatz zu einer Mätresse war die morganatische Ehefrau die rechtmäßige, aber nicht die ebenbürtige Gattin eines Fürsten. In der Regel waren solche Heiraten mit einer Rangerhöhung der Frau verbunden, die sich auch auf die Kinder dieser Ehe erstreckte, doch den Mitgliedern der fürstlichen Familie wurden die „Aufsteigerinnen" und ihre Kinder nicht gleichgestellt. Karl Friedrichs Bruder, Prinz Wilhelm Ludwig, hatte mit einer Frau zur linken Hand sein privates Glück gefunden – sollte das nicht auch dem regierenden Markgrafen möglich sein?

Anders als die fürstliche Gemahlin war die morganatische Ehefrau ohne Bedeutung für den Staat und für die Dynastie; sie galt als Privatangelegenheit des Herrschers. Eine Ehe zur linken Hand kam daher normalerweise auch nur in Frage, wenn die Thronfolge gesichert war. Bis ins 18. Jahrhundert hinein nutzten einige Fürsten die Ehe zur linken Hand allerdings auch, um sich neben ihren aus Staatsräson gewählten Gattinnen noch eine Zweitfrau zu halten, die ihrem persönlichen Geschmack mehr entsprach. Eine der letzten bekannten Doppelehen dieser Art ging just in dem Jahr, als Karl Friedrich Heiratspläne schmiedete, König Friedrich Wilhelm II. von Preußen ein. In Karlsruhe empfand man Mitleid für Königin Friederike Luise, war die unglückliche Monarchin doch eine Schwester von Erbprinzessin Amalie.

Die preußische Königin war allerdings daran gewöhnt, von ihrem Gemahl, dem „Vielgeliebten“, vernachlässigt zu werden – und sie hatte sich ihre Einwilligung zur Eheschließung des Königs mit einem Hoffräulein von niederem Adel gut bezahlen lassen. Das machte die Handlungsweise des Preußen in den Augen der Badener aber um keinen Deut besser. Für den frommen Markgraf Karl Friedrich lag eine solche Doppelehe bereits jenseits seiner Vorstellungskraft. Wie recht hatte doch Friedrich der Große gehabt, als er ein Jahr vor seinem Tod ein dunkles Bild von der künftigen Herrschaft seines Neffen zeichnete: „Die Weiber werden regieren, und der Staat wird zugrunde gehen ...“

So unerhört Erbprinzessin Amalie die Tatsache, dass ihr preußischer Schwager sich eine Nebenfrau hielt, auch finden mochte – im Falle ihres Schwiegervaters befürwortete sie eine Eheschließung zur linken Hand aus vollem Herzen. Denn wenn sich der alte Markgraf eine unbedeutende Gattin nähme, dann würde dies wohl sein Bedürfnis nach familiärer Nähe stillen. Der Erbprinz, auf dessen schwache Schultern sich Karl Friedrich nach wie vor stützte, würde entlastet und dürfte sich wohl endlich etwas mehr Freiheiten nehmen. Vor allem aber würde eine Person aus kleinen Verhältnissen weder Amalies Stellung noch die ihrer Kinder ernsthaft gefährden. Die Erbprinzessin wollte dem Markgrafen gerne behilflich sein, eine geeignete Frau zu finden.

Karl Friedrich war jedoch entschlossen, sich seine Gattin diesmal selbst auszusuchen. Er hatte ziemlich genaue Vorstellungen davon, wie seine künftige Frau sein sollte. Zwar sah er in der Neuen die „Statthalterin“ seiner „verstorbenen Freundin“, doch sollte die zweite Gemahlin der ersten möglichst wenig ähneln. Hatten die Zeitgenossen einst Karoline Luises umfassende Bildung gelobt und ihre durchdringende, auf Logik, Ordnung und geistige Disziplin gerichtete Intelligenz sowie ihre majestätische Erscheinung hervorgehoben, so hielt der Markgraf jetzt Ausschau nach einer hübschen Person, die mehr gesunden Menschenverstand als Witz besaß. Wenn sie nur in der Lage wäre, ihrem Gemahl vorzulesen – mehr Gelehrsamkeit erwartete Karl Friedrich gar nicht. Außerdem sollte die Neue freimütig, offen und munter sein, dabei aber bescheiden und zurückhaltend. Der Markgraf wollte eine fromme Frau, aber sie sollte nicht zur Kopfhängerei neigen. Und auf gar keinen Fall dürfte sie Anlagen zur Herrschsucht haben – noch immer wurde Karl Friedrich von der Angst geplagt, dass eine Frau ihn dominieren könnte. Mehr als Pracht und Putz sollte seine künftige Gattin die Reinlichkeit und die Ordnung lieben. Er erwartete, dass sie eine Menschenfreundin wäre, ohne in lästige Empfindelei zu verfallen. Kurzum: Karl Friedrich wollte ein anspruchsloses und anschmiegsames Frauchen haben, aber keine kongeniale Partnerin, wie Karoline Luise sie ihm gewesen war. Sein Auge ruhte wohlgefällig auf einer hübschen jungen Dame namens Luise Karoline Geyer von Geyersberg, deren fröhliches Lachen es ihm angetan hatte. Sie war ein Hoffräulein seiner Schwiegertochter, der Erbprinzessin Amalie.

Das Fräulein von Geyer

Morgens um 9 Uhr betrat Karl Friedrich die Wohnung Amalies. Die Erbprinzessin war überrascht. Weniger über den frühen Besuch des Markgrafen als über sein Anliegen. Karl Friedrich wollte wissen, ob sie mit dem Fräulein von Geyer zufrieden sei. Amalie überlegte blitzschnell. Durfte sie diese Frage so interpretieren, dass der alte Mann Absichten hegte? Undenkbar wäre es nicht. Das Hoffräulein war zweifellos recht hübsch und eine amüsante Person. Dem Markgrafen war es durchaus zuzutrauen, dass er ein Mädchen, 40 Jahre jünger als er selbst, zur Gefährtin seines Lebensabends wählen würde. Vorsichtig antwortete die Prinzessin, dass das Fräulein von Geyer viel guten Willen zeige. Mit dieser Auskunft war der Markgraf offenbar zufrieden, denn nun weihte er die Schwiegertochter in seine Pläne ein.

„Da ich noch kräftig bin für mein Alter und alles in allem kein Keuschheitsgelübde abgelegt habe, glaube ich, dass es für meine Gesundheit notwendig ist, eine Frau zu nehmen“, begann er. Amalie nickte verständnisvoll. Karl Friedrich fuhr fort: „Mein Gewissen erlaubt mir nicht, es in anderer Weise zu tun denn als Gatte. Da ich keine Unordnung in meiner Familie haben will, habe ich gedacht, dass es Ihnen und Karl vielleicht besser passen würde, wenn ich ein Fräulein aus guter Familie zur linken Hand heirate, als dass ich ihm eine Stiefmutter gebe, indem ich eine Prinzessin heirate.“

Amalie, die innerlich triumphierte, bemühte sich um einen gelassenen Gesichtsausdruck, als der Markgraf die Katze aus dem Sack ließ: „Ich glaube, dass Fräulein von Geyer die Person wäre, die mir anstehen würde, da Sie mir sagen, dass sie begierig ist, Gutes zu stiften, und da sie jung ist, kann ich sie noch bilden.“ Amalie nickte beifällig. Die Jugend und die Naivität der von Karl Friedrich erwähnten Braut schien auch ihr äußerst vorteilhaft. Es wäre wohl kaum zu befürchten, dass das ehemalige Hoffräulein nach der Hochzeit versuchen könnte, ihre einstige Herrin auszustechen. Schließlich hatte das Fräulein Geyer von Geyersberg der Erbprinzessin einiges zu verdanken.

Luise Karoline Geyer von Geyersberg entstammte einer der kleinadeligen Familien, die damals an allen Höfen zu finden waren. Sie lebten von der Gunst des Landesherrn, und ihre wirtschaftliche Existenz wurde vom Hof- und Militärdienst bestimmt. Dass die 19-Jährige, die Karl Friedrich zu heiraten begehrte, einen Vornamen trug, der dem seiner verstorbenen Gemahlin ähnelte, war kein Zufall. Die Markgräfin Karoline Luise und der Markgraf selbst waren die Paten des am 26. Mai 1768 in Karlsruhe geborenen Mädchens. Luises Familie stammte ursprünglich aus Niederösterreich. Über Thüringen und Württemberg waren Angehörige der Geyer von Geyersberg, die sich in den Dienst größerer Herren zu stellen pflegten, nach Baden gekommen. Luises Vater, ein Durlacher Offizier, war bald nach Luises Taufe gestorben und hatte seine Witwe samt ihren Kindern dem gütigen Wohlwollen Karl Friedrichs überlassen. Der Markgraf war seinen Verpflichtungen auch stets nachgekommen, allerdings nur im bescheidenen Umfang. So hatte er der Witwe von Geyer zwar eine kleine Pension ausgesetzt, doch um damit auszukommen, hätte es eines anspruchsloseren Gemüts bedurft, als es die Dame besaß. Während die Mutter Schulden anhäufte und über ihr hartes Los jammerte, sorgte Erbprinzessin Amalie dafür, dass Tochter Luise eine standesgemäße Erziehung erhielt.

Die Töchterschule bei Colmar, in die Amalie die kleine Luise schickte, bereitete ihre Zöglinge auf ein Leben in der vornehmen Gesellschaft vor, zog aber keine Wissenschaftlerinnen heran. Luise störte sich nicht am fehlenden Tiefgang. Sie tat nicht das Geringste, um sich Kenntnisse anzueignen, die über das Notwendigste hinausgingen. Ihre Bildung reichte eben aus, um den Anforderungen des höfischen Lebens zu genügen. Mehr wollte sie nicht und mehr konnte sie nicht. Es machte sich auch niemand die Mühe, den Ehrgeiz des reizenden Mädchens anzustacheln, denn gelehrte Frauenzimmer vom Schlage einer Karoline Luise oder einer großen Landgräfin waren aus der Mode gekommen. Freilich wäre es wünschenswert gewesen, dass Luise auf Französisch einen einigermaßen fehlerfreien Brief hätte schreiben können, aber sie beherrschte selbst die Sprache der eleganten Welt nur unzulänglich. Zum Glück hatte sie einen recht intelligenten, elf Jahre älteren Bruder – Karl war Sekondeleutnant im badischen Kontingent –, der ihr, wann immer es ihm möglich war, solche geistigen Herausforderungen abnahm. Auch in späteren Jahren bat Luise ihren Bruder oft, wichtige Schreiben für sie zu konzipieren. Dass ihr Wissen höchst lückenhaft war, bereitete der jungen Dame keinerlei Kopfzerbrechen. Sie war ein dekoratives, stets zum Lachen aufgelegtes Geschöpf, das sich im Hofstaat der Erbprinzessin Amalie wohlfühlte, denn ihr fröhliches Wesen behauptete sich selbst gegen die starren höfischen Formen jener Zeit.

In Amalies Augen war die muntere Luise von Geyer durchaus geeignet, die morganatische Gemahlin Karl Friedrichs zu werden – zumal ihr der Markgraf versicherte, dass nach seiner Heirat bei Hof alles so weitergehen werde wie bisher. Karl Friedrich wollte dem Fräulein einen Namen nach einem seiner zahlreichen Titel geben – „sie wird die Freifrau von Soundso sein“ –, und sie sollte den Vortritt vor den übrigen badischen Damen haben, müsse aber vor auswärtigen Damen zurücktreten: „Dadurch“, so hoffte Karl Friedrich, „wird jeder Streit und jeder Anspruch vermieden werden, und ich werde mich nicht lächerlich machen wie der Herzog von Württemberg mit Frau von Hohenheim.“ (Er spielte damit auf das Verhalten von Herzog Karl Eugen an, der 1785 seine Mätresse, Franziska von Hohenheim, zur linken Hand geheiratet hatte. Allerdings hielt sich die Hohenheim nicht an die Spielregeln, die für morganatische Gemahlinnen galten. Ihre glanzvollen Auftritte in der Öffentlichkeit, die eigentlich nur einer regierenden Fürstin zustanden, aber vom Herzog gebilligt wurden, sorgten an den klatschsüchtigen Höfen für viel Empörung. Auch Karl Friedrich missbilligte den Verstoß gegen die Konventionen, den sich der Württemberger und seine Gemahlin mit ihren Extravaganzen leisteten.)

Karl Friedrich beabsichtigte offenbar nicht, seiner künftigen Gemahlin Privilegien einzuräumen, die auf Kosten seiner ersten Familie gehen würden. Unter diesen Voraussetzungen konnten weder Amalie noch der Erbprinz Einwände gegen seine Heiratsabsichten äußern. Der Markgraf bat seine Schwiegertochter sogar, ihn bei seiner Werbung um Luises Gunst zu unterstützen: „Sie werden mir eine Freude machen, wenn Sie bei ihr vorfühlten und sie von Zeit zu Zeit unter einem Vorwand zu sich kommen ließen, damit ich sie etwas näher kennen lernen kann." Amalie versprach es.

Hatte Amalie aus Karl Friedrichs Worten geschlossen, dass der Fürst das Heiratsprojekt langsam angehen wollte, so sah sie sich getäuscht. Von wegen, das Hoffräulein von Zeit zu Zeit unter einem Vorwand kommen lassen .... Bereits am Abend, nachdem er sie in seine Pläne eingeweiht hatte, stand der Markgraf wieder bei der Erbprinzessin, wollte er wissen, ob sie bereits mit dem Fräulein gesprochen habe. Amalie, die ihren Schwiegervater als einen Mann kannte, der nichts überstürzte, war völlig verblüfft über diese Eile. Sie bekannte, noch keine Gelegenheit für ein vertrauliches Gespräch gefunden zu haben. Sie rechne aber gewiss damit, am nächsten Tag unter vier Augen mit der jungen Dame reden zu können. Zu Amalies Bestürzung wollte der Markgraf so lange nicht warten. Es sei sein Wunsch, erklärte er ihr, noch am selben Abend Näheres zu erfahren.

Also befahl Amalie das junge Mädchen zu sich. Da es Karl Friedrich offenbar pressierte, sah die Prinzessin wenig Sinn darin, lange um den heißen Brei herumzureden oder sich in zartfühlenden Andeutungen zu verlieren. Nachdem sie mit dem Hoffräulein einige freundliche Worte gewechselt hatte, kam sie also auf die große Nachricht zu sprechen. Die bis dahin völlig ahnungslose Luise starrte die Prinzessin an – erstaunt oder erschreckt, Amalie wusste es nicht recht zu deuten. Dem Markgrafen teilte sie später mit, dass das Fräulein von Geyer außerstande gewesen sei, ihr eine Antwort zu geben. Die junge Dame würde die Erbprinzessin jedoch am nächsten Morgen aufsuchen und dann sicher weitaus gefasster sein.

Luise Karoline wälzte sich auf ihrem Bett herum. Es war also ihr Los, die Ehefrau des Markgrafen Karl Friedrich zu werden, eines Mannes, der ihr Großvater sein könnte. Er wartete auf ihre Antwort ... gerade als ob sie eine Wahl hätte! Luise war zwar nicht gebildet, aber sie war keine Närrin. Im Dienste der Erbprinzessin könnte sie nicht bleiben, wenn sie dem Markgrafen einen Korb gäbe. Aber wohin sollte sie in diesem Fall gehen? Luise hatte niemanden auf der Welt als ihre Mutter und ihren Bruder – und beide konnten ihr kein Heim bieten, wenn sie die Werbung Karl Friedrichs ausschlüge. Der hübsche Offizier, mit dem sie kürzlich verliebte Blicke getauscht hatte? Der war arm wie eine Kirchenmaus, eine Heirat kam nicht in Frage. Nein, es blieb Luise gar nichts anderes übrig, als Karl Friedrich die Hand zum Ehebund zu reichen. Und außerdem: Sie hätte es schlimmer treffen können. Der Fürst war ihr als Mann von untadeligem Charakter geschildert worden. Luise gegenüber hatte er sich bislang stets zurückhaltend, aber freundlich gezeigt. Es würde also wohl mit ihm auszukommen sein.

Nüchtern betrachtet war dieser Antrag sogar eine große Chance für das kleine Hoffräulein: Karl Friedrich war schließlich der regierende Markgraf von Baden, der mächtigste Mann im Land. Nun mochten die Vereinigten Markgrafschaften ja nur ein kleines Ländchen sein – für Luise aber waren sie das Maß aller Dinge. Zur Markgräfin würde ihr Bräutigam sie gewiss nicht erheben, aber wahrscheinlich würde er ihren Rang erhöhen. Und vornehm ausstatten müsste er sie auch. Tatsächlich — die Werbung des Markgrafen war ein unglaublicher Glücksfall. Denn welcher einigermaßen begüterte Mann würde um ein Mädchen ohne jedes Vermögen freien? Dank Karl Friedrich würde ihr das Schicksal einer alten Jungfer erspart bleiben – schlimmer noch, das Schicksal einer mittellosen alten Jungfer. Luise hatte lange genug das

Genörgel und die Klagen ihrer Mutter gehört, um die Armut zu fürchten. Der Markgraf würde schon darauf achten, dass es seiner lieben Frau an nichts fehlte. Sie würde dafür sorgen, dass er seinen Entschluss, sie zu heiraten, niemals bereute.

Als Luise am nächsten Morgen zur Erbprinzessin eilte, sah sie ihren Weg klar und deutlich vor sich. Die Damen sprachen noch keine zehn Minuten miteinander, als sich der Markgraf zu ihnen gesellte. Wenige Augenblicke später erklärte er sich. Amalie verließ darauf diskret das Zimmer. Als sie zurückkehrte, stellte ihr Karl Friedrich mit den gnädigsten Worten Luise von Geyer als seine künftige Gemahlin vor. In den nächsten Tagen nutzte der Markgraf häufiger die Räumlichkeiten seiner Schwiegertochter, um mit seiner Braut zu plaudern und sie dabei besser kennen zu lernen.

Am Tag nach der Verlobung fuhr Karl Friedrich mit seinem Sohn Ludwig und seiner Schwiegertochter Amalie spazieren. Das wichtigste Gesprächsthema war natürlich die bevorstehende Eheschließung, die Karl Friedrich so schlicht wie möglich zu gestalten wünschte. Noch hatte der Markgraf nicht entschieden, welcher seiner zahlreichen Titel seiner künftigen Frau als Name dienen sollte. Mahlberg stand ebenso zur Diskussion wie Rötteln und Staufenberg. Amalie erwähnte auch Hochberg, doch dies hielt Karl Friedrich mit Blick auf die Kinder, die ihm Luise sicher gebären würde, für keine gute Idee: „Oh nein, das kann nicht Ihr Ernst sein“, rügte er seine Schwiegertochter: „Das ist der Name einer Markgrafschaft, und ich will nicht, dass sich meine Kinder (aus zweiter Ehe) eines Tages einbilden, dass sie ein Recht auf sie haben, weil sie ihren Namen tragen. Denn sie werden als Kinder aus guter Familie erzogen werden und nicht anders.“ Amalie hörte es mit Freuden.

Ganz so formlos, wie Karl Friedrich sich die Trauung vorstellte, konnte sie dann aber doch nicht stattfinden. Der Markgraf hatte eigentlich nur Amalies Bruder, den Prinzen Friedrich von Darmstadt (er war zur Feier von Karl Friedrichs Geburtstag nach Karlsruhe gekommen), sowie den Minister Wilhelm von Edelsheim als Zeugen dabei haben wollen. Allein, Edelsheim zeigte sich störrisch. Er bestand darauf, dass ein Ehekontrakt aufgesetzt werde, der zuvor in einer Konferenz zu besprechen sei. Die Herren widmeten sich dem Projekt mit einem solchen Elan, dass Amalie (deren Verhältnis zu Edelsheim ziemlich gespannt war) misstrauisch wurde. Welche Pläne mochte der Minister mit der kleinen Geyer haben? In Gegenwart ihres Bruders flehte die Erbprinzessin Karl Friedrich an, seine künftige Gemahlin niemals zur Fürstin zu machen – auch dann nicht, wenn Luise selbst oder andere Leute dies fordern sollten. Karl Friedrich wunderte sich wieder einmal darüber, wie sehr sich seine Schwiegertochter echauffieren konnte: „Niemand denkt daran", suchte er Amalie zu beruhigen: „und sie (Luise) denkt sicher zu korrekt, um je darauf zu kommen."

Am Abend desselben Tages – es war der 24. November 1787 – wurden Markgraf Karl Friedrich und Luise Karoline Geyer von Geyersberg in einem Zimmer des Karlsruher Schlosses getraut. Seit der Verlobung in Amalies Räumlichkeiten waren nur vier Tage vergangen. Auf Wunsch von Minister Edelsheim fanden sich zu der Zeremonie neben dem Darmstädter Prinzen auch die Mitglieder der markgräflichen Familie sowie die Herren des Geheimen Rates ein. Aber es gab weder ein rauschendes Fest noch hielt es der Markgraf für nötig, den deutschen Fürsten seine Vermählung offiziell mitzuteilen.

Madame Sanssouci

Sehr zum Verdruss Amalies war Luise nun doch nach der Markgrafschaft Hochberg benannt worden. Allerdings sollte sie den Titel „Freiin" tragen. Damit wollte man andeuten, dass Luise zwar die rechtmäßige, nicht aber die ranggleiche Gemahlin Karl

Friedrichs sei. Auch die Versicherungsurkunde, die der Markgraf noch vor der Eheschließung mit ausdrücklicher Einwilligung seiner Nachkommen aus erster Ehe unterzeichnete, war geeignet, das Misstrauen der Erbprinzessin wach zu halten. Zwar wurde den Kindern der Freiin Hochberg darin lediglich zugestanden, dass sie den gleichen Titel und das gleiche Wappen tragen durften wie ihre Mutter. Aber es gab diese ärgerliche Bestimmung, wonach über das Thronfolgerecht von Luises Söhnen für den Fall, dass die Zähringer im Mannesstamm ausstarben, weitere Erklärungen vorbehalten blieben.

Karl Friedrichs Berater hatten sich für diese Regelung stark gemacht und dabei auf das Herkommen des badischen Hauses Bezug genommen. Denn auch die Stammmutter der Baden-Durlacher war eine Frau aus dem Kleinadel gewesen: Ursula von Rohnfeld entstammte einem niederen schwäbischen Adelsgeschlecht. Sie war die zweite, die unebenbürtige Ehefrau des Markgrafen Ernst, der von 1482 bis 1552 lebte. Nachdem die Söhne, die Ernst mit einer Prinzessin in die Welt gesetzt hatte, einer nach dem anderen gestorben waren, hatte der Sprössling der morganatischen Gemahlin als Karl II. das Erbe der Durlacher angetreten. Auch im katholischen Zweig der Familie war ein Sohn aus einer morganatischen Verbindung zur Regierung gelangt: Markgraf Wilhelm von Baden-Baden (1600-1677) musste allerdings jahrelang um sein Erbe kämpfen. Die evangelische Verwandtschaft sprach ihm die Legitimität ab, weil seine Mutter Marie van Eycken, die Markgraf Eduard Fortunat in den Niederlanden geheiratet hatte, nicht ebenbürtig gewesen sei. Markgraf Wilhelm war der Großvater des Türkenlouis gewesen.

Luise selbst dürfte sich in den ersten Jahren ihrer Ehe kaum den Kopf über eventuelle Erbrechte ihrer Söhne zerbrochen haben, denn die Nachfolge Karl Friedrichs war nicht nur ein-, sondern sogar mehrfach gesichert. Mehr als an der Zukunft ihrer noch gar nicht geborenen Kinder lag ihr daran, ihre eigene Position bei Hofe und in der Familie zu festigen. Bei jeder sich bietenden Gelegenheit bezeugte Luise der hochwohlgeborenen Verwandtschaft ihre Achtung – was diese mit herablassender Freundlichkeit entgegennahm. Vor allem aber war Luise von Hochberg aufrichtig bemüht, ihrem ältlichen Gemahl eine zärtliche und hingebungsvolle Ehefrau zu sein. Für Karl Friedrich begann eine wundervolle Zeit. Noch nie hatte ihn eine Frau, auch nicht seine unvergessliche Karoline, so bedingungslos bewundert wie Luise. Den Menschen bei Hof schien es, als ob das muntere Wesen seiner jungen Gattin auf Karl Friedrich abfärbe und seiner Würde die gewohnte Steifheit nahm. Minister Wilhelm von Edelsheim war geradezu gerührt von der Veränderung, die er an seinem Fürsten bemerkte, und stellte fest: „Er genießt sein Glück in vollen Zügen, was ihn um mindestens zehn Jahre verjüngt hat."

Für Luise war die Ehe mit dem alten Markgrafen ein kleineres Opfer als erwartet. Die warme Zuneigung, die der Gemahl ihr entgegenbrachte, war ihr eine angenehme Überraschung gewesen – schließlich galten zärtliche Gefühle für die Ehefrau in seinen Kreisen als keineswegs selbstverständlich. Dass Karl Friedrich sie in politischen Fragen nicht zu Rate zog, störte Luise wenig. Staatsangelegenheiten fand sie mindestens ebenso langweilig wie gelehrte Abhandlungen – sie war froh, dass der Fürst sie mit beidem nicht behelligte. Luises besondere Talente lagen eindeutig darin, dem Gemahl die Mußestunden zu verschönern. Fröhlich umturtelte sie Karl Friedrich, obwohl ihr bisweilen schmerzlich bewusst wurde, wie knapp sie der Markgraf in finanziellen Dingen hielt. Zugegeben: Man konnte mit einer Apanage von 2.500 Gulden im Jahr auskommen. Aber leben wie eine große Dame konnte man damit auf gar keinen Fall. Außerdem achtete Karl Friedrich streng darauf, dass Luise ihrem niederen Rang entsprechend behandelt wurde. So durfte die Ehefrau, wenn der Markgraf mit hohen Besuchern einen Ausflug unternahm, nie in einem Wagen mit den Fürsten sitzen – ihr Platz war beim adeligen Gefolge.

Luises Traum vom Leben in Glanz und Gloria hatte sich bislang entschieden nicht erfüllt. Doch sie ahnte, dass sie mit ungeschminkten Forderungen bei Karl Friedrich auf taube Ohren stoßen, vielleicht sogar die Harmonie ihrer Ehe aufs Spiel setzen würde. Daher übte sich Luise in Geduld und versuchte, mit allerlei Schmeicheleien ihr hübsches, schwarz gelocktes Köpfchen doch noch durchzusetzen. Karl Friedrichs Neigung zur Egozentrik führte dazu, dass er nichts von den Kümmernissen bemerkte, die Luise hinter der Fassade des Frohsinns zu schaffen machten: „Madame Sanssouci, Frau Sorglos“, nannte der Markgraf seine zweite Frau zärtlich.

Bewegte Zeiten

Der Sturm bricht los

Willkür, Verschwendung und Günstlingswirtschaft. Wachsende Unzufriedenheit beim dritten Stand, eine unfähige Regierung und zerrüttete Staatsfinanzen. Frankreich mochte brillante Denker haben, aber sein König misstraute neuen Ideen. Vor Reformen, wie sie Markgraf Karl Friedrich in Baden und Kaiser Josef II. in Vorderösterreich vorantrieben, schreckte der blutleere Ludwig XVI. zurück. Seit Jahren beobachtete der badische Markgraf, der durch den Erwerb Baden-Badens noch näher an Frankreich herangerückt war, die Vorgänge im großen Nachbarland mit Misstrauen. Frankreich, so prophezeite Karl Friedrich schon vor 1789, sei ein Koloss, dessen Funktionen nachließen und der seine Glieder bald nicht mehr würde tragen können. Trotzdem hätte der badische Fürst in seinen kühnsten Träumen nicht erwartet, dass das französische Volk sich gegen seinen gottgegebenen Herrscher erheben würde. Während Karl Friedrich seine zweite Ehe genoss und sich dank seiner Luise jeden Tag ein bisschen jünger fühlte, braute sich jenseits des Rheins ein Sturm zusammen, der die Landkarte des deutschen Südwestens grundlegend verändern sollte.

Mit der Französischen Revolution ging für den Schwäbischen Reichskreis eine ungewöhnlich lange, vier Jahrzehnte währende Friedenszeit vorüber. Aber davon ahnten die süddeutschen Herren noch nichts. Im Gegenteil – mit erstaunlicher Gelassenheit nahm man von Karlsruhe bis Wien zur Kenntnis, dass das französische Volk die Bastille erstürmte. Fast machte sich so etwas wie Schadenfreude darüber breit, dass Ludwig XVI. gewaltsam aus dem Elfenbeinturm der Arroganz herausgeholt wurde, in dem er und seine Vorfahren sich verschanzt hatten. Nun musste der bei aller Selbstgefälligkeit so entscheidungsschwache Monarch also lernen, mit den Konsequenzen seines abgestandenen Despotismus zu leben. Es ging dem König ja (noch) nicht ans Leben; vielmehr deutete alles darauf hin, dass der französische Absolutismus in eine konstitutionelle Monarchie münden würde. Das war zwar bedauerlich, aber aus Sicht der deutschen Fürsten kein Grund, in Panik zu verfallen. Herzog Karl Eugen von Württemberg reiste sogar höchstpersönlich nach Paris, um sich das revolutionäre Spektakel genauer anzuschauen.

Im militärisch nahezu ungeschützten Baden, dessen Heer sich auf nicht einmal 2.000 Mann belief, war Karl Friedrich fest entschlossen, jeden aufrührerischen Gedanken im Keime zu ersticken. Schon im Vorfeld der Revolution waren vom Elsass aus politische Schriften und Pamphlete in die Markgrafschaft geschleust worden. „Verbindet euch mit uns, ihr Opfer der Willkür aller Tyrannen der Erde“, hieß es in einer Broschüre, von der angeblich 50.000 Exemplare verteilt worden waren. Ein Patriarch wie Karl Friedrich, der sich seinen Untertanen zutiefst verbunden fühlte, konnte darüber nur den Kopf schütteln. Waren es nur ein paar Spinner, deren kranke Gehirne diesen hasserfüllten Unsinn hervorbrachten? Oder war womöglich eine geheime Organisation am Werk, die systematisch auf den Umsturz hinwirkte? Wie auch immer — ein verantwortungsbewusster Herrscher durfte nicht die Augen verschließen vor der Gefahr, dass ungebildete Leute und junge Hitzköpfe vom Gift der Aufrührer infiziert würden. Der Markgraf befahl, dass die badischen Beamten streng durchgreifen sollten. Er sandte Truppen nach Rötteln, Badenweiler, Hachberg-Emmendingen und Kehl, das seit der Zeit des Türkenlouis badisch war.

Als in Paris der Pöbel tobte, wurde auch Straßburg für kurze Zeit zum Hexenkessel. Demonstranten gerieten außer Rand und Band, besetzten das Rathaus und plünderten die Amtsstuben, bis schließlich das Militär dem Treiben ein Ende machte. Einige hundert Leute wurden verhaftet, darunter auch Ausländer, die alsbald über die Grenze bei Kehl nach Baden abgeschoben werden sollten. Doch dagegen verwahrte sich die Karlsruher Regierung mit Nachdruck. Die Grenze wurde streng bewacht, und die Zöllner erhielten Order, nur diejenigen Männer ins Land zu lassen, die völlig unverdächtig waren und sich sogleich als Soldaten anwerben ließen.

Der Ruf nach Freiheit, der jenseits des Rheins erklungen war – er hallte im südwestdeutschen Raum wider. Bei vielen Intellektuellen löste die Idee von „Freiheit, Gleichheit, Brüderlichkeit" Begeisterung aus; schon wurde die Idee einer Republik in Baden und Schwaben geboren. Doch zumeist machte sich das revolutionäre Gedankengut mehr in Wortgefechten als in Gewalttaten Luft. Anders war die Wirkung der Revolution auf die einfachen Leute. Für Verfassungsfragen hatten sie keinerlei Verständnis. Die Unzufriedenheit mit der Obrigkeit, die bei der ärmeren Bevölkerung am Oberrhein laut wurde, speiste sich aus den verschiedensten Quellen und hatte die unterschiedlichsten Stoßrichtungen – nur zukunfts- und reformorientiert war sie selten.

So jammerten auf der einen Seite die Klosterbauern von Ettenheimmünster, Allerheiligen und Schwarzach: „Wir wollen nicht länger das Joch das Mönche tragen" – auf der anderen Seite wüteten in Vorderösterreich gläubige Katholiken gegen die „ketzerischen" Kirchenreformen Kaiser Josefs II. In der Ortenau, die zum Teil zum Bistum Straßburg, zum Teil zu Vorderösterreich gehörte, protestierten die Menschen gegen Steuererhöhungen und herrschaftliche Privilegien.

Auch in der Markgrafschaft Baden, wo das Reformwerk Karl Friedrichs und insbesondere die Aufhebung der Leibeigenschaft der revolutionären Propaganda den Boden entzogen, gab es sozial motivierte Beschwerden – zum Beispiel gegen die finanzielle Belastung durch die Fronablösung. Kritik wurde zudem an den physiokratischen Versuchen Karl Friedrichs laut, weil sie die Bauern zur Abkehr von jahrhundertealten Gewohnheiten zwangen. Das Misstrauen gegenüber Neuerungen, deren Sinn viele Menschen, vor allem die ungebildeten, nicht begriffen, wurde verschärft durch die Angst vor Teuerung und Hunger, denn die Kornpreise zogen 1789 heftig an.

Da zunächst niemand abschätzen konnte, ob sich die örtlichen Proteste zum Flächenbrand ausweiten würden, versuchten Vorderösterreich und Baden, sich über den Einsatz von Soldaten zu verständigen. Dabei bemühten sich die Verhandlungsführer auf beiden Seiten, die Hauptlast des Militäreinsatzes und damit den Löwenanteil der Kosten dem jeweils anderen aufzudrücken. Unstimmigkeiten gab es auch, weil Wien die Unruhen am Oberrhein mit weitaus größerer Gelassenheit sah als Karlsruhe: Dieses eine Mal profilierte sich Karl Friedrich als Hardliner, propagierte er nicht Milde, sondern Härte. Doch ein allzu großes Militäraufgebot war gar nicht nötig, um die Flammen des Protestes zu ersticken. Meist genügten ein paar Mann, die mit grimmigem Gesicht in die Dörfer einmarschierten, um die Ruhe wiederherzustellen. Wo die Unruhen auf lokale Missstände zurückzuführen waren, versprachen Karl Friedrichs Beamte Aufklärung und Abhilfe. So blieb, trotz einzelner revolutionärer Aktionen, zu denen es insbesondere in den Straßburg gegenüberliegenden, ehemals baden-badischen Gebieten kam, die Lage überschaubar. Die Qualität eines Volksaufstandes gewannen die Unruhen nicht. Wirkliche Gefahr drohte der alten Ordnung im deutschen Südwesten nicht von den revolutionären Ideen, sondern von den Armeen des neuen Frankreich.

Krieg

Die Revolution brachte die Markgrafschaft in eine prekäre Situation, denn es drohte: Krieg. Zwar konnte kaum noch jemand aus eigener Erfahrung über die Schrecken der Franzosenkriege berichten, doch kannte jedes Kind am Oberrhein die Geschichten von Mordbrennereien, von Plündereien und Vergewaltigungen. Angst ging um, denn schon angesichts der geographischen Lage der Markgrafschaft schien es nahezu unmöglich, dass Karl Friedrich, ein Fürst des Ancien Régime, sich aus dem Konflikt zwischen dem revolutionären Frankreich und den alten Dynastien würde heraushalten können. Und darüber, wie grausam die Franzosen mit ihren Widersachern umzugehen pflegten, wurden die Badener aus erster Hand informiert: Die Emigranten ließen sich nicht lange bitten, wenn es darum ging, über die Gräuel zu berichten, die im Namen der Freiheit begangen wurden.

Schon lange bevor die Guillotine ihr blutiges Werk zu verrichten begann, waren zahlreiche Aristokraten und Kleriker aus Frankreich geflohen. Karl Friedrich gewährte ihnen diplomatischen Schutz. Da er aber nicht in der Lage war, die gegenrevolutionäre Hetze der Flüchtlinge zu unterbinden, war das Verhältnis Karlsruhes zur Pariser Regierung äußerst gespannt. In der unmittelbaren Nachbarschaft Badens hielt außerdem der Straßburger Bischof, Kardinal Louis-René de Rohan, Hof. Rohan, derselbe, der in der Halsband-Affäre der unglücklichen Königin Marie Antoinette eine unrühmliche Rolle gespielt hatte, residierte in Ettenheim. Er hatte sich nach Ausbruch der Unruhen im Elsass in sein rechtsrheinisches Gebiet in Sicherheit gebracht und baute Ettenheim nun mehr und mehr zum Zentrum der gegenrevolutionären Agitation aus. In der Markgrafschaft Baden selbst machten sich die Emigranten – es sollen über 10.000 gewesen sein und damit mehr als in Preußen und Österreich zusammen – ziemlich schnell unbeliebt: Viele von ihnen traten so anspruchsvoll wie eh und je auf, waren aber säumige Zahler. Das Mitleid der Badener mit den Flüchtlingen schlug rasch in Zorn über das „Emigranten-Gesindel" um.

Im April 1792 erklärte Frankreich Österreich den Krieg, um einem Angriff zuvorzukommen. Ein „Spaziergang“ würde die Invasion der österreichischen Truppen und der verbündeten Preußen werden, hatten die französischen Emigranten vorhergesagt. Doch ihre von Verachtung für die Armeen des Pöbels geprägte Prophezeiung hatte nicht den Patriotismus eines in Aufruhr stehenden Volkes einkalkuliert. Und so begann mit der Kanonade von Valmy am 20. September 1792 „eine neue Epoche der Weltgeschichte“. Die Revolutionstruppen eroberten die österreichischen Niederlande; General Custine nahm Worms und Speyer, besetzte Frankfurt und Mainz. In der badischen Residenz rechnete man mit dem Schlimmsten.

Karl Friedrich erkannte mit Entsetzen, in welch enger Wechselwirkung Revolution und Kriegsverlauf standen. In Frankreich hatte Robespierre die Macht an sich gerissen, der König saß gefangen, und das Land erbebte unter der Terrorherrschaft der Jakobiner. Immer häufiger tat die Guillotine ihr grausiges Werk. Die Radikalisierung des Volkes erreichte ihren Höhepunkt, und der Revolutionskrieg verwandelte sich zum Kreuzzug: Es ging nicht länger darum, Frankreich vor der Intervention der europäischen Mächte zu schützen – jetzt ging es darum, die alten Dynastien zu entmachten. Das neue Frankreich wollte erobern, missionieren, demokratisieren. Die Armeen der jungen Republik mochten armselig sein, doch ihre Soldaten kämpften mit einer an Fanatismus grenzenden Leidenschaft. Als „natürliche Grenzen“ Frankreichs, die unter allen Umständen zu halten waren, galten die Pyrenäen, die Alpen und der Rhein.

Wer geglaubt hatte, es könnte nicht mehr schlimmer werden, hatte sich geirrt: Am 21. Januar 1793 wurde Ludwig XVI. geköpft; Königin Marie Antoinette starb im Oktober desselben Jahres unter dem Fallbeil. Karl Friedrich dachte daran, wie reizend die Ermordete einst gewesen war, damals im Jahr 1770, als die erst 14-jährige Österreicherin nach Frankreich reiste, um den Dauphin zu heiraten. Eine charmante Frau war diese Tochter Maria Theresias gewesen, aber leider nicht sehr klug. Durch ihren Leichtsinn und ihre hemmungslose Verschwendungssucht hatte sich die Königin in Frankreich mindestens ebenso unbeliebt gemacht wie durch ihre politische Instinktlosigkeit. Und doch schien es Karl Friedrich unvorstellbar, dass die Revolutionäre nach dem König auch noch die „Witwe Capet“ aufs Schafott zerrten. Ob dieses unglaublichen Verbrechens ging ein Schrei der Empörung durch Europa – eine große antifranzösische Koalition mit England, Österreich, Preußen, Holland, Spanien und dem Königreich Neapel bildete sich. Die deutschen Fürsten beschlossen den Reichskrieg und traten dem Bündnis bei.

Baden, das nur über eine bescheidene Streitmacht verfügte, drohte zum Schlachtfeld zu werden. Während Karl Friedrich sein kleines Truppenkontingent den Verbündeten zur Verfügung stellte, wurde in der Markgrafschaft selbst die Landmiliz zu den Waffen gerufen. Kaiserliche Truppen rückten zwar zur Verteidigung des Grenzlandes ein, führten sich aber mehr wie Besatzer denn wie Beschützer auf – österreichische Befehlshaber und badische Behörden gerieten mehrfach heftig aneinander. Trotzdem war Karl Friedrich unter den Fürsten Südwestdeutschlands der Einzige, der seinen Reichsverpflichtungen in vollem Umfang nachkam – Kaiser Franz dankte dem Markgrafen dafür ausdrücklich.

Kindersegen

Während am Oberrhein dunkle Wolken aufzogen, wuchs und gedieh Karl Friedrichs Familie. Seine zweite Frau, Luise Karoline von Hochberg, erfüllte die in sie gesetzten Erwartungen und sah bald Mutterfreuden entgegen. Am 29. August 1790 gebar sie ihr erstes Kind, Karl Leopold Friedrich. Der 61-jährige Vater rief seinen jüngsten Spross zunächst „Karl". Da aber auch Karl Friedrichs ältester Sohn, Erbprinz Karl Ludwig, mit diesem Namen angesprochen wurde und dessen kleiner Sohn ebenfalls „Karl" getauft worden war, entstand aus dieser Häufung des Vornamens in der markgräflichen Familie ein arges Chaos. Luise von Hochberg war die ständigen Verwechslungen bald leid und schlug ihrem Gemahl vor, das Baby nach seinem Paten, dem Fürsten von Anhalt-Dessau, Leopold zu nennen. Karl Friedrich stimmte zu.

Zwei Jahre später lag Luise erneut in den Wehen: Am 8. April 1792 kam Wilhelm Ludwig August zur Welt. Auch bei diesem Kind zeigte der Markgraf wenig Fantasie, was die Vornamen anging: Der zweite Hochberg-Sohn wurde auf dieselben Vornamen getauft wie sein Halbbruder, Prinz Ludwig, der damals bei der preußischen Armee Dienst tat. Die junge Mutter durchlitt ihre schweren Stunden erneut in einem nächst der Schlosskirche gelegenen Gemach des Karlsruher Schlosses – Karl Friedrichs Räumlichkeiten, so hieß es, boten nicht genug Platz für ein Wochenbett. Die Gemächer ihrer Vorgängerin, der Markgräfin Karoline Luise, durfte die morganatische Ehefrau nicht bewohnen.

Obwohl der Markgraf kleine, aber feine Unterschiede zwischen seiner ersten und seiner zweiten Familie machte – liebevoll besorgt war er um alle seine Angehörigen, und ihre Sicherheit war ihm oberstes Gebot. Da Karl Friedrich befürchten musste, dass sein Land zum Kriegsschauplatz werden würde, zog er mit seiner Frau, mit Klein-Leopold und Baby Wilhelm nach Ulm, wo ihm der Kurfürst von Köln das „Deutsche Haus" zur Verfügung gestellt hatte. Auch des Markgrafen einziger männlicher Enkel Karl wurde dort in Sicherheit gebracht. Allzu lange musste die Familie allerdings nicht in der Fremde ausharren – der Gegenstoß von Preußen und Österreichern wendete die Gefahr von Karlsruhe ab; die Franzosen zogen sich zurück.

Die russische Heirat

Während Karl Friedrichs Söhne aus zweiter Ehe noch Windeln trugen, befanden sich einige seiner Enkelinnen bereits im heiratsfähigen Alter. Sechs Töchter hatte die badische Erbprinzessin geboren und — sah man einmal von der Ältesten ab, die wie ihre Mutter Amalie hieß — war eine hübscher als die andere. Die Mädchen waren zwar nicht übermäßig gebildet, aber ausnehmend charmant und wohl unterrichtet in allen Künsten, die Fürsten von ihren künftigen Gemahlinnen erwarten durften. Wenn Erbprinzessin Amalie ihre niedliche Schar betrachtete, fühlte sie Stolz und Wehmut zugleich: Stolz war sie darauf, dass die Mädchen dank ihrer guten Erziehung an jedem noch so vornehmen Hof bestehen würden. Und Wehmut fühlte sie, weil das Ziel ihrer Erziehung, die Heirat, unweigerlich zur Trennung von ihren lieben Kindern führen würde.

Die erste Trennung stand bereits an. Katharina die Große ließ das badische Erbprinzenpaar wissen, dass ihr Enkel Alexander eine Gemahlin benötige und sie an eine Prinzessin aus dem Hause Baden denke. Eine hübsche, junge – eine sehr junge – Prinzessin sollte es sein für den gleichfalls noch sehr jungen Großfürsten. Die Zarin wünschte keine selbstbewusste Dame, schon gar keine gereifte Persönlichkeit als Schwiegertochter. Sie suchte ein Kind, das sich formen ließ. Amalie sollte ihre in Frage kommenden Mädchen nach Russland bringen, damit Katharina und Alexander die am besten geeignete Kandidatin aussuchen konnten. Die Erbprinzessin beschloss, ihre dritte und vierte Tochter in Petersburg anzubieten. Die Älteste, Amalie, kam wegen ihres unvorteilhaften Äußeren nicht in Frage, und Karoline, ihre Zwillingsschwester, war zwar sehr ansehnlich, aber ein Jahr älter als Großfürst Alexander. Luise hingegen war 13 Jahre alt und hatte ein Gesicht wie Milch und Honig. Auch die zierliche Friederike mit ihren elf Jahren könnte möglicherweise das Wohlgefallen der Zarin erringen.

Der Schlag traf die stolze Mutter unerwartet: Markgraf Karl Friedrich untersagte seiner Schwiegertochter die Reise nach Russland. Alle Bitten und alle Argumente Amalies trafen auf taube Ohren. In bewegten Zeiten wie diesen gehörte eine Erbprinzessin an die Seite des Erbprinzen, davon war der alte Fürst nicht abzubringen. Wenn es denn sein musste, sollten seine Enkelinnen in Begleitung ihrer Erzieherinnen und Hofdamen nach Sankt Petersburg fahren. Ohnehin zeigte der Markgraf über die Verbindung seines Hauses mit Russland nicht die Begeisterung, die Amalie erwartet hatte. Der Gedanke, dass eine evangelische Prinzessin seines Hauses zum orthodoxen Glauben übertreten sollte, behagte ihm überhaupt nicht. Amalies Hinweis, dass die Mädchen noch nicht einmal konfirmiert seien, machte die bevorstehende Konversion in seinen Augen um keinen Deut besser.

Der alte Hass gegen ihren Schwiegervater tobte in Amalie, als sie ihre Töchter nach Frankfurt begleitete. Dort übergab sie ihre Kinder der Obhut russischer Gesandter. Was zu erwarten war geschah: Zarin Katharina zeigte sich höchst „empfindlich" darüber, dass die badische Erbprinzessin es anscheinend nicht für nötig befand, ihre Töchter persönlich in Russland abzuliefern. Trotzdem kam das Geschäft zum Abschluss. Friederike, die jüngere Schwester, hatte von Anfang an keine Chance. Sie war zwar ein sehr hübsches Mädchen mit auffallend blauen Augen, aber der russische Hof fand sie blass und schüchtern; ihre Zartheit weckte Zweifel daran, ob sie robust genug sein würde, einen Thronerben zu gebären. Wie lebhaft und strahlend schien dagegen Luise. Ein Diplomat lobte: „Sehr hübsch. Mit einem süßen, interessanten Gesicht ist sie größer und weiter entwickelt als in ihrem Alter üblich." Ein anderer schwärmte: „Ihre Person strahlt Eleganz aus, und sie hat einen majestätischen, schwebenden Gang." Wieder eine andere Stimme sagte: „Ein griechisches Profil wie eine Kamee, große blaue Augen, ein makelloses Oval und bewundernswert blondes Haar“. Auch die große Katharina fand Gefallen an dem Bild, das ihr Enkel Alexander und Luise abgaben: „Amor und Psyche vereint“, kommentierte sie.

Alexander heiratete im September 1793 Luise von Baden, die als Großfürstin völlig neu erschaffen wurde. Weder Religion noch Namen durfte sie behalten, sie wurde fortan Elisabeth genannt. Die junge Frau trug die Änderungen, die ihr aufgezwungen wurden, mit der ruhigen Würde, die ihre Mutter sie gelehrt hatte. Schließlich durfte sie sich glücklich preisen: Alexander hatte beste Aussichten, einmal Zar aller Reußen zu werden. Zudem war er ein schöner Mann, einer, der einem Mädchen sehr wohl den Kopf verdrehen konnte. Und er war – womit keine Prinzessin rechnen durfte – aufrichtig verliebt in seine süße Braut. Nur leider pflegte er einen Lebensstil, mit dem Elisabeth sich gar nicht anfreunden konnte. Alexander genoss es, im Mittelpunkt zu stehen; er mochte Prunk, Trubel, Exzesse. Die badische Prinzessin dagegen, aufgewachsen in einer recht familiären Atmosphäre am bescheidenen Hof Karl Friedrichs, hatte bald genug von der hemmungslosen Prachtentfaltung, vom Überschwang ihrer neuen Landsleute und von ihren Intrigen. Die Großfürstin, die unter der strahlenden Oberfläche ein zartbesaitetes Naturell verbarg, suchte eher Geborgenheit als Öffentlichkeit, eher gefühlvolle Unterhaltung als lautes Gelächter.

Der Rausch der Verliebtheit verflog schnell, und bei den Ehepartnern machte sich Enttäuschung breit. Amalie im fernen Baden runzelte die Stirn, als sie die Briefe ihrer russischen Tochter las: „Das Verhalten Alexander Pawlowitschs hat meine Hoffnungen im Oktober und November nicht erfüllt. Er befasst sich mit kindischen und vor allem militärischen Nebensächlichkeiten und treibt in seinem Kabinett nach dem Beispiel seines Bruders mit den Dienern alberne Spiele. Diese Spiele sind für sein Alter typisch, aber für seinen Stand ungehörig. Seine Frau kann das bezeugen.“ Amalie blieb nichts anderes übrig, als ihre desillusionierte Tochter an ihre Pflicht zu erinnern. Das Kind würde sich schon einfinden in ihr Schicksal, das sie mit so vielen anderen Frauen des Hochadels teilte. Für Baden, davon war Amalie überzeugt, war diese Heirat ein Glücksfall. Was für ein Glücksfall, das konnte zu diesem Zeitpunkt noch kein Mensch ahnen.

Sigismund von Reitzenstein

Ebenfalls ein Glücksfall für Baden war ein gewisser Sigismund von Reitzenstein, der in Lörrach residierte. Karl Friedrich hatte ihm im Jahr 1792 die Landgrafschaft Sausenberg und die Herrschaft Rötteln anvertraut – eine anspruchsvolle Aufgabe für den damals erst 26 Jahre jungen Mann, doch der Markgraf war überzeugt davon, dass Reitzenstein ihr gewachsen sein würde. Wieder einmal bewies Karl Friedrich ein geschicktes Händchen in Personalfragen. Denn der junge Beamte hatte das Zeug, Badens bedeutendster Staatsmann zu werden.

Sigismund von Reitzenstein, 1766 als Sprössling einer fränkischen Soldatenfamilie in Nemmersdorf bei Bayreuth geboren, hatte an der Universität Göttingen Jurisprudenz und Kameralistik studiert und dann als Sekretär für die Regierung des Markgrafen von Bayreuth erste praktische Erfahrungen gesammelt. 1788 bewarb er sich um Verwendung in der badischen Verwaltung. Der Geheime Rat prüfte den jungen Mann auf Herz und Nieren – mit einem überaus positiven Ergebnis: Von dem Bewerber sei Bedeutendes zu erwarten, berichtete man dem Markgrafen. Freiherr Sigismund von Reitzenstein wurde zum Hofrat mit Sitz und Stimme im Hofratskollegium ernannt. Er machte seine Arbeit so gut, dass Karl Friedrich ihn vier Jahre später zum Landvogt ernannte.

Reitzenstein verabscheute die Österreicher von ganzem Herzen. Doch abgesehen von dieser Antipathie war er ein kühler

Rechner und ein aufmerksamer Beobachter. Stirnrunzelnd verfolgte er, wie sich die Situation der Verbündeten im Kampf gegen die Revolutionsarmeen verschlechterte. Als sich Ende 1794 das linksrheinische Ufer komplett in den Händen der Franzosen befand, wusste er, dass die Tage der Koalition gezählt waren. Als erstes scherte Preußen aus, dessen Gesandter Karl August von Hardenberg im April 1795 in Basel einen Separatfrieden mit der Französischen Republik schloss. Dann machte sich Hessen-Kassel davon.

Karl Friedrich von Baden, der seine sämtlichen linksrheinischen Besitztümer verloren hatte, schreckte davor zurück, dem Beispiel Preußens und Hessen-Kassels zu folgen. Der redliche Markgraf hatte Hemmungen, seine Zusagen an das Reich so einfach zu brechen. Noch im Mai 1795 versicherte er Kaiser Franz II., dass er sich nicht freiwillig vom Reichsverband trennen werde – und zwar „in dem festen Vertrauen auf die göttliche Vorsicht, dass sie eine Auflösung durch unwiderstehliche Verhängnisse gnädiglich verhüten wolle“. Doch Karl Friedrichs Vertrauen in die „göttliche Vorsicht“ schien in den Jahren des Krieges gelitten zu haben. Jedenfalls bat er den Kaiser bereits vorbeugend um Verständnis dafür, dass er sich möglicherweise unfreiwillig aus dem Bündnis verabschieden müsse. Denn „in dem traurigen Fall“, dass seinen Besitztümern „der hinlängliche Schutz der Kaiserlichen und Reichstruppen entgehen und deren Überzug von feindlichen Heeren unvermeidlich werden sollte“, wenn also seine gesamte reichsständische Existenz in Gefahr wäre – dann sähe sich auch ein Karl Friedrich gezwungen, „zur etwelchen Erhaltung meiner unglücklichen Untertanen alsdann diejenigen Rettungsmittel zu ergreifen, welche die Vorsehung mir etwa noch darbieten wird“.

Es sollte sich bald zeigen, dass es allen Grund zur Vorsicht gab, denn nichts schien die Franzosen aufhalten zu können. Im September 1795 eroberten sie das nahe Mannheim. Karl Friedrich bekam es mit der Angst; eilig verließ er seine Markgrafschaft. Der mit weit reichenden Vollmachten ausgestattete Geheime Rat versuchte zu retten, was noch zu retten war. Der Landvogt Sigismund von Reitzenstein zu Lörrach hatte nicht nur Kontakte zum preußischen Gesandten Karl August von Hardenberg – er hatte sich auch in der Vergangenheit schon vehement für einen Separatfrieden mit Frankreich ausgesprochen. In der dramatischen Situation, in der sich die Markgrafschaft befand, schien er der geeignete Mann, die Kastanien aus dem Feuer zu holen. Er wurde zum Vertreter Badens in Basel ernannt. Bei einem Treffen mit dem Geheimratskollegium in Ettlingen erfuhr Reitzenstein, was man von ihm erwartete: Er sollte guten Wind bei den Vertretern der Französischen Republik machen, damit Baden möglichst wenig Belastungen auferlegt würden, außerdem sollte er vorsichtig vorfühlen, wie es um die Rückgabe der linksrheinischen Gebiete stünde.

Kaum hatte Reitzenstein die Verhandlungen mit dem französischen Gesandten Barthélemy aufgenommen, wendete sich das Kriegsglück und Karl Friedrich konnte beruhigt nach Karlsruhe heimkehren. Prompt ordnete er an, die Verhandlungen mit den Vertretern der „Mörder-Republik“ (denn als solche betrachtete er das revolutionäre Frankreich) einzustellen. Sigismund von Reitzenstein fiel aus allen Wolken; er hielt diese Entscheidung für mehr als kurzsichtig.

Reitzenstein sollte recht behalten. In Italien eilte ein junger General namens Napoleon Bonaparte von Sieg zu Sieg. Bei Kehl überschritt General Moreau den Rhein, die Franzosen besetzten die Schwarzwaldpässe, und am 11. Juli 1796 zogen Revolutionstruppen in die badische Residenzstadt ein. Die französische Generalität bezog in einem Flügel des Karlsruher Schlosses Quartier. Das war eine Schmach, die Karl Friedrich freilich nicht persönlich miterleben musste: Der Markgraf und der Erbprinz waren vor dem anrückenden Feind mit ihren Familien und dem Hausschatz hinter die preußische Demarkationslinie nach Ansbach geflohen.

Zwar versuchte Karl Friedrich sich selbst und seinen Angehörigen einzureden, dass dieses Exil nur von kurzer Dauer sein würde – trotzdem kam im Familienkreis bisweilen die Frage auf, welche Konsequenzen es wohl hätte, wenn die Franzosen aus dem deutschen Südwesten eine Republik machen würden. Karl Friedrich pflegte darauf zu antworten, dass er in diesem Falle eine Freistätte im südlichen Russland gründen wolle. Er könne durchaus darauf hoffen, einen größeren Länderstrich zu erhalten, schließlich sei er jetzt ja mit dem Zarenhaus verwandt. Allerdings hoffe er sehr darauf, dass die Vorsehung ihm dieses bittere Los ersparen würde.

Als Regierungsbevollmächtiger war Kammerpräsident Christian Freiherr von Gayling in Karlsruhe zurückgeblieben. Wieder wurde Reitzenstein beauftragt, mit den Siegern zu verhandeln und die Interessen des Landes zu wahren. Er sicherte den Franzosen zu, dass Baden sich fortan neutral verhalten werde. Auf dieser Basis gelang es ihm am 25. Juli in Stuttgart, mit General Moreau einen Waffenstillstand zu vereinbaren. Während die Karlsruher an allen Toren ihrer Stadt Schilder mit der Aufschrift „Territoire de Baden. Pays neutre“ anbrachten, reiste Reitzenstein nach Paris, um die Bedingungen für den Friedensvertrag auszuhandeln. Dass er es mit einer republikanischen Regierung zu tun hatte, war zwar ein Schönheitsfehler, doch der bereitete dem Staatsmann keine Kopfschmerzen. Längst hatte Reitzenstein erkannt, dass das marode römisch-deutsche Reich der badischen Markgrafschaft keine Entwicklungsmöglichkeiten bot. An der Seite Frankreichs hingegen könnte Baden wachsen und gedeihen – dafür wollte er schon sorgen.

Der badische Gesandte erwies sich als gewiefter Diplomat, dessen Hartnäckigkeit und Zielstrebigkeit das Pariser Direktorium und den nicht minder hartnäckigen und gewieften französischen Außenminister verblüfften. Reitzenstein sah keinen Grund darüber zu diskutieren, dass das linke Rheinufer an Frankreich verloren war. Ihm ging es nämlich nicht darum, Karl Friedrichs linksrheinische Besitzungen zurückzuerhalten, sondern darum, rechts des Flusses möglichst umfangreiche Entschädigungen für Baden herauszuschlagen. Dass solche Entschädigungen am ehesten durch Säkularisierungen geistlichen Besitzes erreicht werden würden, belastete sein elastisches Gewissen nicht im Geringsten: „Wir müssen nehmen, was wir nur können“, gab Reitzenstein als Parole aus.

Doch der Friedensvertrag vom 22. August 1796, der nach zäher Feilscherei ausgearbeitet war, hatte fatale Ähnlichkeit mit einer Kapitulation – zumindest in den Augen Karl Friedrichs. Baden, so hieß es im Vertrag, schied aus der Koalition aus und verpflichtete sich, keinem Feind des revolutionären Frankreich Hilfe zu gewähren, auch nicht, wenn die Reichsmitglieder ausdrücklich dazu aufgerufen werden sollten. Die Armeen der Republik sollten hingegen das Recht auf freien Durchzug durch badisches Gebiet haben. Auf alle seine Besitzungen im Elsass, in Luxemburg und Sponheim sollte der Markgraf verzichten. Im Gegenzug versprach Frankreich, Baden bei der Gewinnung von territorialen Entschädigungen behilflich zu sein. In einem Geheimartikel wurden die rechtsrheinischen Teile der Bistümer Konstanz, Basel und Speyer genannt und außerdem auf eine mögliche Säkularisation der in Baden gelegenen geistlichen Stifte verwiesen.

Auf die französischen Versprechungen, in die sein Gesandter so große Hoffnungen setzte, gab Karl Friedrich nicht viel. Für ihn stand die Schmach, die der Vertrag bedeutete, im

Vordergrund: „Ich bin ein freier deuscher Fürst und will in dieser Ehre sterben“, rief er und weigerte sich erst einmal, den Sonderfrieden zu ratifizieren. Reitzenstein erhielt den unwirschen Befehl, als Landvogt nach Lörrach zurückzukehren. Doch der Freiherr riskierte die Ungnade des Markgrafen und blieb in Paris. Später wurde ihm dieser Ungehorsam als sein größtes Verdienst angerechnet.

Heimkehr zum Jubiläum

Baden befand sich – wieder einmal – in einer prekären Lage. Denn das Kriegsglück zeigte sich weiterhin launisch und stand jetzt gerade wieder auf Seiten der Österreicher: Im September 1796 verjagten sie die Franzosen aus Karlsruhe. Der Oberbefehlshaber, Erzherzog Karl, war nicht gut auf die Badener zu sprechen – Österreich betrachtete allein schon die Tatsache, dass Reitzenstein mit der Französischen Republik verhandelt hatte, als unentschuldbaren Affront. Die Einwohner Karlsruhes wurden beinahe so behandelt, als ob sie Feinde wären. Trotzdem entschloss sich Karl Friedrich im Herbst, in seine jetzt von kaiserlichen Truppen besetzte Residenzstadt zurückzukehren. Denn es stand nicht nur sein 68. Geburtstag, sondern auch sein 50-jähriges Regierungsjubiläum bevor.

Jubelnde Bürger empfingen den heimkehrenden Karl Friedrich am Durlacher Tor und gaben ihm das Geleit bis zum Schloss. Auch die Karlsruher Judenschaft stand Spalier und begrüßte den Landesvater. Seine schwangere Frau und die Kinder hatte der Markgraf zu den Feierlichkeiten allerdings nicht mitgebracht – sie sollten vorsichtshalber noch ein paar Monate im Ansbacher Exil ausharren. Karl Friedrich wollte seine Angehörigen nicht den Gefahren eines möglichen französischen Gegenangriffs aussetzen. Viel versäumten sie ohnehin nicht. Angesichts der diffizilen Situation beschränkten sich die Karlsruher Festlichkeiten auf einen Jubiläumsgottesdienst in der Stadtkirche. „Jubelgratulationen“ hatte Karl Friedrich untersagt. Einem Staatsdiener erschien diese Art, ein halbes Jahrhundert Regierungstätigkeit zu feiern, jedoch allzu bescheiden: Er verfasste daher einen Überblick der „Wohltaten“, die der Markgraf seinem Land erwiesen hatte. Die bei Macklot in Karlsruhe gedruckten „Beiträge zur Kulturgeschichte und Statistik von Baden unter Karl Friedrich“ wurden Karl Friedrich nebst einem anonymen Schreiben in sein Kabinett gebracht und verfehlten ihre Wirkung nicht. Der erfreute Jubilar erriet wohl, wer der Verfasser war. Er trat nach dem Festgottesdienst auf den mutmaßlichen Autor zu und sagte: „Wenn Sie hören sollten, wer der Unbekannte ist, der mir diesen Morgen eine Druckschrift über meine Regierung gesandt hat, so drücken Sie ihm meinen gefühlten Dank aus.“

Dankgottesdienste zu Karl Friedrichs 50-jährigen Regierungsjubiläum fanden überall im Land statt. In Pforzheim wollte man es jedoch nicht dabei belassen. Der Stadtrat nahm Karl Friedrichs Geburtstag zum Anlass, ein alljährliches Fest zu beschließen. Damit wollte man dem Markgrafen für seine Wohltaten danken – neben der Abschaffung der Leibeigenschaft verstanden die Pforzheimer darunter vor allem die Begründung der örtlichen Schmuck- und Uhrenindustrie und die Förderung der Flößerei. Allerdings blieb es zunächst einmal bei der Willensbekundung: Aufgrund der unsicheren politischen und militärischen Lage mussten die Einwohner der Goldstadt fünf Jahre lang — bis 1801 — warten, bis ihr Stadtfest erstmals gefeiert wurde.

Schon kurz nach seinem Geburtstag reiste Karl Friedrich wieder zurück nach Triesdorf bei Ansbach, um seiner Gemahlin in ihrer schweren Stunde beizustehen: Luises Niederkunft war jeden Tag zu erwarten. Es war ihre fünfte Geburt: Auf Leopold und Wilhelm war 1794 ein kleiner Alexander gefolgt, der aber bald starb; 1795 war ein Mädchen zur Welt gekommen, das

Amalie getauft wurde (und damit den gleichen Namen bekam wie die Erbprinzessin und deren älteste Tochter). Am 8. Dezember 1796 setzten bei Karl Friedrichs Gemahlin erneut die Wehen ein, und das ganze Haus lief durcheinander. Nur die beiden ältesten Söhne der Gebärenden saßen schweigend in ihrem Zimmer. Leibchirurg Weiß brachte ihnen die erlösende Nachricht: Er habe soeben einen kleinen Bruder „aus dem Brunnen" geholt, sagte er. Das Kind erhielt den Namen Maximilian.

Im Februar 1797 kehrten Markgraf Karl Friedrich und Erbprinz Karl Ludwig nach Karlsruhe zurück; Luise und die Kinder machten sich einen Monat später auf den Weg. Sie reisten über Crailsheim und Schwäbisch-Gmünd nach Schorndorf, wo ein Unfall für helle Aufregung sorgte. Ausgerechnet der Wagen, in dem die kleine Amalie und Baby Max mit Kinderfrau und Amme saßen, kippte um. Die Bediensteten tauschten abergläubische Blicke, denn zufällig hießen beide Postillione „Tod". Doch der Schrecken war weitaus größer als der eigentliche Schaden: Alle Wageninsassen kamen mit ein paar blauen Flecken davon. Erholen von den Strapazen konnte sich die Familie bald darauf in Langensteinbach, wo Karl Friedrich im Frühjahr und Sommer mit Vorliebe weilte. Die Nähe zu Karlsruhe erlaubte es ihm, die kühlere Höhenluft zu genießen, ohne seine Geschäfte zu vernachlässigen. Der Geheime Sekretär kam einmal in der Woche, um den Markgrafen auf dem Laufenden zu halten.

Der Gesandtenmord von Rastatt

Und wie wichtig war es in diesen bewegten Zeiten, stets auf dem Laufenden zu sein. Gespannt lauschte Karl Friedrich den Berichten über diesen General Bonaparte, dem es gelungen war, den Thron Habsburgs ins Wanken zu bringen. Kaiser Franz II. musste im Frieden von Campo Formio gravierenden Grenzveränderungen zustimmen; unter anderem verzichtete er für das

Reich auf alle linksrheinischen Gebiete. Damit hatte er das abgesegnet, was Reitzenstein bereits im Sonderfrieden zwischen Baden und Frankreich vereinbart hatte. Nachdem der Kaiser selbst die Reichsintegrität preisgegeben hatte, brauchte auch Karl Friedrich keine Skrupel mehr haben: Im Herbst 1797 unterschrieb er endlich den Sonderfrieden. In Paris war Reitzenstein schon einen Schritt weiter: Er pries Außenminister Talleyrand Baden als treuen Verbündeten an. Und wie vorteilhaft wäre es doch für Frankreich, wenn es der Republik gelänge, Österreich vom Rhein wegzudrängen. Ein Ziel, das ohne weiteres machbar wäre – vorausgesetzt, dass der Pufferstaat Baden sich vom Bodensee bis zum Main erstreckte. Reitzensteins Bestechungsgelder öffneten ihm Türen und Ohren; seine Worte stießen auf Wohlwollen.

Was in Campo Formio eingeleitet worden war, sollte bei einem Friedenskongress im Detail festgemacht werden. Im Dezember 1797 versammelten sich in Rastatt die Vertreter der europäischen Großmächte sowie der wichtigsten deutschen Reichsstände. Im Schloss des Türkenlouis sollten die Diplomaten über die Folgen des Ersten Koalitionskrieges, insbesondere die Konsequenzen der neuen Grenzziehung am Rhein, befinden. Schon bald war klar, wohin unter französischem Druck der Hase lief: Die von der Abtretung der linksrheinischen Gebiete betroffenen Fürsten sollten durch Säkularisationen und Mediatisierungen „entschädigt" werden. Das hieß nichts anderes, als dass wenige größere Reichsstände (darunter Baden) sich auf Kosten zahlreicher kleinerer bereichern wollten, indem sie sich geistliche Territorien und Reichsstädte einverleibten. Dass alle Kongressteilnehmer für ihr eigenes Land den maximalen Profit herausschlagen wollten, versteht sich von selbst. Streitigkeiten ohne Ende zwischen Wien und Berlin sowie unter den Kleinstaaten waren die Folge.

Die Gespräche waren bald festgefahren, und eine neue antifranzösische Koalition, an deren Spitze sich der russische Zar

Paul I. setzte, drohte die badischen Expansionsträume zunichte zu machen. Schon hatten französische Truppen wieder den Rhein überschritten und Freiburg besetzt. Der kaiserliche Gesandte erklärte die Rastatter Verhandlungen für beendet und verließ Mitte April 1799 die Stadt.

Obwohl die Neutralität des Kongressortes nicht mehr garantiert war, diskutierten die Vertreter einiger deutscher Reichsstände und der Französischen Republik zunächst noch weiter. Doch für letztere wurde die Lage immer bedrohlicher; Szekler Husaren der österreichischen Armee rückten in Rastatt ein. Sie machten die Tore dicht und forderten die französischen Diplomaten ultimativ auf, innerhalb von 24 Stunden aus der Stadt zu verschwinden. Um Geleitbriefe oder eine Eskorte baten die Vertreter der Republik vergebens. Sie verließen Rastatt am 28. April. Kaum eine Viertelstunde hatte die Fahrt gedauert, als ihre Wagenkolonne überfallen wurde. Reiter, die die Uniformen von Szekler Husaren trugen, hieben mit Säbeln auf die Gesandten Jean Debry, Antoine Bonnier und Claude Roberjot ein. Nur Debry, der in einen Graben kroch und sich tot stellte, entkam mit leichteren Verletzungen; seine beiden Kollegen wurden bestialisch zugerichtet, ihre Leichen ausgeraubt. Um die Frauen und Diener der Gesandten kümmerten sich die Mörder nicht, einige der Überlebenden flohen zurück nach Rastatt. Daraufhin rückten kaiserliche Truppen aus, um den Überfallenen beizustehen. Am nächsten Tag ließ der österreichische Befehlshaber alle Franzosen unter Geleitschutz zur Rheinfähre bringen und nach Seltz übersetzen.

Karl Friedrichs Sohn Wilhelm, der zum Zeitpunkt des Verbrechens gerade sieben Jahre alt war, vergaß sein Leben lang nicht, wie er vom Rastatter Gesandtenmord erfuhr: Ein Kutscher namens Glaßner war Augenzeuge des Verbrechens und erstattete seinem Herrn Bericht – der Mann hatte die französischen Gesandten mit Pferden, die der badische Markgraf zur Verfügung stellte, an die Grenze bringen sollen. Das schreckliche Ereignis, so notierte Wilhelm, habe den Vater „in arge Verlegenheit" gesetzt – Karl Friedrich blieb der Vorwurf nicht erspart, dass er in seinem Lande nicht genug für die Sicherheit gesorgt habe.

In ganz Europa wurde der Gesandtenmord heftig diskutiert und instrumentalisiert. Das Direktorium in Paris betrachtete die Toten als Märtyrer der Revolution und den Gesandtenmord von Rastatt als glatten Bruch des Völkerrechts. Keinerlei Zweifel bestand auf französischer Seite daran, dass Österreich das feige Verbrechen angezettelt hatte, um sich in den Besitz wichtiger Unterlagen zu bringen und um die Republik zu demütigen. In Wien wusch man die Hände in Unschuld, wollte anfänglich aber nicht ausschließen, dass möglicherweise einige übereifrige Offiziere oder hasserfüllte Soldaten den Überfall auf die „Königsmörder" arrangiert hatten. Doch schon bald machte das Gerücht die Runde, der Mord von Rastatt sei ein gezielter Akt französischer Emigranten gewesen, um auf diese Weise den Krieg aufs Neue anzuheizen. Dann wurde erzählt, die Direktoren in Paris hätten ihre eigenen Gesandten meucheln lassen, um den Volkshass gegen Österreich zu schüren. Die Mörder wurden nie entdeckt, und die wildesten Geschichten kursierten. Auch Napoleon Bonaparte, die Königin von Neapel und die Regierung von England wurden als Strippenzieher ausgedeutet. Sogar eines der Opfer des Anschlags, Jean Debry, wurde der Mitwisserschaft verdächtigt – anders, so munkelte man, sei es gar nicht zu erklären, dass er den Mördern lebend entkommen war.

Während die Theorien über die Hintergründe des Gesandtenmords immer abenteuerlicher wurden, war der Krieg wieder voll entbrannt. Im Süden Deutschlands, in der Schweiz, in Italien, in Holland – sogar in Ägypten und Syrien sprachen die Waffen. Karl Friedrich konnte nicht verhindern, dass sein Land erneut

Kriegsschauplatz wurde – aber beraten von Sigismund von Reitzenstein hielt er sich an die Bedingungen des Separatfriedens. Der Markgraf stellte den Verbündeten keine Truppen, verhielt sich demonstrativ neutral. Das fiel ihm zeitweise schwer, denn anfangs kämpfte die Koalition recht erfolgreich. Aber das änderte sich, als Napoleon Bonaparte von seinem verunglückten Ägypten-Abenteuer zurückkehrte, das Direktorium stürzte und sich zum Ersten Konsul ausrufen ließ. Frankreich hatte jetzt einen starken Mann an der Spitze – und die Republik ein Oberhaupt erhalten, das bald weitaus mehr persönliche Macht besitzen sollte, als der enthauptete König Ludwig je hatte.

Während Bonaparte die Österreicher bei Marengo schlug, stieß Moreau nach Bayern und in die österreichischen Erblande vor. Im Frieden von Lunéville 1801 verschärfte der Erste Konsul die Bedingungen, die er bereits im Frieden von Campo Formio 1797 gestellt hatte. Der römisch-deutsche Kaiser musste erneut den Rhein als „natürliche Grenze" Frankreichs anerkennen. Er gab die letzten Stützpunkte seiner Macht, die reichskirchlichen Gebiete und die Reichsstädte, preis – sie sollten die linksrheinisch enteigneten Fürsten über ihre Verluste hinwegtrösten. Karl Friedrich hatte nicht nur seine luxemburgischen Herrschaften und die elsässiche Herrschaft Beinheim, sondern auch die pfälzischen Gebiete der Grafschaft Sponheim und der Herrschaft Rhodt unter Rietburg verloren. Jetzt war für Baden die Zeit der Ernte gekommen.

Schicksalsjahre

Luises Nöte

Die Jahre der Aufregung, des Krieges und der Flucht hatten Karl Friedrich mehr zugesetzt, als er sich selbst eingestehen wollte. Seine Kräfte ließen nach; er war müde geworden. Die Herren vom Geheimen Rat fanden sich seufzend damit ab, dass der Markgraf, der noch nie ein Mann der schnellen Entscheidungen gewesen war, noch zögerlicher wurde. Es blieb ihnen nichts anderes übrig, als sich in Geduld zu üben, denn so schwer ihn die Verantwortung bisweilen drückte – der alte Fürst wollte die Zügel in der Hand behalten.

Entspannung fand Karl Friedrich bei seiner Ehefrau. Luise Karoline war ihrem Gemahl trotz des Altersunterschieds aufrichtig zugetan – und sie wusste genau, wie sie Karl Friedrich behandeln musste, um bei ihm ein Höchstmaß an Wohlgefühlen hervorzurufen. Wenn auch die strahlende Schönheit des einstigen Hoffräuleins verblasst war – Luises naive Sinnlichkeit erregte den Markgrafen noch immer, und die mütterlich-fürsorgliche Art, mit der sie nicht nur ihre Kinder, sondern auch ihren alternden Ehemann behandelte, schlugen ihn vollends in ihren Bann. Karl Friedrich genoss es, ganz privat, also ohne den Hof, mit Frau von Hochberg und den gemeinsamen Kindern zu speisen – ein Vergnügen, das er sich immer häufiger gönnte. Wenn er in die Sommerfrische nach Langensteinbach, ins Schloss Favorite oder in späteren Jahren nach Baden-Baden fuhr, war seine zweite Familie selbstverständlich dabei. Ließ sich eine zeitweilige Trennung aber nicht vermeiden, schrieb das Paar sich Briefe – wobei Karl Friedrich seine Frau konsequent duzte, während Luise ihren fürstlichen Gemahl zwar einerseits mit „Sie“, andererseits aber auch mit „lieber Papa“ anzusprechen pflegte. So künden die Briefe der beiden zwar von tief empfundener

Vertrautheit und Zärtlichkeit, aber auch davon, dass es ihnen selbst im Eheleben nie völlig gelang, die Standesgrenzen zu überwinden.

Die Zeitgenossen allerdings sahen das völlig anders. Karl Friedrichs erste Familie und die Menschen am Hof waren überzeugt davon, dass die morganatische Gemahlin sich Rechte herausnahm, die ihr ganz einfach nicht zustanden. Es ließ sich schließlich nicht übersehen: Je klappriger und schrulliger Karl Friedrich wurde, desto energischer vertrat Luise ihre Interessen. Schon im Jahr 1794 hatte ein französischer Agent das Verhältnis zwischen den Eheleuten beschrieben: „Sie ist jung und voll Geist und Feuer und er eine alte chinesische Pagode." Ein paar Jahre später gab es am badischen Hof außerhalb von Luises engstem Familienkreis kaum noch jemanden, der die Hochberg nicht für herrisch und berechnend gehalten hätte.

Tatsächlich arbeitete Luise unermüdlich daran, ihre eigene Position und die Stellung ihrer geliebten Kinder zu verbessern. Denn die morganatische Gattin hatte Angst, große Angst sogar vor der Zukunft. Sie flehte Karl Friedrich an: „Schonen Sie um Gottes willen Ihre Gesundheit. Erfahren Sie, wie nötig Sie uns sind – und besonders mir." Denn solange der Markgraf lebte, konnte niemand seiner Frau etwas anhaben. Aber wer konnte wissen, wie viele Jahre dem alten Mann noch vergönnt waren? Karl Friedrich war immerhin 40 Jahre älter als seine Frau. Wenn er nun stürbe, was würde aus Luise werden? In den Augen des europäischen Hochadels war die Hochberg ein Nichts. Karl Friedrichs erste Familie betrachtete die zweite Frau als unerwünschten Eindringling, den man lieber heute als morgen loswerden wollte. Der badische Hof, der Luise den Aufstieg und die Nähe zum Fürsten neidete, würde sich höhnisch lachend von der Witwe abwenden. Luise wäre recht- und hilflos dem Wohlwollen von Karl Friedrichs Nachfolger ausgesetzt. Nun war der dicke Erbprinz Karl Ludwig zwar ein gemütlicher Herr, aber er stand unverkennbar unter dem Pantoffel seiner Gemahlin Amalie. Die aber hatte ihrem ehemaligen Hoffräulein schon lange ihre Gunst entzogen. Da nach Karl Friedrichs Tod auch die finanzielle Ausstattung der zweiten Familie völlig unbefriedigend sein würde, drang Luise wieder und wieder in ihren Mann mit der Bitte, für diejenigen zu sorgen, die seinem Herzen am nächsten standen.

Um Luises Lippen machte sich ein harter Zug bemerkbar. Sie war eine Außenseiterin, nicht Fisch nicht Fleisch. Sie gehörte nicht zur markgräflichen Familie, stand aber über den Höflingen. Ihr Rang war höher als der einer Mätresse, aber niedriger als der einer Fürstin. Was immer sie tat – es wurde mit Argusaugen beobachtet, schleunigst weitererzählt und mehr oder weniger offen kritisiert. Die Hochberg lieferte ihren Feinden reichlich Munition: Sie war als Verschwenderin verschrien; über die Höhe ihrer Schulden gab es die tollsten Vermutungen. Außerdem war Luises Freundschaft zu Prinz Ludwig, Karl Friedrichs jüngstem Sohn aus erster Ehe, eine nie versiegende Quelle des bösartigen Klatsches. Ludwig, der genau wie Luise bis zum Hals in Schulden steckte, hatte einen ziemlich üblen Ruf. Dass der Prinz als einziger seiner Familie so vertraut mit der Stiefmutter verkehrte (die noch dazu fünf Jahre jünger war als er), konnte in den Augen der Lästermäuler nur einen Grund haben: Der alte Markgraf, so munkelten sie, sei mit dem jüngsten Hochberg-Sproß Maximilian sicherlich eng verwandt. Wollte man den Verleumdungen Glauben schenken, war Karl Friedrich aber nicht der Vater, sondern der Großvater des Knaben.

Selbst diejenigen, die Luise nicht ernsthaft des Ehebruchs verdächtigten, waren sich einig darüber, dass sie den alten Markgrafen um den Finger wickle. Dass Karl Friedrich 1796 eine Disposition zugunsten seiner Söhne aus zweiter Ehe erließ, führte man auf den grenzenlosen Ehrgeiz der Hochberg zurück. Karl

Friedrich verfügte, dass Luises und seine gemeinsamen Söhne zwar noch nicht „den Fürstenstand des badischen Hauses, wohl aber den Grafenstand unter dem Namen Grafen von Hochberg und mit dem badisch-hochbergschen Wappen als von ihm, dem Vater, angeboren, haben und führen sollen ..." Außerdem wurde bestimmt, dass „die Herren Söhne zweiter Ehe und ihre männlichen Nachkommen nach dem gänzlichen Abgang der männlichen Nachkommen aus erster Ehe zur Sukzession in seinem gesamtfürstlichen Land nach dem in seinem fürstlichen Hause hergebrachten Rechte der Erstgeburt gelangen" sollten.

Tatsächlich stand die Zukunft der Zähringer auf ziemlich schwachen Beinen, da Erbprinz Karl Ludwig und Erbprinzessin Amalie nur einen Sohn hatten, Prinz Friedrichs Ehe kinderlos geblieben war und Prinz Ludwig sich einer standesgemäßen Verbindung bisher widersetzt hatte (Louis, wie ihn die Familie nannte, hatte einige Jahre zuvor eine Liebschaft mit der Tochter eines Obersten, der bildschönen Auguste von Freystedt, gehabt. Er wollte die Dame zur linken Hand heiraten, aber Karl Friedrich, der immer noch auf sukzessionsfähige Enkel hoffte, hatte die Hochzeit verboten). So war Amalies Sohn, der junge Karl, derzeit der einzige Hoffnungsträger, der für den Fortbestand des Hauses Baden sorgen konnte. Aber wer konnte wissen, ob der Prinz in der Lage sein würde, männliche Nachkommen zu zeugen; ob er überhaupt alt genug werden würde, um zu heiraten?

Die Gefahr bestand tatsächlich, dass nach der katholischen auch die evangelische Linie des Hauses Baden aussterben könnte. Schweren Herzens fasste Karl Friedrich daher eine Eventual-Nachfolge seiner Hochberg-Söhne ins Auge. Der Gedanke, dass Baden zerschlagen und andere Fürsten sich die Trümmer seines Lebenswerkes einverleiben könnten, war dem Markgrafen unerträglich. Da die Ansprüche der Hochberg-Jungen aber zumindest fragwürdig waren, begründete Karl Friedrich seinen Entschluss mit dem Wohl von Land und Leuten: „Ein Land, welches seit mehreren Jahrhunderten Fürsten aus dem nämlichen Haus zu Regenten hatte, einmal an eine gewisse Verfassung ... gewohnt ist, leidet einen starken Stoß, wenn durch den Ausgang dieses Hauses in seinem Mannesstamm das Land in verschiedene Stücke zerteilt wird – oder wenn es unzerteilt einen fremden Regenten bekommt, der die Untertanen als angefallene Stiefkinder betrachtet und sie einer anderen Verfassung unterwirft." Große Teile der badischen Beamtenschaft und auch Prinz Ludwig hießen die Pläne des Markgrafen gut.

In höchstem Grade empört reagierte allerdings der Rest der Familie – mit Erbprinzessin Amalie an der Spitze. Sie befürchtete, dass mit der Eventual-Sukzession von Luises Söhnen der Damm gebrochen sei und die Hochberger über lang oder kurz den Angehörigen des Hauses Baden im Range gleichgestellt werden sollten. Allerdings blieb die Disposition, über die sie sich so aufregte, höchst fragwürdig. Denn Karl Friedrich zwang seine Söhne aus erster Ehe nicht dazu, die Nachfolge-Regelung förmlich anzuerkennen – und er ließ sie auch nicht vom Reich absegnen. Möglicherweise verzichtete Karl Friedrich darauf, Druck zu machen, weil ihm bei seiner Verfügung selbst nicht ganz wohl war. Als Fürst von altem Schlag sah er – wie Amalie – Standesgrenzen als gottgewollt an: So sehr Karl Friedrich seine Hochberg-Buben liebte, so hoffte er doch inständig, dass auch in Zukunft echte Abkömmlinge der Zähringer in Baden regieren würden.

Luise von Hochberg freilich war ihren Träumen einen kleinen Schritt näher gekommen. Nicht nur die Bedeutung ihrer Söhne war gewachsen, auch ihre eigene Position wurde gestärkt. Der Markgraf hatte – ungeachtet der Intervention des Erbprinzen – in Wien die Erhebung Luises zur Reichsgräfin betrieben. Der

Kaiser war dem Wunsch des badischen Markgrafen bereits im Mai 1796 nachgekommen; das Diplom wurde allerdings erst 1799 ausgestellt. Luises neuer Rang sollte sich auch auf ihre Nachkommen erstrecken. In materieller Hinsicht versuchte Karl Friedrich seiner Frau ebenfalls entgegenzukommen. Schon 1790 hatte Luise das Gut Rotenfels mit seiner Steingeschirrfabrikation erhalten; 1799 wurde ihr die Nutzung der Domäne Bauschlott bei Pforzheim übertragen, die nach ihrem Tod auf ihre Kinder übergehen sollte.

Trotz dieser Zuwendungen blieb Luises größtes Problem das Geld. Das Leben am Hof – selbst an einem so bescheidenen wie dem von Karl Friedrich – war teuer. Da der Aufwand, den man mit Dienerschaft, Kleidung und Schmuck betrieb, und das soziale Ansehen eng miteinander verquickt waren, legte Luise ganz besonderen Wert auf ein präsentables Äußeres. Es war ihr vollkommen unmöglich, mit ihrer Apanage auszukommen. Da sie aber wusste, wie sehr Karl Friedrich Schulden missbilligte, versuchte sie, die Höhe ihrer Verbindlichkeiten vor ihrem Gemahl geheim zu halten. Verzweifelt suchte Luise nach Möglichkeiten, ihr Einkommen aufzubessern.

Was Geheimrat Dr. Johann Friedrich Schrickel vorschlug, klang wie Musik in den Ohren der Reichsgräfin. Der Leibarzt hatte allerhand alchemistische Experimente angestellt und war jetzt überzeugt davon, das Geheimnis entdeckt zu haben, wie man Silber in Gold verwandeln konnte. Das Rezept, so meinte Schrickel, sei ziemlich einfach: Man müsse nur eine größere Menge Silber mit Vitriolöl beträufeln und es der Sonne aussetzen. Je intensiver die Wärme, desto sicherer schien ihm der Erfolg. Deshalb wollte sich der Arzt lieber nicht auf die badische Sonne verlassen, sondern schlug für eine Wandlung im großen Stil Indien, Spanien und Portugal vor. Ursprünglich hatte der Medicus mit dem Gedanken geliebäugelt, sein Goldmacher-Geheimnis der

Ostindischen Kompanie für eine halbe Million Gulden zu verkaufen. Doch die Herren waren ebenso geschäftstüchtig wie misstrauisch – ohne Beweise gaben sie kein Geld.

Schrickel wandte sich daher an Karl Friedrich, dessen einstmals wohlgefüllten Staatskassen sich durch die baden-badischen Schulden und die finanziellen Belastungen in Folge der Revolutionskriege erschreckend geleert hatten. Der Leibarzt genoss das volle Vertrauen des alten Markgrafen. Da auch Luise fand, die Goldmacherei sei einen Versuch wert, vertraute Karl Friedrich Dr. Schrickel für 10.000 Gulden Silberbarren an. Der Fürst schloss mit dem Arzt einen Vertrag, wonach er bei Gelingen das Geheimnis für 60.000 Gulden kaufen konnte. Was weiter passierte, daran erinnerte sich Karl Friedrichs Sohn Wilhelm von Hochberg noch viele Jahre später: „Leider gelang aber der angestellte Versuch nicht. Schrickel schob die Schuld auf das schlechte Vitriolöl und bewog meine Mutter, in Rotenfels einen Vitriolofen zu bauen, der viel Geld kostete und kein Resultat lieferte wie so vieles, was dort unternommen wurde. Der Stein der Weisen löste sich in Rauch auf, und die von meinem Vater vorgeschossenen 10.000 Gulden gingen durchs Kamin."

Amalies Töchter

Luise von Hochberg hatte zahlreiche Feinde, aber niemand verabscheute Karl Friedrichs Gemahlin mehr als Erbprinzessin Amalie. Es bereitete der Fürstin eine geradezu hämische Freude, wenn sie ihr früheres Hoffräulein ihre Abneigung spüren lassen konnte. Und Gelegenheiten dazu gab es viele. Ob bei Ausflügen, Empfängen oder Bällen: Amalie war die erste Dame, und die Frau des Markgrafen musste zurückstehen. In den Augen der Erbprinzessin waren die vielen kleinen Nadelstiche, die sie Luise versetzte, nur eine gerechte Antwort auf deren unverschämte Anmaßung. Wer war schon die Reichsgräfin Hochberg? Eine morganatische Ehefrau, mehr nicht. Amalie von Baden hingegen war im Jahr 1801 auf dem besten Wege, die Schwiegermutter Europas zu werden.

Ihre Tochter Karoline war mittlerweile Kurfürstin von Bayern – und wie hatte sich das Mädchen zuerst gegen die Werbung von Maximilian Joseph von Pfalz-Zweibrücken-Birkenfeld gewehrt! Die Familie hatte den Herzog in Ansbach kennen gelernt. Dorthin war auch Max vor den anrückenden Franzosen geflohen. Hals über Kopf hatte sich der Pfälzer in die hübsche Karoline verliebt. Er hatte – da Karl Friedrich und der Erbprinz gerade nach Karlsruhe zurückgereist waren – bei Amalie um die Hand Karolines angehalten. Die Erbprinzessin war mit der Werbung sehr einverstanden und berichtete ihrem Gemahl und dem Schwiegervater, dass der katholische Max sich eine protestantische Frau wünsche, um in Bayern die Religionstoleranz voranzutreiben. Es bestand also keine Gefahr, dass man die lutherische Karoline zu einer Konversion drängen würde. Karl Friedrich hatte keine Einwände gegen eine Verlobung.

Doch während der Herzog der badischen Prinzessin unermüdlich den Hof machte, zeigte ihm die schnippische junge Dame wochenlang die kalte Schulter. Max mochte ja gute Aussichten auf ein reiches Erbe haben, aber er hatte schütteres Haar, war 20 Jahre älter als die Prinzessin und ziemlich dick. Viel attraktiver als ihren Freier fand Karoline den Herzog von Enghien, den charmanten Bourbonen-Prinzen. Selbst wenn sie keine zarten Gefühle für den französischen Emigranten empfunden hätte – der Gedanke, einen Witwer mit vier Kindern zu heiraten, war ihr zuwider. Alles Sträuben nützte ihr aber nichts – Amalie sprach ein Machtwort, und Karoline und Max Joseph wurden im März 1797 im Karlsruher Schloss getraut. Einige Tage später ließ sich das Paar bei der großen Hochzeitsfeier in Schloss Rohrbach vom Heidelberger und Mannheimer Adel beglückwünschen.

Ihrer russischen Tochter, der Großfürstin Elisabeth, schrieb Amalie über ihren neuen Schwiegersohn: „Der Herzog ist der beste Mensch von der Welt, angebetet von seiner ganzen Umgebung. Ich halte ihn für etwas schwach, aber für einen Ehemann ist das kein Fehler. Er ist verliebt wie ein Mann von 20 Jahren ..." Tatsächlich ging Max Joseph seiner jungen Frau in den nächsten Wochen und Monaten mit seinen Eifersuchtsanfällen gewaltig auf die Nerven; doch Amalie riet ihrer Tochter, solche kleinen Widrigkeiten einfach zu ignorieren. Was wirklich zählte, waren die großen Aussichten des Bräutigams. Als im Februar 1799 Karl Theodor, der kinderlose Kurfürst von Pfalz-Bayern, starb, trat Max Joseph von Pfalz-Zweibrücken die wittelsbachische Erbfolge an. Karoline wurde eine Kurfürstin. Noch ahnte Amalie nicht, dass ihre Lieblingstochter demnächst sogar als Königin über Bayern herrschen würde.

Eine Königin, das war Amalies Tochter Friederike bereits. Gerade 16 Jahre war sie alt gewesen, als Gustav IV. von Schweden um sie freite. Eigentlich hatte der Schwede ja eine russische Großfürstin heiraten wollen, doch weil Petersburg einem Konfessionswechsel der Braut nicht zustimmte, hatte sich das Projekt zerschlagen. Gustav sandte darauf einen Boten nach Karlsruhe, der dem alten Markgrafen vertraulich eröffnete, dass der König nunmehr eine Vermählung mit einer Prinzessin aus dem evangelischen Haus Baden wünsche. Es wurde eine Begegnung in Erfurt vereinbart, wo das Erbprinzenpaar dem schwedischen Monarchen die Prinzessinnen Friederike und Marie vorführte. Diesmal war Friederike die Auserwählte. Erbprinz Karl Ludwig und Amalie waren darüber sehr erfreut, zumal sie von ihrem künftigen Schwiegersohn den besten Eindruck hatten: „Er trägt sich ganz wie ein junger Engländer, auch bei der ersten Visite ebenso verlegen, und scheint der beste Herr von der Welt", schrieb der Erbprinz an seinen Vater, den anglophilen Markgrafen Karl Friedrich: „Was er mir alles Hochachtungsvolles und Schönes von Ihnen, liebster Vater, gesagt hat, kann ich Ihnen nicht genug sagen ... Alles, was der König uns und unserer Tochter Freundschaftliches, Gnädiges und wahrhaft Offenherziges und Tröstliches gesagt hat, wäre zu weitläufig, um es schriftlich zu sagen. So viel kann ich Ihnen aber versichern, liebster Vater, dass es der religiöseste, wohldenkendste, gerade denkendste junge Herr ist, der mir noch bekannt ist, die Redlichkeit und Güte selbst, gerade aus und ohne Heuchelei ..."

Leider waren die Eltern weitaus beglückter von den Aussichten ihrer Tochter als die Prinzessin selbst. Wie Karoline, die im selben Jahr verheiratet wurde, graute auch Friederike vor der Ehe. Sie fürchtete sich vor der Trennung von den Eltern, den Geschwistern und der Heimat; ihr war unwohl bei dem Gedanken daran, dass sie an der Seite dieses fremden Mannes in einem fernen, kalten Land leben sollte. Aber eine Tochter Amalies durfte sich solch lächerlichen Gefühlen nicht hingeben; widerwillig erklärte sich Friederike mit der Verlobung einverstanden. Als es freilich ernst wurde mit der schwedischen Hochzeit, klammerte sich die Braut an jeden Strohhalm, der geeignet schien, die Reise nach Stockholm hinauszuzögern. Sie habe zu viel Zwetschgenkuchen gegessen und nun sei ihr so übel, dass sie unmöglich abreisen könne, beteuerte sie. Amalie redete dem unglücklichen Mädchen gut zu, bis es schließlich – mühsam die Tränen unterdrückend – in die Kutsche stieg. In Begleitung ihrer Mutter und ihrer Schwester Marie fuhr die Braut nach Stralsund, wo die Prinzessin getraut wurde – ein Graf Taube vertrat König Gustav bei der Zeremonie. Danach trennte sich die Mutter von ihrem Kind. Als Friederike, umgeben von ihrem neuen schwedischen Hofstaat und sichtlich um Würde bemüht, das Schiff betrat, das sie in ihre neue Heimat bringen sollte, sagte sich Amalie wohl zum hundersten Mal, dass eine Krone jedes Opfer wert sei.

Ja, eine Krone entschädigte für manches Ungemach. Die Gefühle aber, die törichte junge Leute für Liebe hielten, die loderten hell auf, um alsbald zu verlöschen. Zuneigung gepaart mit Respekt war doch das Beste, was eine Prinzessin von ihrem Gemahl erwarten durfte. Aber auch dies war keine Garantie für eine glückliche Ehe. Das hatte Amalies russische Tochter Luise, jetzt Elisabeth Alexiewna, erfahren müssen. Mit welchen Hoffnungen und Träumen war das Kind in die Ehe mit dem schönen Großfürsten gestartet – und wie schnell hatte das Leben ihm die Augen geöffnet. Bisweilen zweifelte Amalie allerdings daran, dass Elisabeth sich klug verhielt. Wenn der Großfürst sich Mätressen hielt, dann war das zwar bedauerlich – aber außer seiner Frau regte sich kein Mensch darüber auf. Der Ruf einer Fürsten-Gemahlin hingegen musste makellos sein. Doch Elisabeth ließ es offenbar an Vorsicht mangeln. Konnte es denn wirklich wahr sein, dass Alexander beim Anblick seiner 1799 geborenen Tochter (sie starb ein Jahr später) zynisch gefragt hatte: „Glaubt ihr, ein blonder Ehemann und eine blonde Frau können ein dunkles Mädchen bekommen?"

Elisabeth jammerte in ihren Briefen an die Mutter darüber, dass „gewisse Kreise" ihren Ruf zerstören wollten, und beteuerte: „Ich habe mir nichts vorzuwerfen." Beinahe trotzig konstatierte sie: „Falls man mich mit dem Großfürsten auseinanderbringen will, so wird dies nicht gelingen." Ja, das Ganze war höchst merkwürdig. Obwohl zwischen den jungen Eheleuten offenbar jede körperliche Anziehungskraft verschwunden war, verband die beiden ein fast komplizenartiges Gefühl der Zusammengehörigkeit. Davon profitierte Elisabeths badische Heimat allerdings wenig, denn seit Alexanders Vater Paul Zar geworden war, waren die Beziehungen der kleinen Markgrafschaft zum großen Russland dramatisch abgekühlt.

Es fiel Amalie schwer, in Paul I. ein Ungeheuer zu sehen – immerhin hatte sie einmal gehofft, seine Frau zu werden –, aber die Fakten sprachen für sich. Die Briefe, die Großfürstin Elisabeth an ihre Mutter schrieb, zeichneten das Bild eines rücksichtslosen Tyrannen: „Es tut weh, schrecklich weh, täglich die Ungerechtigkeiten, die Brutalität mit anzusehen, mit denen Menschen ins Unglück gestürzt werden ....", klagte sie: „Ich bin zwar die ehrerbietigste Schwiegertochter, aber in Wahrheit ohne Zuneigung. Im Übrigen ist es ihm gleichgültig, ob er geliebt wird, wenn man ihn nur fürchtet. Das hat er selbst gesagt. Sein Wunsch geht allgemein in Erfüllung. Er wird gefürchtet und gehasst."

Pauls Innenpolitik war konfus, aber noch chaotischer gestaltete sich seine Außenpolitik. Die Besetzung Maltas durch Napoleon Bonaparte hatte seinen Unwillen erregt. Also ließ sich Paul zum Großmeister des Malteserordens wählen und erklärte Frankreich den Krieg. Doch die Feindschaft währte nicht lange – denn plötzlich entdeckte Paul in Napoleon sein neues Idol. Während sich Russland an Frankreich annäherte, überwarf sich der Zar mit England. Dann sandte er Truppen aus, die Indien erobern sollten. In seiner Umgebung zweifelte man an Pauls Verstand; es schien dringend geboten, den Zaren zu entmachten.

Anfang Mai 1801 erreichte die sensationelle Kunde Karlsruhe: Zar Paul war ermordet worden. Jetzt war es also so weit: Alexander bestieg den Thron, und die kleine Luise von Baden war ihre Majestät, die Zarin Elisabeth. Darüber, welche Rolle der neue Zar bei der Ermordung seines Vaters gespielt hatte, dachte man am badischen Hof lieber nicht genauer nach. Entscheidend war schließlich, dass die Markgrafschaft wieder mit der Sympathie Russlands rechnen durfte: Sigismund von Reitzenstein hatte in Paris oft genug das Klagelied darüber angestimmt, dass der russische Gesandte beim großen Geschacher um die Konkursmasse des deutschen Reiches Bayern und Württemberg bevorzuge (Pauls Frau, die jetzige Kaiserin-Witwe Maria Feodorowna, war eine geborene Prinzessin von Württemberg). Nun war es an Elisabeth, dafür zu sorgen, dass der neue Zar sich für die Heimat seiner Gemahlin stark machte. Aber in der Ehe schien es mehr denn je zu kriseln. Umso erfreuter war Amalie, als die neue Zarin im Auftrag Alexanders das badische Erbprinzenpaar zum Besuch nach Sankt Petersburg einlud: Für die Mutter war es eine wundervolle Gelegenheit, nach dem Rechten zu sehen.

Eine verhängnisvolle Reise

Der alte Markgraf Karl Friedrich hatte diesmal keine Einwände gegen die weite Reise, und Amalie schmiedete voll Begeisterung Pläne. Wenn sie schon unterwegs war, wollte sie auch gleich die Verwandtschaft in Darmstadt besuchen. Und bei ihrer Schwester, der Herzogin Luise von Sachsen-Weimar, Halt machen. Von Sankt Petersburg aus würde man nach Stockholm weiterreisen, um die liebe Friederike und König Gustav wiederzusehen. Der schwergewichtige Erbprinz Karl Ludwig hatte wegen seiner Herzprobleme zwar eigentlich eine Kur in Bad Pyrmont vorgesehen, aber Amalie wollte unbedingt noch vor Beginn des Sommers in ihr großes Abenteuer starten. Unterwegs, so meinte sie, würde sich für ihren Gemahl schon eine Gelegenheit ergeben, etwas für seine Gesundheit zu tun.

Lästig waren die Beschwerden des Erbprinzen allemal: Wegen eines Herzanfalls Karl Ludwigs musste die Abfahrt um zwei Tage verschoben werden. Am 13. Juni 1801 setzte sich die Wagenkolonne dann endlich in Bewegung. In Weimar, wo Amalie ihren 47. Geburtstag feierte, erkrankte der Erbprinz erneut. Amalie befürchtete schon, dass dies das Ende ihrer großen Fahrt bedeute. „Da sich indessen der Zustand Seiner Durchlaucht wieder rasch besserte, wurde die Reise fortgesetzt“, notierte der Reisemarschall Christian von Gayling.

Am 23. Juli war es so weit: Karl Ludwig und Amalie schlossen ihre russische Tochter, die sie seit acht Jahren nicht gesehen hatten, in die Arme. Elisabeth hatte ihre Eltern in der Nähe des kleinen Ortes Koskowa erwartet. Bald darauf lernte das Erbprinzenpaar auch seinen kaiserlichen Schwiegersohn persönlich kennen und schätzen. Natürlich waren für die Gäste zahlreiche Besichtigungen, Empfänge und Paraden in Sankt Petersburg und Umgebung vorbereitet worden. Die Paläste, die Gartenanlagen und die Wasserkünste, aber auch die Werften und Kasernen beeindruckten die Badener schwer – ohne Zweifel, Russland war eine Macht, an der in Europa so leicht keiner mehr vorbeikam. Umso zufriedener war das Erbprinzenpaar über das freundliche Entgegenkommen Alexanders. Voller Genugtuung – schließlich war der Besuch in Sankt Petersburg viel mehr als ein familiäres Treffen – schrieb Karl Ludwig an den alten Markgrafen in Karlsruhe: „Der Kaiser (Alexander) ist ein wahrhaft guter Herr als Regent, Gatte, Freund und Verwandter. Er lässt Ihnen sagen, dass seine Botschafter in Paris und Wien zu unseren Gunsten instruiert seien und dass er für das Interesse unseres Hauses aufs Beste sorgen werde.“ Karl Friedrich las es mit Freuden.

Nach zwei Monaten voller neuer Eindrücke nahm das badische Erbprinzenpaar Abschied von den russischen Majestäten und reiste weiter in Richtung Stockholm. Dem Erbprinzen machte bei der Überfahrt von Finnland nach Schweden die Seekrankheit schwer zu schaffen – aber abgesehen von dieser Übelkeit hatte er sich auf der Reise bislang erstaunlich gut gehalten. Amalie war sehr erleichtert darüber. Denn selbstverständlich hatte auch das schwedische Königspaar ein ebenso anspruchsvolles wie anstrengendes Besichtigungsprogramm vorbereitet. Bei Theater- und Museumsbesuchen, Visiten, Hoffestlichkeiten und intimen Familienzusammenkünften beobachtete Amalie intensiv und nicht ohne Sorge ihre Tochter Friederike. Die natürliche Anmut und Leutseligkeit der Königin konnte sich an

Gustavs Seite offenbar kaum entfalten. Beim Vergleich mit seinem charmanten russischen Schwager zog der steife Schwede allemal den Kürzeren. Immerhin war Friederike eine vernünftige junge Frau. Sie trug ihr Schicksal mit Würde und angeborener Hoheit.

Amalie hatte bald genug gesehen und genug besichtigt. Die Tage waren kurz und die Nächte schrecklich lang geworden – die Erbprinzessin hatte keine Lust, in Schweden zu überwintern. Es wurde Zeit, dass Karl Ludwig und sie nach Karlsruhe zurückkehrten. Auf das Drängen Amalies hin setzte der badische Erbprinz die Abreise auf den 1. Dezember 1801 fest. Dann gab er noch einmal zwei Wochen dazu, um Schloss Gripsholm kennenzulernen – das Geisterschloss hatte Karl Ludwigs Neugierde geweckt. Aber die Abfahrt am 15. war beschlossene Sache – da konnte der gute Gayling so laut und so lange vor den Gefahren einer Winterreise warnen, wie er wollte.

Es geschah, kurz bevor die Reisegesellschaft die schwedische Stadt Arboga erreichte. Der Wagen, in dem der Erbprinz saß, kam ins Rutschen, kippte um. Karl Ludwigs Kammerherr und ein schwedischer Begleitoffizier krochen mühsam aus dem Fahrzeug. Es gelang ihnen, Christian von Gayling aus dem Wrack herauszuzerren – der Reisemarschall war blutüberströmt. Splitter hatten ihn über dem linken Auge verletzt – allerdings sah die Wunde gefährlicher aus, als sie war. Weitaus mehr Mühe bereitete es den Herren, den Erbprinzen zu bergen. Als sie den schweren Körper endlich befreit hatten, glaubten sie, die Symptome eines Schlaganfalles zu erkennen. Der ohnmächtige Karl Ludwig wurde in einen Schlitten gehoben und nach Arboga gefahren. Nach zwölfstündiger Bewusstlosigkeit, so hieß es im offiziellen Bericht, endete „am Mittwoch, dem 16. Dezember, sein edles Dasein in einem Alter von 46 Jahren, zehn Monaten und zwei Tagen“.

Trauer um Karl Ludwig

Markgraf Karl Friedrich war dem Zusammenbruch nahe, als er vom tödlichen Unfall seines ältesten Sohnes erfuhr; er erholte sich nie mehr völlig von dem Schock. Karl Ludwig war nicht nur sein Erbe gewesen, sondern auch sein Liebling – keines seiner anderen Kinder und schon gar nicht sein Enkel Karl würden je in der Lage sein, die Lücke, die durch diesen Tod entstanden war, zu schließen.

Trost fand Karl Friedrich nur im Gebet – und in den Armen seiner Gemahlin. Luise von Hochberg bedauerte das Hinscheiden des dicken Erbprinzen aufrichtig. Dass Karl Ludwig mehr als einmal zu ihren Ungunsten beim Markgrafen interveniert hatte, wusste sie zwar – aber das führte sie auf die Hetzereien der Erbprinzessin Amalie zurück. Der Tote selbst, so meinte die Reichsgräfin, sei ein großmütiger Mann gewesen. Karl Ludwig hatte sich nämlich gegenüber seinen Halbgeschwistern recht gönnerhaft gezeigt und den Hochberg-Kindern bisweilen sogar kleine Geschenke gemacht. Auch der zweiten Frau seines Vaters gegenüber hatte er sich wenn schon nicht herzlich, so doch ausgesucht höflich benommen. Einmal hatte sich der Erbprinz sogar in die öffentliche Audienz begeben, die jeden Mittwoch stattfand, und den Markgrafen gebeten, der Gräfin das Gut Bauschlott zu schenken. Karl Friedrich, der damit aus Rücksicht auf den Erbprinzen gezögert hatte, war über die Bitte hoch erfreut gewesen – und Luise vergaß Karl Ludwig diese Großzügigkeit nie. Wenn sie jetzt in des Markgrafen Klage einstimmte, dann tat sie es, ohne zu heucheln.

Kein Mitleid hatte die Reichsgräfin mit Amalie, der Witwe des Verstorbenen. Doch zunächst blieb es Luise ohnehin erspart, ihrer früheren Herrin das Beileid auszusprechen. Amalie war nach dem Tod ihres Mannes zurück nach Stockholm gefahren, wo ein feierliches Leichenbegängnis stattfand. Ein Offizier wurde nach

Karlsruhe geschickt, um das Herz des Erbprinzen zu überbringen; der übrige Körper sollte zu einer freundlicheren Jahreszeit in die Heimat überführt werden. Da der Markgraf sich nach Rastatt zurückgezogen hatte – er war viel zu angegriffen, um den Mann zu empfangen, – vertrat Prinz Ludwig den Vater bei dieser traurigen Pflicht. Das in einer kostbaren Kapsel verschlossene Herz wurde zunächst in einem eigens zu diesem Zwecke eingerichteten Trauerzimmer ausgestellt, zu dem die Bevölkerung Zutritt hatte. Schließlich wurde das Herz des Erbprinzen unter dem Geläute aller Glocken in feierlichem Trauerzuge in die Familiengruft nach Pforzheim gebracht.

Der neue Erbprinz

Der Leibarzt des Markgrafen, Geheimrat Schrickel, war ernsthaft besorgt über den körperlichen und geistigen Zustand Karl Friedrichs. Um den trauernden Fürsten aufzuheitern, wies er auf Luises Söhne. Diese Buben, so sagte er, würden schon für die Erhaltung des badischen Hauses sorgen. Nun zeige sich, wie gut der Fürst daran getan hatte, sich zum zweiten Mal zu vermählen. Die Hochberg freute sich sehr über die Worte des Arztes, doch Karl Friedrich spendeten sie keinen Trost. Schließlich würden nicht seine Kinder aus zweiter Ehe den Markgrafen beerben – vielmehr war Prinz Karl, der einzige Sohn des teuren Verstorbenen, dazu bestimmt, die Nachfolge seines Großvaters anzutreten.

Der neue Erbprinz war knapp 16 Jahre alt und ein schwieriger Charakter. Karl Friedrich wurde beinahe bange, wenn er daran dachte, welch schwere Last nach seinem Tod auf den schmalen Schultern des Enkels lasten würde. Wie einst sein seliger Vater war Karl ein langsamer Denker. Wie einst sein Vater tat er sich schwer damit, Entscheidungen zu fällen und Verantwortung zu übernehmen. Doch während Karl Ludwig allezeit ein fügsamer und pflichtbewusster Prinz gewesen war, war Karl, der Enkel, aufsässig. Und zwar auf eine besonders unangenehme Art. Da er es nie gewagt hätte, sich offen gegen den Großvater oder die Eltern zu stellen, legte Karl eine geradezu beleidigende Gleichgültigkeit an den Tag. Er tat, was man ihm auftrug – aber stets mit demonstrativem Desinteresse. Karl ließ niemanden an sich heran, teilte mit niemandem seine Gedanken. Das war wohl eine Art von Selbstschutz. Der Prinz hatte sich sein Leben lang unverstanden gefühlt: Er wuchs zwar in dem stolzen Bewusstsein auf, als einziger legitimer Enkel des Markgrafen Karl Friedrich eine wichtige Persönlichkeit zu sein. Aber niemand liebte ihn.

Der kleine Karl war gleich nach seiner Geburt der Dienerschaft anvertraut worden. Das freilich war an Fürstenhöfen völlig normal. Die Eltern ließen sich ihren Nachwuchs regelmäßig vorführen und registrierten seine Fortschritte, scherten sich aber nicht um die alltäglichen Bedürfnisse ihrer Kinder – dafür waren Ammen und Kinderfrauen zuständig. Karl war ein scheuer und sensibler Junge, der viel Zeit benötigte, ehe er Zutrauen zu einem Erwachsenen fasste. Doch Zeit konnten weder Amalie noch Karl Ludwig in ihren Sohn investieren – das Erbprinzenpaar hatte schließlich zahlreiche Pflichten, die wichtiger waren als die Auseinandersetzung mit abstrusen kindlichen Gedankengängen.

Amalie war eine strenge Mutter, die auf eine spartanische Erziehung Wert legte. Das bekam nicht nur Karl zu spüren: Amalie hatte beispielsweise befohlen, dass Mimi, ihre Jüngste, bei den Mahlzeiten knapp gehalten wurde, denn das Kind besaß in ihren Augen einen mehr als gesegneten Appetit. Mimis Kindsfrau war damit nicht einverstanden – immer wieder jammerte sie darüber, wie schlecht es der Prinzessin erginge und dass sich ein Stein des armen Kindes erbarmen würde. Aber die Frau traute sich nicht, gegen die Anweisungen der Fürstin zu verstoßen, und Mimi (oder vielmehr Prinzessin Wilhelmine, wie sie richtig hieß) hungerte weiter. Selbst als Mimi schon eine Dame und verlobt war, hatte Amalie noch ein scharfes Auge auf die Essgewohnheiten ihrer Tochter. Verständnis für die Gelüste der jungen Frau bewies hingegen Mimis Bräutigam, der Erbprinz von Hessen-Darmstadt: Wenn die Prinzessin heimlich vom Mittagessen ihrer Kammerfrauen naschte (was nicht selten vorkam), stand der Fürst Wache und sorgte so dafür, dass seine Braut vor mütterlichen Überfällen sicher war.

Der kleine Karl registrierte eifersüchtig, dass seine Schwestern der Erbprinzessin offenbar viel näher standen als er selbst. Zwar nahm die Mutter auch die Mädchen hart heran – aber Amalie interessierte sich wenigstens für das Tun und Lassen ihrer Töchter, sie war stolz auf ihre Schönheit, ihre Anmut, ihre glänzenden Zukunftsaussichten. Die Erbprinzessin züchtigte ihre Mädchen, weil sie sie liebte. Von den badischen Prinzessinnen behauptete man später, dass sie weder Gattinnen noch Mütter würden, sondern immer Amalies Töchter blieben. Ihr einziger Sohn hingegen war Amalie fremd, als er klein war, und er wurde ihr ein Rätsel, als er heranwuchs.

Nicht nur die Mutter, auch der Vater hatte sich nie sonderlich für Karl interessiert. Bei aller Freude über die Geburt seines Erben wusste Karl Ludwig mit kleinen Kindern nicht viel anzufangen – und bei seinen Töchtern hatte ja auch niemand ein größeres Engagement von ihm verlangt. Außerdem war Karl Ludwig daran gewohnt, dass sich um wichtige Fragen der alte Markgraf Karl Friedrich persönlich kümmerte. Was die Erziehung ihres Sohnes anging, überließen die Eltern vieles – zu viel – dem Zufall.

Der Unterricht, den der Erbprinz genoss, war mehr schlecht als recht; seinen Lehrern gelang es nicht einmal ansatzweise, die natürliche Neugier des Kindes zu wecken. Warum der sonst so pflichtbewusste Markgraf Karl Friedrich ausgerechnet die Erziehung seines Enkels, der ein so wichtiges Glied in der Erbfolge war, schleifen ließ, darüber kann man nur Mutmaßungen anstellen. Der Schaden jedenfalls war angerichtet. Es bestand wenig Hoffnung, dass der nunmehrige Erbprinz die Versäumnisse vieler Jahre würde aufholen können. Zum Jüngling herangewachsen litt Karl schwer unter seiner mangelhaften Bildung. Das Wissen um diesen Makel aber verstärkte seine Schüchternheit, die ihm wiederum oft als Dummheit ausgelegt wurde. Wohl fühlte sich der junge Karl überhaupt nur bei seinem Onkel Ludwig und dessen Kumpanen, deren Ausschweifungen ihm Bewunderung abnötigten und in deren Gesellschaft er sich ernst genommen fühlte – als Mensch und als Mann.

Amalie kehrt zurück

Im Frühjahr 1802 kehrte Amalie aus Stockholm zurück. Der alte Markgraf fuhr ihr mit der ganzen Familie bis Stutensee entgegen. Die Trauerkleidung, die Karl Friedrich für seinen Sohn bereits „ausgetragen“ hatte, wurde nun wieder hervorgeholt – aus Rücksicht auf die Schwiegertochter, die als Witwe ein Jahr lang tiefe Trauer zeigen musste. Es fiel Amalie nicht schwer, dieser Pflicht nachzukommen, denn ihr Lebenstraum war geplatzt: Sie würde niemals regierende Markgräfin sein.

Amalie war nicht der Typ, der seine Tränen einsam hinter verschlossenen Türen vergoss: Die Erbprinzessin-Witwe trauerte intensiv und öffentlichkeitswirksam. Jeder Mann und jede Frau, ob von Adel oder aus dem Volk, sollte ihr Leid sehen, die Größe ihres Schmerzes rühmen und ihr Bewunderung zollen für die Vollendung, die sie in der Tugend des Erduldens errungen hatte. Der alte Markgraf entwickelte ein warmes Gefühl für seine gramgebeugte Schwiegertochter. Er beschloss, im Karlsruher Erbprinzengarten eine Gedenkstätte anlegen zu lassen, die an seinen Sohn erinnern und der Witwe ein Trost sein sollte. Der Baumeister Friedrich Weinbrenner wurde beauftragt, ein Erbprinz-Karl-

Ludwig-Denkmal zu entwerfen (es musste allerdings bereits 1867 dem Neubau des Großherzoglichen Sammlungsgebäudes weichen).

Den Sommer des ersten Trauerjahres verbrachte Amalie mit ihrer Schwester, der Herzogin Luise von Sachsen-Weimar, in Baden-Baden. Es kam allmählich in Mode, einen Sinn für die Schönheiten der Natur zu entwickeln, und Amalie fand, dass es einer Witwe gut anstünde, bei ausgedehnten Spaziergängen ihren Geist zu erfrischen. Die beiden Damen nahmen sogar die Mühe auf sich, zur Ruine des Alten Schlosses zu wandern, zu der Burg also, die dem Land ihren Namen gegeben hatte. Dieser Ausflug war ein echtes „Wagstück“ in den Augen der Hofdamen, denn noch führte kein gebahnter Weg den Berg hinauf. Häufig besuchten die Schwestern auch das Kloster Lichtenthal.

Amalie fühlte von Tag zu Tag mehr, dass ihre Kräfte zurückkehrten, die körperlichen wie die geistigen. Als sie wieder nach Karlsruhe fuhr, war sie entschlossen, das beste aus ihrer traurigen Situation zu machen. Als Gemahlin des künftigen Herrschers hatte sie zwar ausgespielt. Aber sie war immerhin die Mutter des neuen Erbprinzen und die erste Dame bei Hofe – zumindest, solange Prinz Karl unverheiratet war. Aber Amalie würde bei Karl Friedrich schon dafür sorgen, dass ihr einziger Sohn eine Frau bekam, die ihren Vorstellungen entsprach und die ihre Schwiegermutter zu würdigen wusste. Dass Napoleon Bonaparte, derzeit Erster Konsul von Frankreich, ihr einen Strich durch die Rechnung machen würde, konnte Amalie nicht ahnen.

Der Kurfürst

Die Fürstenrevolution

Napoleon Bonaparte hatte Frankreich fest im Griff. Ihm gelang der Spagat zwischen Revolution und Tradition so prächtig, dass die Franzosen, die eben ihren König geköpft hatten, begeistert und siegtrunken in die nächste Monarchie hineintaumelten. Noch war Napoleon lediglich „Erster Konsul", aber schon hatte er durchgesetzt, dass er dieses Amt ein Leben lang innehaben würde. Dass der Senat, der dies beschlossen hatte, in Napoleons Augen nur eine „Versammlung alter, verbrauchter Männer" war, die er nach Gutdünken lenkte, tat dem Effekt keinen Abbruch: Der Kopf der Französischen Republik war demokratisch legitimiert. Von nun an, so befand der Erste Konsul, stand er „auf der gleichen Höhe mit den anderen Souveränen". Doch das war ihm noch nicht genug: Der Korse hatte es sich in den Kopf gesetzt, Europa nach seinem Willen zu formen – zum Besten Frankreichs, vor allem aber zum Ruhme Napoleons. Neue, Bonaparte zu Dank verpflichtete Mittelstaaten sollten als Puffer zwischen der Französischen Republik und den deutschen Großmächten Österreich und Preußen stehen.

Das römisch-deutsche Reich hatte dem Machtwillen des Korsen nicht viel entgegenzusetzen: Es war ein morsches mittelalterliches Monstrum in der letzten Phase seines Verfalls. Jeder der über 1.000 Hoheitsträger, die ihm angehörten, kochte nach Möglichkeit sein eigenes Süppchen; das Reich wurde nur dann beschworen, wenn es dem Vorteil des jeweiligen Reichsstandes diente. Zwar gab es alte Männer wie Karl Friedrich von Baden, die aus Gewissensgründen und aus Gewohnheit zögerten, den Kaiser zu verraten – noch dazu an den alten Feind Frankreich. Aber auch der badische Markgraf konnte (und wollte) den Lauf der Welt nicht aufhalten: Schwerer als die Pflicht gegenüber dem

Reich wog in seinen Augen die Pflicht gegenüber seinem Haus, seinem Land und den Menschen, die darin lebten.

Noch existierte das Heilige Römische Reich deutscher Nation, und offiziell war es der Reichsdeputationshauptschluss, der 1803 in Regensburg festschrieb, was Napoleon forderte: Die europäische Landkarte wurde neu gezeichnet, an Frankreich verlorenes Reichsgebiet wurde durch innerdeutsches Territorium ersetzt. Von dieser originellen Art des Ausgleichs profitierten die weltlichen Fürsten, die sich geistliche Besitztümer und Reichsstädte einverleiben durften – vorausgesetzt, sie hatten es verstanden, sich in Paris Gehör zu verschaffen, und ihre Interessen zielbewusst und rücksichtslos vertreten. Badens Karl Friedrich war zwar keineswegs rücksichtslos und (im Alter auch nicht mehr) sehr zielbewusst – doch was ihm in dieser Hinsicht abging, das hatte sein Gesandter, Sigismund von Reitzenstein, im Übermaß. Der alte Markgraf mochte die Bestechungsgelder, die Reitzenstein großzügig verteilte, noch so sehr missbilligen: Sie erfüllten ihren Zweck. Außerdem kannte die Verwandtschaft in Württemberg und Bayern auch keine Skrupel. Russland segnete die Reichsreform nicht nur ab, es hatte sich an den Planungen sogar intensiv beteiligt. Den strategischen Überlegungen Napoleons, dem taktischen Geschick Reitzensteins und den verwandtschaftlichen Beziehungen zu Zar Alexander verdankte es Baden, dass das kleine Land jetzt zu den ganz großen Gewinnern zählte.

Auf Drängen des Freiherrn von Reitzenstein hatte sich Markgraf Karl Friedrich bereits im Juli 1802 beim Ersten Konsul für dessen „Friedenswerk“ und die seinem Hause erwiesene Gunst bedankt. Napoleon erwiderte zuckersüß: „Sie konnten mit Recht die Auszeichnung Ihrer Verbindungen und das aufrichtige Interesse Frankreichs erwarten. Ich bin glücklich, diese ausgezeichnete Gelegenheit gefunden zu haben, die Hochachtung zu zeigen, die ich für Eure Durchlauchtigste Hoheit besitze. Österreich, Preußen und Bayern haben jeder die Besitzungen, die sie erhalten haben, in Anspruch genommen. Es scheint mir dringend, dass Eure Durchlauchtigste Hoheit die Länder besetzen, die Ihnen zugefallen sind. Wenn sich irgendwelche Widerstände ergeben sollten, werde ich nicht säumen, sie sofort zu beheben. Ich werde mit Vergnügen hören, dass Eure Durchlauchtigste Hoheit sich Ihrer neuen Lande ungestört erfreuen mögen ..."

Bei dieser einen Aufforderung blieb es nicht. Karl Friedrichs Sohn Wilhelm erinnerte sich: „Während wir auf der Favorite weilten, kam der Oberst Lauriston, Adjutant des Ersten Konsuls, mit der Aufforderung, Baden möchte von den Entschädigungen Besitz nehmen, die ihm durch französische und russische Vermittlung zu Teil geworden seien, was nun auch sogleich geschah. Es wurden zu diesem Zweck die sehr reduzierten Truppen wieder ergänzt und schwache Abteilungen in die verschiedenen Entschädigungslande abgeschickt. Oberstleutnant von Eck – er hieß eigentlich Le Cointe de Marsillac, änderte aber später seinen Namen – besetzte mit 250 Mann in zwei Kompagnien Mannheim; Major von Stockhorn mit 171 Mann Heidelberg."

„Entschädigungslande" – das Wort sollte verschleiern, was tatsächlich geschah: Es war eine deutsche Fürstenrevolution im Gange; die Deputation von Regensburg grub dem in Todeszuckungen befindlichen Reich das Grab. Durch die Säkularisation reichskirchlicher Gebiete und die Mediatisierung weltlicher Reichsstände wurde die Machtbasis des Kaisers empfindlich geschwächt. Dafür gelang es einigen Fürsten, ihre Territorien beträchtlich zu vergrößern – was sie zuvor an Frankreich verloren hatten, entsprach nur einem Bruchteil dessen, was sie neu erhielten. Karl Friedrich von Baden hatte links des Rheines rund 743 Quadratkilometer Land an Frankreich abgeben müssen – jetzt wurde er mit 3.400 Quadratkilometern mehr als reichlich „entschädigt".

Es ging längst nicht mehr um einen fairen Ausgleich für das Verlorene, sondern um Arrondierung, um die Schaffung stabiler Mächte – es war der Anfang vom Ende der deutschen Kleinstaaterei und ganz im Sinne des französischen Drahtziehers. Die rechtsrheinischen Gebiete der Hochstifte Konstanz, Basel, Speyer und Straßburg wurden ebenso badisch wie die reichsunmittelbaren Klöster Salem, Petershausen und Gengenbach. Aufgehoben wurden die Abteien Schwarzach und Frauenalb als landsässige Klöster auf badischem Territorium; das Zisterzienserinnenkloster Lichtenthal bei Baden-Baden wurde zwar als ehemalige Grablege der Markgrafen vor der Säkularisation bewahrt, doch sein Besitz wurde enteignet. Karl Friedrich erhielt die Reichsstädte Offenburg, Gengenbach, Zell am Harmersbach, Überlingen und Pfullendorf, zunächst außerdem das abgelegene Biberach und Wimpfen, die später an Württemberg beziehungsweise Hessen fielen. Von besonderer Bedeutung waren die Städte Mannheim und Heidelberg, die kurpfälzischen Ämter Weinheim, Mosbach und Bretten: Da Bayern andernorts üppige Gewinne machte, wurde die wittelsbachische Pfalz rechts des Rheines Baden zugesprochen – sie brachte dem alten Markgrafen die Kurwürde ein. Karl Friedrich hatte von nun an das Recht, an der Wahl des römisch-deutschen Kaisers mitzuwirken. Endlich zog er rangmäßig mit seinem benachbarten Konkurrenten, dem Herzog von Württemberg, gleich, der ebenfalls zum Kurfürsten erhöht wurde.

Noch hatte Sigismund von Reitzenstein nicht alles erreicht, was ihm vorschwebte. Denn noch war das badische Staatsgebiet zwischen Main und Bodensee nicht geschlossen: Es fehlten unter anderem der Breisgau und die Landvogtei Ortenau. Napoleon hatte sie dem Herzog von Modena versprochen, der sie wiederum an seinen Schwiegersohn, den Erzherzog Ferdinand von Österreich, übertrug. Aber angesichts der einmal in Gang gesetzten Umwälzungen gab Reitzenstein nichts verloren. Das neue Kurfürstentum Baden war Flickwerk und weder historisch noch demokratisch legitimiert – aber es war ein Produkt der Vernunft, ein durchaus lebensfähiges Kind von Aufklärung und Französischer Revolution.

Reitzenstein war guter Hoffnung, dass der badische Staat seine größte Ausdehnung noch nicht erreicht hatte. Doch darum sollten sich andere kümmern. Der Minister war gesundheitlich schwer angeschlagen und nahm seinen Abschied. Er begab sich zur Erholung nach Italien und ließ sich nach seiner Heimkehr in Heidelberg nieder. Seine „unvergänglichen Verdienste" wurden vom Kurfürsten überschwänglich gelobt – Karl Friedrich äußerte die Hoffnung, dass Reitzenstein ihm helfen werde, das Land zu regieren, zu dessen Vergrößerung er so wesentlich beigetragen hatte. Insgeheim dürfte der Kurfürst auch ein wenig Erleichterung darüber empfunden haben, dass dieser skrupellose Mann, der Badens Schicksal so fest an Frankreich geknüpft hatte, sich aus der Politik zurückzog. Allerdings konnte das Land nicht lange auf die Dienste seines bedeutendsten Staatsmannes verzichten.

„Gute Fürsten sind unsterblich"

100 Kanonenschüsse verkündeten in Karlsruhe die Botschaft: Karl Friedrich nahm im Mai 1803 den Titel des Kurfürsten an. Erbprinz Karl sah sich zum „Kurprinzen" befördert, seine Mutter, die Erbprinzessin-Witwe Amalie, wurde fortan als „Markgräfin" bezeichnet; Karl Friedrichs Söhne aus erster Ehe firmierten als die Markgrafen Friedrich und Ludwig. Für Luise von Hochberg, die Gemahlin des frisch gebackenen Kurfürsten, und ihre Kinder änderte sich nichts. Zwar durften sie ihren Papa begleiten, als er im Juni nach Bruchsal, Mannheim und Heidelberg zog, um sich huldigen zu lassen – aber ihr Platz war und blieb am Rande des Geschehens.

Die Huldigungszeremonie im Mannheimer Schlosshof war ein beeindruckendes Schauspiel. Doch gerade die prächtige Kulisse erinnerte Karl Friedrich daran, dass ein Wermutstropfen in den Freudenbecher gefallen war. Bis vor ein paar Wochen nämlich hatte der Palast noch die Mannheimer Sammlungen beherbergt – dazu gehörten die Gemäldegalerie, die Hofbibliothek und Schätze der Akademie der Wissenschaften, des Naturalienkabinetts und der Sternwarte. Um diese Gegenstände hatte es zwischen den Häusern Baden und Bayern ein Gerangel geben, das zeitweise sogar militärisch zu eskalieren drohte. Max Joseph von Bayern, der Gemahl von Karl Friedrichs Enkelin Karoline, rechnete die Sammlungen nämlich zum pfälzischen Familienbesitz. So bereitwillig er die Kurpfalz preisgegeben hatte (auch er war für seine Verluste mehr als großzügig entschädigt worden), so hartnäckig hielt an den Kunstwerken und Büchern fest. Karl Friedrich hingegen war der Überzeugung, dass die Mannheimer Sammlungen Staatseigentum seien und deshalb mit der rechtsrheinischen Kurpfalz an ihn übergegangen seien. Um die Kunstschätze zu schützen, hatte er die Schlosstüren versiegeln lassen. Doch der Kurfürst von Bayern war entschlossen, die Sammlungen nötigenfalls gewaltsam nach München zu schaffen. Auch die inständigen Bitten der Mannheimer Bürgerschaft konnten Max Joseph nicht von diesem Vorhaben abbringen. Karl Friedrich hatte schließlich nachgegeben – und den Mannheimern dadurch die Hoffnung geraubt, dass die ehemalige kurpfälzische Residenzstadt sich künftig als badische Kunst- und Wissenschaftsmetropole profilieren könne.

Mannheim kämpfte, seit Kurfürst Karl Theodor die Stadt verlassen und sein bayerisches Erbe angetreten hatte, gegen den wirtschaftlichen und kulturellen Niedergang an. Die Revolutionskriege hatten die Probleme noch verschärft. Jetzt, nach dem Übergang an Baden, war in der Quadratestadt ein merkwürdiger

Mix aus Trotz und Aufbruchstimmung zu spüren. Freilich würde Karl Friedrich allzu hochfliegenden Hoffnungen bald einen derben Dämpfer erteilen müssen: Er dachte gar nicht daran, seine Residenz von Karlsruhe ins weitaus größere Mannheim zu verlegen. Die Idee, Mannheim wenigstens zur Zweitresidenz zu erheben und abwechselnd von dort und von Karlsruhe aus zu regieren, wurde schon wegen der Grenzlage der Stadt verworfen. Worüber man nachdenken konnte, war, ob nicht ein Mitglied der kurfürstlichen Familie seinen Wohnsitz künftig in Mannheim nehmen könnte, um der Stadt wieder Glanz zu verleihen.

Weit optimistischer als in Mannheim war die Stimmung in Heidelberg. Viele Bürger empfanden Genugtuung darüber, dass sie nicht mehr von München aus regiert wurden. Mit einem Kurfürsten Karl Friedrich, dessen religiöse Toleranzpolitik sich bereits bei der Wiedervereinigung der badischen Markgrafschaften bewährt hatte, konnten sowohl die Heidelberger Katholiken als auch die Reformierten gut leben. Verbesserungen durfte vor allem die protestantische Bevölkerung erwarten, die während der langen Herrschaft des Kurfürsten Karl Theodor spürbar diskriminiert worden war: In staatlichen Ämtern waren Reformierte und Lutheraner kaum vertreten; an der Universität Heidelberg, einst einer reformierten Hochburg, bildeten sie eine kleine Minderheit. Auch die Heidelberger Juden begrüßten den Wechsel. Zwar hatte Karl Friedrich auf dem Gebiet der Judenemanzipation bislang keine sensationellen Verbesserungen auf den Weg gebracht. Da aber die bayerische Regierung zu einer reaktionären Judenpolitik neigte, glaubten sich die Söhne und Töchter Israels bei Karl Friedrich allemal besser aufgehoben: „Wir empfehlen unsere Glaubensgenossen der Gnade eines Fürsten, dem es süß ist, alle seine Kinder ohne Unterschied mit gleicher Zärtlichkeit zu umschlingen“, sagte der Vorsteher der jüdischen Gemeinde, als er dem neuen Herrn vorgestellt wurde.

Heidelberg – so beurteilte es ein Zeitgenosse – wollte Mannheim bei den Huldigungsfeierlichkeiten ausstechen. Die Stadt bereitete Karl Friedrich einen triumphalen Empfang mit Festzug, Musikdarbietungen, Ehrenformationen und Illuminationen. Tausende von Menschen waren auf den Beinen, um einen Blick auf den neuen Landesvater zu erhaschen; die Gebäude waren mit Girlanden und Transparenten geschmückt. Am Rathaus konnte man lesen: „Welch schöne Aussichten öffnet uns die Zukunft"; an der Synagoge hieß es „Gute Fürsten sind unsterblich". An vielen Privathäusern erhielten die staatstragenden Parolen Würze durch eine kräftige Portion Mutterwitz. Ein Chirurg beispielsweise wünschte für Karl Friedrich, dass dieser seine Dienstleistungen nur beschränkt in Anspruch nehmen müsste: „Zugpflaster, Schröpfen, Aderlass / Injectionen, Kataplasmen / und alles Operieren / sei niemals für Karl Friederich! Nur lass Er hundert Jahr noch sich / gesund und froh rasieren." Über volkstümliche Knittelverse dieser Art konnte man an der „Hohen Schule zu Heidelberg" allenfalls milde lächeln. Das Universitätsgebäude war standesgemäß mit lateinischen Begrüßungen, Horazversen und dem kurfürstlichen Wappen geschmückt.

Die 1386 von Kurfürst und Pfalzgraf Rupert I. eröffnete Universität lag dem neuen Landesherrn ganz besonders am Herzen. Karl Friedrich träumte davon, dass sie unter seiner Herrschaft wieder ein international anerkanntes Zentrum von Wissenschaft und Kultur werde. Im späten 16. Jahrhundert hatte die calvinistische Hochschule Professoren und Studenten aus ganz Europa nach Heidelberg gezogen, doch der Dreißigjährige Krieg leitete ihren allmählichen Niedergang ein. Intellektuell herrschte Mittelmäßigkeit vor. Misswirtschaft und die Revolutionskriege hatten die Universität zudem um ihren Besitz und ihre Einkünfte gebracht. Doch Karl Friedrich war fest entschlossen, die Hochschule wieder emporzubringen – eine Aufgabe, mit der kluge

Köpfe wie Sigismund von Reitzenstein und Geheimrat Brauer betraut wurden. Der Heidelberger Universität widmete der Kurfürst in den nächsten Wochen und Monaten seine ganz besondere Aufmerksamkeit. Die Konzeption der Hohen Schule wurde ebenso neu geregelt wie ihre Finanzierung. Im Organisationsedikt vom Mai 1803 legte Karl Friedrich fest: „Rektor der Universität, die Wir auf diese Art von neuem begründen, wollen Wir selbst sein und unseren Nachfolgern in der Kur diese Würde hinterlassen." Die wieder aufblühende Hochschule fügte den Namen Karl Friedrichs dem ihres Stifters hinzu und nennt sich seither Ruprecht-Karls-Universität.

Gewissensnöte

Für Karl Friedrich war mit der Vergrößerung seines Landes und der Annahme der Kurwürde ein lang gehegter Wunsch in Erfüllung gegangen. Dass seine Freude nicht ungetrübt war, lag nicht nur an den vielen Problemen, die es noch zu lösen galt (die Universität Heidelberg war längst nicht die einzige Baustelle im Kurfürstentum). Vielmehr machte die Art und Weise, wie die Erweiterung vor sich gegangen war, Karl Friedrich zu schaffen.

Was der Preußenkönig Friedrich Wilhelm III. auf dem Reichstag über die Erhöhung Karl Friedrichs zum Kurfürsten gesagt hatte, klang ja sehr schmeichelhaft: „Wir erkennen mit allen unseren Mitständen in dieser ihm beigelegten Auszeichnung nur einen gerechten Tribut der Achtung für das ehrwürdige Vorbild, welches seine Tugenden und seine ruhmvolle Regierung in einer so langen Reihe von Jahren gewährt, sowie der Erkenntlichkeit für die Verdienste, welche er sich um das gesamte deutsche Vaterland erworben hat." Näher an der Wirklichkeit lag jedoch zweifellos, was im „Moniteur", dem französischen Verlautbarungsblatt, geschrieben stand. Und dort las sich die Sache ganz anders: Der neue Kurfürst von Baden habe durch sein „Betragen während des ganzes Krieges“ das Wohlwollen der Französischen Republik in besonderem Maße verdient. Die Vernunft mochte Karl Friedrich sagen, dass die Vergrößerung seines Landes auf Kosten säkularisierter und mediatisierter Reichsstände unumgänglich gewesen war, dass Baden nur so im neuen Europa Bestand haben konnte – aber es blieb doch die Peinlichkeit, dass der Fürst von Gottes Gnaden seinen neuen Rang in Wirklichkeit der Gunst Napoleons verdankte. Und es war abzusehen, dass der zu Macht gekommene Jakobiner-General den Dank Badens in nicht allzu ferner Zukunft einfordern würde.

Nicht nur der Dank, den er dem Ersten Konsul schuldete, beschwerte Karl Friedrichs Gemüt. Sein empfindliches Gewissen ersparte ihm die Fragen nicht: Hatte die Reichsdeputation in Regensburg sich nicht aus Furcht und aus Eigennutz zu einem Rechtsbruch hinreißen lassen? Und hatte nicht er, Karl Friedrich von Baden, als Nutznießer an diesem Unrecht teil? Gewiss, geistliche Stifte und Klöster passten nicht mehr in die Zeit; viele ihrer Aufgaben wurden besser vom Staat wahrgenommen. Außerdem hatte nicht nur Baden kirchliche Territorien an sich gerissen – alle „Nachbarn“ des neuen Kurfürsten hatten diese „Maßregel“ ergriffen. Und letztlich profitierten ja auch die Untertanen davon, wenn kirchliches Vermögen die leeren Staatskassen füllte. Aber genügte all das, um die Säkularisierungen der Jahre 1802 und 1803 zu rechtfertigen? Die Reichsdeputation hatte juristische Begründungen dafür, dass sie tragende Elemente des „Heiligen Römischen Reiches“ preisgab, tunlichst vermieden. Karl Friedrich aber war hin- und hergerissen zwischen dem, was ihm die Vernunft des Landesherrn und was ihm das Rechtsempfinden einer lauteren Persönlichkeit sagte.

In seiner Gewissensnot hatte Karl Friedrich bereits im Sommer 1802 den Arzt und Schriftsteller Heinrich Jung-Stilling, den er als Autorität in sittlichen und religiösen Fragen betrachtete, um eine

Stellungnahme gebeten: Konnte er die „neuen Akquisitionen" annehmen? Durfte er sein Land tatsächlich auf Kosten säkularisierter und mediatisierter Reichsstände vergrößern? Jung-Stilling gelang es, den alten Fürsten einigermaßen zu beruhigen. Die Säkularisation hätte es in jedem Falle gegeben, meinte er, ganz gleich, ob Baden sich daran beteiligt hätte oder nicht. Und die Menschen in den neuen badischen Territorien hätten mit Karl Friedrich einen guten Herrscher gewonnen: „Wenn nun einmal alle diese Staaten ihren bisherigen Herren entzogen werden sollten, so war es für diese Länder eine große Wohltat Gottes, dass sie alle an einen Herrn kamen, zu dem sie alle das beste Zutrauen haben und der sie alle glücklich machen wird. Es ist also eine wohltätige väterliche Fügung Gottes, dass Euer Durchlaucht diese Länder bekommen haben."

Jung-Stilling

So lange er denken konnte, war Karl Friedrich bestrebt gewesen, der Verantwortung, die Gott ihm als Herrscher und als Mensch auferlegt hatte, gerecht zu werden. Keinen Tag begann er ohne Morgengebet und Bibellektüre; und wenn er bemerkte, dass eines seiner Kinder beim Beten nachlässig war, forderte er es auf, in seiner Gegenwart das Versäumte nachzuholen. Die strenge Erziehung durch die fromme Durlacher Großmutter hatte Karl Friedrich fürs Leben geprägt. Und doch hatte er, der aufgeklärte Fürst, sich allmählich ein gutes Stück vom reinen Kinderglauben entfernt. Seinem Freund Lavater meinte es der alternde Karl Friedrich zu verdanken, dass er schließlich doch noch zur „näheren Erkenntnis des Erlösers" gekommen sei. Wie tröstlich wäre es gewesen, wenn der Kurfürst in diesen schweren Zeiten den Rat des aufrechten Mannes, seines geschätzten Freundes, hätte einholen können. Aber Lavater war tot. Der Theologe, der die Ideen der Revolution als glaubensfeindlich abgelehnt hatte, war von der

Kugel eines betrunkenen französischen Besatzungssoldaten niedergestreckt worden und nach monatelanger Leidenszeit Anfang 1801 in Zürich gestorben.

In Johann Heinrich Jung genannt Stilling hoffte Karl Friedrich, den Mann zu finden, der die Lücke schließen könnte, die der verstorbene Freund hinterlassen hatte. Jung-Stilling war Autodidakt. Geboren wurde er 1740 in Grund bei Hilchenbach im Siegerland als Sohn eines Schneiders und Dorfschullehrers, der sich mit mystisch-spiritualistischen Neigungen über das Elend seines Daseins hinwegtröstete. Dem Sohn Heinrich drohte nach dem Besuch der Lateinschule ein ähnliches Schicksal; er versuchte sich als Schneider wie als Schulmeister, fühlte sich aber in beiden Rollen denkbar unwohl. Als 21-Jähriger hatte Heinrich Jung in Solingen ein „Erweckungserlebnis": Als eine „lichte Wolke" über seinem Haupte hinzog, soll eine unbekannte Kraft seine Seele durchdrungen haben, und er zitterte am ganzen Leib. Daraufhin beschloss Jung, „ganz für die Ehre Gottes und das Wohl seiner Mitmenschen zu leben und zu sterben". Er studierte Medizin in Straßburg, machte sich einen Namen als Star-Operateur, verfasste religiöse Romane sowie andere Schriften zu Glaubensfragen und übernahm schließlich eine Professur an der Kameralhochschule in Kaiserslautern, die ein paar Jahre später nach Heidelberg verlegt und mit der Universität vereinigt wurde. 1787 wurde Jung als Professor der Staatswissenschaften nach Marburg berufen, wo er es zum Prorektor der Universität brachte. Etwa seit 1775 nannte sich Johann Heinrich Jung „Stilling" – nach den Stillen im Lande, von denen in Psalm 35, Vers 20 die Rede ist.

Den Philosophen der Aufklärung stand Jung-Stilling reserviert gegenüber: Zwar faszinierte ihn die streng logische Art ihres Denkens, doch bemängelte er, dass ihre Systeme „wahrlich alle kindliche Empfindung des Herzens gegen Gott" erstickten. Erst recht erblickte er im „Revolutions-Geist unserer Zeit" eine gefährliche Zersetzung der christlichen Religion und der Moral. In Lavater, mit dem er einen intensiven Briefwechsel pflegte, hatte der Schriftsteller einen Geistesverwandten gesehen. Nicht nur der badische Markgraf, auch Jung-Stilling hatte mit Lavater einen Freund verloren.

Karl Friedrich hatte Jung-Stillings „Heimweh“ gelesen und dem Autor Ende 1795 brieflich einige Fragen zu dem Werk gestellt. Jung-Stilling antwortete prompt und versicherte dem Badener: „Von jeher widmete ich Eurer Hochfürstlichen Durchlaucht innige Verehrung. Und dies ist nicht etwa ein Kompliment, das man einem Fürsten macht, weil er Fürst ist, sondern ein aufrichtiges Bekenntnis, das ich deswegen einem Fürsten gestehe, weil er ein christlicher Vater seines Volkes ist.“

Mit dieser Schmeichelei hatte er bei Karl Friedrich genau den richtigen Ton getroffen; die beiden Männer blieben in brieflichem Kontakt. Jung-Stilling glaubte, in der Französischen Revolution den Geist des Antichristen und des Atheismus zu erkennen, der einen endzeitlichen Kampf zwischen Licht und Finsternis auslöse. Geheime Orden, so versicherte er Karl Friedrich, seien für die revolutionäre Umsturztätigkeit verantwortlich. Um sie zu bekämpfen, schlug Jung-Stilling die Schaffung eines christlichen Gegenordens vor. Der badische Fürst antwortete, dass er eigentlich kein Freund von geheimen Gesellschaften sei, er aber einem Orden nicht abgeneigt wäre, der durch wahre Christusreligion „dem Despoten und der Anarchie unter der Larve von Freiheit und Gleichheit“ als Gegengift dienen könnte. Persönlich lernten sich die beiden Männer im April 1801 bei einer Audienz im Karlsruher Schloss kennen. Einige weitere Besuche Jung-Stillings in Baden folgten; schließlich gestand der Professor dem Kurfürsten, dass seine finanzielle Lage mehr als prekär sei.

Karl Friedrich, der seit dem Tod seines ältesten Sohnes noch stärker als zuvor das Bedürfnis verspürte, sich über religiöse

Themen auszutauschen, beschloss, Jung-Stilling an sich zu binden. Er ließ dem Professor das Angebot unterbreiten, als religiöser Volksschriftsteller, Briefseelsorger und fürstlicher Berater nach Baden zu kommen; er sollte als Hofrat besoldet werden. Jung-Stilling griff mit Freuden zu. Da Karl Friedrich ihm den Wohnort freigestellt hatte, wählte er die Universitätsstadt Heidelberg. Als Jung-Stilling im September 1803 dort eintraf, erfuhr er, dass sich der Kurfürst gerade in Mannheim aufhalte. Kurzentschlossen reiste er weiter, um sich seinem Gönner persönlich zu empfehlen. Der Empfang, den ihm der Kurfürst bereitete, sei „sehr gnädig" gewesen, schrieb Jung-Stilling in seiner Lebensgeschichte. Karl Friedrich habe ihn mit den Worten empfangen: „Ich freue mich, Sie in meinen Land zu wissen. Ich habe von Jugend auf den Wunsch gehabt, der Religion und dem Christentum alle meine Kräfte zu widmen. Allein Gott hat mir das Regenten-Amt anvertraut, dem ich alle meine Kräfte schuldig bin. Sie sind nun der Mann, den Gott in diesem Zweck zubereitet hat. Ich entbinde Sie daher von allen irdischen Verbindlichkeiten und trage Ihnen auf, durch Ihren Briefwechsel und Schriftstellerei Religion und praktisches Christentum an meiner Stelle zu befördern. Dazu berufe und besolde ich Sie."

Dass der sparsame Kurfürst Jung-Stilling ein Gehalt zahlte, ohne ihm eine konkrete Aufgabe zu übertragen, zeigt, wie wichtig ihm dessen religiöser Beistand war: Der naive Glaube, mit dem Jung-Stilling schlechthin jedes Ereignis auf den Buchstaben des Christentums zurückführte, der Eifer und die Leidenschaft des Erweckten entsprachen viel mehr den Bedürfnissen des alternden Karl Friedrich als die trockenen Predigten der studierten Theologen. Diesen Mann in seinem Land zu wissen war dem Kurfürsten der Sold eines weiteren Hofrates wert, selbst wenn die Staatskassen erschreckend leer waren. Denn mit seinen „neuen Akquisitionen" hatte Karl Friedrich nicht nur neues Territorium gewonnen, sondern auch immense Schulden übernommen. Zudem musste er die Ruhestandsgehälter für unzählige kurpfälzische und fürstbischöfliche Beamte tragen. Für den alten Fürsten selbst gab es mehr zu tun denn je: Der Staat musste neu organisiert werden, das neue, größere Baden zueinander finden. Mochten auch andere die Detailarbeit erledigen – Karl Friedrich trug die Verantwortung vor Gott und den Menschen. Jung-Stillings Ratschläge und sein Beistand, so glaubte der Kurfürst, würden ihm die schwere Last leichter machen.

Denkmal für einen Untertan

Seine gewohnte Sparsamkeit ließ Karl Friedrich auch außer Acht, als er erfuhr, dass im Mai 1803 Anton Rindeschwender gestorben war. Dieser 1725 geborene Sohn eines Gaggenauer Holzfällers hatte das Glück des Tüchtigen gehabt und eine steile Karriere im Holzhandel hingelegt. Als Anteilseigner der Murgschifferschaft veranlasste er den Bau von Dämmen zum Schutz vor Hochwasser, verwandelte Ödland in fruchtbare Wälder und ließ Straßen sowie Wege anlegen. Schon Markgraf Ludwig Georg von Baden-Baden hatte den Mann aufgrund seiner Verdienste zum Oberschultheiß ernannt. Nach der Wiedervereinigung der badischen Markgrafschaften bat Rindeschwender dann den neuen Landesherrn um die Erlaubnis, in Gaggenau ein Glashüttenwerk zu bauen. Karl Friedrich erteilte die Genehmigung und ließ sich wiederholt von der eindrucksvollen Anlage berichten, die der Unternehmer errichten ließ. Er hörte mit Genugtuung, dass Rindeschwenders Glaswaren nicht nur im In-, sondern auch im Ausland begehrt waren.

Besonders beeindruckt aber war Karl Friedrich von dem Elan, mit dem Rindeschwender die aufwändige Kultivierung des Hilperts, eines öden Landstücks im Süden Gaggenaus, anging: Er legte dort einen großen Gutshof mit einem ansehnlichen Wohnhaus und zahlreichen Nebengebäuden an. Zu Ehren von Erbprinzessin Amalie, die das Gut zusammen mit dem Erbprinzen Karl Ludwig mehrfach besuchte, hatte Rindeschwender dem Gelände den Namen „Amalienberg“ gegeben. Diese Anhänglichkeit ans fürstliche Haus wusste Karl Friedrich ebenso zu schätzen wie die Erfolge des Unternehmers und des Landwirts; 1797 war Rindeschwender zum fürstlichen Ökonomierat ernannt worden. Als Karl Friedrich nun vom Tod des verdienstvollen Mannes hörte, beschloss der Fürst, dem Bürger ein Denkmal setzen zu lassen: Die Menschen sollten sich an Anton Rindeschwender ein Beispiel nehmen und alle Welt erfahren, dass der Kurfurst von Baden die Leistungen seiner Untertanen zu würdigen wusste. Das Rindeschwender-Denkmal wurde nach Entwürfen von Friedrich Weinbrenner an der Murg gegenüber dem Amalienberg errichtet.

Arm und ohnmächtig

Ein schwieriger Gast

Gustav IV. hatte ein Talent dafür, sich unbeliebt zu machen. Der Schwede war mit Königin Friederike, dem zweijährigen Töchterchen Sophie und zahlreichem Gefolge im September 1803 in Baden eingetroffen. Der Kurfürst hatte seine Enkelin und ihren Gemahl in Mannheim empfangen. Während sich Karl Friedrich in Unkosten stürzte, um den schwedischen Majestäten den ihnen gebührenden Pomp bieten zu können (unter anderem gab es eine Beleuchtung des Schwetzinger Gartens), brach für seine Hochberger Familie eine harte Zeit an. Hatte einst der verstorbene Erbprinz Karl Ludwig seinen Schwiegersohn dafür gelobt, dass er „gerade aus und ohne Heuchelei" sei, so zeigten sich jetzt die Schattenseiten dieser Direktheit. Gustav konnte ausgesprochen grob sein – und er hielt sich viel auf sein ausgeprägtes Standesbewusstsein zugute. Das waren Eigenheiten, die angesichts der familiären Konstellation am badischen Hof einigen Sprengstoff bargen.

In Mannheim weigerte sich Gustav, den Grafen Leopold von Hochberg in seiner Loge zu dulden. Karl Friedrichs 13-jähriger Sohn wurde weggeschickt – das war ein Befehl, den selbst diejenigen Badener für übertrieben hielten, die sich sonst so herzhaft über die Anmaßung von Karl Friedrichs zweiter Familie empörten. Dass der junge Leopold bei seinem Rausschmiss die Uniform eines schwedischen Leutnants trug, war eine Petitesse am Rande: König Gustav selbst hatte den beiden älteren Hochberg-Söhnen die Offizierspatente senden lassen, kurz nachdem sein Schwiegervater, der badische Erbprinz, tödlich verunglückt war. Mit dieser Geste hatte der Schwede dem trauernden Karl Friedrich eine Freude bereiten wollen. Doch das Feingefühl, das der Monarch zwei Jahre zuvor an den Tag gelegt hatte, war jetzt wie weggeblasen.

Bei Karl Friedrich rief der Besuch Friederikes und Gustavs schmerzliche Erinnerungen wach. Alte Wunden wurden aufgerissen, wenn man in der Suite des Schweden genüsslich und mit weit aufgerissenen Augen immer wieder erzählte, dass in der Nacht vor dem Unfall des badischen Erbprinzen in Schloss Gripsholm der Geist von König Erich sein Unwesen getrieben und den nahen Tod Karl Ludwigs verkündet habe. Viele Badener fanden Gefallen an den Geistergeschichten – allen voran Leibarzt Schrickel. Der Geheimrat wollte nicht hinter den Leuten aus dem Norden zurückstehen – schließlich hatte auch das Kurfürstentum Baden allerhand Gespenster zu bieten. Doch Schrickel wollte es nicht bei der Erzählung von Sagen belassen. Er behauptete, im alten Durlacher Schloss höchstpersönlich einer weißen Frau begegnet zu sein.

Während die Badener dem Grusel der Geistergeschichten durchaus Reiz abzugewinnen vermochten, stießen ihnen die Arroganz und die Selbstgefälligkeit Gustavs übel auf: „Er befahl, wie er in Stockholm hätte tun können" – darüber ärgerte sich sogar das Fräulein von Freystedt, eine Hofdame Amalies. Die Markgräfin selbst, die den Besuch ihrer schwedischen Kinder anfänglich sehr genossen hatte, begann sich ebenfalls über den Schwiegersohn zu mokieren. Es war aber auch zu peinlich, wie der König seine Gemahlin Friederike vor dem ganzen Hof bloßstellte. Der Anlass war – wie so oft – läppisch gewesen: Gustav hatte für den österreichischen Gesandten, den Baron Schall, nichts übrig. Der aber war bei Tisch entsprechend seinem Rang neben die Königin gesetzt worden. Gustav fiel nun nichts Besseres ein, als seiner Gemahlin über den Kopf Amalies hinweg laut zuzurufen: „Ich verbiete Ihnen, mit Baron Schall zu sprechen". Die Königin, offenbar an solche Auftritte gewohnt, gehorchte und schwieg. Den Beobachtern aber war die Situation höchst unangenehm, zumal sie glaubten, in den schönen Augen Friederikes eine Träne glänzen zu sehen.

Auch Kurprinz Karl bekam sein Fett ab. Der junge Mann hatte die schlechte Angewohnheit, zu spät zur Tafel zu kommen – oft erschien er erst, wenn der Nachtisch schon aufgetragen war. Kurfürst Karl Friedrich missbilligte solche Ungehörigkeiten, doch war es bislang nicht zum Eklat gekommen. König Gustav aber war nicht so duldsam wie Karls Großvater. Er las seinem jungen Schwager in aller Öffentlichkeit die Leviten und begründete seine Predigt damit, dass das ständige Zuspätkommen des Kurprinzen gegen die ihm, Gustav, gebührende Ehrfurcht sei. Karl war über die Zurechtweisung so wütend, dass er demonstrativ den Hof verließ.

Die Missstimmung an seinem Hof (und nicht zuletzt der Groll seiner Frau Luise, die sich über die verachtungsvolle Behandlung ihrer Kinder grämte) konnte Karl Friedrich nicht entgehen. Er selbst hatte für den Egomanen aus Stockholm nicht viel übrig. Ohnehin dauerte der Besuch für seinen Geschmack schon viel zu lange. Ein Königspaar angemessen zu beherbergen, kostete nämlich viel Geld – und die Schweden hatten (abgesehen von ein paar Wochen, die sie bei Friederikes bayerischer Schwester verbrachten) in Karlsruhe überwintert. Der Kurfürst und die Gräfin Hochberg stimmten einträchtig das Klagelied darüber an, wie teuer der Aufenthalt der Schweden sei.

Karl Friedrich wäre Gustav aber auch aus einem anderen Grund lieber heute als morgen los geworden: Da der König grundsätzlich kein Blatt vor den Mund nahm, hielt er sich auch dann nicht zurück, wenn das Gespräch auf Frankreich im Allgemeinen und Napoleon Bonaparte im Besonderen kam. Die ungeschminkten Worte Gustavs brachten Karl Friedrich aber nicht nur in Verlegenheit – sie waren gefährlich. Nicht ohne Grund erinnerte der Erste Konsul die Regierung in Karlsruhe bei jeder sich bietenden Gelegenheit daran, dass das badische Kurfürstentum seine Existenz nur dem großen Nachbarn verdanke. Die

Dankbarkeit Badens sollte sich nach Napoleons Meinung wenn schon nicht in Beifall, dann doch wenigstens in Schweigen äußern. Der Korse schätzte kritische Freunde nicht – von der Kritik bis zur Gegnerschaft war es in seinen Augen nur ein winziger Schritt.

Das Verbrechen von Ettenheim

Noch war in Frankreich das Feuer der Revolution nicht ganz erloschen. Napoleon, der sich rühmte, Europa den Frieden wiedergegeben zu haben, fand im eigenen Land nicht die Ruhe, die er sich für den Aufbau seines neuen Staates wünschte. Jakobiner wie Royalisten bekämpften den neuen Machthaber, immer neue Komplotte wurden geschmiedet, Attentate geplant. Wie durch ein Wunder hatte Napoleon im Dezember 1800 die Explosion einer Höllenmaschine überlebt, die mitten in Paris gegen seinen Wagen geworfen wurde: Sie verfehlte ihr Ziel, tötete aber einige seiner Begleiter sowie harmlose Passanten. Andere Mordpläne waren schon im Vorfeld vereitelt worden – die von Polizeiminister Joseph Fouché geleitete Staatspolizei hatte überall ihre Spitzel. Mit Zuckerbrot und Peitsche versuchte Napoleon, des Widerstands Herr zu werden. Reuige Gegner durften mit Amnestien rechnen; Adelige, die bereit waren, sich mit dem neuen Herrn zu arrangieren, wurden mit zumindest teilweisen Rückerstattungen ihrer Güter belohnt. Diese Verlockungen überzeugten viele, aber längst nicht alle. Doch wer das Napoleonische System torpedierte, durfte nicht auf Schonung hoffen.

Gewalt beantwortete der Erste Konsul mit Gewalt. Was den Terror von links anging, zeigte seine Politik der Stärke bald Erfolge. Die Königstreuen waren zäher. Sie, deren erklärtes Ziel die Restauration der Bourbonen-Herrschaft war, fanden noch immer im Ausland und vor allem bei den Emigranten Unterstützung. Schließlich taten sich einige Royalisten sogar mit enttäuschten Revolutionsgenerälen zusammen. Mit englischer Hilfe planten sie einen Anschlag auf Bonaparte. Das Konsulat sollte abgeschafft, das Königtum wieder eingeführt werden. Doch auch diese Verschwörung flog auf. Napoleon, erbittert und erschrocken, beschloss, ein Exempel zu statuieren. Er musste seinen Feinden im In- und Ausland ein für alle Mal klar machen, dass es für Ludwig XVIII. keine Rückkehr nach Frankreich geben würde. Außerdem sollten die Jakobiner endlich akzeptieren, dass er, Napoleon Bonaparte, die Verkörperung und Vollendung der Französischen Revolution war.

Das Opfer, das Napoleon sich ausguckte, war Louis de Bourbon, Prinz von Condé, Herzog von Enghien. Bei den Verhören der Verschwörer war zu Tage gekommen, dass ein Bourbonen-Prinz an dem Komplott beteiligt gewesen sei. Es gab zwar keinen Beweis dafür, dass es sich um den Herzog von Enghien handelte – aber der Prinz hatte aus Napoleons Sicht den unschlagbaren Vorteil, sich in greifbarer Nähe zu befinden: Er residierte in Ettenheim, das mittlerweile badisch war. Der Erste Konsul schickte Dragoner über die Grenze, die Enghien am 15. März 1804 kidnappten und nach Frankreich schafften. Der Entführte wurde vor ein Kriegsgericht gestellt und in der Nacht vom 20. auf den 21. März 1804 in Vincennes bei Paris erschossen.

Der Stratege hatte sich auch diesmal nicht verrechnet: Napoleons innere Gegner zollten widerwillig der Tatsache Respekt, dass Bonaparte die Macht, die er sich genommen hatte, mit allen Mitteln zu verteidigen bereit war. Die Komplotte hatten mit einem Mal ein Ende. „Ich ließ den Herzog von Enghien festnehmen und verurteilen, weil es nötig war für die Sicherheit und das Interesse sowie für die Ehre des französischen Volkes", verkündete der starke Mann Frankreichs – und die Nation akzeptierte das Verbrechen von Ettenheim als sicherheitspolitische Notwendigkeit.

Ganz anders wurde die Nacht-und-Nebel-Aktion im Ausland beurteilt. Die alten Dynastien waren entsetzt über die Gewalttat, aber die meisten äußerten ihre Entrüstung nur inoffiziell. Kaum jemand hielt es für opportun, durch eine scharfe Protestnote den Zorn Bonapartes auf sich zu ziehen. So war die europäische Diplomatie monatelang schwer beschäftigt – vor allem damit, die brisante Angelegenheit zu bagatellisieren. Besonders peinlich musste der Fall Enghien dem badischen Kurfürsten sein. Aber auch Karl Friedrich, der sich auf seine Rechtschaffenheit viel zugute hielt, wünschte nichts sehnlicher, als dass der Mord an dem Bourbonen-Prinzen schnellstmöglich in Vergessenheit geriete.

Der Herzog von Enghien war in den 90er Jahren wiederholt Gast am Karlsruher Hof gewesen. Markgräfin Amalie empfand große Sympathie für den Emigranten; ihre Tochter Karoline, die spätere Kurfürstin von Bayern, schwärmte geradezu für Enghien: Was war dieser Bourbone doch für ein stattlicher Mann! Doch die romantischen Hoffnungen der badischen Prinzessin fanden keine Erfüllung, worunter Karoline zweifellos mehr litt als der Herzog. 1801 hatte er seinen Wohnsitz in Ettenheim aufgeschlagen, wo Charlotte von Rohan-Rochefort bei ihrem Onkel, dem Kardinal, lebte. Enghien hatte sich leidenschaftlich in seine schöne Cousine verliebt, und seine Neigung hielt den kriegerischen Herzog auch in Ettenheim fest, als die kleine bischöfliche Residenz mit dem rechtsrheinischen Besitz des Bistums Straßburg an Baden fiel. Karl Friedrich sah kein Problem darin, dem Bourbonen den ferneren Aufenthalt in seinem Land zu gestatten – schließlich war die französische Regierung durch ihren Geschäftsträger in Karlsruhe längst von der Anwesenheit Enghiens unterrichtet. Es waren niemals Einwände dagegen erhoben worden.

Der alte Kurfürst musste die Entführung Enghiens aus Ettenheim als üblen Schimpf empfinden, die Erschießung des Bourbonen als Mord beurteilen – aber er schwieg. Auf das Recht des Stärkeren pochend und völkerrechtliche Grundsätze missachtend hatte der Erste Konsul Baden zum Schauplatz einer rohen Gewalttat gemacht. Noch brutaler konnte man nicht demonstrieren, dass Karl Friedrich nicht mehr Herr im eigenen Land war. Dass Frankreich den Eindruck zu erwecken suchte, die Verhaftung Enghiens sei mit der Einwilligung des badischen Kurfürsten geschehen, machte das Ganze nicht besser: Karl Friedrich stand vor aller Welt als eine Marionette Napoleons da. Tatsächlich zögerte er nicht, dem Verlangen Frankreichs zu entsprechen und alle Emigranten des Landes zu verweisen. Wieder und wieder sagte sich der Kurfürst, dass er zum Besten seines Landes handelte, dass es angesichts der exponierten Lage Badens gelte, jede Brüskierung Napoleons zu vermeiden. Seine Räte bestärkten Karl Friedrich in dieser Haltung. Aber der alte Fürst war müde, sehr müde.

Immerhin: Karl Friedrich war nicht der Einzige, der über das Verbrechen den Mantel des Schweigens ausbreiten wollte. Im Wien war man geradezu beglückt über die badische Zurückhaltung – andernfalls hätte man sich womöglich gezwungen gesehen, zur Wahrung der Reichswürde etwas zu unternehmen. In Preußen setzte sich die Meinung durch, dass man angesichts des „Vorfalls" am besten kein Lebenszeichen von sich gebe. Im fernen Russland erging sich Kaiser Alexander zwar in den schärfsten Ausdrücken über das französische „Gesindel von Räubern und Mördern", das nicht einmal vor dem Territorium eines mit ihm nahe verwandten Fürsten Halt machte – aber auch der Zorn des Zaren konnte den Reichstag nicht aus seiner Lethargie reißen. Der unangenehme Fall Enghien wurde verschleppt und schließlich ganz begraben. Von jeher, so beschwichtigte Kurerzkanzler Dalberg, habe die Übermacht sich Gewalttätigkeiten erlaubt. Den Größeren stehe es zu, einer solchen Übermacht Grenzen zu setzen, die anderen müssten geschehen lassen, was sie nicht hindern könnten. Ein Freibrief für Napoleon.

Nur einer ließ sich nicht bremsen: König Gustav von Schweden war über Napoleons Handlungsweise so empört, dass er alle Vorsicht außer Acht ließ. Er protestierte lauthals gegen den Bruch des Völkerrechts, beschwerte sich beim französischen Geschäftsträger und überhäufte den alten Kurfürsten Karl Friedrich, seinen Gastgeber, mit Vorwürfen. Die badische Regierung war entsetzt über diese Rücksichtslosigkeit; ängstliche Gemüter prophezeiten, dass Napoleon sich demnächst des „Zaunkönigs", wie er den Schweden nannte, bemächtigen und Gustav das Schicksal Enghiens teilen würde. Karl Friedrich deutete seinem Schwiegerenkel schließlich an, dass es ihm sehr gelegen käme, wenn die königlich-schwedische Familie ihren Aufenthalt an seinem Hof beendete. Zutiefst empört reiste Gustav ab. Königin Friederike und die kleine Prinzessin Sophie folgten ihm bald darauf. Sechs Jahre später kehrten die Majestäten nach Baden zurück – diesmal jedoch als Verbannte, denn Gustav verspielte durch politische Instinktlosigkeit sein Königreich. Der despotische Ex-König sollte es allerdings nicht lange in der Nähe seiner resoluten Schwiegermutter aushalten und reiste weiter in die Schweiz. Die Ehe wurde 1812 geschieden, und Königin Friederike ließ sich mit ihren Kindern auf Dauer in Karlsruhe nieder.

Der Kaiser der Franzosen

In Frankreich war Napoleon Bonapartes Position so stark wie nie zuvor. Die Überzeugung griff um sich, dass nur er dem Volk auf Dauer die Errungenschaften der Revolution bewahren konnte. Am 18. März 1804 beschloss der Senat: „Die Regierung der Republik wird einem Kaiser übertragen, der den Titel Kaiser der Franzosen trägt". Keine Frage war, dass der Kaiser Napoleon hieß.

Karl Friedrich beeilte sich, dem Kaiser Napoleon seine Ergebenheit zu bekunden. Es musste sein, auch wenn es ihm widerstrebte. Denn nichts schien diesen Bonaparte aufhalten zu können. Aber welche Folgen würde der Aufstieg des Korsen haben? Cäsars Macht gründete auf militärischen Ruhm. Würde Europa mit einem Kaiser Napoleon je zur Ruhe finden? Konnte es in diesem 19. Jahrhundert überhaupt noch Frieden geben? War das, was man großartig als Frieden bezeichnete, nicht lediglich ein Waffenstillstand, eine kurze Verschnaufpause, ehe die Völker von neuem aufeinander einschlugen? War es das Schicksal des Kontinents, langsam zu verbluten, und Baden mit ihm? Karl Friedrich wusste, dass er nicht die Kraft haben würde, sich den Forderungen des Usurpators zu widersetzen – ja, dass es Wahnsinn wäre, auch nur den Versuch zu unternehmen. So wie Napoleon den Herzog von Enghien ermorden ließ, würde dieser Mann, der angetreten war, ein neues Imperium zu gründen, alles zerstören, was sich seinem maßlosen Ehrgeiz in den Weg stellte ... Offenbar brachten solche Gedanken nicht nur den badischen Kurfürsten um den Schlaf. Der römisch-deutsche Wahlkaiser Franz II. reagierte auf die Entwicklung in Frankreich, indem er sich als Franz I. zum österreichischen Erbkaiser ausrufen ließ. Noch gab der Habsburger den römischen Titel nicht ab – aber als kluger Mann rüstete er sich für alle Eventualitäten.

Napoleon gierte danach, das Heilige Römische Reich Deutscher Nation durch ein aufgeklärtes Reich französischer Nation zu ersetzen. Er ließ keinen Zweifel daran, dass er sich als Nachfolger Karls des Großen – vielmehr Charlemagnes – betrachtete. Das Grab des Kaisers, den Deutsche wie Franzosen als den ihren beanspruchen, befindet sich im Aachener Münster. Anfang September 1804 begab sich Napoleon in die nunmehr französische Stadt, um sich huldigen zu lassen. Von dort aus reiste er weiter ins gleichfalls französische Köln, wo er und Kaiserin Josephine begeistert gefeiert wurden. Napoleons Fahrt entlang dem Rhein, dessen linkes Ufer sich Frankreich komplett einverleibt hatte, glich einem Triumphzug – so wie der Imperator es geplant hatte. Mainz war als Schauplatz eines glanzvollen Fürstenkongresses vorgesehen. Dafür hatte auch Karl Friedrich von Baden eine Einladung erhalten.

Heftig war in Karlsruhe darüber gestritten worden, ob der Kurfürst die Teilnahme mit Hinweis auf sein hohes Alter absagen sollte. Die Markgräfin Amalie gehörte zu denjenigen, die es für allemal ausreichend befunden hätten, wenn Kurprinz Karl nach Mainz gereist wäre. Hingegen vertrat Karl Friedrichs Sohn Ludwig die Meinung, der Kurfürst müsse unbedingt persönlich an dem Fürstenkongress teilnehmen. Eine auf Frankreichs wachsenden Einfluss setzende Gruppierung sah in der Einladung des Kaisers eine besondere Auszeichnung Karl Friedrichs – und erhoffte sich nicht zuletzt weitere politische Vorteile für Baden.

Der Kurfürst schloss sich der Meinung an, dass es nicht ratsam wäre, Napoleon zu verärgern. Er machte sich in Begleitung seiner Frau Luise von Hochberg, des Kurprinzen und des Markgrafen Ludwig sowie einiger Herren seiner Regierung auf den Weg und traf am 22. September 1804 in Mainz ein. Die Karlsruher Zeitungen bezeichneten es als hohe Ehre, dass allein Karl Friedrich von Baden und Kurerzkanzler Dalberg, früher Erzbischof von Mainz und nunmehr Bischof von Regensburg, die Ehre hatten, an der Tafel des Kaisers zu speisen. Die Ehre wurde allerdings dadurch relativiert, dass zum Fürstenkongress lediglich die zweite Garnitur angereist war. Sehr zum Ärger Napoleons hatten es die Kurfürsten von Bayern und Hessen-Kassel sowie der Landgraf von Hessen-Darmstadt nicht für nötig befunden, dem Kaiser der Franzosen persönlich ihre Aufwartung zu machen.

Gegenüber den Badenern kargte Napoleon nicht mit Zeichen seiner Huld und seines Wohlwollens. Karl Friedrich fand zwischen Festlichkeiten und Manövern Gelegenheit, dem Kaiser einige Fragen vorzutragen, die ihm am Herzen lagen. Zum einem ging es um das heikle Erbfolgerecht seiner Söhne aus zweiter Ehe. Napoleon deutete an, dass der Kurfürst in dieser Angelegenheit auf seine Unterstützung in Wien rechnen könne. Auch als Karl Friedrich auf mögliche territoriale Neuordungen zu sprechen kam, signalisierte Napoleon Entgegenkommen: Es sei ein Fehler gewesen, dass man den Breisgau und die Ortenau in Österreichs Händen gelassen habe. Durchaus möglich sei es, dass dieser Fehler bei nächster Gelegenheit behoben werden könnte.

Keine Frage, das Treffen mit Napoleon war viel versprechend. Aber Karl Friedrich kränkelte, er äußerte die Absicht, Mainz noch vor dem offiziellen Ende des Kongresses wieder zu verlassen. Davon jedoch riet ihm Minister Talleyrand ab – der Kurfürst hätte die Pluspunkte, die er durch sein persönliches Erscheinen bei Napoleon gesammelt hatte, durch eine vorzeitige Abreise zweifellos wieder eingebüßt, möglicherweise sogar eine dauerhafte Verstimmung des Kaisers riskiert. Karl Friedrich ließ sich überzeugen. Seufzend wartete er die Abreise des kaiserlichen Paares ab, ehe er sich auf den Weg nach Schloss Favorite machte, wo seine Kinder den Spätsommer verbrachten.

Die Krönung

Wie einst Karl der Große wollte Napoleon vom Papst gesalbt werden. Im Gegensatz zu Charlemagne beabsichtigte er allerdings nicht, sich zum Zwecke der Kaiserkrönung nach Rom zu begeben. Statt dessen wurde Pius VII. nach Paris zitiert – Napoleon Bonaparte wünschte, dass das große Schauspiel in Notre-Dame stattfinde. Die Zeremonie sollte seinen Franzosen, aber auch den europäischen Fürsten ein für allemal klar machen, dass aus dem Sohn der Revolution ein Kaiser von Gottes Gnaden geworden war.

In Mainz war den Badenern unmissverständlich klargemacht worden, dass das kurfürstliche Haus bei den Krönungsfeierlichkeiten angemessen vertreten sein müsse. Zum Glück bestand Napoleon nicht darauf, dass Karl Friedrich selbst nach Paris fuhr – die Reise wäre für den alten Mann, der im Herbst 1804 zudem einen leichten Schlaganfall erlitt, eine Tortur gewesen. Markgraf Ludwig sollte den Kurfürsten vertreten – das habe der Kaiser „so ziemlich bestimmt verlangt", schrieb Karl Friedrichs Sohn an Sigismund von Reitzenstein. Da der Diplomat mit den politischen Feinheiten und Eitelkeiten in der französischen Hauptstadt vertraut war wie kein anderer, gab er Ludwig wertvolle Tipps, welchen Aufwand er in Paris treiben müsse, zu welchen Anliegen er sich dem Kaiser gegenüber äußern und an welchen Punkten er keinesfalls rühren dürfe. Auf Wunsch Karl Friedrichs sollte Kurprinz Karl seinen Onkel begleiten.

Karl und Ludwig erlebten in Paris ein pompöses Krönungsschauspiel, bei dem der Papst nur eine Nebenrolle spielte. Napoleon ließ Pius, die hohe Geistlichkeit und die geladenen Gäste über eine Stunde in der Kathedrale warten. Nachdem das Oberhaupt der katholischen Kirche den Kaiser gesalbt hatte, setzte sich Napoleon die Krone selber auf den Kopf. Auch seine vor ihm knieende Gemahlin Josephine empfing die Krone aus Napoleons Händen. Napoleon I. schwor, die Unversehrtheit des Staatsgebiets der Republik zu erhalten, die Glaubensfreiheit, die Gleichheit vor dem Gesetz und die politische sowie die bürgerliche Freiheit zu respektieren. Der Monarch legte den Eid auf die revolutionären Ideale ab.

Während Kurprinz Karl die Demonstrationen militärischer Macht bestaunte und die protzige Hofhaltung des Kaisers heimlich mit der biederen Geselligkeit am Karlsruher Hof verglich (ein Vergleich, der in den Augen eines so jungen Mannes nur nachteilig für Baden ausfallen konnte), bemühte sich Markgraf

Ludwig, den Anliegen seines Vaters in Paris Gehör zu verschaffen. Schon bei der ersten Audienz, die ihm Napoleon gewährte, kam die Sukzessionsfähigkeit von Ludwigs Halbbrüdern zur Sprache. Der Markgraf wies den Kaiser darauf hin, dass ein mögliches Erlöschen des badischen Mannesstammes auch für Frankreich nachteilig sein könnte. Dies sei ihm bekannt, antwortete Napoleon, doch zu einer verbindlichen Zusage war er nicht zu bewegen. Er forderte Ludwig lediglich auf, ein „Memoire" zu verfassen, aus dem hervorgehen solle, an welcher Stelle die badische Erbfolge-Angelegenheit zu betreiben sei. Der Kaiser fügte hinzu: „Ich habe hier noch niemandem etwas davon gesagt, auch dem Talleyrand nicht. Solche Familiensachen muss man unter sich arrangieren und dann schnell durchsetzen, das weiß ich von meiner eigenen Familie."

Große Erfolge konnte Markgraf Ludwig aus Paris also nicht vermelden, aber er ließ seinen „liebsten Vater", den Kurfürsten, wissen, dass sich Napoleon „ungemein gnädig" gezeigt habe. Auch sandte er Karl Friedrich einen Entwurf des von Napoleon geforderten „Memoires" – es war vorsichtshalber in Geheimtinte geschrieben. Nachdem der Kurfürst seine Änderungswünsche mitgeteilt hatte, übergab Ludwig die Denkschrift dem Kaiser. Der betonte in der Abschiedsaudienz erneut, dass die Badener bei allen Gelegenheiten auf ihn zählen könnten, vermied es aber weiterhin, sich konkret über die Hochberg'sche Erbfolge zu äußern. Ähnlich unverbindlich blieb Napoleon in einem Brief, in dem er einige Tage später seinen „Bruder" Karl Friedrich seiner Gewogenheit versicherte und dem Kurfürsten für die Entsendung der Prinzen Karl und Ludwig zu seiner Krönung dankte.

Das Bündnis

„Mein Bruder!" Dass Napoleon ihn so bezeichnete, machte dem Kurfürsten von Baden schwer zu schaffen. Weniger weil der

Emporkömmling sich mit dieser Anrede auf eine Stufe mit dem Fürsten von altem Schlag stellte. Vielmehr ahnte Karl Friedrich, dass sich Napoleon als höchst dominanter Bruder entpuppen würde. Als Herr eines kleinen Landes war Karl Friedrich während seiner langen Regierungszeit immer wieder gezwungen gewesen, Kompromisse einzugehen. Die auf Ausgleich gerichtete Schaukelpolitik war geradezu ein Charakteristikum seiner Herrschaft. Aber Napoleon, so fürchtete Karl Friedrich, würde sich auf Kompromisse nicht einlassen. Der Kaiser der Franzosen war nicht umsonst Soldat. Wenn er einen Befehl gab, verlangte er bedingungslosen Gehorsam. Auch und gerade von seinen Brüdern.

Was Karl Friedrich befürchtet hatte, trat ein, als sich die dritte Koalition gegen Frankreich bildete: Österreich, Russland, England – auch Schweden – waren nicht länger bereit, den Kaiser der Franzosen gewähren zu lassen. Napoleon wiederum gedachte, die Schulden bei den süddeutschen Fürsten einzutreiben: Bayern, Württemberg und Baden sollten sich klar zu ihrem Gönner bekennen und ihm militärischen Beistand leisten. Als Gegenleistung wollte er ihnen zum einen die im Reichsdeputationshauptschluss gemachten Errungenschaften garantieren – zum anderen stellte er den Fürsten weitere Gebietsgewinne in Aussicht.

Aus München konnten Napoleons Gesandte eine rasche Einigung verkünden – doch die Kurfürsten von Württemberg und Baden zierten sich. Als Reichsstände, deren Gebiete die rivalisierenden Großmächte voneinander trennten, suchten sie im drohenden Krieg ihr Heil in bewaffneter Neutralität. In Karlsruhe führten Karl Friedrich, Markgraf Ludwig und Edelsheim die missliche Finanzlage und die militärische Schwäche Badens als Argumente gegen ein Bündnis mit Frankreich an. Der Imperator war jedoch nicht bereit, auf die Gefolgschaft seines „gehorsamsten und ergebensten Dieners“ zu verzichten (als solchen hatte sich Karl Friedrich gerade erst in einem Gratulationsbrief anlässlich der Krönung Napoleons zum König von Italien bezeichnet). Der Baron Auxonne-Théodose de Thiard wurde nach Karlsruhe geschickt, um den alten Kurfürsten gehörig unter Druck zu setzen.

Thiard zählte gebetsmühlenartig all die Vorteile auf, die Frankreich dem Kurstaat beschert hatte, und deutete schlimme Folgen an für den Fall, dass Baden sich als undankbar erweisen würde. Sobald die französische Armee auf deutschem Boden stehe, müsse Baden ein Hilfskorps von 3.000 Mann stellen.

Es war eine fatale Situation für Karl Friedrich und seine Berater. Sollten sie darauf vertrauen, dass das Kriegsglück dem Korsen treu bliebe? Nicht auszudenken, was geschehen würde, wenn Baden sich an Frankreich anschlösse und Österreich den Sieg davontrüge. Nicht weniger katastrophal wären die Folgen aber, wenn man einem siegreichen Napoleon die Gefolgschaft verweigert hätte. Karl Friedrich erklärte trotzig, dass er mit Freuden auf jeden Gebietszuwachs verzichte, der mit dem Leben auch nur eines einzigen seiner Untertanen erkauft werden müsse. Doch die Worte des alten Mannes machten keinen Eindruck: Thiard sagte klipp und klar, dass Napoleon keinesfalls Neutralität dulden würde.

Auch Sigismund von Reitzenstein, dessen Rat Karl Friedrich in dieser brisanten Situation erbat, zermarterte sich das Gehirn – aber selbst der gewiefte Diplomat konnte keinen Ausweg aufzeigen. Seine Vorschläge, Preußen als Vermittler anzurufen oder Kurprinz Karl nach Paris zu schicken, um Napoleon zu einem Verzicht auf das Bündnis zu bewegen, wurden verworfen, denn Thiard drängte auf die Entscheidung und drohte abzureisen, falls diese nicht innerhalb von 24 Stunden falle. Er räumte den Badenern nicht einmal genügend Zeit ein, mit dem Stuttgarter Hof Kontakt aufzunehmen, um ein gemeinsames Vorgehen zu verabreden. Karl Friedrich stand vor der Wahl, sich endgültig für

Napoleon zu entscheiden oder gegen ihn – mit allen Konsequenzen, die aus dieser Entscheidung erwuchsen.

Kurzzeitig stand der Gedanke im Raum, Napoleons Drohungen zu missachten und das Bündnis abzulehnen. Der Kurfürst sollte nach Ansbach oder nach Berlin fliehen und sich unter den Schutz Preußens und Russlands stellen. Doch was würde dann aus den Männern, Frauen und Kindern werden, die am Oberrhein zurückbleiben mussten? Die Herren malten sich aus, dass es zu Gräueln wie zu Zeiten Ludwigs XIV. kommen würde, dass ganz Baden in Flammen aufgehen könnte. Die Einsicht setzte sich durch, dass die Gefahr eines französischen Einfalls viel zu groß sei und die Grenzen des Kurstaates leichter gegen die österreichischen Heere zu verteidigen seien als gegen die Armeen Napoleons. Am 5. September 1805 trat Baden wie von Frankreich gefordert dem Militärbündnis bei.

„Als Markgraf war ich reich und Herr, als Kurfürst bin ich arm und ohnmächtig", sagte Karl Friedrich resigniert. Der 77-Jährige gab sich keinen Illusionen mehr hin. Badens Schicksal war nunmehr fest an Frankreich gekettet, eigenen politischen Handlungsspielraum gab es für den Vasallen-Fürsten nicht mehr. Am 25. September überschritt die „Grande Armée" zwischen Kehl und Speyer den Rhein, Anfang Oktober nahm Napoleon kurzzeitig in Ettlingen Quartier. Vom Kaiser der Franzosen kamen jetzt wieder zuckersüße Töne: „Ich weiß, dass Sie, mein Bruder, Teil an meinen Erfolgen nehmen; sowohl aus eigenem Interesse handeln Sie so, als auch durch die Gefühle bestimmt, die Sie für mich empfinden."

Eine Enttäuschung

Tatsächlich verfolgten Karl Friedrich und der ganze badische Hof mit wachsender Erleichterung den Siegeszug Napoleons, der über Ulm nach Wien führte. Baden hatte auf das richtige Pferd gesetzt. In der Residenzstadt tat man so, als hätte es nie Zweifel an Napoleons Triumph gegeben. Die Regierung war ängstlich darauf bedacht, dem mächtigen Verbündeten in jeder Hinsicht zu schmeicheln. Wie weit dies ging, zeigt ein Vorfall, den Karl Friedrichs Sohn Wilhelm in seinen Denkwürdigkeiten schilderte. Der Geheime Legationsrat Groos, dem die Zensur der Karlsruher Zeitung oblag, kam eines Abends eilig zum Kurfürsten und bat um Entschuldigung: „Durch ein Versehen sei in der Zeitung in dem Bulletin über die Einnahme von Ulm stehengeblieben, der Kaiser sei so mit Schmutz bedeckt gewesen wie der letzte Tambour! Markgraf Louis tröstete ihn mit den Worten, er werde doch nicht das korrigieren wollen, was der Kaiser selbst geschrieben habe."

Im November suchten der Kurfürst, die Reichsgräfin Hochberg, Kurprinz Karl und Markgraf Ludwig Kaiserin Josephine auf, die von ihrem Gemahl in Straßburg zurückgelassen worden war. Josephine, die sich fern von Paris langweilte, nahm die Einladung der Badener in die Residenzstadt gerne an. Als sie in Karlsruhe einzog, läuteten alle Glocken, die Kanonen donnerten, die Stadt war illuminiert, und Karl Friedrich begrüßte die Kaiserin persönlich am Kutschenschlag. Die Ovationen wurden freilich weniger dem charmanten Gast als der Gemahlin Napoleons dargebracht.

Sehr unterhaltsam dürfte Josephine den Karlsruher Hof trotz aller Anstrengungen der Badener nicht gefunden haben – das Mittagsmahl wurde ganz „en famille" eingenommen, und beim Konzert im Marmorsaal erregte das prächtige rosenbestickte Hofkleid von fleischfarbenem Atlas, das die Kaiserin angelegt hatte, weit mehr Aufmerksamkeit als die Musik. Während aber die französischen Hofdamen über das provinzielle Karlsruhe die Nase rümpften, ließ Josephine nicht eine Spur von Überheblichkeit erkennen. Sie schenkte ihren Gastgebern ein sorgfältig gemaltes Lächeln, plauderte reizend und war die Zuvorkommenheit in Person. Selbst Markgräfin Amalie, die alle nur denkbaren Vorurteile gegen die Frau des korsischen Emporkömmlings pflegte, musste anerkennen, dass Josephine sich tadellos benahm. Entwaffnet von der Höflichkeit der Kaiserin ließ sich Amalie sogar zu einem Kompliment herab: Sie lobte einen kostbaren Spitzenschal, den Josephine bei einem Morgenbesuch trug. Sogleich nahm die Kaiserin das teure Stück ab und legte es der Markgräfin um. Der war die Szene überaus unangenehm, sie wagte aber nicht, das unwillkommene Geschenk zurückzuweisen.

Wenige Tage nach Josephines Besuch in Karlsruhe errang der Kaiser der Franzosen bei Austerlitz in Mähren den glanzvollsten Sieg seit seiner Krönung. Napoleonische Strategie und Taktik machten die zahlenmäßige Überlegenheit seiner Feinde mehr als wett. Franz von Österreich und Alexander von Russland verließen die Drei-Kaiser-Schlacht als Verlierer.

Während der Zar sich nach der Niederlage in die Weite seines Landes zurückzog, musste der Habsburger erneut bluten: Durch den Frieden von Preßburg verlor Österreich Gebiete mit einer Gesamtfläche von rund 60.000 Quadratkilometern – Napoleon erhielt genug Spielmasse, um das Versprechen auf territoriale Gewinne, das er seinen Verbündeten gemacht hatte, einhalten zu können. Besonders gute Geschäfte machten dabei Max von Bayern und Friedrich von Württemberg, die bei dieser Gelegenheit zu Königen avancierten. Karl Friedrich von Baden hingegen erlangte zunächst keine Rangerhöhung – und er erhielt auch deutlich weniger Land als erhofft.

Wenn der Preßburger Frieden aus badischer Sicht ziemlich unbefriedigend ausfiel, lag die Schuld daran zumindest zum Teil an den Karlsruher Verhältnissen. Karl Friedrich bemühte sich nach wie vor, die Regierungsgeschäfte zu leiten – aber er war dazu immer weniger in der Lage. Zwar war er körperlich noch erstaunlich leistungsfähig, doch seine Geisteskräfte ließen seit dem Schlaganfall spürbar nach. Der Kurfürst, der sich in jüngeren Jahren selbst um läppische Probleme intensiv gekümmert hatte, ließ ausgerechnet in den politisch entscheidenden Jahren die Zügel locker – und seine Berater griffen danach und zerrten in die unterschiedlichsten Richtungen. Parteiengezänk hatte verhindert, dass Baden frühzeitig seinen Interessen bei Napoleon Nachdruck verlieh. Zwar waren Denkschriften darüber entworfen worden, wie die Verhältnisse im deutschen Südwesten nach einem französischen Sieg gestaltet werden sollten – eine davon stammte sogar von Reitzenstein, der mehr und mehr die Leitung der badischen Politik übernahm. Doch damit hatte es sich auch.

Während die Bevollmächtigten Bayerns und Württembergs seit Wochen Stimmung für ihre Staaten machten, entschloss sich Karl Friedrich erst am 2. Dezember 1805, dem Tag der Drei-Kaiser-Schlacht, seinen Kabinettsminister zu Napoleon zu schicken. Das war viel zu spät. Reitzenstein, der am 17. Dezember in Wien eintraf, konnte bei den Friedensverhandlungen keine entscheidenden Veränderungen mehr durchsetzen. Karl Friedrich aber vermochte keine Versäumnisse bei seiner Regierung zu sehen – er fühlte sich von Napoleon, dem er manches Opfer gebracht zu haben glaubte, schlecht behandelt. An Reitzenstein schrieb er: „Ist es hart, sich und seine Staaten von dem deutschen Vaterlande ganz zu trennen und dem weitfassenden Interesse eines übermächtigen fremden Staates hingeben zu müssen, so vermag nur der Gedanke an eine alles lenkende Vorsehung und das Bewusstsein des unablässigen redlichen Strebens, das Schicksal des Regenten, seiner Familie und Untertanen möglichst zu erleichtern und zu verbessern, einige Beruhigung zu gewähren.“

Karl Friedrich jammerte auf hohem Niveau. Denn bescheiden waren die Erweiterungen, die Baden in diesem zweiten Schritt erfuhr, allenfalls im Vergleich zu dem, was Napoleon Bayern und Württemberg zugestand. Baden erhielt den größten Teil des Breisgaus und mit Freiburg eine zweite Universität, die Ortenau, die Insel Mainau mit der Herrschaft Blumenfeld und die Stadt Konstanz. Seinen zahlreichen Titeln fügte der Kurfürst jetzt den „Herzog von Zähringen“ an, denn er hatte auch die Stammburg seines Geschlechts zurückgewonnen.

Napoleons Tochter

Familienpolitik

Ein Kaiser brauchte eine vornehme Verwandtschaft. Das war nicht ganz einfach, wenn man – wie Napoleon – der Sohn eines mittellosen korsischen Advokaten war. Zwar hatten die Bonapartes 1771 mit Ach und Krach eine französische Adelsanerkennung erreicht. Doch die wäre in den Augen der europäischen Herrscherhäuser auch dann völlig unbedeutend gewesen, wenn sich die Brüder Bonaparte später nicht auf die Seite der Revolution geschlagen hätten. Der zur Macht gekommene Napoleon, der in seinen Angehörigen seine „natürliche Stütze“ sah, beeilte sich, seine Verwandten zu sich emporzuheben. Als Kaiser ernannte er seine Geschwister zu kaiserlichen Hoheiten. Bald darauf sollte er beginnen, ihnen fremde Kronen aufzusetzen.

Sein ältester Bruder Joseph wurde erst König von Neapel, dann von Spanien. Louis erhielt die Krone von Holland, Jérôme wurde zum König von Westfalen bestimmt. Obwohl Napoleon überzeugt davon war, dass Frauen in der Politik nichts zu suchen hatten, verschaffte er auch seinen Schwestern stolze Titel. Eliza, die mit einem korsischen Offizier verheiratet war, wurde Fürstin von Lucca und Piombino, Herzogin von Massa-Carrara und schließlich Großherzogin der Toskana. Die ehrgeizigste der Schwestern, Caroline Murat, herrschte zunächst als Großherzogin von Kleve und Berg und dann als Königin von Neapel. Nur Bruder Lucien ging leer aus – der ehemalige Innenminister besaß einen eigenen Kopf, und das war in den Augen Napoleons eine Unverschämtheit. Als Lucien sich unterstand, gegen den ausdrücklichen Wunsch seines mächtigen Bruders zu heiraten, kam es zum Bruch zwischen den beiden. Napoleon legte Wert auf Schwägerinnen und Schwager, die sein Ansehen hoben und politisch nützlich waren. Leider waren die meisten seiner Geschwister wie er selbst bereits in den Hafen der Ehe eingelaufen, als er mächtig genug war, Heiraten mit Prinzen und Prinzessinnen aus alten Fürstenhäusern zu erzwingen.

Immerhin — Napoleons Lieblingsschwester Pauline wurde durch ihre Hochzeit die Fürstin Borghese. Für seinen Bruder Jérôme, der sich bereitwillig von seiner amerikanischen Ehefrau scheiden ließ, fasste der Kaiser Katharina von Württemberg ins Auge. Damit war Napoleons Vorrat an heiratsfähigen Geschwistern aber auch schon erschöpft. Er sah sich daher in seiner angeheirateten Verwandtschaft nach geeigneten Kandidaten um. Von den beiden Kindern, die Kaiserin Josephine in die Ehe mitgebracht hatte, war die Tochter, Hortense de Beauharnais, bereits vermählt – und zwar mit Napoleons Bruder Louis. Das Söhnchen der beiden hatte Napoleon zu seinem Nachfolger auserkoren – natürlich nur für den Fall, dass er selbst keinen legitimen Sohn mehr zeugen würde. Josephines Sohn Eugène war noch Junggeselle. Es sollte, so meinte der Kaiser, nicht allzu schwer sein, den sympathischen jungen Mann mit einer Prinzessin aus einem verbündeten Fürstenhaus zu verheiraten.

Bayern war Aufmarschgelände gegen Österreich – und das Bündnis mit Kurfürst Max Josef dem Kaiser besonders wichtig. Für seinen Stiefsohn Eugène suchte Napoleon daher eine bayerische Braut, die Prinzessin Auguste, aus. Der Plan hatte allerdings einen Schönheitsfehler: Die junge Dame war bereits vergeben – und zwar an Kurprinz Karl von Baden, den Enkel von Napoleons lieben „Bruder“ Karl Friedrich. Von solchen Misslichkeiten freilich ließ sich der Korse nicht bremsen.

Schon wenige Tage nach seiner Krönung nahm Napoleon das Projekt in Angriff. Die Gratulanten aus Baden, darunter der Bräutigam der bayerischen Auguste, weilten noch in Paris. Napoleon beabsichtigte keineswegs, mit dem Kurprinzen Karl selbst über das heikle Thema seiner Entlobung zu sprechen. Vielmehr sollte Markgraf Ludwig den alten Kurfürsten in Karlsruhe über die Wünsche Napoleons unterrichten. Ludwig, der die Abschiedsaudienz beim Kaiser bereits hinter sich hatte, war überrascht und auch etwas beunruhigt, als Napoleon ihn völlig unerwartet ins Kabinett rufen ließ.

„Sie würden nicht mehr vermutet haben, zu mir zu kommen", stellte der Kaiser fest. Seinen scharfen Augen entging nicht, dass das Gespräch unter vier Augen Karl Friedrichs Sohn nervös machte: „Ich möchte mich gerne mit Ihnen über einen Gegenstand unterhalten, der Ihr Haus betrifft." Napoleon schmeichelte: „Indem ich dieses zu tun gedenke, gebe ich Ihnen einen Beweis meines unumschränkten Zutrauens, das mir Ihre wiederholte Bekanntschaft eingeflößt hat. Sie müssen mir aber auch Ihr Wort geben, mit niemandem als Ihrem Vater darüber zu sprechen." Als Ludwig das zusicherte, fragte Napoleon unvermittelt: „Ist es an dem, dass der Prinz Karl die Prinzessin von Bayern heiraten wird?" Der Markgraf bestätigte es. Darauf wollte der Kaiser wissen: „Ist dieses Engagement schon weit avanciert, und ist er schon förmlich mit ihr versprochen?" Ludwig erklärte, dass sowohl die Familien als auch die Brautleute selbst der Verbindung zugestimmt hätten.

Napoleon winkte ungeduldig ab: „Sagen Sie Ihrem Vater, dass es mir sehr angenehm wäre, wenn aus dieser Heirat nichts wird. Ich kann Ihnen den Grund dafür im Augenblick nicht sagen. Er hängt mit anderen politischen Gegenständen zusammen, die im Augenblick noch nicht reif sind." Um nicht allzu rücksichtslos zu erscheinen, fügte der Kaiser noch hinzu: „Ist diese Verbindung noch nicht zu weit vorangerückt und sind keine politischen Verhältnisse mit im Spiel, so kann es Ihrem Vater ja einerlei sein. Eine Frau findet der Prinz Karl immer." Ludwig wandte vorsichtig ein, dass Karl und Auguste sich schon lange kannten, ja beinahe miteinander aufgewachsen seien. Die Verlobung scheine von beiden Seiten so etwas wie eine Herzensangelegenheit zu sein. Das interessierte Napoleon nun aber gar nicht. Ludwig blieb nichts anderes übrig, als dem Kaiser zu versichern, dass er seinem Vater die Wünsche Napoleons mitteilen werde.

Zwei Stephanies zur Auswahl

Der Wink war mehr als deutlich. Doch Karl Friedrich, der ohnehin nie ein Mann von schnellem Entschluss gewesen war, neigte im Alter dazu, unangenehme Entscheidungen so lange wie irgend möglich aufzuschieben. Und unangenehm war die Angelegenheit wahrlich. Nicht dass das Herz des badischen Kurfürsten an einer Heirat von Karl und Auguste gehangen hätte, im Gegenteil. Eingefädelt worden war die Verbindung von der Markgräfin Amalie und ihrer bayerischen Tochter. Kurfürstin Karoline fand den Plan, ihre Stieftochter mit ihrem Bruder zu vermählen, genial. Doch die Heiratspläne der Damen stießen bei den beiden Familienoberhäuptern auf erhebliche Vorbehalte. In den Augen Max Josefs von Bayern war der badische Kurprinz ein Rüpel, den er seiner Tochter eigentlich nicht zumuten mochte. Karl Friedrich von Baden wiederum störte sich an der katholischen Konfession der Braut. Beide Kurfürsten stimmten dem Projekt erst nach langem Zögern zu. Immerhin konnte die badisch-bayerische Hochzeit dazu beitragen, die Differenzen zwischen den Zähringern und den Wittelsbachern, die sich an der Kurpfalz entzündet hatten, zu bereinigen. Und Max Josef mochte eine gewisse Genugtuung darüber empfinden, dass sein Töchterlein das verlorene Erbe durch Heirat zurückerlangen würde.

Auch wenn Karl Friedrich sich nur schwer dazu hatte durchringen können, der Verlobung seines Enkels mit der bayerischen Auguste zuzustimmen – er hatte sich einverstanden erklärt. Die geplante Hochzeit war ein Politikum, und ein Heiratsversprechen zurückzunehmen konnte schwer wiegende Folgen haben. Der alte Kurfürst wollte nichts überstürzen. Doch die Geduld des Franzosenkaisers war begrenzt. Weil die erwarteten Signale aus Karlsruhe ausblieben, wurde der Kammerherr Thiard beauftragt, den Wünschen Napoleons am badischen Hof wieder einmal Nachdruck zu verleihen.

Thiard wusste um die Zögerlichkeit Karl Friedrichs. In der Reichsgräfin Hochberg und in Markgraf Ludwig suchte und fand er Verbündete. Wenn überhaupt jemand den alten Kurfürsten in Familienangelegenheiten beeinflussen konnte, dann doch wohl die Gemahlin und der jüngste Sohn aus erster Ehe. Thiard stellte den beiden, die bis über beide Ohren verschuldet waren, finanzielle Hilfen in Aussicht. Der Reichsgräfin deutete er darüber hinaus an, dass Napoleon sich möglicherweise bereit finden könnte, die badische Nachfolgefrage in ihrem Sinne zu regeln.

Markgräfin Amalie und ihre Tochter Karoline waren außer sich vor Wut darüber, dass ihre schönen Hochzeitspläne sich in Luft aufzulösen drohten. Der Zorn seiner Schwiegertochter bereitete Karl Friedrich schwere Stunden – aber er konnte dem Willen Napoleons auch diesmal nichts entgegensetzen. Immerhin befand sich der Kurfürst von Bayern in einer nicht minder unglücklichen Situation: Er sah sich gezwungen, Eugène de Beauharnais als seinen lieben Sohn willkommen zu heißen. Napoleon ernannte den jungen Mann noch rechtzeitig vor der Hochzeit zum Vizekönig von Italien.

Wenn man in Karlsruhe gedacht hatte, dass die peinliche Angelegenheit damit ausgestanden sei, sah man sich getäuscht. Napoleon wünschte, dass nicht nur sein Bündnis mit Bayern, sondern auch die Freundschaft zwischen Baden und Frankreich durch eine eheliche Verbindung gefestigt werden sollte. Schwestern oder Stieftöchter, die er dem alten Kurfürsten als Gemahlin für seinen Enkel anbieten könnte, standen Napoleon zwar nicht zur Verfügung – aber dafür besaß die Kaiserin Josephine zwei entzückende Nichten: Da war einmal Stephanie Tascher de la Pagerie, die Tochter von Josephines Bruder, eine Kreolin. Und da war Stephanie de Beauharnais, die Tochter eines Vetters ihres ersten Mannes.

Bei der Kreolin winkten die Badener dankend ab. Die andere Stephanie war in ihren Augen freilich nur das kleinere Übel. Ein französisches Senatoren-Töchterlein als künftige Kurfürstin von Baden? Selbst wenn Napoleon die Comtesse zur kaiserlichen Prinzessin ernannte, würde der Makel ihrer Herkunft nie vergessen werden. Doch der Kaiser hatte kein Ohr für Bedenken. Er verließ sich auf Thiards Überredungskünste. Mit dem üblichen Mix aus Versprechungen und Drohungen suchte der französische Kammerherr die Zustimmung Karl Friedrichs zur Heirat Karls mit Stephanie de Beauharnais zu erlangen.

Der Kurfürst war in arger Verlegenheit. Da Thiard auf eine definitive Antwort drängte, erklärte Karl Friedrich, die Entscheidung seinem Enkel überlassen zu wollen. Schließlich würde der Kurprinz die Vor- und Nachteile dieser Verbindung am eigenen Leib erfahren, und auch auf den Lauf seiner künftigen Regierung würde die französische Heirat Einfluss haben. Jetzt lag der schwarze Peter bei Karl. Der Thronfolger wusste nur zu gut, dass Baden es sich nicht leisten konnte, die Hand der kleinen Beauharnais auszuschlagen. Letztlich ging es nur darum, dass der alte Fürst nach außen sein Gesicht wahren konnte.

Karl nahm sich einige Stunden Zeit zum Nachdenken. Dann eröffnete er seinem Großvater – und damit auch dem Kaiser der Franzosen –, dass er bereit sei, seinem Land das Opfer zu bringen und Stephanie zu heiraten. Allerdings müssten alle Kinder aus seiner Ehe mit der Prinzessin Beauharnais ohne Ansehen des Geschlechts lutherisch erzogen werden. Als Gegenleistung für die Heirat erwarte er außerdem, dass Napoleon bei künftigen Gebietsverteilungen Baden besonders berücksichtige.

Weniger staatstragend, aber bezeichnend für die Zustände am badischen Hof war Karls letzte Bedingung: Man möge ihn vor den Vorwürfen seiner Frau Mutter so gut wie möglich schützen – am besten dadurch, dass man der Markgräfin Amalie sage, der Kurfürst habe die Heirat befohlen.

Karl hatte sich nicht getäuscht: Der Gedanke, dass ihr einziger Sohn eine Mesalliance eingehen sollte, ließ bei Amalie alle Dämme brechen. Ein Wortgewitter entlud sich über dem Kopf des Kurprinzen. Markgraf Ludwig hatte Mitleid mit dem Neffen: „Der arme Karl sieht schrecklich aus", schrieb er an Reitzenstein: „Wie ihn aber Ew. Excellenz kennen: Wenn er sich einmal zu etwas entschlossen hat, steht er fest dazu."

Der einzige Mann am Hof

Unter keinen Umständen werde sie ihre Einwilligung zu dieser Ehe geben, dröhnte Amalie. Sie war wütend auf den Sohn, der sich so bereitwillig in die Heirat mit der Französin gefügt hatte. Noch viel größer aber war ihr Zorn auf den Schwiegervater, der gar nicht zu verstehen schien, welche Ungeheuerlichkeit die geplante Hochzeit darstellte. Niemals mehr werde sie über ernsthafte Dinge mit ihm sprechen, schleuderte die Markgräfin dem alten Mann entgegen – in ganz unerlässlichen Fällen werde sie sich künftig schriftlich mit ihm auseinandersetzen. Völlig unverständlich war Amalie, dass offenbar alle Welt Mitleid mit Karl Friedrich hatte. In einem Brief an ihre Weimarer Schwester machte sie ihrer Empörung Luft: „Sie glauben, dass der Kurfürst von all den Ereignissen den Tod haben wird. Nicht im Geringsten! Er regt sich einen Augenblick auf, und dann denkt er nicht mehr daran. Der Prinz Ludwig wiegt ihn noch in der Hoffnung, dass er für die Hochbergs Erfolg haben wird, und das ist das Ziel seiner Bemühungen seit zwei Jahren. Er würde sein Land verkaufen und noch mehr anstellen, um ihnen damit den Fürstentitel zu verschaffen."

Während Amalie tobte, reiste Baron Reitzenstein nach München, wo im Dezember 1805 für das bayerisch-französische Paar die Hochzeitsglocken geläutet hatten, und überbrachte Napoleon die Einwilligung des Kurfürsten Karl Friedrich und des Kurprinzen Karl zur badisch-französischen Heirat. Doch Amalie gab noch nicht auf. Hinter dem Rücken ihres Schwiegervater und ihres Sohnes schrieb sie an ihre Tochter: Karoline solle Napoleon damit konfrontieren, dass Karl zu der Heirat mit Stephanie de Beauharnais gezwungen werde und gegen seine Neigung handele.

Die Intrige der Markgräfin, die in Karlsruhe erst bekannt wurde, als Karoline bereits mit Napoleon gesprochen hatte, ließ die Stimmung im Residenzschloss unter den Nullpunkt sinken. Dem Ansehen Amalies schadete sie indes nicht. Napoleon, der mit den Badenern bislang leichtes Spiel gehabt hatte, wollte die resolute Dame, die mit so vielen europäischen Herrscherhäusern verwandt war, bei einem Besuch in Karlsruhe persönlich in Augenschein nehmen. Kurprinz Karl reiste dem Kaiser nach Augsburg entgegen, um ihm zu versichern, dass er Stephanie gerne zur Frau nehmen würde. Zugleich bat er Napoleon, den Versuch zu unternehmen, seine Mutter doch noch umzustimmen.

Am 20. Januar 1806 trafen Napoleon und Josephine in der festlich geschmückten Stadt Karlsruhe ein. Karl Friedrich empfing das Kaiserpaar am Portal des Schlosses. Er stellte Napoleon die ersten Würdenträger, seine Kinder und die Reichsgräfin Hochberg vor – das Ganze langweilte den Kaiser offenbar so sehr, dass er kaum das Mindestmaß an Höflichkeit wahrte. Viel mehr als die dienernden Badener und ihre in Hofknickse versinkenden Damen interessierte ihn die Markgräfin Amalie. Die machte gute Miene zu bösem Spiel, ließ sich von der Kaiserin wie von einer lieben Freundin umarmen und führte Josephine hinein.

Nachdem der Kaiser sich umgezogen hatte, traf er den Kurfürsten zu einem Gespräch unter vier Augen im Thronzimmer, bei dem es um den Breisgau und natürlich um die Hochzeit des Kurprinzen ging. Ehe sich die kurfürstliche Familie mit dem Kaiserpaar zu Tisch begab, hörte Amalie, wie Napoleon zu Karl Friedrich sagte: „Morgen werde ich mit der Markgräfin reden. Ich werde sie zu Ihnen führen. Und wenn sie darauf besteht, ihre Einwilligung zu verweigern, werde ich mich mit der Ihren und der des Kurprinzen begnügen." Amalie lächelte grimmig. Sie würde dem Korsen schon zeigen, wie eine echte Fürstin ihre Interessen vertrat.

Sehr zum Missvergnügen der Markgräfin nahmen an dem Souper mit Napoleon auch Leopold und Wilhelm von Hochberg teil. Amalie hatte versucht, Karl Friedrichs Söhne aus zweiter Ehe von der Tafel auszuschließen, aber die Gräfin Hochberg hatte ihren Willen durchgesetzt. Den Kaiser schien die Anwesenheit der Jünglinge nicht zu stören – er schenkte ihnen aber auch keine größere Beachtung. Seine ganze Aufmerksamkeit galt Amalie, die darüber eine bittere Genugtuung empfand. Ihrer Schwester berichtete sie: „Er hat mich bei jeder Gelegenheit ‚Euer Hoheit' genannt, aber den Kurfürsten fast immer mit ‚Sie' angeredet. Im Allgemeinen hat er ihn ein wenig als Nebensache behandelt, und wenn er das Wort an ihn richtete, schrie er wie ein Adler. An den Prinzen Ludwig stellte er bei Tisch manchmal ziemlich unbequeme Fragen – über den Zustand der Wälder, der Finanzen – aus denen er sich schlecht herausgewunden hat. Zu Frau von Hochberg hat er nicht ein Wort gesprochen ..."

Napoleon sparte nicht mit Komplimenten an die Adresse der Markgräfin, doch ließ er sie spüren, dass hinter seiner Zuvorkommenheit Gefahr lauerte. In freundlichem Plauderton attackierte er Amalies Familie. Der König von Schweden beispielsweise, der sei ein guter Gatte und ein guter Vater – allerdings, so deutete Napoleon an, wäre es das Beste für Gustav, wenn er sich ganz auf diese beiden Eigenschaften beschränkte und die Finger von der Politik ließe. Der Zar von Russland hingegen sei ein ausgezeichneter Herrscher, der aber von seinen Höflingen schlecht beraten werde. Insbesondere sollte der Zar sich nicht mit so vielen Polen umgeben, sagte Napoleon, und spielte damit auf Alexanders polnische Geliebte an. Amalies Tochter müsse versuchen, Einfluss auf ihren Gemahl zu nehmen, er halte den Zaren für geeignet, „dirigiert" zu werden. Ein paar Augenblicke später erklärte der Kaiser allerdings, dass sich Frauen niemals in die Politik einmischen dürften, auf die sie sich ohnehin nicht verstünden. Amalie verteidigte ihre Töchter und Schwiegersöhne so gut sie konnte gegen die in ihren Augen mehr als taktlosen Bemerkungen.

Die Unterhaltung war nur ein Vorgeplänkel gewesen. Das entscheidende Gespräch Napoleons mit der Schwiegermutter Europas stand am nächsten Tag an und fand unter vier Augen statt. Zunächst aber überreichte der Kaiser seinem lieben Freund, dem Kurfürsten Karl Friedrich, und dessen Enkel, dem Kurprinzen Karl, das Großkreuz der Ehrenlegion, während er selbst den badischen Hausorden der Treue in Empfang nahm. Nach den Truppenparaden am Morgen war Napoleon glänzender Laune.

Warum Amalie als einzige der badischen Familie gegen ihn sei, wollte Napoleon wissen. Sie sei eine deutsche Prinzessin, entgegnete Amalie stolz, er würde sie wohl kaum achten, wenn sie anders empfände. Der Kaiser, der bestens informiert war – schließlich ließ er die Korrespondenz der Markgräfin überwachen – gab sich liebenswürdig und verständnisvoll. Amalie sei eine kluge Frau, sie habe ihre Töchter sehr gut verheiratet. Bei aller Rücksicht, die sie auf die hohe Stellung ihrer Schwiegersöhne nehmen müsse, solle sie aber auch bedenken, was Baden durch das Bündnis mit Frankreich alles gewonnen habe.

Die Aufzählung der bereits eingetretenen und der künftig noch zu erwartenden Vorteile Badens behagte Amalie gar nicht. Sie argumentierte damit, dass sie sich immer eine standesgemäße Heirat für ihren einzigen Sohn gewünscht habe. Da Prinzessin Auguste nun mit dem Vizekönig von Italien verheiratet sei, käme für Karl vielleicht deren jüngere Schwester Charlotte in Frage. Napoleon gab vor, ernsthaft über Amalies Worte nachzudenken. Prinz Karl habe zwar beteuert, dass er sich gerne mit der Französin vermählen wolle – aber wenn er trotzdem lieber eine bayerische Prinzessin nehmen wolle, würde er, der Kaiser, die Ehe mit Stephanie nicht erzwingen. Der Kurprinz müsse ihm jedoch noch vor seiner Abreise definitiv Bescheid geben.

Da machte Amalie einen großen Fehler. Ihre Argumentation zielte darauf ab, dass der Erbe Badens eine ebenbürtige Gemahlin haben musste. Und das war Stephanie de Beauharnais ganz sicher nicht. Sie war ja nicht einmal eine direkte Verwandte Napoleons, sondern nur eine angeheiratete Nichte der Kaiserin. Amalie glaubte, einen Trumpf auszuspielen, als sie seufzte: „Ich bin eine alte Frau und neige zu Vorurteilen. Wenn das Mädchen doch wenigstens von Ihrem Blut wäre, aus Ihrer Familie." Der Kaiser erkannte sofort die Blöße, die sich die Markgräfin mit dieser Bemerkung gab. Ohne eine Sekunde zu zögern rief er: „Nun gut, ich adoptiere das Kind."

Amalie erstarrte. Durch eine Adoption wurde Stephanie die Tochter Napoleons. Die Bonapartes mochten zwar in den Augen der alten Fürstenhäuser alles andere als eine vornehme Familie sein. Aber das wagte noch nicht einmal Amalie dem Kaiser ins Gesicht zu sagen. Das Mädchen jetzt noch zurückzuweisen, wäre ein unentschuldbarer Affront gegen den mächtigsten Mann Europas gewesen. Die Markgräfin hatte die Partie verloren.

Am Abend beim Hofball wich Napoleon kaum von Amalies Seite. Er redete und redete, während die Markgräfin Mühe hatte, die Contenance zu wahren. Ganz schlimm wurde es, als der Kaiser versuchte, seine „Cousine" zu trösten, indem er ihr von der Hochzeit seines Stiefsohnes Eugène mit der bayerischen Auguste erzählte. Max Josef, der mittlerweile König von Bayern war, sei alt und blasiert; er wisse nicht, was er wolle, sagte Napoleon: „Er hat mir seine Tochter in Linz versprochen und weder ihr noch seiner Frau ein Wort davon gesagt, bis M. Duroc ankam, um die Werbung vorzubringen. Und dann gab es Gejammere und Tränen. Zum Schluss hat sich alles beruhigt, und jetzt sind sie zufrieden. Genauso wird es mit der Heirat Ihres Sohnes werden. Man wird 48 Stunden davon reden, und dann wird alles gesagt sein."

So würdevoll wie irgend möglich wies Amalie diese Vermutung zurück: „Verzeihung Sire, seine Schwestern und Schwäger werden sich nicht so schnell damit abfinden. Und da die Sache entschieden ist, hat es keinen Zweck für mich, mich darüber zu beklagen. Aber ich gestehe, dass mein Schmerz stets unverändert derselbe bleiben wird." – „Ich hoffe, dass er eines Tages schwächer wird und dass man alles versuchen wird, ihn sie vergessen zu machen", entgegnete der Kaiser. Amalies Standhaftigkeit imponierte ihm. In Napoleons Augen war sie der „einzige Mann am badischen Hof".

Die kaiserliche Prinzessin

Nachdem die Heirat von Kurprinz Karl beschlossene Sache war, wurde die bis dahin ahnungslose Braut aus dem vornehmen Mädchenpensionat der Madame Campan in St. Germain geholt. Stephanie war angenehm überrascht von der Neuigkeit, dass Napoleon sie adoptieren wollte. Mit ihrem leiblichen Vater, Claude de Beauharnais, verband die 16-Jährige wenig – um der Terrorherrschaft zu entkommen, hatte der frühere Offizier der königlichen Leibgarde Frankreich verlassen, als Stephanie drei Jahre alt war. Ihre Mutter, die an Tuberkulose litt und jung starb, hatte ihr Töchterlein einer irischen Freundin empfohlen. Die wiederum

9: Sigismund Freiherr von Reitzenstein, Badens bedeutendster Staatsmann, hatte maßgeblichen Anteil an der Vergrößerung Badens ab 1803. Pastell, um 1810. © StA Karlsruhe

10: Karl Friedrich als Kurfürst von Baden im Alter von ungefähr 75 Jahren. Lithographie. © StA Karlsruhe

11: Stephanie de Beauharnais, die Adoptivtochter Napoleons, kam 1806 als Frau des Thronfolgers Karl an den Karlsruher Hof, wo sie zunächst wenig glücklich war. Lithographie.

© StA Karlsruhe

12: Großherzog Karl mit der Verfassungsurkunde in der Hand, die er 1818 noch kurz vor seinem Tod erließ. Gemälde.

vertraute Stephanie zwei ehemaligen Nonnen an. Das Kind wuchs in Südfrankreich auf. Als Napoleon erfuhr, dass eine Verwandte seiner Frau auf Kosten einer „Engländerin", also einer „Feindin", erzogen wurde, beorderte er das Mädchen nach Paris. Nur widerwillig machte sich Stephanie auf den Weg in die Hauptstadt.

Im Hause ihres mittlerweile aus der Emigration zurückgekehrten und wiederverheirateten Vaters fühlte sich Stephanie entsetzlich unwohl – die Beziehung zu Beauharnais blieb ohne jede Herzlichkeit. Viel schöner fand das junge Mädchen das Leben in den Tuilerien, wo Tante Josephine Hof hielt. Stephanie bewunderte die Eleganz und schätzte die Warmherzigkeit der späteren Kaiserin. Ihr Held aber wurde Napoleon, dem sie eine schwärmerische Verehrung entgegenbrachte. Leider stellten der Erste Konsul und seine Gemahlin sehr bald fest, dass Stephanie ein Wildfang war und ihre Erziehung Pariser Ansprüchen in keiner Weise genügte. Das Mädchen wurde daher zu Madame Campan geschickt, die ihr Manieren beibringen sollte und so viel Bildung, wie für ein Mädchen aus guter Familie erforderlich war. Madame war einst Kammerfrau der geköpften Königin Marie Antoinette gewesen und daher mit den Feinheiten des höfischen Lebens bestens vertraut. Auch Josephines Tochter Hortense hatte in dem Institut den letzten Schliff bekommen.

Nun war Stephanie als kaiserliche Prinzessin und Tochter Napoleons wieder in die Tuilerien zurückgekehrt: „Altesse Impériale, Madame la Princesse Stéphanie Napoléon de France fille adoptive de S.M. l'Empereur & Roy" – Stephanie sonnte sich in ihren neuen Titeln. Dass die Adoption lediglich dem Zweck diente, sie als Ehefrau für einen Fürsten aus altem Haus akzeptabel zu machen, ging dem jungen Mädchen nicht auf. Während der Freiherr von Reitzenstein und der Baron von Geusau mit Marschall Duroc über die Einzelheiten des Ehevertrages feilschten (sehr zu seinem

Ärger gelang es Reitzenstein nicht, verbindliche Zusagen über künftige badische Gebietserweiterungen zu erhalten), schob Stephanie den Gedanken an die bevorstehende Hochzeit beiseite. Weder Tante Josephine noch Napoleon hatten das junge Mädchen gefragt, ob es damit einverstanden sei, einem wildfremden Mann in ein fremdes Land zu folgen. Ihr war lediglich mitgeteilt worden, dass sie den Enkel des Kurfürsten von Baden heiraten und demnächst nach Deutschland ziehen werde. Das sei aber nicht weiter schlimm, tröstete Josephine ihre Nichte: Die badischen Lande lägen schließlich nahe bei Frankreich, so dass Stephanie das Kaiserpaar sicher bisweilen besuchen könne.

Mitte Februar 1806 verständigte Napoleon offiziell den Kurfürsten Karl Friedrich über den Abschluss des Ehevertrages. Jetzt war der Auftritt des Bräutigams vorgesehen – Baron Reitzenstein bat den Kurprinzen inständig, so bald als möglich nach Paris zu reisen: „Ich kann mir nicht vorstellen, wer Sie noch zurückhalten könnte. Aber ich kenne die unendliche Langsamkeit von Karlsruhe. Dort schläft man nur gut, wenn man auf morgen verschoben hat, was man heute hätte beenden sollen ..." Auch Karl ruhte offenbar prächtig – er traf erst Anfang März in Paris ein. Kurz darauf erließ Napoleon ein Dekret an den französischen Senat: „Dieser Ehebund ist das Resultat der Freundschaft, die uns seit mehreren Jahren mit dem Kurfürsten von Baden verbindet ... Unsere rheinischen Departements werden freudig ein Bündnis begrüßen, das für sie ein neuer Beweggrund sein wird, ihre wirtschaftlichen und nachbarlichen Beziehungen zu den Untertanen des Kurfürsten zu pflegen. Die ausgezeichneten Eigenschaften des Erbprinzen Karl von Baden und die besondere Zuneigung, die er Uns in allen Verhältnissen bewiesen hat, verbürgen Uns das Glück Unserer Tochter ..."

Tatsächlich war es mit dem Glück Stephanies nicht weit her. Verstört starrte sie den linkischen jungen Mann mit der unmöglichen Frisur an, den sie heiraten sollte. Wie einst Friedrich der Große puderte Karl sein Haar und trug es mit einer Schleife im Nacken gebunden. Als der badische Gesandte den Erbprinzen diskret darauf hinwies, dass der Zopf in Paris als Zeichen des Ancien Régime längst aus der Mode sei, ließ sich der junge Mann das Haar à la Titus schneiden. Doch statt ihrem Verlobten darüber Komplimente zu machen, kicherte Stephanie und flüsterte ihren Freundinnen zu, jetzt sehe der Prinz noch komischer aus. Karl, dessen Schüchternheit durch die schnippische Art Stephanies verstärkt wurde, machte in ihrer Gegenwart kaum den Mund auf. Die Braut wiederum blickte während der Stunde, die sie täglich mit ihrem künftigen Gemahl verbringen musste, immer wieder auf die Uhr, ob die Qual nicht bald ein Ende habe. Stephanie, die Adoptivtochter des großen Napoleon, erwartete von ihrem Bräutigam Bewunderung, Huldigung, Anerkennung. Doch Karl entsprach ihren Vorstellungen von einem Märchenprinzen so gar nicht. Stephanie verglich den trägen, zur Korpulenz neigenden 23-Jährigen mit Napoleon – und das konnte Karl nur zum Nachteil gereichen.

Am Abend des 7. April 1806 fand in den Tuilerien die Ziviltrauung statt, am nächsten Tag wurden Karl und Stephanie nach katholischem Ritus vermählt. Da es die erste Hochzeit in der Familie Bonaparte seit der Kaiserkrönung war, wurde sie mit großem Prunk gefeiert. Im fernen Karlsruhe erhob sich mühsam Karl Friedrich aus seinem Stuhl, ergriff sein Glas und rief laut: „Ich trinke auf die Gesundheit der Prinzessin Stephanie Napoleon.“

Der alte Kurfürst hätte lieber auf eine harmonische Ehe anstoßen sollen. Denn die Hochzeitsnacht in Paris hätte unerfreulicher nicht verlaufen können. Prinz Karl verbrachte sie im Lehnsessel vor Stephanies verschlossenem Schlafzimmer; die Braut zog die Gesellschaft ihrer Pensionatsfreundinnen der ihres

Ehemannes vor. Die Geschichte war ein gefundenes Fressen für die Klatschmäuler – bei Hof amüsierte man sich prächtig.

Auch während der mehrere Wochen dauernden Hochzeitsfeierlichkeiten gönnte die nunmehrige badische Erbprinzessin ihrem Gemahl kaum einen Blick – stattdessen kokettierte sie bei jeder sich bietenden Gelegenheit mit Napoleon. Schließlich platzte ihrer Tante Josephine der Kragen. Zusammen mit dem Kaiser redete sie der jungen Frau ins Gewissen, so dass eine verheulte Stephanie ihren Mann schließlich in ihr Bett ließ. Harmonischer wurde die Ehe durch den Vollzug nicht. Das Erbprinzenpaar tat zwar, was man von ihm erwartete, ging sich ansonsten aber aus dem Weg. „Ich war zu jung, um zu verstehen, welche Pflichten eine Frau gegenüber ihrem Mann hat, zu jung, um in den Bindungen der Ehe einen Ausgleich zu finden für das, was ich aufgab", gestand sich Stephanie später ein: „Der Kurprinz war auch zu jung, um ein einfaches und reines Mädchen zu schätzen, das ein wenig launisch war, aber wohl bald eine gute, vielleicht liebenswerte Frau geworden wäre, wenn er genügend Erfahrung gehabt hätte, um meinen Charakter zu verstehen."

Obwohl sich seine Ehe enttäuschend anließ und ihm an Napoleons Hof ein mit Häme durchsetztes Mitleid entgegengebracht wurde, ließ sich Karl viel Zeit mit der Rückkehr nach Karlsruhe. Stephanie hatte es ohnehin nicht eilig, ihre neue Heimat kennen zu lernen. Ihr graute bei dem Gedanken, in ein deutsches Provinznest verfrachtet zu werden. Man hatte ihr wohl zugetragen, dass ihre Schwiegermutter nur unter Zwang der Vermählung zugestimmt habe, dass der Kurfürst von Baden ein kranker, alter Langweiler sei und an seinem Hof der Hader herrsche. Stephanie durfte kaum darauf hoffen, von Karls Verwandtschaft mit offenen Armen empfangen zu werden.

In Karlsruhe erwartete man nach der badisch-französischen Hochzeit von Napoleon eine bevorzugte Behandlung. Sigismund von Reitzenstein bemühte sich in Paris, möglichst viel für seinen Kurfürsten herauszuschlagen. Frankfurt, Nürnberg und Aschaffenburg konnte er sich als Orientierungspunkte für eine nördliche Ausdehnung Badens durchaus vorstellen. Da aus diesen Plänen nichts wurde, richtete er den Blick nach Süden. Überzeugt davon, dass man unbescheidene Forderungen stellen musste, um einen bescheidenen Erfolg zu erringen, reklamierte er die gesamte Schweiz für Karl Friedrich. Die französischen Diplomaten schüttelten über diese Vermessenheit allerdings nur den Kopf, und Napoleon sah ohnehin mit wachsender Sorge über den Rhein. Denn die badischen Finanzen befanden sich in einem erbärmlichen Zustand, und eine straffe Neuorganisation des vergrößerten Landes ließ auf sich warten. Angesichts dieser Zustände stand zu befürchten, dass der kleine Bündnispartner seinen Verpflichtungen gegenüber Frankreich nicht würde nachkommen können.

Napoleon ließ ein Donnerwetter los. Vorzugsweise ging der Zorn des Mächtigen auf den Köpfen des Markgrafen Ludwig und der Gräfin Hochberg nieder. Sie sollten das Schuldenmachen sofort einstellen, es müsse endlich Ordnung einkehren. Der napoleonische Wutanfall wurde in Karlsruhe sehr ernst genommen. Schließlich wäre Napoleon so, wie er das Land vergrößert hatte, auch in der Lage, Baden von der Landkarte zu radieren. Ludwig, der Sohn, in dem Karl Friedrich die vielleicht wichtigste Stütze seines Alters sah, trat aufgrund der kaiserlichen Vorwürfe von der Finanzverwaltung zurück. Die Reichsgräfin Hochberg schrieb einen devoten Brief an Napoleon, in dem sie ihre Verbindlichkeiten mit ihrer traurigen Lage als Karl Friedrichs zweite Gemahlin und ihrer völlig unzureichenden Apanage zu entschuldigen suchte. Napoleon scherte sich keinen Deut darum. Weder Ludwig noch Luise von Hochberg konnten es wagen, ihren Ärger laut werden zu lassen. Aber ungerecht behandelt fühlten sie sich allemal von dem Kaiser, der noch ein paar Wochen zuvor um ihre Fürsprache ersucht hatte. Stephanies Chancen, in ihrer neuen Familie Freunde zu finden, sanken.

Karl Friedrich regte sich schrecklich über die Vorhaltungen Napoleons auf. Der alte Kurfürst fühlte sich unwohl, seelische Erschütterungen waren Gift für ihn. Er drängte darauf, dass sein Enkel endlich heimkehre, doch Reitzenstein schrieb ihm, dass der Kaiser selbst den Kurprinzen in Frankreich zurückhalte. Als sich der Gesundheitszustand des an Brustwassersucht leidenden Kurfürsten aber immer mehr verschlechterte – man musste offenbar mit dem Schlimmsten rechnen –, sorgte Napoleon persönlich davor, dass das Thronfolgerpaar sich auf den Heimweg machte. Am 4. Juli 1806 betrat Stephanie badischen Boden.

Schmetternde Militärkapellen, knicksende Mädchen und salbungsvoll tönende Behördenvertreter – jedes Dorf zwischen Straßburg und Karlsruhe hatte ein kleines Festprogramm zu Ehren des Kurprinzenpaares zusammengestellt. Obwohl sie todunglücklich darüber war, dass Frankreich hinter ihr lag, lächelte und nickte Stephanie huldvoll. Es schien ihr, als ob die Leute aufrichtig glücklich darüber seien, ihre neue Kurprinzessin zu Gesicht zu bekommen.

Viel weniger Begeisterung schlug Stephanie in Karlsruhe beim Empfang durch Karls Familie entgegen. Ihre Schwiegermutter, die Markgräfin Amalie, glänzte durch Abwesenheit – eine Erkrankung ihrer hessischen Tochter Wilhelmine hatte ihr einen willkommenen Vorwand zur Abreise geliefert. Den Markgrafen Ludwig fand Stephanie unsympathisch – sie sollte bald zu der Überzeugung kommen, dass viele der unangenehmen Eigenschaften ihres Gemahls dem Einfluss dieses Onkels zuzuschreiben seien. Ludwigs älterer Bruder, der Markgraf Friedrich, und seine Frau Luise begegneten dem neuen Familienmitglied ohne Herzlichkeit. Betont distanziert gab sich die Reichsgräfin

Hochberg. Ihre drei Söhne und Töchterlein Amalie beäugten Stephanie neugierig, aber zurückhaltend. Mit Abstand am meisten Gefühl zeigte der kranke Karl Friedrich, der seine neue Enkelin in seinen Gemächern willkommen hieß. Obwohl ihm jede Bewegung schwer fiel, versuchte der Kurfürst, zu Stephanies Begrüßung aus seinem Rollstuhl aufzustehen; die Wärme und Herzlichkeit Karl Friedrichs rührten sie.

Stephanie beschloss, ganz besonders reizend zu dem netten alten Mann zu sein, hoffte sie doch angesichts der Kühle, die ihr aus Karls Familie entgegenschlug, in ihm einen väterlichen Freund zu finden. Das war ganz im Sinne Napoleons, der seine Adoptivtochter mit brieflichen Ratschlägen bombardierte: „Liebe Deinen Gemahl, er verdient Deine Zuneigung. Mache Dich beim Kurfürsten beliebt. Das ist Deine erste Pflicht, denn er ist Dein Vater und ein verehrungswürdiger Fürst." Stephanie versicherte dem Kaiser, dass sie die Ratschläge, die er ihr „liebenswürdigerweise zu geben" geruhte, befolgen wolle. Was Karl Friedrich anging, konnte die zärtliche Tochter allerdings nicht die besten Neuigkeiten vermelden: „Dem Kurfürsten, dessen Gesundheit sich zu bessern schien, geht es seit zwei Tagen wieder schlechter. Man bezweifelt, ob er sich ganz erholen wird. Das wäre sehr schlimm für mich, denn die Zuneigung, die er mir zeigte, hat mich ihm verbunden."

Der Rheinbund

Während sich der Hof um Karl Friedrich sorgte, verhandelte Reitzenstein weiter in Paris. Napoleon plante, dem römisch-deutschen Reich endgültig den Todesstoß zu versetzen – und zwar mit Hilfe der Fürsten, die durch ihn groß geworden waren. Am 12. Juli 1806 war es so weit: 16 süd- und westdeutsche Staaten, darunter Bayern, Württemberg, Baden sowie die beiden hohenzollerschen Fürstentümer Hechingen und Sigmaringen, schlossen sich unter dem Protektorat des französischen Kaisers zum Rheinbund zusammen. Napoleon hatte damit nicht nur die Pufferstaaten gegen Österreich und gegen die Ostmächte unter Kontrolle, er verfügte auch über ein finanzielles und militärisches Kräftereservoir, das ihm neue Kriege ermöglichen würde. Zunächst zählten 63.000 Soldaten, darunter 8.000 Badener, zu seinen neuen Hilfsheer – doch die Zahl stieg bald auf 120.000, als Napoleons Ansprüche wuchsen und mittel- und norddeutsche Fürsten dem Bündnis beitraten.

Nachdem sie einem „neuen und den Zeitumständen angemessenen Bund“ geschlossen und sich unter den Schutz eines Monarchen begeben hatten, „dessen Absichten sich in beständiger Harmonie mit den wahrhaften Interessen Deutschlands befänden“, schieden die Rheinbundfürsten aus dem alten Reichsverband aus. Unter dem Druck Napoleons legte Franz II. am 6. August in Wien die römisch-deutsche Kaiserkrone nieder – den österreichischen Kaisertitel hatte sich der Habsburger in weiser Voraussicht ja bereits zugelegt. Da das deutsche Reich aufgehört hatte zu existieren, konnte sich Karl Friedrich von Baden nicht mehr Kurfürst nennen. Er nahm am 13. August in Baden-Baden den Titel eines Großherzogs mit dem Prädikat „königliche Hoheit“ an.

Sie waren jetzt souverän, die Rheinbundfürsten – und standen doch stärker unter der Knute als je zuvor. Denn anders als der römisch-deutsche Kaiser war der Protektor des Rheinbundes nicht gewillt, den neuen Königen und Großherzögen bei der Regelung der inneren Angelegenheiten ihrer Länder freie Hand zu lassen. Aber immerhin hatten die Mittelstaaten noch einmal kräftig Beute gemacht: Sie durften sich zahlreiche, bislang reichsunmittelbare Herrschaften innerhalb ihrer Landesgrenzen einverleiben. Dem badischen Staatsgebiet wurden unter anderem die noch bestehenden geistlichen Ritterorden mit ihren Sitzen in

Heitersheim und der Mainau und das Fürstentum Fürstenberg zugeschlagen. Für die von der Mediatisierung Betroffenen bedeutete dies zwar keine eigentliche Besitzstandsminderung, aber einen schmerzlichen Verlust ihrer Hoheitsrechte: Aus reichsunmittelbaren Fürsten und Grafen wurden Standesherren, denen nur noch einige Sonderrechte verblieben. Baden, das nun vom Main bis zum Bodensee reichte, war endgültig im 19. Jahrhundert angekommen. Zwar stand noch eine Reihe von kleineren territorialen Verschiebungen und Grenzbereinigungen an, doch die sollten bis zum Tod Karl Friedrichs im Jahr 1811 weitgehend abgeschlossen sein. Der deutsche Südwesten, in vornapoleonischer Zeit ein Paradebeispiel für staatliche Zersplitterung, bestand jetzt nur noch aus dem Königreich Württemberg, dem Großherzogtum Baden und den beiden kleineren Fürstentümern Hohenzollern-Hechingen und Hohenzollern-Sigmaringen.

Der alte Großherzog

Königliche Hoheit

Baden, das am 13. August 1806 zum Großherzogtum erhoben wurde, war jetzt ein Staat von Gewicht. Als der junge Karl Friedrich die Regierung angetreten hatte, lebten in der Markgrafschaft Baden-Durlach knapp 90.000 Menschen – jetzt war er Herr über einen Mittelstaat mit mehr als 900.000 Einwohnern. Doch sein Aufstieg war für Karl Friedrich mit einer herben Enttäuschung verbunden: Er musste hinter dem Bayer und dem Württemberger im Rang zurückstehen und sich mit dem Titel „Großherzog" bescheiden. Am badischen Hof hatte man fest damit gerechnet, dass nun, da durch den Zerfall des Reiches der Kurfürstentitel obsolet war, dem alten Fürsten die Königskrone aufgesetzt würde. Markgraf Ludwig hatte im Familienkreis schon darüber gescherzt, dass es für ihn ein ganz eigenes Gefühl sein werde, wenn sein Vater mit „Majestät" angesprochen würde. Auch Karl Friedrich hatte sich der Überzeugung hingegeben, König zu werden – das war ihm schließlich von „seinem Bruder" Napoleon mündlich zugesichert worden.

Tatsächlich hatte Napoleon bei seinen Plänen zur Umgestaltung der süddeutschen Staaten zunächst die Königswürde für Baden ins Auge gefasst. Dagegen jedoch intrigierte alsbald Friedrich von Württemberg, der zwar selbst von Herzen gerne die Königskrone tragen, dies dem badischen Nachbarn jedoch nicht zugestehen wollte: „Sollte man ihn nicht mit dem Titel Groß- oder Erzherzog abspeisen können?," sann er, selbst noch Kurfürst, im Dezember 1805 über Karl Friedrich nach. Baden sei zu klein, habe zu wenig Einwohner, gäbe ein geradezu lächerliches Königreich ab, lästerte er. Die Diplomaten von König Friedrich I. (die Rangerhöhung des Württembergers war am Neujahrstag 1806 offiziell verkündet worden) sorgten dafür, dass seine Argumente bei den richtigen Adressen Gehör fanden – was ihnen nicht zuletzt dank überzeugender Geldgeschenke auch gelang. Jetzt rächten sich badische Unterlassungsfehler, rächten sich die Zögerlichkeiten des alten Kurfürsten Karl Friedrich, die Gleichgültigkeit des badischen Hofes, die Unschlüssigkeit des Kabinetts, der Parteienhader. Die Tölpeleien des trägen Kurprinzen Karl und die Halsstarrigkeit seiner stolzen Mutter, der Markgräfin Amalie, taten ein Übriges, um Napoleon zu verärgern. Reitzenstein gab sein Bestes, um Karl Friedrich ein Königreich zu verschaffen – doch seinem Ehrgeiz waren diesmal Grenzen gesetzt. Da der Kabinettsminister nach eigenem Ermessen ein Territorium, das eines Königs würdig war, nicht herausschlagen konnte, war ihm auch an dem pompösen Titel nicht gelegen. Der Titel eines Großherzogs, freilich verbunden mit allen der königlichen Würde zugehörenden Rechten, Ehren und Vorzügen, war in Reitzensteins Augen dem badischen Territorium sowie den militärischen und finanziellen Kapazitäten des Landes angemessen. Der württembergische Gesandte meldete am 9. Juli nach Stuttgart: „Der Hof von Baden will den Königstitel nicht." Drei Tage später wurde die Rheinbundakte unterzeichnet, in dem für den badischen Kurfürsten der Großherzogen-Titel festgeschrieben war.

Karl Friedrich war außer sich. Zwar erteilte er angesichts der politischen Lage seine Zustimmung zu dem Vertrag, und er ließ sich auch am 13. August 1806 zum Großherzog proklamieren. Aber Reitzenstein erhielt den Auftrag, den entsprechenden Artikel der Rheinbundakte erneut zur Verhandlung zu bringen mit dem Ziel, dem Kurfürsten von Baden die ursprünglich für ihn vorgesehene Königswürde doch noch zu verschaffen. Als der Minister sich unwillig zeigte, die in seinen Augen unrealistischen Ambitionen seines Fürsten durchzuboxen, wütete Karl Friedrich über die Anmaßung des „Herrn Kabinettsminister von Reitzenstein", der nicht befolge, was man ihm befehle. Es gelang dem gewieften Staatsmann dann aber doch noch, den erzürnten Großherzog einigermaßen zu beruhigen. Karl Friedrich, so Reitzenstein, solle Geduld zeigen. Es gelte, bei nächster Gelegenheit eine weitere Vergrößerung seines Territoriums anzupeilen. Dann sollte Karl Friedrich erneut die Königswürde einfordern, jedoch nicht als König von Baden, sondern gleich als König von Alemannien oder Helvetien. Angesichts der gewaltigen Umwälzungen dieser Zeit mag der alte Fürst tatsächlich an solche eine Möglichkeit geglaubt zu haben.

In den folgenden Jahren wurde Karl Friedrichs vergebliches Streben nach der Königskrone allerdings zum freiwilligen Verzicht umgedeutet – das passte viel besser ins Bild des maßvollen und bescheidenen Fürsten. Sein Biograph Drais schrieb dem Großherzog die Überlegungen zu, die eigentlich von Reitzenstein stammten: „Karl Friedrich wollte lieber der größere Großherzog als der kleine König sein. Er hatte zu einem Gegenstande der Ironie sich sein Leben lang nicht hingegeben und kannte die unverhältnismäßigen Nachwüchse der Ausgaben in der Staats- und Familienrepräsentation." Auch Karl Friedrichs Sohn Wilhelm berichtet von edlen Motiven. In seinen Denkwürdigkeiten erläutert er, seinem Vater sei der Königstitel angetragen worden: „Allein bei der Sorge, die er stets hegte, seinem Land keine unnötigen Lasten aufzulegen, fürchtete er, dadurch zu Ausgaben genötigt zu werden, die seinen Untertanen schwer fallen könnten, und er lehnte ab. So sehr ich nun die Gründe ehre, die meinen Vater hierzu bestimmten, kann ich doch nicht leugnen, dass später Zeiten kamen, die es wünschenswert gemacht hätten, es möchte damals ein anderer Entschluss gefasst worden sein. Da das deutsche Reich aufgehört hatte zu existieren, konnte er sich nicht mehr Kurfürst nennen: So wurde der Titel Großherzog als der passendste gewählt."

Eine lebende Legende

Der erste Großherzog von Baden: Er war bereits zu Lebzeiten eine Legende. Karl Friedrich galt als treu sorgender Landesvater, als toleranter Herrscher und als weit blickender Reformer. Für viele seiner Zeitgenossen war er derjenige, den schon Herder in ihm erblickt hatte: Deutschlands bester Fürst. Das hohe Ansehen, das Karl Friedrich innerhalb wie außerhalb Badens genoss, war ein Glückfall für das neue Großherzogtum, das erst noch zusammenwachsen musste. Denn in der Verehrung des alten Fürsten fanden die unterschiedlichen Landesteile ihren gemeinsamen Nenner. Das war umso wichtiger, als Napoleons Schöpfung ein Gebilde voller Widersprüche war. Gemäß Reitzensteins Motto „Wir müssen nehmen, was wir nur können", hatte man das neue Staatsgebiet ohne Rücksicht auf Traditionen und Aversionen ausgehandelt. Der lutherische Landesherr regierte mit gleichfalls meist protestantischen Spitzenbeamten jetzt über eine vorwiegend katholische Bevölkerung. Die Bewohner der altbadischen Länder waren im Großherzogtum eine Minderheit; Karl Friedrichs neue Untertanen aber empfanden sich als Alemannen, Franken, Schwaben und Pfälzer, als Schwarzwälder oder Vorderösterreicher. Sie alle, die es gewohnt waren, sich gegenseitig misstrauisch zu beäugen, und deren Loyalität oftmals noch ihren alten Herren gehörte, sollten jetzt plötzlich Badener sein. Unterschiedliche Verwaltungs- und Rechtssysteme in den zusammengewürfelten Territorien schrien nach einer Vereinheitlichung. Erschwert wurde dieses Unterfangen durch die katastrophale Finanzlage Badens, die in erster Linie hervorgerufen war durch die übernommenen Schulden sowie die von Napoleon erzwungene Rüstung und die Kriegswirtschaft.

Die Karlsruher Regierung packte die schwierige Aufgabe, das neue Großherzogtum zum bürokratisch regierten Obrigkeitsstaat auszubauen, engagiert an. Zunächst suchte man noch regionale

Sonderentwicklungen zu berücksichtigen und alte Traditionen zu schonen: Der Geheime Rat Friedrich Brauer, der zu Beginn des 19. Jahrhunderts in der badischen Innenpolitik eine Schlüsselstellung innehatte, war ein Aufklärer mit Augenmaß. Sein erklärtes Ziel war es, „möglichst das Alte, und wo es verschieden ist, aus ihm das Beste beizubehalten, es aber in seinen Benennungen und Formen dem Zeitgeist anzupassen“. Weitaus radikaler ging Sigismund von Reitzenstein zur Sache: Er setzte 1809 eine administrative Neuordnung nach dem Vorbild des französischen Zentralismus durch. Wichtiger als die Pflege regionaler Empfindlichkeiten war es ihm, die Effizienz der Verwaltung zu steigern. Reitzenstein wusste nur zu gut, dass Zugeständnisse an die Tradition vor allem den alten Eliten in die Hände spielten, die ihrer verlorenen Bedeutung nachtrauerten und heimlich Opposition betrieben. Auch die bürgerliche Rechtsordnung des Großherzogtums wurde nach französischen Vorbild modernisiert: 1810 trat das neue Badische Landrecht in Kraft – es war im Wesentlichen eine deutsche Übersetzung von Napoleons Code civil.

Alle Reformprojekte wurden im Namen Karl Friedrichs durchgeführt, alle Beschlüsse in seinem Namen verkündet. In Wirklichkeit aber trug die badische Politik kaum noch seine Handschrift. Das lag nicht nur daran, dass Napoleon immer ungenierter in den Vasallenstaat hineinregierte. Karl Friedrichs geistige Kräfte ließen zusehends nach; seit seiner schweren Erkrankung 1806 versank der Großherzog mehr und mehr in Passivität. Zwar gab es immer noch Phasen, in denen die Energie des Fürsten wieder zu erwachen schien – doch sie wurden seltener. Erbgroßherzogin Stephanie Napoleon, die den alten Mann aufrichtig schätzte, schrieb später über den Zustand Karl Friedrichs während ihrer ersten Zeit in Karlsruhe: „Er war ein würdiger Greis, aber er war zu dieser Zeit nicht mehr der hervorragende Mann, der sich mit Gelehrten umgab und sein kleines Land wie ein Weiser regierte, in ganz Deutschland gerühmt wegen seiner Kenntnisse, seiner Gaben als Gesetzgeber und seines tugendhaften Lebenswandels. Seine Krankheit, so sagte man, habe seine geistigen Fähigkeiten angegriffen, und die Schwäche, die zurückgeblieben war, erlaubte ihm nicht, sein Zimmer zu verlassen. Kaum konnte er sich in seinem Sessel aufsetzen ..."

Nach außen hin bemühte man sich, den schlechten Zustand Karl Friedrichs zu verbergen. Der Landesvater war zu wichtig als Integrationsfigur, als dass sein Ruf beschädigt werden durfte. Daher drangen an die Öffentlichkeit vor allem Ereignisse, die geeignet waren, das Bild von dem treu waltenden fürstlichen Menschenfreund zu bestätigen. So sollen Karl Friedrich die Tränen über das Gesicht gelaufen sein, als ihm der Freiherr von Drais, der badische Landeskommissär in Freiburg, Bericht über die Huldigungsfeierlichkeiten im Breisgau im Sommer 1806 erstattete: „Oh, meine lieben Breisgauer!", sagte der kranke Karl Friedrich ein ums andere Mal. Es war eine rührende Geschichte, die im ehemaligen Vorderösterreich, wo viele Menschen sich Wien noch weit stärker verbunden fühlten als Karlsruhe, die Wirkung nicht verfehlt haben dürfte.

Anekdoten

Über Karl Friedrich kursierten viele vergleichbare Geschichten, die von Chronisten eifrig notiert und von den badischen Historikern des 19. Jahrhunderts gerne genutzt wurden, um den hervorragenden Charakter des ersten Großherzogs zu dokumentieren. Man wollte es nicht dabei belassen, dass das Großherzogtum seine Existenz dem Zufall der Erbfolge, napoleonischer Machtpolitik, dem Kriegsglück und geschickter Diplomatie verdankte. Dem national gesinnten 19. Jahrhundert war die Hauptrolle, die Napoleon bei der Neuordnung des deutschen Südwestens gespielt hatte, geradezu peinlich. So wurde der Aufstieg der kleinen Markgrafschaft zum Großherzogtum Baden immer wieder in Zusammenhang mit den Verdiensten des vorbildlichen deutschen Fürsten erklärt.

In zahlreichen Anekdoten wird das Bild eines gütigen Patriarchen gezeichnet, dem das Wohl seiner Untertanen, selbst der Geringsten, ein Herzensanliegen war. Das gefiel den einfachen Leuten – vor allem dann, wenn Karl Friedrich ihre Rechte gegen die „hohen Herren“ durchsetzte wie in dieser Geschichte: Der Fürst pflegte einmal in der Woche öffentliche Audienz zu erteilen. Menschen aller Stände hatten dann Gelegenheit, ihre Anliegen dem Herrscher persönlich vorzutragen. Diese Möglichkeit räumte Karl Friedrich bei einem längeren Aufenthalt in Mannheim auch den neuen kurpfälzischen Untertanen ein. Als eines Tages während der Audienzzeit ein übereifriger Hofbeamter gleich zwei Mal auftauchte, um zwischendurch geschwind einige Fragen zur Hofhaltung zu klären, soll Karl Friedrich den Mann beiseite genommen haben: „Ich wünsche“, sagte er, „dass diese Stunden den Leuten, denen sie geweiht sind, und die zum Teil über Land kommen, ganz bleiben. Sie, Herr Obermarschall, haben ja alle Tage bei mir Audienz.“

Richtig streng konnte der fromme Karl Friedrich sein, wenn jemand gegen sein Gefühl für Anstand verstieß. So soll bei einer Reise ein Kammerdiener seinen Zorn erregt haben. Der Mann hatte einen Postillon, der beim Umspannen zögerlich war, beschimpft und mit Flüchen bedacht. Karl Friedrich befahl den Diener augenblicklich zu sich und hielt ihm eine geharnischte Predigt. Er wollte nicht dulden, dass einer seiner Leute so „unchristlich und unsittlich“ mit einem Nebenmenschen umspringe.

Mitleid mit Notleidenden galt von jeher als fürstliche Tugend. Karl Friedrich soll in Schwetzingen einmal einen jungen Advokaten einbestellt haben. Der Anwalt hatte den Fürsten um Unterstützung für eine durchreisende Offiziersfrau ersucht, deren

Mann krank darniederlag. Die lebhafte Schilderung des Elends, in dem sich die Familie des Kranken offenbar befand, hatte Karl Friedrichs Interesse geweckt. Jetzt wollte er von dem Advokaten wissen: „Kennen Sie denn diesen Offizier?" Als der junge Mann sich in Verlegenheit wand, plagte ihn der Fürst nicht weiter: „Es ist schon recht", sagte er; „man soll jedem, der in der Not vor uns steht, beistehen, ohne erst genau zu wissen, ob er würdig und woher er sei. Ich habe auch nur gefragt, um das Quantum meiner Gabe nach etwa bekannten Umständen einzurichten."

Von Karl Friedrichs religiöser Toleranz zeugt diese hübsche Anekdote: Ein Neuankömmling aus dem Sponheimischen war in die Dienste des Fürsten getreten. Der Mann war Katholik und erschien am Fronleichnamstag in seiner Sonntags-Livree zum Dienst. Das sah ein Stallbereiter, der den Lakai sogleich böse anfuhr: Ob er denn nicht wisse, dass bei Hofe kein Fronleichnamsfest gefeiert werde, weil die Religion des gnädigsten Herrn dieses Fest nicht anerkenne? Der Neuling entschuldigte sich und erklärte, dass er es in seinem Dorf nie anderes gelernt habe, als dass dieser Tag ein Fest für jedermann sei. Der Andere jedoch schalt ihn einen Dummkopf und bestand darauf, dass der Lakai sich eilig umkleide, ehe ihn der Fürst zu Gesicht bekomme. Eben da trat der Regent aus dem Zimmer und fragte mit strafendem Gesichtsausdruck den Stallbereiter: „In was mengt Er sich?" Sodann wandte sich Karl Friedrich freundlich an den jungen Lakaien: „Fürchtet euch nicht, Sponheimer! Ich sehe gerne, wenn meine Diener Gott ehren – jeder auf seine Weise. Ich geb' euch für den ganzen Tag Urlaub, da könnt ihr nach Beiertheim zur Prozession in eurer Sonntagslivree gehen" (in dem vor 1771 zu Baden-Baden gehörenden Dorf Beiertheim, das heute ein Stadtteil von Karlsruhe ist, lebten überwiegend Katholiken).

Dem Sponheimer, der bald zum Kammerlakai befördert wurde, soll fortan die besondere Gunst des Großherzogs gehört haben. Da der Diener noch ledig war, beschloss Karl Friedrich, ihn vorteilhaft zu verheiraten. Als Braut wählte er die Tochter eines verdienten Mannes aus, der in einem von Karl Friedrichs Landschlössern als Hausmeister Dienst tat. Der Mann war in die Jahre gekommen und konnte seine Aufgaben nicht mehr recht bewältigen. Karl Friedrich, der den Alten nicht kränken wollte, dachte nun, dass es eine für alle Beteiligten gute Lösung wäre, wenn der Sponheimer die Tochter des Hausmeisters zur Frau nähme. Er könnte dann seinen Schwiegervater entlasten und schließlich dessen attraktives Amt erben. Karl Friedrich schickte einen Boten los, der dem Sponheimer seinen Plan auseinandersetzen sollte.

Doch zu Karl Friedrichs Überraschung lehnte der Sponheimer ab. Er erklärte dem Vermittler, dass er mit Rücksicht auf seine Mutter und Schwester, die auf seine Unterstützung angewiesen seien, noch nicht zu heiraten gedenke. Von dieser Fürsorglichkeit gerührt, richtete der Großherzog alsbald persönlich das Wort an den Kammerlakaien: „Sponheimer!“, sagte er wohlwollend: „Heirat‘ Er nur, ich will Ihm den Lohn erhöhen, damit es den Seinigen deswegen nicht schlimm ergehen soll.“ Der Lakai sank in die Knie und bekannte ebenso dankbar wie verlegen: „Gnädigster Herr! Da Sie mein Glück wollen – ich werde nie heiraten, ohne in meine Frau verliebt zu sein.“ – „Vielleicht, dass Er des Hausmeisters Tochter nur nicht genug kennt, um sie schon zu lieben“, lächelte der Fürst und fuhr fort: „Ihr Vater ist mir ein treuer alter Diener, ich möchte ihm einen redlichen Schwiegersohn geben. Und auch Er wird glücklich, denn sie ist brav und reich.“ Doch der Sponheimer war keineswegs überzeugt: „Oh ja, reich und brav“, sagte er: „Aber ich liebe sie nicht, fühle nicht das Geringste für sie. Ich wollte lieber ein armes Mädchen nehmen, das mir gefiele. Es gilt hier die Verpflichtung fürs ganze Leben.“ Dann fiel dem jungen Mann ein, dass er vielleicht allzu forsch mit seinem Fürsten gesprochen hatte, und er beeilte sich zu ergänzen: „Ich danke Euer Hoheit tief für Ihre ausnehmende Gnade. Verzeihen Sie nur meine allzu große Freimütigkeit." Karl Friedrich war zwar überrascht, aber nicht verstimmt. Er legte dem Sponheimer die Hand auf die Schulter und beendete das Thema mit den Worten: „Es tut mir Leid, dass Er sich mit dem guten Mädchen nicht verbinden will – aber bleib' Er immer bei seinen Grundsätzen."

Kleine und große Bösartigkeiten

Der würdevolle Großherzog, der mit ruhiger Bestimmtheit die Geschicke der ihm anvertrauten Landeskinder lenkt – das Bild kam gut an bei den Menschen im neuen Baden. Aber Karl Friedrichs Umgebung wusste nur zu gut, dass dem Greis die Zügel immer mehr entglitten. In der fürstlichen Familie hatte es schon zu Lebzeiten der Markgräfin Karoline Luise Eifersüchteleien und Aversionen gegeben. Doch die hatten Karl Friedrich kaum berührt. Seine Autorität hatte die Streithähne in die Schranken gewiesen, so dass es in der Familie zwar immer wieder zu Attacken aus dem Hinterhalt, aber nicht zum offenen Krieg gekommen war. Nun aber, da der Patriarch Schwäche zeigte, machten seine Angehörigen keinen Hehl mehr daraus, wie wenig sie einander leiden konnten. Für den kranken Karl Friedrich, der sich nach Ruhe und Frieden sehnte, wurden die Zwistigkeiten mehr und mehr zur Belastung.

Dass die Markgräfin Amalie gegen Karl Friedrichs Gemahlin und seine Kinder aus zweiter Ehe hetzte – damit hatte sich der alte Großherzog mittlerweile abgefunden. Dass Luise von Hochberg diese Feindschaft von ganzen Herzen erwiderte, konnte er ihr kaum verübeln. Nun aber hatte sich im Machtkampf der Damen am badischen Hof eine neue Front aufgetan: Stephanie Napoleon drohte als Erbprinzessin und als Adoptivtochter des korsischen Ungeheuers den Einfluss von beiden miteinander konkurrierenden Frauen empfindlich zu schmälern. Erschwerend kam hinzu, dass Stephanie jung, hübsch und elegant war. Nicht nur die Herzen des Volkes flogen ihr zu, auch der alte Großherzog Karl Friedrich schien Sympathie für das zierliche Persönchen zu empfinden. Die weibliche Verwandtschaft hatte viele Gründe, Stephanie zu hassen.

Die standesbewusste Amalie, die beim Empfang ihrer Schwiegertochter in Karlsruhe durch Abwesenheit glänzte, bekam schon bald die Quittung für diesen Affront: Auf Napoleons Befehl sollte Stephanie, die „kaiserliche Prinzessin", Vortritt vor der Markgräfin haben. Amalie war empört, verzog aber keine Miene, als sich die beiden Frauen in Mannheim zum ersten Mal begegneten. In einem mit vielen kleinen Boshaftigkeiten gespickten Brief an ihre russische Tochter schilderte sie ihre ersten Eindrücke von Stephanie: „Sie sieht hübsch aus, hat aschfarbige, durchaus nicht blonde Haare, eine ziemlich große, aber wohlgeformte Nase; ihr Mund ist nicht klein, aber sie hat schöne Zähne. Der Kopf würde mehr zu einer größeren Figur passen, denn sie ist klein und hält sich schlecht, ihr Rücken ist etwas rund ... Sie scheint sehr lebhaft zu sein, aber nicht sehr sanftmütig. Karl behandelt sie gut, ist aber überhaupt nicht verliebt."

Tatsächlich lebten Karl und Stephanie nebeneinander her, ohne mehr Worte miteinander zu wechseln als unbedingt nötig. Karl war ein schüchterner Mensch und ein schwieriger Charakter – und Stephanie hatte wenig Lust, seine komplizierte Seele zu erforschen. Sie meinte vielmehr, dass es einem Ehemann gut anstünde, seine Frau zu umwerben und zu verwöhnen. Außerdem war Stephanie zur Überzeugung gekommen, dem Prinzen Karl und dem Land Baden mit ihrer Heirat eine hohe Ehre erwiesen zu haben – schließlich war sie eine kaiserliche Hoheit, eine Tochter des großen Napoleon. Ihre französischen Hofdamen, die über den bescheidenen badischen Hof und den sparsamen Karl Friedrich die Nase rümpften, bestärkten die junge Frau in dieser Auffassung. Sie benahm sich entsprechend: „Die Tagesordnung wurde auf französische Art eingeteilt, ohne Rücksicht auf die so lange vorher bestandenen Gewohnheiten“, krittelte Karoline von Freystedt, die Hofdame Amalies: „Die Markgräfin, ja selbst der alte Kurfürst, welcher indessen den Titel Großherzog angenommen hatte, mussten sich nach den Stunden, welche der jungen Fürstin angenehm waren, richten. Eines Tages war der ganze Hof zur Tafel versammelt, da sah man Prinzessin Stephanie ausfahren gegen Ettlingen zu, wo sie ausstieg und nach Gefallen spazieren ging, bis es ihr beliebte, die wartende Familie durch ihre Rückkehr zum Mittagessen gelangen zu lassen.“

Die französischen Moden, die Stephanie einführte, behagten Karl Friedrich wenig. Seit der Revolution empfand er eine ausgeprägte Abneigung gegen den Lebensstil des Nachbarlandes. Sein Widerwille hatte dazu geführt, dass am badischen Hof lange Zeit französische Tänze verpönt waren. Markgräfin Amalie hatte sogar Mühe gehabt, bei ihrem Schwiegervater durchzusetzen, dass Prinz Karl in der französischen Sprache unterrichtet werden durfte. Seinen Hochberg-Söhnen erlaubte Karl Friedrich den Französisch-Unterricht erst in späten Jahren, so dass die jungen Herren die damals so wichtige Sprache nach eigener Einschätzung nur notdürftig sprechen und schreiben lernten. Das Bündnis mit Napoleon zwang den alten Fürsten nun, seine Aversion zu verleugnen.

Nicht nur das: Am Hof bemühte man sich, Stephanies Wünsche so gut es irgend ging zu erfüllen, auch wenn sich namentlich die Markgräfin Amalie und Luise von Hochberg in höchstem Maße über das Verhalten des unerwünschten Familienmitglieds echauffierten. Luises Sohn Wilhelm war nur wenige Jahre jünger als die Erbprinzessin, die er – sehr zum Verdruss seiner Mutter – recht anziehend fand. Aber selbst er nahm Anstoß daran, dass

Stephanie alle Welt mit ihren Launen in Atem hielt. Er notierte: „Mein Bruder Leopold und ich gaben uns alle Mühe, französisch tanzen zu lernen, da man großen Wert darauf legte, eine Française tanzen zu können. Oft wurden wir geholt, um einem Ball beizuwohnen, wenn es der Prinzessin einfiel zu tanzen. So erinnere ich mich, dass wir vom Harthof, wo wir auf der Jagd waren, und von Baden(-Baden) schnell aufbrechen mussten, um beim Balle zu erscheinen. Die große Lebhaftigkeit der Prinzessin missfiel der alten Markgräfin, und so gab es denn manche Reibungen." Da Karl Friedrich mit der Rolle des Vermittlers innerhalb der Familie völlig überfordert war, atmete er auf, als sich das Thronfolgerpaar nach Mannheim verabschiedete, wo es künftig residieren sollte.

Fast ebenso erleichtert dürfte er gewesen sein, als auch die scharfzüngige Amalie das Schloss räumte, um ihren Witwensitz in Bruchsal zu beziehen. Die Atmosphäre in Karlsruhe war mittlerweile so vergiftet, dass die Markgräfin glaubte, es nicht mehr länger mit ihrem Schwiegervater und dessen Frau unter einem Dach aushalten zu können. Bei künftigen Aufenthalten in der Fächerstadt zog sie es vor, in ihrem nicht sehr geräumigen Stadtpalais zu wohnen.

Ludwigs Verbannung

Durch die französische Heirat war Baden fester denn je an den mächtigen Nachbarn gebunden, und die großherzogliche Familie stand permanent unter der Aufsicht Napoleons. Seine Spitzel meldeten selbst unbedeutende Kleinigkeiten nach Paris. Stirnrunzelnd vernahm der Kaiser, dass Stephanie sich nur schwer in ihrer neuen Heimat eingewöhnte. Zunächst einmal nahm er seine Adoptivtochter in die Pflicht. Er ermahnte sie brieflich, Rücksicht auf die badischen Gepflogenheiten zu nehmen, ihrem Mann Zuneigung entgegenzubringen und sich bei Karl Friedrich beliebt zu machen. Doch die Nachrichten aus Baden blieben betrüblich, und bald gelangte der Kaiser zur Ansicht, dass die Ursachen der ständigen Querelen nicht bei seiner Adoptivtochter, sondern bei Stephanies neuer Verwandtschaft lägen.

Karl war alles andere als ein vorbildlicher Ehemann. Wie einst sein Großvater hatte er eine höllische Angst davor, dass seine Frau ihn dominieren könnte. Und wie einst Karl Friedrich hielt er seine Gemahlin auf Distanz. Aber Stephanie war keine Karoline Luise, die durch scheinbare Nachgiebigkeit und kluges Verhalten die Befürchtungen ihres Gatten zerstreute und sich zur unentbehrlichen Gefährtin machte. Ihre schnippische Art brachte sogar das bisschen Zuneigung zum Erlöschen, das Karl zu Beginn seiner Ehe für die hübsche Französin empfunden haben mag.

Während der ersten Monate wahrte der Erbgroßherzog noch die Fassade. Während Karl Friedrich und Luise von Hochberg den Sommer 1806 in Baden-Baden verbrachten, richteten sich Stephanie und Karl für die heißen Monate in Schloss Favorite bei Rastatt ein. Dort amüsierte sich die junge Frau zunächst ganz prächtig. Bei Ausflügen ins Murgtal und in den Schwarzwald ging es erfreulich ungezwungen zu, und die Prinzessin genoss es, mit ihren Hofdamen die schöne Landschaft zu erkunden. Ihrem Gemahl allerdings wurde das Gekicher und Getue der Frauen rasch langweilig. Unter dem Vorwand, sich um Regierungsgeschäfte kümmern zu müssen, kehrte er nach Karlsruhe zurück. Stephanie erlitt eine Fehlgeburt, aber auf Karls Beistand hoffte sie vergebens. Im Herbst verbrachten die beiden einige gemeinsame Tage in Mannheim, ehe der Erbgroßherzog sich erneut verabschiedete. Diesmal hatte er einen Grund dafür, den sogar Stephanie akzeptieren musste: Karl zog an der Spitze des badischen Rheinbundkontingents gegen Preußen. Erst im Sommer 1807 kehrte er, nachdem er eine schwere Krankheit überstanden hatte, nach Baden zurück.

Die Trennung hatte keine heilsame Wirkung. Im Gegenteil: Die Ehe von Karl und Stephanie war an ihrem Tiefpunkt angelangt. Nach Mannheim, wo seine Frau Hof hielt, kam Karl selten und nur dann, wenn seine Anwesenheit unumgänglich war. Die Erbgroßherzogin redete sich ein, dass diese Form des ehelichen Zusammen- oder vielmehr Getrenntlebens im Hochadel nichts Ungewöhnliches sei. Doch dann hinterbrachte man ihr, dass Karl – tatkräftig unterstützt von seinem Onkel Ludwig – in Karlsruhe Orgien feiere und bei seinen Ausschweifungen seine Gemahlin schmähe. Stephanie brach zusammen, fieberte, litt unter Halluzinationen. Karl scherte sich nicht darum.

Als Stephanie sich wieder einigermaßen erholt hatte, fasste sie den Beschluss, sich weder von ihrem Mann noch von seiner schrecklichen Familie kleinkriegen zu lassen. Zum Jahreswechsel 1807/08 reiste sie nach Karlsruhe, um dem alten Großherzog, für den sie eine mit Mitleid gepaarte Zuneigung empfand, persönlich ihre Glückwünsche zu überbringen. Karl Friedrich wiederum betrachtete die ihm aufgezwungene Enkelin mit einer Mischung aus Nachsicht und Sympathie. Es war dem alten Fürsten nur allzu klar, dass auch Stephanie nur eine Figur auf dem großen Schachbrett Napoleons war. Und was immer man über die Herkunft der Erbgroßherzogin denken mochte – sie bot einen entzückenden Anblick mit ihrer Koketterie, ihrer Lebhaftigkeit und ihrer wunderbaren Jugend. Ein Narr, dieser Karl, der die zarten Reize seiner Gemahlin offenbar nicht zu schätzen wusste.

Ausgerechnet Stephanie gab den Anlass dafür, dass Napoleon dem alten Großherzog erneut einen schweren Schlag versetzte. Denn der Kaiser der Franzosen war nicht länger bereit, die Missachtung seiner Adoptivtochter am badischen Hof zu tolerieren. Die neuesten Berichte aus Karlsruhe lösten einen seiner berühmten Wutanfälle aus. Dass Karl seine Frau nicht liebte, das konnte der Korse hinnehmen. Aber Respekt hatte der Prinz seiner Gattin zu zollen – schließlich war sie eine kaiserliche Hoheit. „Hätte ich Deinen Charakter gekannt, wie ich ihn jetzt kenne, hätte ich mich gehütet, Dir ein mir teures Wesen zur Frau zu geben", schäumte der Kaiser in einem Brief an Karl: „Willst Du Dich weiter so benehmen, dann schicke mir meine Tochter zurück. Du bist ihrer nicht würdig ..."

Auch dem alten Großherzog wurde ein Schreiben des Kaisers überreicht. Es war moderater im Ton und begann wie üblich mit der Anrede „mein Bruder", ließ aber an Deutlichkeit nichts zu wünschen übrig: „Eure Hoheit wissen nicht, wie schlecht meine Tochter behandelt wird, sonst hätte Ihr gutes Herz und die Freundschaft, die Sie für mich empfinden, Sie veranlassen müssen, Abhilfe zu schaffen." Er bereue jeden Tag die von ihm veranlasste Heirat, erklärte Napoleon. Offenbar sei Karl Friedrichs Sohn, Markgraf Ludwig, für das Scheitern dieser Ehe verantwortlich: „Was ich von den Intrigen des Prinzen höre, ist kaum glaublich; sein schlechter Charakter war mir bekannt, aber ich dachte, er wäre klug genug, mich nicht zur Einmischung in die inneren Angelegenheiten Ihres Hofes zu zwingen ..." Auguste de Talleyrand, der den Brief überbrachte, ließ den Großherzog wissen, welche Konsequenzen der Kaiser verlangte: Karl Friedrich sollte Ludwig, seinen jüngsten Sohn aus erster Ehe, aus Karlsruhe verbannen. Auch andere Teilnehmer von Karls Orgien seien aus der Residenzstadt auszuweisen.

Der alte Großherzog war erschüttert. Seit dem Tod des Erbprinzen im Jahr 1801 war das Verhältnis zwischen Karl Friedrich und seinem dritten Sohn Ludwig sehr eng geworden; weilten beide unter einem Dach, pflegten sie mittags und abends gemeinsam zu speisen. Da Markgraf Ludwig den Hochbergern freundlich gesinnt war, gab es in seiner Gegenwart nicht die Sticheleien und die spitzen Bemerkungen, die sonst die Zusammenkünfte der großherzoglichen Familie belasteten und die Karl Friedrichs Harmonie-Bedürfnis so sehr widerstrebten. Und nun war da dieser Befehl Napoleons. Eine Weile diskutierten die Badener darüber, ob Ludwig nach Paris reisen sollte, um sich vor dem Kaiser zu verteidigen, doch der Prinz selbst hielt dieses Unterfangen für gänzlich hoffnungslos. Er würde sich also nach Salem an den Bodensee zurückziehen. Das ehemalige Zisterzienserkloster war jetzt Privateigentum des markgräflichen Hauses; für die jüngeren Prinzen war ein Schloss als Hausfideikommiss eingerichtet worden.

Ludwig hatte sich als Oberkommandierender der badischen Truppen sowie als Leiter der Oberforstdirektion und des Finanzdepartements zahlreiche Feinde gemacht. Durch seine rücksichtslose und nachtragende Art hatte Karl Friedrichs Sohn viele Menschen vor den Kopf gestoßen. Nicht nur die Erbgroßherzogin machte Ludwig für das ungebührliche Benehmen Karls ihr gegenüber verantwortlich – auch sonst war bei Hof mancher davon überzeugt, dass Markgraf Ludwig seinen Neffen mit Bedacht von Stephanie fernhielt, um den eigenen Einfluss auf den Thronfolger zu wahren. So umstritten die Person Ludwigs am badischen Hof aber auch war: Die Empörung über die neuerliche Einmischung Napoleons einte alle Parteien. Selbst Prinz Friedrich, der Lieblingssohn der verstorbenen Markgräfin Karoline Luise, hielt in dieser Krise zu seinem Bruder. Wilhelm von Hochberg erinnerte sich: „Die beiden standen nicht immer gut zusammen. Louis hatte viel Verstand und Lebenserfahrung; beides ging seinem Bruder, der das oft spüren mochte, ab. Dazu kam, dass der Ältere (also Friedrich) bei seinem Vater nicht so gut angeschrieben war wie der Jüngere. Infolgedessen lebten sie oft in Streit untereinander – meist über sehr geringfügige Dinge. Die Besitzungen am Bodensee, die sie gemeinschaftlich verwalteten, gaben hierzu Stoff. Kaum hatte aber Markgraf Friedrich von der

Behandlung, die seinem Bruder widerfahren war, gehört, so beeilte er sich, ihm alles, was er in Salem hatte, zur Disposition zu stellen und ihm in jeder Weise auf das Freundlichste entgegenzukommen ..."

Großherzog Karl Friedrich teilte unterdessen Napoleon mit, dass er wie verlangt seinen Sohn aus Karlsruhe entfernen werde – so hart ihn dies auf seine alten Tage auch ankomme. Einen zaghaften Versuch, Ludwig zu rechtfertigen, unternahm der Großherzog dann doch: Der Prinz sei stets bemüht gewesen, die Wünsche des Kaisers zu erfüllen, schrieb er. Da Karl Friedrich jedoch die innerfamiliären Animositäten nicht wegleugnen konnte, versicherte er Napoleon, dass er seine ganze Autorität dafür einsetzen werde, damit Stephanie künftig keinen Grund zur Klage mehr habe. Als sich die Erbgroßherzogin bald darauf wegen einer neuen Gartenanlage in Mannheim an ihren „lieben Großvater" wandte, ließ er sie wissen: „Ihr Lebensweg, meine liebe Tochter, soll, soweit es von mir abhängt, mit Rosen übersät sein. Ich werde nicht aufhören, das Beste für Ihr Glück zu wünschen, aber ich verlange als Gegenleistung, dass Sie mich immer ein wenig gern haben."

Auch Karl hatte einen tüchtigen Schreck bekommen. Das Verhältnis zu seiner Frau blieb zwar trotz Napoleons Intervention gespannt, doch bemühte sich der Erbgroßherzog nun wieder, in der Öffentlichkeit den Schein zu wahren.

Napoleon war etwas besänftigt, als man ihm mitteilte, dass der badische Großherzog seinen Befehlen prompt gehorchte und sein Enkel sich jetzt etwas besser benahm. Doch sollten die Badener nicht glauben, dass mit der Verbannung des Markgrafen Ludwig alles vergeben und vergessen sei. General von Harrant, der die badischen Entschuldigungsbriefe nach Paris brachte, wurde beauftragt, im Namen des Kaisers einige höchst unangenehme Botschaften zu überbringen. Ein Tadel etwa ging an die Markgräfin Amalie. Der Kaiser war wütend darüber, dass sich die Schwiegermutter nicht um Stephanie gekümmert hatte, als diese wegen Karls Ausschweifungen einen Nervenzusammenbruch erlitt. Wenigstens einen Besuch, so rügte Napoleon, wäre Amalie der Erbgroßherzogin schuldig gewesen: „Wenn sie es schon nicht aus Liebe und Zuneigung für ihre Schwiegertochter tun will, sollte sie es doch wenigstens aus Gründen politischer Klugheit tun." Noch heftiger fiel Napoleons Botschaft an Karl Friedrichs Gemahlin Luise von Hochberg aus: Wenn sie nicht von sich aus Schluss mache mit ihren Umtrieben und ihrem schamlosen Lasterleben, dann werde er, der Kaiser, es tun und sie in ein Kloster sperren.

Die Pflegerin

Luise von Hochberg fühlte sich wieder einmal gekränkt und missverstanden. Sie war am badischen Hof unbeliebter denn je – und das hing nicht zuletzt mit dem schlechten Gesundheitszustand des Großherzogs zusammen. Karl Friedrich hatte Luise einst geheiratet, um seine Triebe nach dem weiblichen Geschlecht auf erlaubte Weise zu befriedigen. Jetzt aber benötigte er weniger die Dienste einer Geliebten als die einer Krankenschwester. Zwar hatte sich der Fürst nach dem Schlaganfall, den er 1804 auf der Favorite erlitt, und nach der schweren Erkrankung 1806 einigermaßen erholt – er konnte zeitweise sogar wieder reiten und die Freuden der Jagd genießen –, aber seine geistigen Kräfte ließen nunmehr rapide nach. Trotz kurzer Phasen der Besserung schien auch der körperliche Verfall nicht mehr aufzuhalten. Luise kümmerte sich aufopferungsvoll um den kranken Gemahl. Doch die Pflege des Greises brachte ihr kaum Lob ein. Vielmehr erzählte man sich bei Hofe empört, dass die Hochberg den alten Fürsten jetzt vollständig beherrsche. Tatsächlich hatte Luise durch die Krankheit Karl Friedrichs endlich eine Möglichkeit gefunden,

Macht auszuüben: Sie kontrollierte den Zugang zum Großherzog, und mancher ihrer alten Feinde musste zahlen, wenn er Gehör bei Karl Friedrich finden wollte.

Luise genoss es, wenn bedeutende Persönlichkeiten, ja sogar Mitglieder der großherzoglichen Familie sich gezwungen sahen, als Bittsteller an sie heranzutreten. Es schien, als wolle sie sich rächen für all die Schmach, die man der Ehefrau zur Linken angetan hatte. Kam ihr jemand in die Quere, musste er mit harscher, verletzender Kritik rechnen. Bisweilen schockierte die Gräfin den Hof sogar durch öffentliche Wutanfälle. Erbgroßherzogin Stephanie ließ sich von der allgemeinen Aversion gegen die Hochberg anstecken und schimpfte: „Diese Heirat war das größte Unglück, das einem bis zu diesem Zeitpunkt gut regierten Land und einem von jedermann wegen seiner Tugenden, Kenntnisse und seiner guten Verwaltung geachteten Fürsten widerfahren konnte. Frau von Hochberg ... soll den Aussagen zufolge schön gewesen sein. Als ich sie kennenlernte, sah man nichts mehr davon. Sie war groß, schwarzhaarig, ging schlottrig und hatte eine schlechte Haltung. Sie war stark geschminkt, hatte eine raue Stimme und machte eher den Eindruck eines Grenadiers als einer hochplatzierten Dame der Gesellschaft. Den armen Großherzog behandelte sie mit harter Hand, und er schien mir Angst vor ihr zu haben."

Auch in den Berichten, die der französische Geschäftsträger Massias nach Paris erstattete, wurde ein düsteres Bild von den Zuständen am badischen Hof gezeichnet: „Da sich beim Großherzog das Alter mit Charakterschwäche verbindet, ist er nur noch ein Abglanz seiner selbst. Ich habe Beweise dafür, dass er zuweilen gar nicht von den Befehlen in Kenntnis gesetzt wird, die in seinem Namen erlassen werden. Er wird auf ein absolut vegetatives Leben beschränkt."

Luise von Hochberg befand sich in einer merkwürdigen Situation: Durch den sich verschlechternden Gesundheitszustand Karl

Friedrichs wuchs die Bedeutung ihrer Person, doch zugleich zeichnete sich das Ende ihres Einflusses ab. Nach dem Tod des Großherzogs würde das Thronfolgerpaar Karl und Stephanie die Witwe kaum weiter bei Hofe dulden. Luise aber war fest entschlossen, sich nicht einfach beiseite schieben zu lassen. Sie bedrängte Karl Friedrich immer aufs Neue, die gesellschaftliche Position und die materielle Versorgung der Hochberger zu verbessern.

Einige Erfolge konnte sie verbuchen. Für Luise ließ der Großherzog seit 1803 am Karlsruher Rondellplatz nach Plänen von Friedrich Weinbrenner einen repräsentativen Witwensitz errichten. Im Jahr 1808 wurde die Rente, die die Gräfin von Hochberg nach Karl Friedrichs Tod erhalten sollte, von ursprünglich 4.000 Gulden pro Jahr auf 30.000 Gulden erhöht. Doch über diese Verbesserung konnte sich Luise nicht so recht freuen, denn ihre Feindin, die Markgräfin Amalie, erhielt auf Napoleons Betreiben schon damals das Vierfache dieses Betrages. Für Leopold, den ältesten Hochberg-Sprößling, erwarb Karl Friedrich die Domäne Zwingenberg. Ein Triumph für Luise war das Hausgesetz von 1806, mit dem der badische Großherzog seine Nachfolge geregelt hatte. Da das römisch-deutsche Reich nicht mehr existierte, bedurfte es anders als die Disposition von 1796 keiner kaiserlichen Genehmigung. Mit der Zustimmung seines Enkels und seiner Söhne aus erster Ehe und kraft seiner „durch die Fügung der allwaltenden göttlichen Vorsehung" erlangten Souveränität hatte Karl Friedrich erneut bestimmt, dass seine Hochberger Söhne erbberechtigt sein sollten für den Fall, dass das Haus Baden im Mannesstamm erlöschen würde. Eine Standeserhöhung der Hochberger war damit freilich (noch) nicht verbunden – was Luise maßlos ärgerte.

Die Verschwörung

Luises größtes Problem aber waren ihre horrenden Schulden, die wiederholt Anlass für napoleonische Donnerwetter gaben. Doch

Vorwürfe verfingen bei der Gräfin, die sich stets als unschuldiges Opfer übler Nachrede betrachtete, nicht. Ihr Leben lang hatte Luise keinen Bezug zum Wert des Geldes. Obwohl sie für eine Fürstengemahlin eine verhältnismäßig geringe Apanage von 2.500 Gulden pro Jahr bezog und ihre Wirtschaftsunternehmen, vor allem das Gut Rotenfels, deutlich höhere Summen verschlangen als sie einbrachten, gab Madame Sanssouci das Geld mit vollen Händen aus. Amalies Standesdünkel und die vielen kleinen und großen Kränkungen, die die Markgräfin ihrer ehemaligen Hofdame zufügte, haben Luises Wunsch nach einer „standesgemäßen" Lebensweise wohl noch verstärkt. Karl Friedrich hatte – zum Entsetzen des Freiherrn von Reitzenstein – im Sommer 1806 Anweisung gegeben, seiner Frau „ohne Aufsehen" 600.000 Gulden aus der Staatskasse zukommen zu lassen. Doch selbst mit dieser gewaltigen Summe konnte Luise nur einen Teil ihres Schuldenberges abtragen – und sie war keineswegs gewillt, ihren Lebensstandard spürbar einzuschränken. Mit gefälschten Unterschriften Karl Friedrichs auf Wechseln versuchte sich die Gräfin Luft zu verschaffen. Als sich im Jahr 1808 der körperliche und der geistige Zustand des Großherzogs dramatisch verschlechterte, begann sie, über einen Befreiungsschlag nachzudenken.

So viele Feinde Luise am badischen Hof auch haben mochte – es war ihr gelungen, einen kleinen Kreis von Günstlingen um sich zu scharren. Zu den Leuten, für deren Fortkommen sie bei Karl Friedrich Stimmung machte, gehörten unter anderem der Leibarzt Dr. Schrickel und der für die badische Architekturlandschaft so wichtige Baumeister Friedrich Weinbrenner. Nun, da die Kräfte des Großherzogs nachließen, hoffte die Gräfin, den Kreis ihrer Protegés auch auf die Regierungsebene ausdehnen zu können. Sie schmeichelte Auguste de Talleyrand, dem neuen französischen Gesandten bei Hof, und setzte sich für Emmerich Joseph von Dalberg ein, der als Parteigänger Napoleons galt. Tatsächlich gelang es Dalberg, die neue Zentralfigur der badischen Politik zu werden – aber davon profitierte Luise nicht. Der Baron war kein Duckmäuser, er zählte innerhalb kürzester Zeit zu den schärfsten Kritikern seiner Gönnerin.

Luise von Hochberg war empört. Dass dieser Dalberg die Stirn hatte, von der Gemahlin seines Fürsten genauen Aufschluss über die Höhe und die Art ihrer Verbindlichkeiten zu verlangen, empfand sie als Unverschämtheit. Der Mann musste weg. Und wenn sie bei seiner Entfernung auch gleich noch ihre Schulden loswürde, umso besser. Zusammen mit einem obskuren Hofrat von Sternhayn, der damals Polizei- und Badedirektor von Baden-Baden war, heckte die Gräfin Hochberg einen Plan aus, den das arglose Hoffräulein von Freystedt als „unbegreifliche Intrige", Luises eigener Sohn Wilhelm jedoch als „Staatsstreich" bezeichnete. Sie wollte nichts weniger, als Karl Friedrich zur Annahme einer Verfassung zu überreden, die eine völlige Neuorganisation des badischen Staates bedeutet und der Gräfin von Hochberg allerlei Vorteile gebracht hätte. Denn zum einen sollten alle Schulden, die auf Karl Friedrichs Namen gemacht worden waren, zur National- und Landesschuld erklärt werden, und zum anderen sollte das Nachfolgerecht der Hochberger verankert werden.

Die Zeit drängte, denn Erbgroßherzog Karl befand sich gerade mit seiner Gemahlin beim Fürstenkongress in Erfurt, wo Napoleon und Zar Alexander sich trafen. Wenn Karl zurückkehrte, wollte die Hochberg ihn vor vollendete Tatsachen stellen und ihm eine neue Regierung aus ihr ergebenen Männern präsentieren. Da der badische Staat nach westfälischem und polnischem Muster organisiert werden sollte, waren sich die Verschwörer – neben Badenern gehörten dazu einige Franzosen – sehr sicher, dass Napoleon die neue Verfassung gutheißen werde. Luises wichtigste Aufgabe war es, den Großherzog dazu zu bewegen, das Machwerk zu unterzeichnen. Karl Friedrich hatte keine

Ahnung, um was es eigentlich ging, aber es gefiel ihm nicht, wenn man ihn zu etwas drängen wollte. Also schüttelte er zunächst einmal sein greises Haupt. Doch die Gräfin hörte nicht auf, ihren verstörten Mann zu plagen. Als er schließlich widerwillig seine Unterschrift sowohl unter den Verfassungsentwurf als auch unter die Entlassungsurkunde Dalbergs setzte, glaubte sich Luise von Hochberg am Ziel.

Sie hatte die Minister von Dalberg und von Gemmingen unterschätzt. Die beiden hatten die Gräfin beobachten lassen und waren ihr auf die Schliche gekommen. Umgehend informierten sie Erbgroßherzog Karl über den geplanten Umsturz. Karl war erschüttert über so viel Dreistigkeit und machte sich, nach vorheriger Beratung mit den Ministern, auf den Weg zu seinem Großvater. Tatsächlich traf er bei Karl Friedrich vier „Väter der Verfassung“ an. Auf seine Frage, wer die Herren seien, blieb ihm der völlig verwirrte Großherzog die Antwort schuldig: Er wusste nicht, um wen es sich handeln könnte.

Sternhayn und seine badischen Helfershelfer wurden arretiert; doch bei den in die Verschwörung verwickelten Franzosen war Karl vorsichtiger. Er entließ sie in allen Ehren – schließlich konnte man nicht wissen, ob der Umsturzversuch nicht doch in Paris eingefädelt oder gar von Napoleon selbst initiiert worden war. In ihrer Heimat allerdings wurden die beteiligten Franzosen vorübergehend festgenommen. Und das, so stellte ein Diplomat in Karlsruhe mit Genugtuung fest, machte „auf eine gewisse Dame von höchstem Range“ großen Eindruck. Luise selbst blieb zwar ungeschoren, doch setzten die Minister durch, dass Erbgroßherzog Karl das Mitzeichnungsrecht erhielt. Der Hochberg war damit die Möglichkeit genommen, durch die Manipulation Karl Friedrichs Einfluss auf die Staatsgeschäfte zu nehmen. Eine weitere Folge der gescheiterten Verschwörung war eine Schuldenprogrammatik, die in Karl Friedrichs Namen erlassen wurde: Demnach waren die

Schulden „volljähriger Mitglieder aus der Familie des Regenten, namentlich ihrer Gemahlinnen und Witwen ... bloße Privatschulden." Luises Hoffnung, dass letztlich doch Vater Staat für ihre Verbindlichkeiten aufkommen würde, war damit ausgeträumt.

Die Gräfin spuckte Gift und Galle. Da Erbgroßherzog Karl, dessen Trägheit sie nur zu gut kannte, jetzt faktisch Mitregent des Großherzogs war, bedeutete dies, dass in Wirklichkeit die Minister regierten. Auch der Markgraf Ludwig würde die Chance nutzen, aus der Ferne die Fäden zu ziehen. Nur Luise von Hochberg stand wieder einmal mit leeren Händen da. Die verbitterte Gräfin ließ keine Möglichkeit aus, Karl Friedrichs erste Familie und die Mitglieder der badischen Regierung bei Napoleon anzuschwärzen, während sie sich selbst als armes Opfer der Umstände darstellte: „Man verargt mir, dass ich nicht als Prinzessin auf die Welt kam und dass ich dem Großherzog drei Söhne geschenkt habe", jammerte Luise: „Man verargt es mir ebenso, dass ich die einzige Vertraute des Großherzogs bin ..."

Dem Kaiser der Franzosen ging die intrigante Dame bald mächtig auf die Nerven. Doch Luise von Hochberg hatte kein Gespür für solche Befindlichkeiten; obwohl sie von Napoleon schon mehrfach zurückgewiesen worden war, hoffte sie immer noch, dass Badens mächtiger Verbündeter in ihrem Sinne intervenieren würde. 1809 bat sie den Kaiser um seinen Schutz, damit „meine Stellung entsprechend geregelt werde, wenn ich das Unglück haben sollte, Witwe zu werden, und damit meine drei Söhne in der politischen Welt den Rang erhalten, wie er den legitimen Kindern eines souveränen Fürsten gebührt". Ihre Bitte wurde auch diesmal überhört.

In Kindheit zurückgefallen

Für Luise und die anderen Menschen in Karl Friedrichs unmittelbarer Umgebung bedeutete die Pflege des alten Fürsten, der immer wunderlicher und immer vergesslicher wurde, eine schwere Belastung. Eine beruhigende Wirkung auf den Großherzog hatten jedoch die Besuche Heinrich Jung-Stillings. Die Gespräche mit ihm über Religion und Sittlichkeit schienen Karl Friedrich auf wunderbare Art zu trösten. Nicht ganz uneigennützig hatten Luise von Hochberg und Dr. Schrickel, der Leibarzt, daher angeregt, dass Jung-Stilling sich ständig in der Nähe Karl Friedrichs aufhalten sollte. Der Großherzog zeigte sich von dieser Idee sehr angetan, und so war der Hofrat im Sommer 1807 nach Karlsruhe übergesiedelt.

Leicht war es Jung-Stilling nicht gefallen, seinen Wohnsitz in Heidelberg aufzugeben – neben den Bitten Karl Friedrichs dürfte ihn dazu vor allem die Aussicht auf eine Verbesserung seiner finanziellen Situation bewogen haben. In der Residenz verlor er viel von seiner bisherigen persönlichen Freiheit. Während man ihm selbst Räume im Schloss zuwies, mussten seine Frau und seine Kinder in einer Wohnung am Zirkel leben. Jung-Stilling wurde dem persönlichen Dienst des Großherzogs zugeteilt; er hatte seinem Herrn also jederzeit zur Verfügung zu stehen und ihn auch bei seinen Reisen nach Schwetzingen oder Baden-Baden zu begleiten. Für Karl Friedrich, den „Patriarchen unter den Fürsten und Christusverehrern auf dem Thron", dem er 1808 seine „Theorie der Geisterkunde" widmete, wurde der Augenarzt Jung-Stilling so etwas wie ein Seelendoktor: Sein gläubiger Eifer und die schlichte Frömmigkeit waren Balsam für das aufgewühlte Gemüt des Großherzogs, der mit der neuen Zeit nicht mehr gut zurechtkam. Wilhelm von Hochberg notierte: „Geheimer Hofrat Jung-Stilling aß ... täglich mit meinem Vater und las ihm gewöhnlich abends etwas vor. Mein Vater hatte ihn sehr gerne und liebte es, ihn erzählen zu hören."

Doch die zunehmende Geistesschwäche Karl Friedrichs blieb nicht ohne Auswirkung auf das Verhältnis der beiden Männer.

Schon im September 1808 wandte sich ein ratloser Jung-Stilling an die Gräfin Hochberg: „Seit verwichenem Sommer hat sich das Betragen Seiner Königlichen Hoheit des Großherzogs gegen mich ganz verändert. Eure Exzellenz können gewiss überzeugt sein, dass mir nie der Gedanke eines Vorzugs vor anderen in die Seele kommt, mein Wunsch ist nur der, nicht zu missfallen, dem guten vortrefflichen Herrn durch meine Existenz am Hof nicht zuwider zu sein. Ich habe mein ganzes Betragen aufs Schärfste und unparteiisch geprüft, und ich kann nicht finden, wo ich fehlte, und doch muss ich etwas an mir haben, das dem Herrn zuwider ist.“ Der junge Wilhelm von Hochberg beobachtete mit Sorge die Veränderung im Benehmen seines Vaters gegenüber dem Hofrat: „Bei der Abnahme seiner geistigen Kräfte aber fasste er allmählich gegen Jung ein Misstrauen und war öfters nicht gut auf ihn zu sprechen, so dass man ihn nicht mehr mit diesem allein lassen durfte.“

Im Frühjahr 1810 glaubte Jung-Stilling erkannt zu haben, woher Karl Friedrichs wachsender Widerwille gegen seine Person rührte: „Die Hauptidee, die sich bei unserem gnädigsten Herrn seit dem Anfang seiner Geistesschwäche fixiert hat, besteht aus zwei Stücken. Erstens: Er stellt sich vor, man habe mich ihm zum Aufseher bestellt. Er sieht mich beinahe als einen Spion an. Und zweitens: Ich suchte immer zu zeigen, dass ich ihm in Kenntnissen und Wissen überlegen sei.“ Dass Jung-Stilling trotz des paranoiden Verhaltens von Karl Friedrich und trotz unmissverständlicher Hinweise des Oberhofmarschalls, dass er nicht mehr wohlgelitten sei, den Hof nicht verließ, lag an seinen ewigen Geldnöten: Jung-Stilling konnte es sich schlicht nicht leisten, auf das Mittagsmahl im Schloss zu verzichten, das ein Teil seiner Besoldung war. Außerdem war in der Wohnung am Zirkel, wo seine Familie wohnte, nicht genug Platz, um den Hofrat und seine wohl sortierte Bibliothek aufzunehmen.

Karl Friederichs Geistesschwäche machte es mehr und mehr erforderlich, den Großherzog von der Öffentlichkeit abzuschirmen – in der schwierigen Umbruchzeit, in der sich das Land befand, konnte es sich Baden nicht leisten, dass das Idealbild des Fürsten entzaubert wurde. Im März 1810 wurde offiziell die Mitregentschaft von Erbgroßherzog Karl verkündet – Karl Friedrichs war dermaßen hinfällig, dass sein Enkel, der schon seit einigen Jahren an den Regierungsgeschäften teilhatte, jetzt auch offiziell damit betreut wurde. Wenn es sein wechselnder Gesundheitszustand zuließ, wurde der greise Großherzog noch hin und wieder zu repräsentativen Aufgaben zugezogen. So berichtet sein Sohn Wilhelm, dass er noch im September 1810 den Grundstein zur neuen Kirche in Kuppenheim gelegt habe. Doch die meiste Zeit führte Karl Friedrich ein erbarmungswürdiges Schattendasein. Er sei „in Kindheit zurückgefallen" – die Hofdame Karoline von Freystedt drückte es sehr dezent aus.

In Paris ließ sich unterdessen Napoleon von Josephine scheiden – trotz zahlreicher Kuren gegen Frauenleiden war es der Kaiserin, die in erster Ehe zwei Kinder zur Welt gebracht hatte, nicht gelungen, schwanger zu werden. Nun wünschte Napoleon, dass ihm eine Habsburgerin den Erben gebar, und er zwang Kaiser Franz von Österreich, ihm seine Tochter zur Frau zu geben. Am 11. März 1810 wurde die Erzherzogin Marie Luise dem Kaiser der Franzosen in Wien „durch Prokura" angetraut. Obwohl sie ihren Gemahl noch nicht persönlich kannte, konnte Marie Luise daher den Rang einer kaiserlichen „Majestät" beanspruchen, als sie auf ihrem Weg nach Paris in Karlsruhe Halt machte. Sie wurde von Erbgroßherzog Karl und Stephanie empfangen. Kanonendonner und Glockengeläute, Ehrenpforten und Huldigungen durch den Magistrat, Opernaufführung und Stadtbeleuchtung – der Aufwand, der zu Ehren der neuen Kaiserin in Karlsruhe betrieben wurde, war groß. Der alte Großherzog war allerdings nicht in der Lage, sein Zimmer zu verlassen, um Marie Luise zu begrüßen. Ihm leisteten in seiner Abgeschiedenheit seine Söhne aus zweiter Ehe und sein Töchterchen Amalie Gesellschaft. Die Hochberg-Sprösslinge waren von dem wichtigen Ereignis ausgeschlossen worden. Es war eine der vielen Kränkungen, die sie ein Leben lang nicht vergaßen. Ihr kranker Vater war nicht mehr in der Lage, die Rechte seiner Kinder durchzusetzen. Karl Friedrich verstand fast nichts mehr von dem, was um ihn herum geschah.

So bemerkte er auch nicht, dass sein Enkel Karl und dessen Gemahlin Stephanie sich seit einiger Zeit mit ungewohnter Aufmerksamkeit begegneten. Als sich der Kaiser der Franzosen von ihrer Tante Josephine trennte, hatte Stephanie erkannt, wie unsicher die Position einer Ehefrau war, die weder Mitglied einer alten Dynastie war noch ihrem Gemahl Nachkommen geschenkt hatte. Karl wiederum war von Minister Reitzenstein beschworen worden, mit seiner Frau in ehelicher Gemeinschaft zu leben und ihr – besonders vor den Augen Napoleons – Beweise seiner Zuneigung zu schenken. Die Eheleute bemühten sich diesmal tatsächlich, aufeinander zuzugehen. Und als der eine den anderen nicht zurückstieß, entwickelten sich zwischen ihnen Gefühle, die zwar (noch) nicht den Namen Liebe verdienten, aber Hoffnung für die Zukunft machten. Den Sommer verbrachte das Thronfolgerpaar einträchtig in Baden-Baden. Im Frühjahr 1811 wurde endlich die lang erwartete Nachricht verkündet, dass die Erbgroßherzogin in der Hoffnung sei. In allen Kirchen des Landes wurden Fürbitten für eine glückliche Entbindung angeordnet.

Das Ende

Während sein Enkel auf einen Erben hoffen durfte, dämmerte Karl Friedrich nur noch vor sich hin. „Sein Zustand war bemitleidenswert. Er hatte meistens ganz die Besinnung verloren, die ihm nur auf Augenblicke wiederkam. Es war ein schmerzlicher Anblick, diesen mehr als 80-jährigen Greis mit den silberweißen Haaren, die noch spärlich seinen Scheitel deckten, im Theater sitzen zu sehen, wohin er auf seinem Lehnstuhl gerollt wurde." So beschrieb Amalies Hofdame Karoline von Freystedt den Zustand Karl Friedrichs im Frühling 1811. Als Anfang Juni Kanonendonner die Stadt Karlsruhe erschütterte, konnte man dem Fürsten nicht mehr begreiflich machen, dass die Schüsse ein freudiges Ereignis verkündeten: Erbgroßherzogin Stephanie hatte am 5. des Monats in Schwetzingen ihrem ersten Kind, der Prinzessin Luise, das Leben geschenkt.

Karl Friedrichs Umgebung ahnte, dass das Ende nahe war. Zwar schien der Großherzog die Freuden von Speise und Trank noch immer zu würdigen, doch brachte er kein Wort mehr heraus. Immer wieder fielen ihm die Augen zu. Wässrige Geschwulste im Unterleib und an den Beinen entstellten den Körper, ein übler Katarrh quälte die Lungen. „Am 9. Juni", so berichtet der Freiherr von Drais, „als er am letzten Mittag mit acht Personen zu Tische saß, erhob er sich auf einmal aus dem gewöhnlichen Schlummer; sein Glas auch diesmal ohne Zittern haltend, sah er den einen Gesellschafter um den anderen an der runden Tafel mit feierlichem Ernst an, so dass es allen auffiel. Unmittelbar darauf trank er das Glas aus – als wolle er sagen: ‚Zum Lebwohl!'. Darauf überließ er sich dem Schlummer wieder, der gegen Abend in das Röcheln des Sterbenden überging. Sowie der Leibarzt diese Erklärung um 6 Uhr tat, gingen die Sendungen an die nahen Familienmitglieder ab, und die ersten Staatsdiener in der Residenz wurden herbeigerufen. Der Thronerbe war schon auf dem Rückweg von Schwetzingen, wo die Markgräfin-Mutter bei seiner Gemahlin zurückblieb. Der Markgraf Ludwig war zu weit entfernt auf seinen Besitzungen an der Schweizer Grenze. Über sechs Stunden rang die Natur heftig mit dem Tode. Noch ahnte der Arzt ein Bewusstsein, und man wurde dessen gewiss, indem Karl Friedrich, eine halbe Stunde vor dem Hinscheiden, die Augen auftat, die Hand seiner Gemahlin fasste und stark drückte, als wolle er ihr noch für alle pflegende Liebe danken. Sein letztes Seelenzeichen war ein warmes Gefühl. Der Oberhofprediger beobachtete zwischen 2 und 3 Uhr nachts am 10. Juni den Moment der brechenden Augen und segnete den Vollendeten feierlich ein."

„Vater, geliebter Vater des Vaterlands", sprach Kirchenrat Walz: „Deine Stunde hat dir geschlagen, und dein langes wohltätiges Leben neigt sich zu seinem seligen Ende. Gott, der über alle gebietet, ruft dich und breitet über dich Sterbenden die Hand seiner Barmherzigkeit und Liebe. Nimm das Tränenopfer deiner gebeugten Gattin, deiner dankbaren Kinder und Enkel. Scheide beweint und gesegnet von allen! Gott sei mir dir. Amen."

Von Karl Friedrichs Nachkommen war es nur wenigen vergönnt, während der letzten Stunden beim badischen Großherzog zu sein. Auch Wilhelm von Hochberg, der sich in Mannheim befand, hatte vom bevorstehenden Tod seines Vater zu spät erfahren, als dass er rechtzeitig in Karlsruhe hätte eintreffen können: „In welch trüber Stimmung ich das Schloss wieder betrat, vermag ich nicht zu schildern", erinnerte er sich: „Meine Geschwister und ich hatten den liebevollsten Vater verloren, und ich fühlte mich nun wie verlassen. Ich eilte zur Leiche, der ich noch die teuren Hände küsste."

Nicht nur über dem Schloss, über der ganzen Residenzstadt lag Stille. „Trat auch sein Ableben nicht unerwartet ein, so ergriff die Kunde von demselben doch seine Untertanen mit der Gewalt eines schweren Schicksalsschlags", berichtete Friedrich von Weech in seiner 1895 erschienen Geschichte der Stadt Karlsruhe: „Drei Generationen hatten sich daran gewöhnt, von der milden und doch festen Hand des trefflichen Fürsten regiert zu werden.

Die Karlsruher verehrten und liebten ihn wie einen Vater. Der amtlich angeordneten Trauer für den Hof und die landesherrlichen Diener schlossen sich unaufgefordert und aus innigster Verehrung für den Verewigten die meisten Einwohner von Karlsruhe freiwillig an.“

Die Krone der Großherzöge von Baden

Noch im Tod diente der erste Großherzog von Baden seinem Land. Der Kult, der um den verstorbenen Fürsten getrieben wurde, hatte nicht zuletzt den Zweck, die Herrschaft seines Nachfolgers zu festigen. Daher war es wichtig, dass Karl Friedrich mit den Zeichen der königlichen Würde aufgebahrt wurde. Doch die Kroninsignien waren knapp fünf Jahre nach seiner Erhebung zum Großherzog noch nicht fertig. Bei Schwert und Szepter konnte man sich mit älteren Stücken behelfen, die noch ein paar zusätzliche Verzierungen erhalten sollten. Die Krone aber musste neu hergestellt werden. Die einfache Konstruktion zeugt davon, mit welcher Eile der Hofjuwelier Dreßler und der Hofgoldsticker Wolf ans Werk gingen: Das Gerüst der Krone bilden acht mit Pappmaché verstärkte Drahtbügel und ein ebensolcher Stirnreif. Diese Konstruktion belegte man außen mit gelbem Seidentaft und innen mit rotem Samt und schmückte das Ganze mit einem Netz aus Goldfäden und Pailletten. Vielsagend ist die Herkunft der über 2.400 Edelsteine, die daran befestigt wurden: Sie stammten aus säkularisiertem Kirchengut. Kostbarkeiten aus dem Rastatter Hofkirchenschatz, aus Bruchsal, aus Schwarzach, St. Blasien und Säckingen ließen die großherzogliche Krone funkeln. Der Reichsapfel mit Kreuz, der im Schnittpunkt der Kronbügel sitzt und mit Diamanten und Rubinen verziert ist, hatte zuvor zum überflüssig gewordenen Kurhut von 1803 gehört.

Während die Juweliere unter Hochdruck an der Krone arbeiteten, wurde wie üblich der Körper des Fürsten geöffnet und einbalsamiert. Doch die Legende wollte es nicht bei dieser prosaischen Form der Leichen-Konservierung belassen: Nach der Einbalsamierung, so erzählte man sich, „stellte sich die Gestalt Karl Friedrichs wie aus früheren Jahren seltsam her. Der krümmende Druck des hohen Alters und dessen kleine Ängstlichkeiten in den Gesichtszügen verloren sich in der Ruhe des Todes; die angeborenen und ausgebildeten Hauptzüge traten in ihrer schönen Kraft und Milde wieder hervor – man erkannte sogar die muskelstarken Arme wie vor dreißig Jahren.“

So sollen ihn die Menschen gesehen haben, die aus dem ganzen Land herbeiströmten, als der tote Karl Friedrich endlich am 21. Juni ausgestellt wurde. An drei Tagen durften die Untertanen, ob arm oder reich, ins Residenzschloss kommen, um ein letztes Mal das wächserne Gesicht des Großherzogs zu schauen, der im schwarz verhangenen Marmorsaal in einer Generalsuniform aufgebahrt lag. Dann wurde der Sarg geschlossen. Nachts um 10 Uhr fuhr der Leichenwagen auf dem Schlossplatz vor. Die Truppen präsentierten das Gewehr, und die Fahnen senkten sich zum letzten Gruß. In den Gesichtern der Menschen, die bis zum Durlacher Tor Spalier standen, spiegelte sich der flackernde Schein von Pechkränzen und Wachtfeuer. Zu Fuß folgten sie dem Sarg: der neue Großherzog Karl mit seinem Neffen, dem Prinzen Gustav von Schweden, die Fürsten von Fürstenberg und Leiningen, die die Markgrafen Friedrich und Ludwig vertraten, und schließlich die Hochberg-Söhne Leopold, Wilhelm und Maximilian, die Standesherren, die Adeligen, die Minister und die Vertreter der Behörden, der Ämter und der Stadt Karlsruhe. Durch die Nacht rollten die Trauerwagen nach Pforzheim. Dort wurde Karl Friedrich, der erste Großherzog von Baden, am Morgen des 24. Juni 1811, zwei Wochen nach seinem Tod, in der fürstlichen Gruft beigesetzt.

Die Nachfahren

Großherzog Karl

Karl Friedrich ging als Lichtgestalt in die Geschichte ein – sein Enkel und Nachfolger Karl hingegen wird im Allgemeinen zu den schwachen badischen Herrscherpersönlichkeiten gezählt. 25 Jahre war er alt, als er den Thron bestieg, und seine kurze Regierungszeit war überschattet von den Kriegen Napoleons, die von seinen Verbündeten einen hohen Blutzoll forderten. Badische Soldaten standen in Spanien und kämpften gegen Preußen und Österreich. Von rund 7.000 Mann, die unter dem Kommando von Karl Friedrichs knapp 20-jährigem Sohn Wilhelm von Hochberg mit der „Großen Armee" nach Russland zogen, kehrten nur wenige Hundert ins Großherzogtum zurück. Noch in der Völkerschlacht von Leipzig kämpften Badener mit den Franzosen. Während Großherzog Karl zögerte und zauderte, betrieb Sigismund von Reitzenstein, derselbe, der Badens Schicksal an Frankreich geknüpft hatte, jetzt – wiederum aus politischem Kalkül – den Bruch mit Napoleon. Im November 1813, gleichsam in allerletzter Minute, trat das Großherzogtum aus dem Rheinbund aus. Baden erhob jetzt – wieder unter dem Oberbefehl Wilhelms von Hochberg – auf Seiten der Alliierten die Waffen gegen seinen ehemaligen Protektor. Im Juli 1815 trat das Großherzogtum, dessen staatsrechtliche Stellung beim Wiener Kongress fixiert wurde, dem Deutschen Bund bei.

Die Abkehr von seinem französischen „Schwiegervater" war Karl nicht leicht gefallen, wie er es überhaupt hasste, Entscheidungen zu fällen. Schon der verstorbene Karl Friedrich hatte seinen Ministern oft Kummer bereitet, weil er sie allzu lange über seinen Willen im Unklaren ließ. Karls Friedrichs Sohn, Erbprinz Karl Ludwig, war noch zögerlicher gewesen. Der Enkel aber hatte eine beinahe krankhafte Angst davor sich festzulegen:

„Stundenlang stand er am Schlossfenster untätig auf der Lauer und beobachtete gegenüber das Haus seines Onkels, des Markgrafen Ludwig, ob etwa die Türe sich öffnete, und wer herauskäme oder hineinginge“, berichtete der preußische Gesandte Varnhagen von Ense: „Die Minister konnten dann mit ihren dringendsten Geschäften nicht vorkommen. Abweisen, Warten, Wartenlassen, Aufschieben – das war ihm stets das Erste und Liebste.“ Karl konnte aber auch ausgesprochen standhaft sein. Als er von alliierter Seite aufgefordert wurde, sich von seiner Frau Stephanie, der Adoptivtochter Napoleons, scheiden zu lassen, um seinen Gesinnungswandel unter Beweis zu stellen, lehnte er das rundweg ab.

Wer weiß, welche Folgen Karls später Frontwechsel und seine Sturheit in Bezug auf Stephanie für Baden gehabt hätten, wäre nicht Zar Alexander sein Schwager gewesen. Das Großherzogtum nämlich war keineswegs ungefährdet. Man musste befüchten, dass Österreich beim großen Aufräumen in Europa den Breisgau zurückfordern und Bayern Ansprüche auf die pfälzischen Stammlande um Heidelberg und Mannheim geltend machen würde. Auch der König von Württemberg blickte begehrlich auf den kleineren Nachbarn.

Erschwerend kam dazu, dass die badische Dynastie zu erlöschen drohte. Großherzogin Stephanie gebar ihrem kränkelnden Gemahl zwar fünf Kinder, doch nur die drei Töchter überlebten. Der erste Sohn, 1812 geboren, starb namenlos. Dieses Kind bewegt bis heute die Gemüter vieler historisch interessierter Menschen, denn an den Jungen knüpft sich die Kaspar-Hauser-Frage. Die These, dass der Prinz nicht gestorben, sondern auf Betreiben der Gräfin von Hochberg entführt wurde, hat bis heute zahlreiche Anhänger. Luise von Hochberg, der man alles Üble zutraute, soll den eben geborenen Prinzen gegen ein sterbendes Kind aus armer Familie ausgetauscht haben, um ihren eigenen Söhnen die badische Krone zu verschaffen. Der wahre Erbe Badens wurde demnach über Jahre hinweg versteckt gehalten, bis er 1828 als Findling Kaspar Hauser in Nürnberg wieder auftauchte. Sinn macht die phantastische Entführungsgeschichte (die dem bayerischen Königshaus prächtig ins Konzept passte und später auch von den badischen Republikanern freudig aufgegriffen wurde) freilich nur in dem Fall, dass die Hochberg beabsichtigte, auch alle späteren männlichen Nachkommen Karls zu beseitigen. Tatsächlich brachte Stephanie nach dem Tod des namenlosen Prinzen noch drei Kinder zur Welt, darunter 1816 einen Jungen. Der kleine Erbprinz Alexander starb kurz nach seinem ersten Geburtstag – einen Beweis dafür, dass die Gräfin Hochberg dabei die Hand im Spiel gehabt hätte, gibt es aber nicht.

Als 1817 Karls dritte Tochter Marie geboren wurde, war der Gesundheitszustand des Großherzogs bereits so schlecht, dass seine Umgebung jede Hoffnung auf weiteren Nachwuchs aufgab. Sein Onkel Friedrich, Karl Friedrichs zweiter Sohn aus erster Ehe, starb kinderlos. Die Nummer eins in der Thronfolge war nunmehr Karl Friedrichs dritter Sohn, Markgraf Ludwig. Doch der war nach wie vor unvermählt. Legitime Nachkommen aus dem Mannesstamm des alten Zähringer Hauses konnte man also kaum mehr erwarten. Es war unbedingt erforderlich, dass die Nachfolgefrage geregelt und die Festlegungen des badischen Hausgesetzes von den europäischen Mächten anerkannt wurden. Karl erließ im Oktober 1817 ein Hausgesetz, wodurch die Hochberger erbberechtigte Prinzen und Markgrafen von Baden wurden.

Im November 1818 wurde beim Fürstenkongress in Aachen auf Druck von Zar Alexander die Unteilbarkeit des badischen Territoriums anerkannt. Außerdem konnte „Badens bester Verwandter" die Großmächte Preußen, Großbritannien und Österreich dafür gewinnen, in einem Separatprotokoll ausdrücklich die Sukzessionsfähigkeit des Hauses Hochberg anzuerkennen. Schon wenige Tage später, am 8. Dezember, starb Karl von Baden an der „Wassersucht“. Sein wohl wichtigstes Vermächtnis war die badische Verfassung von 1818. Der junge Großherzog hatte den weitgehend auf den Minister Karl Friedrich Nebenius zurückgehenden Text kurz vor seinem Tod bei einem Kuraufenthalt in Bad Griesbach bewilligt. Karl starb beweint von seiner Frau Stephanie, die ihn um gut 41 Jahre überlebte, und betrauert von seiner Mutter, der Markgräfin Amalie, die 1832 für immer die erblindeten Augen schloss.

Großherzog Ludwig

Nach Karls Tod wurde Markgraf Ludwig, Karl Friedrichs jüngster Sohn aus erster Ehe, Großherzog von Baden. Ludwig, der bei seinem Regierungsantritt bereits 55 Jahre alt war, wurde wegen seines Leichtsinns in jüngeren Jahren und seines anstößigen Lebenswandels oft sehr negativ beurteilt. In die Position eines verehrten Landesvaters wuchs der als despotisch und geizig verschriene Ludwig nie hinein, doch würdigt man ihn heute als einen Regenten, der zielstrebig und geschickt die zerrütteten Staatsfinanzen in Ordnung brachte und die mit dem 19. Jahrhundert einsetzende technische Entwicklung für Baden nutzte. Unter seiner Regierung wurde der Weiterbestand der Universität Freiburg gesichert (was in dem Namen „Alberto-Ludoviciana“ bis heute zum Ausdruck kommt) und in Karlsruhe mit der Polytechnikum die erste Technische Hochschule Deutschlands gegründet. Vollzogen wurde unter Ludwig die Union der Lutheraner mit den Reformierten in der Badischen Landeskirche. Für den Fortbestand des Hauses Baden freilich sorgte Ludwig nicht: Zwar heiratete er im Jahr 1822, doch nur zur linken Hand und nach katholischem Ritus. Seine Auserwählte, Katharina Werner, eine Figurantin am Karlsruher Hoftheater, wurde zur Gräfin Langenstein erhoben, trat am Hof aber öffentlich nicht in Erscheinung. Die beiden Kinder des Paares, Ludwig und Luise, spielten in der Nachfolgefrage keine Rolle. So kamen, als Großherzog Ludwig 1830 starb, die Hochberger an die Regierung.

Die Hochberger

Luise Karoline von Hochberg, die zweite Frau Karl Friedrichs, erlebte die Thronbesteigung ihres Sohnes Leopold nicht. Mit dem Tod des ersten badischen Großherzogs trat ein, was sie befürchtet hatte: Man litt sie nicht mehr am badischen Hof. Bald nach den Trauerfeierlichkeiten forderte der neue Großherzog Karl die Gräfin auf, sich nach Bauschlott zu begeben – die Anwesenheit der Witwe und ihrer Söhne, deren Stellung damals noch ungeklärt war, sorgte bei offiziellen Anlässen für manche Peinlichkeit. Luise nutzte allerdings die erste Gelegenheit, nach Karlsruhe zurückzukehren, wo sie in dem für sie erbauten Palais wohnte. Immer wieder versuchte sie, sich bei der Verwandtschaft ihres Mannes in Erinnerung zu rufen – sie schmeichelte sogar ihrer alten Feindin, der Markgräfin Amalie. Luises Erfolge waren freilich bescheiden; man wollte nichts mit ihr zu tun haben.

Auch die finanzielle Situation Luises von Hochberg war trostlos: Ihre Berater legten ihr dringend nahe, ihre Güter, darunter Bauschlott und Rotenfels, an ihre älteren Söhne abzutreten. Leopold und Wilhelm verpflichteten sich im Gegenzug, ihrer Mutter eine Jahresrente von 10.000 Gulden auszuzahlen. Damit aber konnte die hoch verschuldete Gräfin kaum die notwendigsten Ausgaben decken. Karl Friedrichs Witwe wurde schließlich finanziell unter Vormundschaft gestellt.

In ihrer Bedrängnis entwickelte die Gräfin ein Misstrauen gegen ihre Umwelt, das bald paranoide Züge annahm und sich schließlich sogar gegen ihre eigenen Kinder richtete. Die Anerkennung des Sukzessionsrechts der Hochberger durch die

Großmächte, die Hochzeit ihres Sohnes Leopold mit Sophie von Schweden, die nicht nur eine Prinzessin aus königlichem Haus, sondern auch eine Urenkelin Karl Friedrichs war – sie konnte sich an diesen Triumphen nicht mehr freuen. Mit Hass im Herzen starb Luise Karoline von Hochberg am 23. Juni 1820 in ihrem Karlsruher Palais. Großherzog Ludwig ordnete eine achtwöchige Hoftrauer an und sorgte dafür, dass der Tod seiner Stiefmutter anderen Fürstenhäusern offiziell mitgeteilt wurde – eine Ehre, die Ludwig weniger der morganatischen Gemahlin Karl Friedrichs als der Stammmutter der künftigen Großherzöge von Baden zuteil werden ließ. Drei Nachfahren Luise Karolines von Hochberg bestiegen den badischen Thron: ihr Sohn Leopold (1830–1852), ihr Enkel Friedrich I. (1852–1907) und ihr Urenkel Friedrich II., der 1918 in Schloss Langenstein im Hegau abdankte.

Literatur

Alltag in Karlsruhe. Vom Lebenswandel einer Stadt in drei Jahrhunderten (Veröff. d. Karlsruher Stadtarchivs Bd.10), Karlsruhe 1990.

Andreas, Willy, Napoleons Aufenthalt in Karlsruhe (1806) und die Verlobung der Stephanie Beauharnais, in: Mannheimer Geschichtsblätter XI, 1939, S. 60 ff.

Ariès, Philippe, Geschichte der Kindheit, München 1975.

Asche, Susanne, Hochstrasser, Olivia, Durlach. Staufergründung. Fürstenresidenz, Bürgerstadt (Veröff. d. Karlsruher Stadtarchivs Bd. 17) Karlsruhe 1996.

Baden-Württemberg. Vielfalt und Stärke der Regionen, hrsg. von Hans-Georg Wehling, Angelika Hauser-Hauswirth, Fred Ludwig Sepainter im Auftrag d. Landeszentrale für politische Bildung Baden-Württemberg, Leinfelden-Echterdingen 2002.

Badinter, Elisabeth, Die Mutterliebe. Geschichte eines Gefühls vom 17. Jahrhundert bis heute, München 1981 (Neuausgabe 1991).

Badische Landesbibliothek (Hrsg.), Großherzog Leopold von Baden 1790-1852. Regent – Mäzen – Bürger. Versuch eines Portraits. Eine Ausstellung der Badischen Landesbibliothek zum 200. Geburtstag, Karlsruhe 1990.

Badische Landesbibliothek (Hrsg.), Johann Georg Schlosser (1739-1799). Eine Ausstellung der Badischen Landesbibliothek und des Generallandesarchivs Karlsruhe. Ausstellungskatalog, Karlsruhe 1989.

Badische Landesbibliothek (Hrsg.), Jung-Stilling. Arzt – Kameralist – Schriftsteller zwischen Aufklärung und Erweckung, Eine Ausstellung der Badischen Landesbibliothek in Zusammenarbeit mit der Stadt Siegen, Siegerlandmuseum und in Verbindung mit dem Generallandesarchiv Karlsruhe, Ausstellungskatalog, Karlsruhe 1990.

Badisches Landesmuseum, „Für Baden gerettet". Erwerbungen des Badischen Landesmuseums 1995 aus der Sammlung der Markgrafen und Großherzöge von Baden, hrsg. von Harald Siebenmorgen, Karlsruhe 1996.

Badisches Landesmuseum, Absolutismus und Aufklärung 1689-1789. Führer durch die kulturgeschichtliche Abteilung, Karlsruhe 2003.

Badisches Landesmuseum, Baden 1789-1918. Führer durch die landes- und kulturgeschichtliche Abteilung, Karlsruhe 2001.

Badisches Landesmuseum, Caroline Luise, Markgräfin von Baden 1723-1783, Ausstellung im Badischen Landesmuseum Karlsruhe, Stuttgart 1983.

Badisches Landesmuseum, Haus der Geschichte Baden-Württemberg und Württembergisches Landesmuseum (Hrsg.), Mit 100 Sachen durch die Landesgeschichte. Katalog zur Jubiläumsausstellung zum 50. Geburtstag des Landes Baden-Württemberg, Karlsruhe 2002.

Badisches Landesmuseum, Stephanie Napoleon 1789-1860, Ausstellungskatalog anlässlich der 200. Wiederkehr ihres Geburtstags, wiss. Bearbeitung von Rosemarie Stratmann-Döhler, Karlsruhe 1989.

Borchardt-Wenzel, Annette, Die Frauen am badischen Hof. Gefährtinnen der Großherzöge zwischen Liebe, Pflicht und Intrigen, Gernsbach 2001.

Braunschweig-Ullmann, Renate, Die Residenz und die Dichter, Karlsruhe 1994.

Brüning, Rainer, Der Rastatter Gesandtenmord, in: Schloss Rastatt, Sonderheft von Schlösser Baden-Württemberg 2000, S. 30

ff. (zuerst erschienen als Beitrag der Landeszentrale für politische Bildung in Schlösser 2/1999).

Brunn, Leopold Friedrich, Briefe über Karlsruhe, Berlin 1791 (neu herausgegeben von Gerhard Römer, bearbeitet von Werner Schulz und Hans Georg Zier, Badische Bibliotheksgesellschaft Karlsruhe 1988).

Carl Friedrich 1728-1811, Festgabe der Stadt Karlsruhe zum 23. September 1883, Karlsruhe 1883.

Conze, Eckart (Hrsg.), Kleines Lexikon des Adels. Titel, Throne, Traditionen, München 2005.

Denkmäler, Brunnen und Freiplastiken in Karlsruhe 1715-1945, hrsg. von Heinz Schmitt (Veröff. d. Karlsruher Stadtarchivs Bd. 7) Karlsruhe 1987.

Diemel, Christa, Adelige Frauen im bürgerlichen Jahrhundert. Hofdamen, Stiftsdamen, Salondamen 1800-1870, Frankfurt/Main 1998.

Drais, Karl Wilhelm Friedrich Ludwig von, Gemälde aus dem Leben Karl Friedrichs, des ersten Großherzogs von Baden, Mannheim 1829.

Drais, Karl Wilhelm Friedrich Ludwig von, Geschichte der Regierung und Bildung von Baden unter Carl Friedrich, Bde. 1 und 2, Karlsruhe 1816, 1818.

Ein badisches Intermezzo? Die Markgrafschaft Baden-Baden im 18. Jahrhundert, hrsg. von Rainer Brüning und Clemens Rehm, Förderverein des Generallandesarchivs Karlsruhe, 2005.

Ell, Emil, Gemahlin "zur Linken" soll offen und munter sein: Vor 200 Jahren heiratete Carl Friedrich Luise Karoline Geyer von Geyersberg. In: Der Altvater 45, S. 30 f.

Engehausen, Frank, Kleine Geschichte des Großherzogtums Baden 1806-1918, Karlsruhe, Leinfelden-Echterdingen, 2005.

Fecht, Karl Gustav, Geschichte der Haupt- und Residenzstadt Karlsruhe, im Auftrag der Städtischen Archivkommission bearbeitet, Karlsruhe 1887 (Nachdruck 1976).

Fedorowski, Wladimir, Die Zarinnen. Rußlands mächtige Frauen, München 2001.

Feuerstein-Praßer, Karin, Die preußischen Königinnen, Regensburg 2002.

Freystedt, Caroline von, Erinnerungen aus dem Hofleben, Heidelberg 1902.

Froese, Wolfgang, Walter, Martin (Hrsg.), Der Türkenlouis. Markgraf Ludwig Wilhelm von Baden und seine Zeit, Gernsbach 2005.

Funck, Heinrich, Goethes Besuch am Karlsruher Hof im Jahr 1779, in: Die Pyramide 1921, Nr. 41, S. 333.

Furtwängler, Martin, Luise Caroline Reichsgräfin von Hochberg (1768-1820). Handlungsspielräume einer morganatischen Fürstengattin am Karlsruher Hof, in: Zeitschrift für die Geschichte des Oberrheins Bd. 146 (NF 107), Stuttgart 1998, S. 271 ff.

Gläser, Stefan, Frauen um Napoleon, Regensburg 2001.

Günzel, Klaus, Das Weimarer Fürstenhaus, Eine Dynastie schreibt Kulturgeschichte, Köln 2001.

Haas, Rudolf, Stephanie Napoleon. Großherzogin von Baden. Ein Leben zwischen Frankreich und Deutschland 1789-1860, Mannheim 1976.

Haebler, Rolf Gustav, Badische Geschichte, Karlsruhe 1951 (Nachdruck 1987).

Haebler, Rolf Gustav, Die Schwiegermutter Europas. Markgräfin Amalie von Baden, in: Die Pyramide 1935, Nr. 32, S. 125 f., Nr. 33, S. 131 f., Nr. 34, S. 133 ff.

Hahn, Freifrau Sophie von, In Gutshäusern und Residenzen. Denkwürdigkeiten, Hannover-Döhren 1964.

Handbuch der baden-württembergischen Geschichte, hrsg. im Auftrag der Kommission für geschichtliche Landeskunde in Baden-Württemberg, 5 Bde., Stuttgart 1992-2003.

Herre, Franz, Napoleon Bonaparte. Eine Biografie, Regensburg 2003 (überarb. Neuausgabe).

Hug, Wolfgang, Geschichte Badens, 2. durchgeseh. Auflage, Stuttgart 1992.

Kaack, Hans-Georg, Markgräfin Sibylla Augusta. Die große badische Fürstin der Barockzeit, Konstanz 1983.

Karl Friedrich von Baden, Examinierungsverordnung für Schulmeister, Karlsruhe 1757, Faksimiledruck Karlsruhe 1969.

Karl Friedrich von Baden, Hofordnung 1750.

Karl Friedrich von Baden, Politische Correspondenz, 6 Bde., 1783-1806, hrsg. von der Badischen Historischen Commission, Heidelberg 1888-1915.

Kircher, Gerda Franziska, Das Karlsruher Schloß als Residenz und Musensitz, bearbeitet aus dem Schloßinventar von 1787 und aus der Korrespondenz der Markgräfin Karoline Luise, Veröff. der Kommission für geschichtl. Landeskunde in Baden-Württemberg, Stuttgart 1959.

Kleinschmidt, Arthur, Karl Friedrich von Baden, Festschrift zum 150. Geburtstage, Heidelberg 1878.

Koch, Manfred, Karlsruher Chronik, Stadtgeschichte in Daten, Bildern, Analysen (Veröff. d. Karlsruher Stadtarchivs Bd. 14), Karlsruhe 1992.

Kreuz, Wilhelm, Mannheim wird badisch, in: ... so geht hervor ein' neue Zeit. Die Kurpfalz im Übergang an Baden 1803, hrsg.

von Armin Kohnle u.a., Heidelberg, Ubstadt-Weiher, Basel 2003, S. 197 ff.

Kühn, Joachim, Ehen zur linken Hand in der europäischen Geschichte, Stuttgart 1968.

Kunst- und Kulturdenkmale im Landkreis Rastatt und in Baden-Baden, von Clemens Kieser u.a., hrsg. vom Landkreis Rastatt und der Stadt Baden-Baden, Stuttgart 2002.

Landeszentrale für politische Bildung Baden-Württemberg (Hrsg.), Badische Geschichte, 2. Auflage, Stuttgart 1987.

Lauts, Jan, Caroline Luise von Baden. Ein Lebensbild aus der Zeit der Aufklärung, Karlsruhe 1980 (2. durchges. Auflage 1990).

Lehmann, Hannelore, Markgraf Karl Friedrich von Baden (1728-1811), In: Kaiser, König, Kardinal, Leipzig 1991, S. 357 ff.

Markgräflich Badische Museen, Carl Friedrich und seine Zeit. Ausstellung im Rahmen der Landesgartenschau 1981, Baden-Baden, Neues Schloß, Red. Peter Eberhard, Karlsruhe 1981.

Müller-Willeke, Irmgard, Stephanie Napoleon, in: Baden-Württembergische Portraits, Frauengestalten aus fünf Jahrhunderten, hrsg. von Elisabeth Noelle-Neumann, Stuttgart 2000, S. 90 ff.

Mumm, Hans-Martin, Unserer Stadt ist das Loos lieblich und sehr freundlich gefallen! – Das Heidelberger Echo auf den Regierungsantritt Karl Friedrichs von Baden als Kurfürst, in: ... so geht hervor ein 'neue Zeit. Die Kurpfalz im Übergang an Baden 1803, hrsg. von Armin Kohnle u.a., Heidelberg, Ubstadt-Weiher, Basel 2003, S. 171 ff.

Mußgnug, Dorothee, Die Wiederemporbringung der Heidelberger Universität 1803, in: ... so geht hervor ein 'neue Zeit. Die Kurpfalz im Übergang an Baden 1803, hrsg. von Armin Kohnle u.a., Heidelberg, Ubstadt-Weiher, Basel 2003, S. 131 ff.

Nebenius, Carl Friedrich, Karl Friedrich von Baden, hrsg. von Friedrich von Weech, Karlsruhe 1868.

Obser, Karl, Markgräfin Karoline Luise von Baden und ihr botanisches Sammelwerk, in: Zeitschrift für die Geschichte des Oberrheins, 1908, S. 4 ff.

Obser, Karl, Voltaires Beziehungen zu der Markgräfin Karoline Luise von Baden-Durlach und dem Karlsruher Hofe. Sonderabzug aus der Festschrift zum 50-jährigen Regierungsjubliläum von Friedrich I. von Baden, Heidelberg 1903.

Oster, Uwe A., Markgraf Ludwig Wilhelm von Baden. Der "Türkenlouis". Feldherr im Schatten von Prinz Eugen, Bergisch Gladbach 2001.

Roller, Otto Konrad, Ahnentafeln der letzten regierenden Markgrafen von Baden-Baden und Baden-Durlach, hrsg. von d. Großherzoglich Badischen Generallandesarchiv, Heidelberg 1902.

Sänger, Reinhard; Siefert, Katharina, Die badische Fürstengalerie / Badisches Landesmuseum, Karlsruhe 1998.

Schad, Martha, Bayerns Königinnen, Regensburg 1992.

Scharnhorst, Christa von, Königin Friederike von Schweden, geborene Prinzessin von Baden. Memoiren aus ihrem Leben und ihrer Zeit, aufgezeichnet von einer Hofdame, Frankfurt 1858.

Schlumbohm, Jürgen, Duden, Barbara, Gélis, Jacques, Veit, Patrice (Hrsg.), Rituale der Geburt. Eine Kulturgeschichte, München 1998.

Schraut, Sylvia, Frauen an den Höfen der Neuzeit. Handlungsspielräume und Gestaltungsmöglichkeiten. in: Frauen bei Hof, hrsg. von Otto Borst (Stuttgarter Symposion Schriftenreihe Bd. 8) Tübingen 1998, S. 9 ff.

Schumann, Hans, Großherzog Karl Friedrich von Baden 1728-1811, in: Baden-Württembergische Portraits: Gestalten aus dem

19. und 20. Jahrhundert, hrsg. von Hans Schumann, Stuttgart 1988, S. 15 ff.

Schumann, Hans, Sigismund von Reitzenstein 1766-1847, in: Baden-Württembergische Portraits: Gestalten aus dem 19. und 20. Jahrhundert, hrsg. von Hans Schumann, Stuttgart 1988, S. 23 ff.

Schwarz, Benedikt, Hofzeremoniell vor 150 Jahren, in: Die Pyramide 1921, Nr. 10, S. 77.

Schwarzmaier, Hansmartin, Baden. Dynastie – Land – Staat, Stuttgart 2005.

Schwarzmaier, Hansmartin, Krimm, Konrad, Stievermann, Dieter, Kaller, Gerhard, Stratmann-Döhler, Rosemarie, Geschichte Badens in Bildern 1100-1918, Stuttgart, Berlin, Köln 1993.

Schwinge, Gerhard, Jung-Stilling am Hofe Karl-Friedrichs in Karlsruhe. Zu seinem 170. Todestag, in: Zeitschrift für die Geschichte des Oberrheins Bd. 135 (NF 96), Stuttgart 1987, S. 183 ff.

Staatliche Schlösser und Gärten Baden-Württemberg, Stadt Bruchsal (Hrsg.), Kirchengut in Fürstenhand. 1803: Säkularisation in Baden und Württemberg. Revolution von oben, Begleitband zur Austellung vom 22. März – 7. September 2003 im Schloss Bruchsal, Heidelberg, Ubstadt-Weiher, Basel 2003.

Stiefel, Karl, Baden 1648-1952, 2 Bde., Karlsruhe 1977 (unveränderter Nachdruck 2001).

Stratmann-Döhler, Rosemarie, Schloss und Schlossgarten Karlsruhe (Hrsg. Staatl. Schlösser und Gärten Baden-Württemberg in Zusarb. mit dem Staatsanzeiger f. Baden-Württemberg), München, Berlin 2000.

Stratmann-Döhler, Rosemarie, Siebenmorgen, Harald, Das Karlsruher Schloß, Karlsruhe 1996.

Vallendor, Rudolf, Karl Friedrich von Baden (1728-1811), In: Vallendor, Rudolf, Berühmte Badener, Offenburg 2002, S.14 ff.

Varnhagen von Ense, Karl August, Denkwürdigkeiten des eigenen Lebens, Die Karlsruher Jahre 1816-1819, Karlsruhe 1924.

Vehse, Eduard, Die Höfe zu Baden, hrsg. von Wolfgang Schneider, Leipzig/Weimar 1992.

Vestner, Dieter, Baden von den Markgrafen zu den Großherzögen, Karlsruhe-Durlach 1990.

Vierordt, Karl Friedrich, Carl Friedrich, Großherzog von Baden (am 21. November 1844 im Museum zu Carlsruhe durch Carl Friedrich Vierordt gehaltener Vortrag), Karlsruhe 1844.

Walter, Friedrich, Stephanie Napoleon. Lebensweg und Weggenossen 1789-1860, Baden-Baden 1948.

Was für ein Theater! Krönungen und Spektakel in napoleonischer Zeit, hrsg. von Dominik Gügel und Christina Egli, Sonderausstellung des Napoleonmuseums Schloss Arenenberg vom 3. April bis 17. Oktober 2004, Frauenfeld, Stuttgart, Wien 2004.

Waßner, Manfred, Kleine Geschichte Baden-Württembergs, Stuttgart 2002.

Weber-Kellermann, Ingeborg, Die Familie. Geschichte, Geschichten und Bilder, Frankfurt/M. 1989.

Weber-Kellermann, Ingeborg, Die Kindheit. Kleidung und Wohnen, Arbeit und Spiel. Eine Kulturgeschichte, Frankfurt/M. 1979.

Weber-Kellermann, Ingeborg, Frauenleben im 19. Jahrhundert. Empire und Romantik, Biedermeier, Gründerzeit, 3. Auflage München 1991.

Weech, Friedrich von (Hrsg.), Badische Biographien, Heidelberg, Karlsruhe 1875-1935.

Weech, Friedrich von, Baden unter den Großherzogen Carl Friedrich, Carl, Ludwig 1738-1830, Freiburg i.B. 1863.

Weech, Friedrich von, Karlsruhe. Geschichte der Stadt und ihrer Verwaltung. Auf Veranlassung des Stadtrats bearbeitet, 3 Bde., Karlsruhe 1895, 1898, 1904.

Wien, Bernhard, Carl-Friedrich-Feiern 1801-1824 und der gefeierte Wimpfen-Mythos (1822, 1834). Ein vergessener Teil der lokalen Geschichte, in: Neue Beiträge zur Stadtgeschichte II, hrsg. von Christian Groh, Pforzheimer Geschichtsblätter Bd. 10, Stuttgart 2001, S. 97 ff.

Wierichs, Marion, Die Entstehung der Großherzogswürde in Baden, in: Zeitschrift für die Geschichte des Oberrheins Bd. 125 (NF 86), Stuttgart 1977.

Wiese, Wolfgang, Der Garant des badischen Musterländles. Herrscherportrait: Carl Friedrich von Baden (1728-1811), In: Schlösser Baden-Württemberg, 2003,4, S. 18 ff.

Wilhelm Markgraf von Baden, Denkwürdigkeiten, Bd. 1, 1792-1818, Heidelberg 1906.

Württembergisches Landesmuseum (Hrsg.), Baden und Württemberg im Zeitalter Napoleons, 3 Bde., Stuttgart 1987.

Zier, Hans Georg, Karl Friedrich, Markgraf, Kurfürst und Großherzog von Baden. In: Die Geschichte Baden-Württembergs, Stuttgart 1986, S. 177 ff.

Zimmermann, Paul Friedrich, Die Markgrafschaft Baden, ihre Hauptstadt und ihr Hof im Jahre 1789, in: Die Pyramide 1920, Nr. 47, S. 356 f.

Zollner, Hans Leopold, „... der sich in Karlsruhe ein Eden hat erbaut“. Lebensbild des Markgrafen Karl Wilhelm von Baden-Durlach, Karlsruhe 1990.

Zollner, Hans Leopold, Greif & Zarenadler. Aus zwei Jahrhunderten badisch-russischer Beziehungen, Karlsruhe 1981.

Personenregister

Ackermann, Konrad, Prinzipal der Ackermann'schen Truppe 105f.

Alexander, Zar von Russland 237, 239, 262-265, 274, 295, 306, 318, 352, 364f.

Amalie, Prinzessin von Preußen, Äbtissin von Quedlinburg 166f.

Anna Amalia, Herzogin von Sachsen-Weimar 177f.

Auguste, geb. Prinzessin von Bayern, Vizekönigin von Italien 310-312, 315, 319f.

Axter, Johann Paul, Geheimrat 139, 150f.

Baden, Haus:

- Alexander (1816-1817), Erbprinz von B. 365
- Amalie (1795-1869), Prinzessin von B. 247, 327, 358
- Amalie Friederike, geb. von Hessen-Darmstadt (1754-1832), Markgräfin 164-175, 178f., 193f., 202, 205-207, 215-222, 224f., 237-240, 247, 254-256, 258-262, 264-267, 269-272, 277, 288, 290, 294, 298, 306, 312f., 315-320, 326f., 331, 339-342, 348, 350f., 358f., 366f.
- Amalie von Hochberg (1776-1823), seit 1817 Prinzessin von B. 172, 237
- Anna Charlotte Amalie, geb. von Nassau-Oranien (1710-1777), Erbprinzessin von B.-Durlach 13-18, 34f., 37, 58
- August Georg (1706-1771), Markgraf von B.-Baden 135, 137-139, 142, 144, 149, 152f.
- Augusta Maria, geb. von Schleswig-Holstein-Gottorf (1649-1728), Markgräfin von B.-Durlach 20
- Auguste Magdalene (1706-1709), Prinzessin von B.-Durlach 24
- Bernhard III. (1474-1536), Markgraf von B.-Baden 11, 134
- Christoph (1684-1723), Markgraf von B.-Durlach 109
- Christoph I. (1453-1527), Markgraf von B. 11f.
- Elisabeth (1725-1789), Prinzessin von B.-Baden 137, 140f., 151
- Ernst (1482-1553), Markgraf von B.-Durlach 11,134, 226
- Friedrich (1703-1732), Erbprinz von B.-Durlach 15-17, 24, 34f., 66
- Friedrich (1756-1817), Markgraf von B. 94f., 108, 111-114, 145-147, 174, 176, 199-203, 255, 277, 326, 346f., 362, 365
- Friedrich I. (1826-1907), Großherzog von B. 368
- Friedrich II. (1857-1928), Großherzog von B. 368
- Friedrich V. (1621-1659), Markgraf von B.-Durlach 62
- Friedrich VII. Magnus (1677-1709), Markgraf von B.-Durlach 20f., 24f., 135
- Gustav Adolf (1631-1677), Kardinal, Prinz von B.-Durlach 62
- Hermann II. (-1130), Markgraf von B. 12

– Karl (1786-1818), Großherzog von B. 215, 236, 255, 267-272, 277, 291, 298, 300f., 303, 305, 310-312, 314-319, 322-324, 326f., 331, 340-345, 347, 350, 352-354, 357-359, 362-367
– Karl August (1712-1786), Markgraf von B.-Durlach 39, 43, 45, 53, 57-60, 65, 109, 132
– Karl II. (1529-1577), Markgraf von B.-Durlach 12, 126, 226
– Karl III. Wilhelm (1679-1738), Markgraf von B.-Durlach 12f., 16-36, 39, 41f., 58f., 62, 66, 84
– Karl Ludwig (1755-1801), Erbprinz von B. 92-95, 108, 111-113, 115, 145-148, 162-164, 167-170, 173-175, 201f., 205f., 217, 236, 238, 247, 254-256, 260, 264-272, 288-290, 363
– Karl Magnus (1701-1712), Erbprinz von B.-Durlach 23f.
– Karl Wilhelm Eugen (1713-1783), Markgraf von B.-Durlach 140
– Karoline Luise, geb. von Hessen-Darmstadt (1723-1783), Markgräfin von B. 56, 70-81, 83f., 88f., 91-95, 97-100, 103, 106f. 109, 111, 113-115, 119f., 127f., 130, 143-147, 149, 160-162, 164, 167, 169-172, 175, 177, 179, 187, 191, 193f., 196, 198-201, 204f., 207, 214, 217f., 219f., 236, 339, 343, 346
– Leopold von Hochberg (1790-1852), seit 1817 von B., Großherzog von B. 235f., 246, 289, 301, 317, 327, 341f., 350, 358, 362, 365, 367f.
– Ludwig (1763-1830), Großherzog von B. 94, 112-115, 146f., 176, 201f., 224, 236, 254f., 268, 271, 277, 298, 300-302, 305, 311, 313, 315, 317, 325f., 330, 344-347, 354, 359, 362, 364-366, 368
– Ludwig Georg (1702-1761), Markgraf von B.-Baden 39, 135-140, 287
– Ludwig Wilhelm (1655-1707), Markgraf von B.-Baden 12, 20, 23, 27, 39, 135, 137, 151, 226, 230, 248
– Luise, geb. von Nassau-Usingen (1776-1829), Prinzessin von B. 327
– Luise (1811-1854), Prinzessin von B. 359
– Luise Karoline Geyer von Geyersberg, Reichsgräfin von Hochberg (1768-1820), seit 1817 Markgräfin von B. 217-229, 235f., 246f., 252-258, 267f., 277, 291, 298, 301, 305, 313, 315-317, 325-327, 339, 341, 343, 345f., 348-356, 358, 364f., 367f.
– Magdalene Wilhelmine, geb. von Württemberg (1677-1742), Markgräfin v. B.-Durlach 13f., 16, 22-24, 26, 29, 33f., 36-39, 43, 45f., 58, 77, 82, 87, 205, 283
– Maria Anna, geb. von Schwarzenberg (1706-1755), Markgräfin von B.-Baden 137
– Maria Josepha, geb. von Bayern (1734-1776), Markgräfin von B.-Baden 137

– Maria Viktoria von Arenberg (1714-1793), Markgräfin von B.-Baden 138, 140f., 151, 153-159
– Marie (1817-1888), Prinzessin von B. 365
– Maximilian von Hochberg (1796-1882), seit 1817 Markgraf von B. 247, 254, 301, 327, 341, 350, 358, 362, 365
– Philipp I. (1479-1533), Markgraf von B. 11
– Sibylla Augusta, geb. von Sachsen-Lauenburg (1675-1733), Markgräfin von B.-Baden 135-138, 140, 151
– Sophie, geb. von Schweden (1801-1865), Großherzogin von B. 368
– Stephanie, geb. de Beauharnais (1789-1860), Großherzogin von B. 314, 316, 319-324, 326f., 334, 339-344, 346-350, 357-359, 364-366
– Wilhelm (1593-1677), Markgraf von B.-Baden 226
– Wilhelm Georg (1703-1709), Prinz von B.-Baden 135
– Wilhelm Ludwig (1732-1788), Prinz von B.-Durlach 13f., 36, 38, 43-50, 52-55, 64, 107-110, 149, 216
– Wilhelm von Hochberg (1792-1859), seit 1817 Markgraf von B. 236, 246, 249f., 258, 275, 301, 305, 317, 327, 332, 341f., 346, 350, 352, 355-358, 360, 362f., 365, 367
Barthélemy, französischer Gesandter 242
Beauharnais, Claude de 320f.
Beccaria, Cesare, Marchese, Rechtsphilosoph 88
Björnstahl, Jakob Jonas, schwedischer Reisender 160
Böckmann, Johann Lorenz, Professor für Mathematik und Physik 187, 194f., 204
Bonnier, Antoine, französischer Gesandter 249
Boswell, James, englischer Reiseschriftsteller 97, 105
Brauer, Friedrich, Geheimrat 281, 334
Brodhag, Samuel, Hofdiakon 39
Charlotte, Landgräfin von Hessen-Darmstadt 71
Charlotte, Prinzessin von Bayern 319
Clemens XII., Papst 138
Clemens XIII., Papst 143
Cranach, Lukas d.Ä., Maler 136
Custine, Adam Philippe de, französischer General 234
Dalberg, Emerich Joseph von, Minister 351-353
Dalberg, Karl Theodor von, Erzbischof von Mainz, Kurerzkanzler 295, 298
Debry, Jean, französischer Gesandter 249f.
Drais, Karl Wilhelm Friedrich Ludwig, Freiherr von Sauerbronn 207, 332, 335, 359
Du Pont de Nemours, Pierre Samuel, Nationalökonom 119, 163
Dürer, Albrecht, Maler und Grafiker 136
Duroc, Géraud-Christophe-Michel, französischer Marschall 320, 322
Eberhard Ludwig, Herzog von Württemberg 22, 28
Eck, von, eigentlich Le Cointe de Marsillac, badischer Oberstleutnant 275

Edelsheim, Wilhelm Freiher von, Minister 132f., 177, 201, 203f., 206, 225, 227, 302
Elisabeth, geb. als Luise von Baden, Zarin von Russland 172, 237-239, 260, 262-265, 318, 340
Enghien, Louis de Bourbon, Prinz von Condé, Herzog von 259, 293-295, 297
Ernst Ludwig, Landgraf von Hessen-Darmstadt 39, 71-73
Eugène de Beauharnais, Vizekönig von Italien 310, 313, 315, 319f.
Eycken, Marie van (1571-1636), Ehefrau von Markgraf Eduard Fortunatus 226
Ferdinand Karl, Erzherzog von Österreich, Generalgouverneur der Lombardei 276
Fouché, Joseph, französischer Polizeiminister 292
Franz I., römisch-deutscher Kaiser 57, 73
Franz II., römisch deutscher Kaiser, als Franz I. Kaiser von Österreich 235, 297, 306, 328, 357
Freystedt, Auguste von, Geliebte des späteren Großherzogs Ludwig 255
Freystedt, Karl Friedrich Hermann von, illeg. Sohn von Karl Friedrich 77, 107
Freystedt, Karoline von, Hofdame 290, 341, 352, 357, 359
Friederike Luise, geb. von Hessen-Darmstadt, Königin von Preußen 165, 216f.
Friederike, geb. von Baden, Königin von Schweden 172, 237f., 260f., 264-266, 289-291, 296
Friedrich Eugen, Herzog von Württemberg 180f.
Friedrich II., Herzog von Württemberg, als Friedrich I. König von W. 302, 306, 330, 362
Friedrich II., König von Preußen 88, 128, 130-133, 151, 191, 217, 323
Friedrich V., König von Dänemark 67-69, 187
Friedrich Wilhelm I., König in Preußen 32
Friedrich Wilhelm II., König von Preußen 216
Friedrich Wilhelm III., König von Preußen 281
Friedrich, Prinz von Hessen-Darmstadt 225
Gayling, Christian Freiherr von, Kammerpräsident 243, 264, 266
Gemmingen, Freiherr von, Minister 353
Geoffrin, Marie-Thérèse Rodet, Salonière 147
Georg II., König von England 70
Geusau, Freiherr Friedrich von, Landvogt 182, 320
Geyer von Geyersberg, Karl von 220
Goethe, Johann Wolfgang von, Schriftsteller und Staatsmann 176f., 179f., 183
Gustav IV., König von Schweden 260f., 264, 266, 289-291, 296, 317f.
Gustav, Prinz von Schweden 362
Hahn, Johann August von, Hofratspräsident 138
Hans Baldung, gen. Grien, Maler und Grafiker 136
Hardenberg, Karl August von, preußischer Staatskanzler 117, 241f.
Harrant, Valentin von, General 347
Hauser, Kaspar, Findelkind 364f.

Hebel, Johann Peter, Dichter 208
Hedwig Eleonore, Königin von Schweden 22
Hedwig Sophie, Prinzessin von Schweden 22
Hektor III., Herzog von Modena 276
Henriette Karoline, Landgräfin von Hessen-Darmstadt 152, 165-167, 220
Herder, Johann Gottfried, Philosoph 7, 190-193, 333
Hochberg, Alexander von (1793-1793), Sohn von Markgraf Karl Friedrich 246
Hohenheim, Franziska Reichsgräfin von 221
Hutten, Franz Christoph von, Fürstbischof von Speyer 139, 142, 154
Jérôme, König von Westfalen 309f.
Johann Wilhelm Friso, Prinz von Nassau-Oranien, Statthalter Frieslands 15
Johanna Elisabeth, geb. von Baden, Herzogin von Württemberg 22
Josef II., römisch-deutscher Kaiser 107, 142, 150, 157, 193, 208, 229
Josephine de Beauharnais, Kaiserin der Franzosen 297, 300, 305f., 316, 321f., 324, 357f.
Jung-Stilling, Heinrich, Arzt und Schriftsteller 282-286, 355f.
Karl August, Herzog von Sachsen-Weimar 171, 177-179, 192
Karl Eugen, Herzog von Württemberg 61, 133, 153, 221, 230
Karl Theodor, Kurfürst von Bayern 260, 278
Karl, Erzherzog von Österreich, Feldherr 245
Karoline, geb. von Baden, Königin von Bayern 172, 237, 259, 278, 291, 294, 312f., 316
Katharina die Große, Zarin von Russland 143, 165f., 193, 237-239
Keßlau, Albert Friedrich von, Baumeister 90
Kleinschmidt, Arthur, Historiker 86
Klopstock, Friedrich Gottlieb, Dichter 186-190
Langenstein, Katharina Werner, Gräfin L., Frau von Großherzog Ludwig 366f.
Lauriston, Alexandre-Jacques-Bernard Law, Marquis de, französischer General 275
Lavater, Johann Kaspar, Philosoph und Theologe 161, 186, 194-196, 204-206, 283, 285
Leopold, Fürst von Anhalt-Dessau 236
Lüdecken, Johann Justus, Hofrat 40, 44, 48-50, 60
Ludwig II., Großherzog von Hessen-Darmstadt 270
Ludwig VIII., Landgraf von Hessen-Darmstadt 71-76, 130, 157
Ludwig IX., Landgraf von Hessen-Darmstadt 165
Ludwig X., Landgraf von Hessen-Darmstadt 298
Ludwig XIV., König von Frankreich 27, 51
Ludwig XV., König von Frankreich 51f., 129, 143, 147-149
Ludwig XVI., König von Frankreich 148, 229, 234, 251
Ludwig XVIII., König von Frankreich 293

Luise, geb. von Hessen-Darmstadt, Herzogin von Sachsen-Weimar 178-180, 264, 272, 315
Luise, Prinzessin von Dänemark 67-69
Maria Feodorowna, geb. von Württemberg, Zarin von Russland 194, 263
Maria Theresia, römisch-deutsche Kaiserin 73, 129-131, 148, 150, 156, 235
Marie Amalie von Bayern, römisch-deutsche Kaiserin 62f.
Marie Antoinette, Königin von Frankreich 147, 193, 233-235, 321
Marie Luise, geb. von Österreich, Kaiserin der Franzosen 357
Marie, geb. von Baden, Herzogin von Braunschweig-Wolfenbüttel 172, 260f.
Marie-Luise, geb. von Hessen-Kassel, Prinzessin von Nassau-Oranien 16, 47
Massenbach, Eberhardine Luise Freiin von und zu, Geliebte des Markgrafen Karl Wilhelm 24
Massenbach, Karolina Luise von, illeg. Tochter von Markgraf Karl Wilhelm 24
Massol, Joseph, Baumeister 90
Maximilian Joseph, Kurfürst, dann König von Bayern 259, 278, 298, 306, 310, 312f., 320
Mayr, Josef, Jesuit 136
Melling, Joseph, Hofmaler 112
Mirabeau, Marquis de, Physiokrat 119, 144, 147, 185
Moreau, Jean-Victor, französischer General 242f., 251
Napoleon I., Kaiser der Franzosen 10, 242, 250f., 263, 272-274, 276, 282, 291-293, 295-314, 316-331, 333-335, 339-342, 344-348, 350-354, 357f., 363f.
Nebenius, Karl Friedrich, Minister 84f., 366
Neumann, Balthasar, Baumeister 90
Orléans, Augusta Marie Johanna, geb. Prinzessin von B.-Baden (1704-1726), Herzogin von 135, 143
Orléans, Liselotte, geb. von der Pfalz, Herzogin von 32
Paul I., Zar von Russland 165, 193 f., 262f.
Pedetti, Maurizio, Baumeister 90
Pigage, Nicolas de, Hofarchitekt 90
Pius VII., Papst 299f.
Pompadour, Jeanne-Antoinette Poisson, Marquise de 129
Racine, Jean, Dramatiker 95
Reinhard, Johann Jakob, Geheimrat 82f., 138
Reitzenstein, Sigismund von, Kabinettsminister 240-245, 248, 251, 263, 274, 276f., 281, 300, 303, 307, 315f., 322, 325-327, 331-334, 351, 358, 363
Retti, Leopoldo, Baumeister 89f.
Rindeschwender, Anton, Unternehmer 287f.
Ring, Johann Dominikus, Prinzenerzieher 112
Roberjot, Claude, französischer Gesandter 249
Robespierre, Maximilien de, französischer Politiker 234
Rohan, Louis-René de, Kardinal, Bischof von Straßburg 233, 294
Rohan-Rochefort, Charlotte von 294

Rohnfeld, Ursula von (-1538), Ehefrau von Markgraf Ernst 226
Rossi, Domenico Egidio, Baumeister 24f.
Rothberg, Johann Friedrich Christoph von, Hofmeister 48, 53
Rubens, Peter Paul, Maler 136
Rupert I., Kurfürst der Pfalz 280
Schall, Freiherr von, österreichischer Gesandter 290
Schlettwein, Johann August, Physiokrat 119
Schlosser, Cornelia, geb. Goethe 180, 182, 184, 194
Schlosser, Johann Georg, Geheimrat 180-186, 188, 194, 204
Schlutter, Elise Barbara, Jugendliebe Karl Friedrichs 77, 107
Schönborn, Damian Hugo von, Kardinal, Fürstbischof von Speyer 136
Schöpflin, Johann Daniel, Historiker 18
Schortmann, Wilhelmine Christine, Freifrau von Seldeneck, Frau von Prinz Wilhelm Ludwig 108-110
Schrickel, Johann Friedrich, Leibarzt 257f., 268, 290, 351, 355
Sophie, Prinzessin von Schweden 296
Stein, Charlotte von, Hofdame, Freundin Goethes 176
Sternhayn, von, Hofrat 352f.
Talleyrand, Auguste de, französischer Gesandter 345, 351
Talleyrand, Charles-Maurice de, französischer Außenminister 248, 299, 301
Tascher de la Pagerie, Stephanie 314
Thiard, Auxonne-Théodose Baron de, Kammerherr 303, 313f.
Tschamerell, Johann Nepomuk, straßburgischer Oberamtmann 155f.
Üxküll, Friedrich Emich Johann von, Geheimrat 43, 45f., 50, 53f., 60f., 67-69, 76-79, 81f., 93
Üxküll, Oberstallmeister 200f.
Voltaire, eigentlich François-Marie Arouet, Philosoph 127-129
Walz, badischer Kirchenrat 360
Weech, Friedrich von, Historiker 121, 306
Weinbrenner, Friedrich, Baumeister 271f., 288, 350f.
Wilhelm IV. von Nassau-Oranien, Erbstatthalter von Friesland 17-18, 41, 46-47, 53-55, 60, 62-65, 68-70, 76
Wilhelmine, geb. von Baden, Großherzogin von Hessen 269f., 326
Wilhelmine, geb. von Hessen-Darmstadt, als Natalie Großfürstin von Russland 166, 178
Wilhelminem, Markgräfin von Bayreuth 128
Wolfram, Madame, Geliebte Karl Friedrichs 105f.

Ortsregister

Aachen 297, 365
Ägypten 250f.
Alb, Fluss (Nordschwarzwald) 11, 150
Allerheiligen, Kloster 231
Alpen 234
Ansbach 243, 245f., 259, 304
Arboga 266
Augsburg 316
Austerlitz 306
Bad Griesbach 366
Bad Pyrmont 264
Baden, Amt 11
Baden-Baden, Markgrafschaft 10-12, 98, 134-143, 149-160, 226, 229
Baden-Baden, Stadt 7, 12, 27, 150, 153-159, 252, 272, 276, 328, 342f., 355, 358
Badenweiler, Herrschaft 11, 58, 230
Badenweiler, Ort 77
Balingen 121
Basel, Bistum 244, 276
Basel, Stadt 20, 22-24, 39, 42, 46, 49, 241f.
Bauschlott, Domäne 257, 267, 367
Bayern 251, 259f., 263, 274-276, 278, 298, 302, 307f., 310, 313, 327, 364
Bayreuth 240
Beiertheim 337
Beinheim, Herrschaft 251
Berlin 165, 248, 304
Bern 50
Biberach an der Riß 276
Blumenfeld, Herrschaft 308
Bodensee 248, 276, 329, 346
Böhmen 39, 135, 140
Breisgau 276, 299, 308, 317, 335, 364
Bretten, Amt 276
Bruchsal 28, 90, 142, 156, 277, 342, 361
Buchsweiler (Elsass) 71
Bühl, Amt 11
Campo Formio 247f., 251
Colmar 220
Crailsheim 247
Dänemark 21, 68f., 142, 157
Darmstadt 56, 74, 76, 78f., 166, 169, 178, 198, 225, 264
Den Haag 53
Dietlingen 121
Durlach 12, 20, 23-26, 29-31, 33-37, 39, 43, 46f., 50, 57f., 84, 93, 109, 112, 290
Eberstein, Grafschaft 11, 58, 142, 150
Einsiedeln 136f.
Elsass 29, 71, 230, 233, 244, 251
Emmendingen 11, 148, 182-184, 194, 230
England 20, 34, 54, 69, 80, 82, 97, 105, 129, 132f., 142, 235, 250, 260, 263, 302, 321, 365
Erfurt 352
Ettenheim 233, 292-294
Ettenheimmünster 231
Ettlingen, Amt 11
Ettlingen, Stadt 120, 137, 150f., 153, 156, 242, 304, 341,
Eutingen 208
Favorite, Schloss 136, 151, 252, 275, 299, 343, 348
Finnland 265
Franeker 54f.

Frankfurt a.M. 180, 184f., 234, 238, 325
Frankreich 19, 34, 48, 50f., 127, 129-131, 133, 135, 143, 147, 149, 161, 163, 185, 229, 232-235, 242-244, 248, 251, 263, 271, 273-275, 277, 291-293, 295-298, 301-304, 313, 318, 320, 322, 325f., 363
Frauenalb, Abtei 152, 276
Freiburg i.Br. 141, 148, 249, 308, 335, 366
Friesland, niederländische Provinz 15, 53
Fürstenberg, Fürstentum 329
Gaggenau 287f.
Genf 20
Gengenbach 150, 276
Gernsbach 125, 207
Geroldseck, Herrschaft 11
Gondelsheim 120
Gorkum 52f.
Gottesaue, Kloster 12
Göttingen 240
Graben 12, 57
Gripsholm, Schloss 266, 290
Groschweier, Amt 11
Großbritannien siehe England
Grötzingen 20, 120
Hachberg, Markgrafschaft 11, 182f., 230
Hamburg 187, 189
Hannover, Kurfürstentum 129, 150
Heidelberg 28, 259, 275-277, 279-281, 284, 286, 355, 364
Heitersheim 329
Hessen-Darmstadt 70f., 74, 91, 178, 298
Hessen-Kassel 241, 298
Hohenzollern-Hechingen 327, 329
Hohenzollern-Sigmaringen 327, 329
Holland 34, 47f., 52, 54, 63, 65, 68f., 80, 108, 235, 250, 309
Holstein 68
Indien 257, 263
Italien 54, 64f., 76, 78, 128, 192, 242, 250, 277, 303, 313
Kaiserslautern 278
Karlsruhe 11-13, 16f., 24-34, 36, 41-43, 47, 50, 54f., 57-60, 62f., 65, 68, 74-76, 79, 81, 89f., 92f., 98, 100, 105f., 110, 117, 120, 124f., 127f., 130, 138, 141-143, 146, 149, 151, 156, 167, 169, 176-179, 181, 183f., 187, 189f., 193-195, 197f., 200-203, 213, 216, 219, 225, 229, 231-233, 236, 242f., 245-247, 259f., 263, 265f., 268, 271f., 277, 279, 285, 291, 294, 296, 298, 300, 302f., 305f., 311, 313, 316, 322-326, 333-335, 337, 340, 342-345, 347, 350, 353, 355, 357, 359-362, 366-368
Kassel 55f.
Killisfeld 120
Klein-Karlsruhe 30, 125, 146
Köln 297
Konstanz, Bistum 244, 276
Konstanz, Stadt 308
Kopenhagen 68
Koskowa 265
Kuppenheim, Amt 11
Kuppenheim, Stadt 357
Lahr, Herrschaft 11, 58
Langenstein, Schloss 368
Langensteinbach 205, 247, 252
Lausanne 20, 24, 47, 49f., 60
Leeuwarden 34, 53
Lichtenthal, Abtei 152, 272, 276
Linz 320
Lombardei 21
London 133

Lörrach 240, 242, 245
Ludwigsburg 28, 31
Lunéville 251
Luxemburg 11, 244, 251
Mahlberg, Herrschaft 11, 58, 224
Main 248, 276, 329
Mainau 308, 329
Mainz, Erzbistum 142
Mainz, Stadt 234, 298-300
Malta 263
Mannheim 28, 31, 242, 259, 275-280, 286, 289, 336, 340, 342-344, 347, 360, 364
Marburg 284
Marengo 251
Mosbach, Amt 276
Mühlburg 12, 26, 57, 110
München 62, 278f., 302, 316
Murg (Nordschwarzwald) 150, 287f., 343
Neapel, Königreich 235, 250, 309
Neapel, Stadt 76
Neckar 12
Nemmersdorf 240
Niederlande 226, 234
Niederösterreich 220
Nürnberg 365
Oberrhein siehe Rhein
Offenbach 204
Offenburg 150, 276
Ortenau 150, 231, 276, 299, 308
Ortenberg 150
Österreich 129f., 133, 150, 157, 233-236, 240, 245, 248, 250f., 273f., 297, 299, 302-304, 306, 310, 328, 363f., 365
Ottersweier 158
Paris 27, 50-52, 90f., 111, 130f., 144-149, 163, 178f., 193, 198-202, 230, 233, 243-245, 248, 250, 263, 265, 274, 292f., 299-301, 303, 305, 310, 321-323, 325, 327, 342, 346f., 349, 353, 357
Petershausen, Kloster 276
Pfalz, Kurfürstentum 20, 28, 57, 90, 260, 276, 278, 287, 312, 333, 336, 364
Pforzheim 12, 87, 93, 95, 119, 204, 208, 246, 257, 268, 362
Pfullendorf 276
Philippsburg 24, 133
Piemont 21
Portugal 257
Preßburg 306
Preußen 129-134, 142, 150, 157, 233-236, 241, 273f., 295, 303f., 343, 363, 365
Pyrenäen 234
Quedlinburg, Stift 166
Rastatt, Amt 11
Rastatt, Stadt 12, 27, 31, 98f., 136, 139, 142, 149-151, 154f., 189, 247-250, 268, 343, 361
Regensburg 274f., 282
Rhein 11f. 19, 23, 85, 128, 131, 133, 149, 229, 231-235, 241f., 244, 248f., 251, 275f., 278, 294, 298, 304, 322, 325
Rhodt unter Rietburg 251
Riegel, Schloss 141
Rohrbach, Schloss 259
Rom 62, 76, 299
Rotenfels, Gut 257f., 351, 367
Rötteln, Herrschaft 11, 224, 230, 240
Russland 107, 129, 143, 166f., 178, 237f., 243, 262f., 265, 274, 295, 302, 304, 306, 363
Sachsen 68, 128f., 150
Sachsen-Gotha 128
Sachsen-Weimar 178

Säckingen 361
Salem, Kloster 276, 346f.
Sankt Petersburg 107, 166, 237f., 260, 264f.
Sausenberg, Landgrafschaft 11, 58, 240
Savoyen 21
Scheibenhardt, Schloss 151
Schlackenwerth, Herrschaft 140
Schorndorf 247
Schwaben, Reichskreis 19, 67, 131, 133, 229
Schwäbisch-Gmünd 247
Schwarzach, Abtei 152, 231, 276, 361
Schwarzach, Amt 11
Schwarzburg-Rudolstadt, Fürstentum 74
Schwarzwald 242, 333, 343
Schweden 21f., 63, 157, 261, 265f., 290f., 302
Schweiz 29, 47f., 142, 148, 171, 250, 296, 325, 359
Schwetzingen 289, 336, 355, 359
Seltz 249
Sèvres 146
Söllingen 120
Spanien 235, 257, 309, 363
Speyer, Bistum 28, 142, 154, 244, 276
Speyer, Stadt 28, 234, 304
Sponheim, Grafschaft 11, 58, 150, 244, 251, 337
St. Blasien, Abtei 361
St. Germain 320
Staffort 12
Staufenberg, Herrschaft 11, 224
Stein 12
Steinbach, Amt 11
Stockholm 261, 264f., 267, 271, 290f.
Stollhofen, Amt 11
Stralsund 261
Straßburg, Bistum 233, 276, 294
Straßburg, Stadt 46, 90, 158, 173-175, 201, 230-232, 284, 305, 326
Stutensee 202-204, 271
Stuttgart 24, 29, 89, 97, 108, 194, 243, 303, 331
Syrien 250
Theningen 121
Thüringen 208
Trier, Erzbistum 142
Triesdorf 246
Tübingen 29
Überlingen 276
Ulm 67, 131, 236, 304f.
Utrecht 20
Valmy 234
Venedig 76
Verona 76
Versailles 12, 27, 50-53, 147-149
Vincennes 293
Vorderösterreich 11, 131, 141, 150, 208, 229, 231f., 333, 335
Waghäusel 57
Weimar 176-180, 192, 264
Weinheim, Amt 276
Wien 57, 130f., 140, 142, 148, 153, 155f., 229, 232, 248, 250, 256, 265, 295, 299, 304, 307, 328, 335, 357, 363
Wimpfen 276
Worms 234
Württemberg 22, 28f., 208, 220f., 263, 274, 276, 302, 307f., 327, 329-331
Würzburg 90
Zell am Harmersbach 150, 276
Zürich 194, 284
Zwingenberg, Domäne 350

Stammtafel

Karl Wilhelm
Markgraf von Baden(-Durlach)
1679-1738

∞

Magdalene Wilhelmine
von Württemberg
1677-1742

Karl Magnus
1701-1712

Friedrich
Erbprinz von Baden(-Durlach)
1703-1732
∞
Anna Charlotte
von Nassau-Oranien
1710-1777

Auguste Ma
1706-17

Karl Friedrich
Markgraf, Kurfürst, Großherzog von Baden
1728-1811

Wilhelm Ludwig
1732-1788

1751 ∞ Markgräfin Karoline Luise 1723-1783
geb. von Hessen-Darmstadt (Kinder 2-4, weitere Kinder Totgeburten oder früh gestorben)

1787 morganatisch∞ Luise Karoline Geyer von Geyersberg 1768-1820
Reichsgräfin von Hochberg (Kinder 5-8, ein Kind früh gestorben)

1
illeg. mit Elise Barbara Schlutter
Karl Friedrich Hermann von Freystedt
1749-1795
∞
Sophie Götz
† 1824

2
Karl Ludwig
Erbprinz
1755-1801
∞
Markgräfin Amalie
geb. von Hessen-Darmstadt
1754-1832

3
Friedrich
Prinz
1756-1817
∞
Luise von
Nassau-Usingen
1776-1829

4
Ludwi
Großherzog s
1763-18
∞
Katharina
Gräfin Lan
† 18

Amalie
von Baden
1776-1823

Karoline
von Baden
1776-1841
∞
Maximilian
König von
Bayern
1756-1825

Luise
Zarin Elisabeth
1779-1826
∞
Alexander
Zar von
Russland
1777-1825

Friederike
von Baden
1781-1826
∞
Gustav IV.
König von
Schweden
1778-1837

Marie
von Baden
1782-1808
∞
Friedr. Wilh.
v. Braunschw.-
Wolfenbüttel
1771-1815

Karl
Großherzog seit 1811
1786-1818
∞
Großherzogin
Stephanie
geb. de Beauharnais
1789-1860

Wilhelmine Christine Schortmann
Freifrau von Seldeneck

5
Leopold
Großherzog seit 1830
1790-1852
∞
Großherzogin Sophie
geb. von Schweden
1801-1865

6
Wilhelm
Markgraf von Baden
1792-1859
∞
Elisabeth
von Württemberg
1802-1864

7
Amalie
von Baden
1795-1869
∞
Karl Egon
Fürst von Fürstenberg
1796-1854

8
Maximilian
Markgraf von Baden
1796-1882

Ludwig II.
Großherzog
(regierungsunfähig)
1824-1858

Friedrich I., Prinzregent seit 1852
Großherzog seit 1856
1826-1907
∞
Großherzogin Luise
geb. von Preußen
1838-1923

Wilhelm
von Baden
1829-1897
∞
Marie
von Leuchtenberg
1841-1914

...

Bildnachweis

Stadtarchiv Karlsruhe (mit Bildnummern):
1: 8_PBS_XIVa_455; 2: 8_PBS_I_283; 3: 8_Diasl_I_27; 5: 8_PBS_oI_80; 6: 8_PBS_oI_108; 7: 8_PBS_III_1368; 9: 8_PBS_oIII_613; 10: 8_PBS_oI_78; 11: 8_PBS_oI_128; 12: 8_PBS_oI_84.
akg images: 4, 8.